I0515052

Value Vault

Unlock & Optimize the Value of Your Business

Nataliya Kalava, CVA, ABV, MAFF, CMEA

Value Vault

Copyright 2023 © Nataliya Kalava, CVA, ABV, MAFF, CMEA

ALL RIGHTS RESERVED

No part of this publication may be reproduced, stored in a retrieval system, or transmitted, in any form or by any means, electronic, mechanical, photocopying, recording, or otherwise, without the author's express written permission.

Nataliya Kalava, CVA, ABV, MAFF, CMEA

Your Trusted Valuation Advisors
Tampa, FL 33606

Contact Us:
nataliya@nataliyakalava.com
www.nataliyakalava.com

Contents

About the Author vi

Foreword ix

What is a business valuation? 1

    Why is it important to value a business? 1

    A Brief History of Business Valuation 5

Business Valuation Fundamentals 10

    Purpose 10

    Standards of Value 11

    Premise of Value 14

    Valuation Date 15

    Levels of Value 16

    BEV vs. TIC vs. Equity 18

    Principles of Appraisal 19

    Business Valuation Credentialing Organizations and Guidance 22

Business Valuation Process 26

    Business Valuation Engagement Steps 26

    Type of Engagement 28

    Data Gathering 31

Economic and Industry Analysis 43

    Economic Analysis 43

    Industry Analysis 47

    Porter's Five Forces Framework 48
    SWOT Analysis 55
    Key Performance Indicators 61

Financial Statement Analysis.. 101

    The Company's Historical Financial Statements 101
    Ratio Analysis...106
    Normalization Adjustments..119

Business Valuation Approaches... 125

    Income Approach 127
    Market Approach...184
    Guideline Public Company Method 192
    Guideline Merged and Acquired Company Method......... 193
    Asset Approach.. 197
    Adjusted Net Asset Value Method 198
    Reconciliation of Values.. 200

Index.. 204

Selected Bibliography.. 208

About the Author

Nataliya Kalava, CVA, ABV, MAFF, CMEA is an accomplished professional with a wealth of expertise in finance and business valuation fields. She is a partner at ONE10 Advisors LLC, a reputable accounting and finance firm in Tampa, FL. At ONE10, Nataliya spearheads the firm's business valuation practice, sharing her extensive knowledge in this specialized field. Before her tenure at ONE10 Advisors, Nataliya was the founder of American Valuations, a boutique business valuation firm based in Tampa, Florida. Nataliya's portfolio includes a diverse array of valuation assignments, ranging from gift and estate tax planning purposes to management planning, transaction support (M&A), SBA valuations, financial reporting, and litigation-related valuations.

Nataliya's true passion lies in unraveling complex financial puzzles and navigating the intricacies of the business valuation domain. She thrives on collaborating closely with business owners, guiding them through the challenges and opportunities that arise during ownership transitions.

Her professional journey prior to founding her firm included significant roles at prominent companies such as Equinix Inc., Humana Inc., BDO LLP, Sigma Valuation Consulting Inc., and PwC. Currently, Nataliya holds the position of Chief Financial Officer at Araliya Global Enterprises LLC and

Ultrasound Experts. Moreover, she is the co-founder and managing member of NAMBRI Technologies LLC.

Nataliya is an active contributor to her professional community and serves on the Board of Directors for the Business Transition Council of Tampa Bay, a not-for-profit organization. She also holds the prestigious position of NACVA (National Association of Certified Valuators and Analysts) Credentialing Board Member and is a Board Member of the Quick Read, NACVA's Editorial Board. Her commitment to knowledge sharing extends to academia, as she has served as an adjunct finance faculty member at the University of Tampa, instructing undergraduate students in corporate finance and investment courses. Additionally, Nataliya has organized numerous Continuing Legal Education (CLE) courses on business valuation topics, accredited by the Florida Bar.

Nataliya's professional credentials and memberships reflect her dedication to excellence:

Professional Credentials:

- Certified Valuation Analyst (CVA)
- Master Analyst in Financial Forensics (MAFF)
- Accredited in Business Valuation (ABV)
- Certified Machinery and Equipment Appraiser (CMEA)

Professional Memberships:

- National Association of Certified Valuators and Analysts (NACVA)
- American Institute of Certified Public Accountants (AICPA) - Accredited in Business Valuation (ABV) Non-CPA Member
- NEBB Institute – Member
- Florida Association of Government Guaranteed Lenders – Business Valuation
- Business Brokers of Florida – Affiliate Member
- National Association of Government Guaranteed Lenders (NAGGL 2019)
- Florida Government Guaranteed Lenders (FLAGGL)
- South Tampa Chamber of Commerce Member (2019)

Foreword

In today's dynamic and competitive business landscape, understanding your company's true value is of utmost importance. Whether you are a business owner looking to plan for the future, an advisor assisting clients in strategic decision-making, or an investor seeking opportunities, the ability to accurately assess the worth of a business is a vital skill.

In this guide to business valuation, we embark on a journey that demystifies the intricacies of determining the value of a business. The knowledge and insights shared within these pages are designed to empower business owners and their advisors, equipping them with the tools and understanding to make informed decisions based on robust valuations.

Valuing a business is both an art and a science. It requires a blend of financial acumen, industry expertise, and a deep understanding of the specific dynamics that influence value. This book goes beyond theoretical concepts, offering practical guidance and real-world examples illuminating business valuation's fundamental principles.

We delve into the fundamental approaches and methodologies used in valuation, exploring the income, market, and asset-based approaches. We discuss the nuances of each approach, their strengths, limitations, and the circumstances in which they are most applicable. Additionally, we examine the crucial considerations when normalizing financial statements, understanding risk factors, and addressing qualitative factors that impact value.

Recognizing the vital role of advisors in the valuation process, we provide insights for professionals guiding business owners through the valuation journey. We highlight the key questions to ask, the information to gather, and the strategic considerations to explore when assisting clients in unlocking the value of their businesses. I aim to bridge the gap between business owners and their advisors, facilitating effective communication and collaboration throughout the valuation process.

Whether you are a business owner preparing for a sale or succession, an advisor seeking to provide accurate guidance to your clients, or an investor looking for opportunities, this guide will serve as your compass in navigating the complex world of business valuations. I invite you to embark on this journey with me as I uncover the strategies, techniques, and best practices that will help you unlock the true value of your business.

Sincerely,

Nataliya Kalava

Nataliya Kalava, CVA, ABV, MAFF, CMEA

VALUE VAULT

Nataliya Kalava, CVA, ABV, MAFF, CMEA

Chapter 1

What is a business valuation?

Business valuation is the process of determining the economic value of a business or company. This is typically done by analyzing various factors such as financial statements, assets, liabilities, cash flows, and market trends. Valuing a business can provide business owners with valuable insights and information that can inform their strategic and financial decisions. By understanding the value of their business, owners can make informed decisions about succession planning, tax planning, financing, and other important matters that can affect the long-term success of their business.

Why is it important to value a business?

"Valuing a business is as much an art as it is a science. While numbers and data provide the foundation, the true value is revealed in understanding the story behind the business—its potential, risks, and the intangible factors that set it apart."

Valuing a business is important for several reasons including:

Mergers and Acquisitions

Business valuation plays a critical role in mergers and acquisitions. It helps buyers and sellers determine the fair price for a business and negotiate a deal that benefits both parties.

Sales or Purchases of Businesses

Business owners who want to sell their business need to know its value to set the right asking price. Similarly, potential buyers need to know the value of the business to determine if the asking price is reasonable.

Tax Planning

Business valuation is essential for tax planning purposes such as estate planning or gifting shares of the business to family members. Knowing the value of the business can help owners minimize tax liabilities and plan for the future.

409A Business Valuations

The term "409" refers to the Internal Revenue Code (IRC) section 409(a), which relates to valuations of non-qualified deferred compensation plans. 409(a) business valuations are conducted to determine the fair market value of a company's stock for the purpose of establishing the strike price for stock options or setting the value of equity-based compensation plans.

Employee Stock Ownership Plans ("ESOP")

ESOP valuations are performed to determine the fair market value of a company's shares held within an Employee Stock Ownership Plan or ESOP. ESOPs are retirement plans that provide employees with an ownership stake in the company, allowing them to benefit from the company's success and growth.

Financing

Lenders often require a business valuation to determine the collateral value for a loan. Assessing the value of a business helps lenders evaluate the risk associated with providing loans. Understanding the value of the business helps lenders determine the likelihood of repayment and set appropriate loan terms. A business valuation can also help owners determine the equity value of the business or business assets and decide if it's worth obtaining financing to expand operations.

Legal Disputes

Business valuation is important in legal disputes such as divorce, economic damages or shareholder disputes. In these cases, business valuation can help determine the business's fair value and ensure that all parties receive an equitable share of the assets.

Other

There is a myriad of other purposes for which business valuations are performed. These may include Buy-Sell Agreements, Financial Reporting, Incentive Stock Options Considerations, Charitable Contributions, Initial Public Offering (IPO), Insurance Claims, Eminent Domain Actions, Bankruptcy, Fairness Opinions, etc.

Price vs Value Concept

"Price is what you pay. Value is what you get."
~ Warren Buffett

Price and value are essential concepts to consider when valuing a business. **Price**, in the context of business valuation, refers to the amount that a buyer is willing to pay for the business. This can be influenced by various factors such as financial performance, market trends, and potential for growth.

Value, in the context of business valuation, refers to the worth or fair market value, fair value, or the intrinsic (fundamental) value of the business. This is determined by analyzing various factors such as financial statements, market trends, competitive advantages, and potential for growth. The **goal** is to determine the fair market value of the business, which is the price that a hypothetical buyer and seller would agree on in an arm's length transaction.

It is important to note that price and value <u>may not always be the same</u>. A buyer may be willing to pay a premium for a business due to strategic considerations or synergies, even if the fair market value is lower. Similarly, a seller may be willing to accept a lower price for personal reasons, even if the fair market value is higher.

When valuing a business, it is essential to consider both price and value. By understanding the fair market value of the business and the potential price a buyer may be willing to pay, businesses can make informed decisions about their future growth and potential exit strategies.

A Brief History of Business Valuation

"Wealth, you see, is a valued treasure, but to do something useful with it is a greater treasure."
~ Xenophon

The concept of business valuation has deep historical roots, tracing back to the earliest forms of trade and commerce in human societies. In ancient times, when formal valuation methods were yet to be established, people engaged in barter systems where they assigned value to goods and services based on their utility and exchangeability. For instance, grains were traded for cattle, with individuals intuitively recognizing the relative worth of these items.

As civilization evolved, so did the means of exchange and value attribution. In the Indian Ocean region, cowry shells served as trade tokens, while in China, the introduction of bronze coins marked a significant step in the development of a standardized system of value. Around 600 B.C., Lydia, a kingdom in what is now modern-day Turkey, minted the world's first official silver coins, featuring the regal image of a lion.

Yet, determining the value of assets has always carried an inherent risk. History provides us with examples like the "Tulip Mania" that swept through Holland between 1636 and 1637. During this frenzy, tulip bulbs infected with a rare and vibrant color-producing disease became prized possessions. People invested heavily in these beautiful bulbs, even to the point of selling or mortgaging their homes. However, the bubble eventually burst, illustrating the perilous nature of valuation.

Other financial crises, including the South Sea Company debacle in Britain, further highlighted the unpredictability of human behavior in financial matters. The renowned physicist Sir Isaac Newton famously lamented his own financial losses, saying, "I can calculate the motions of the heavenly stars, but not the madness of people."

Over time, trade, commerce, and culture evolved, leading to the adoption of more sophisticated forms of exchange, such as gold, silver, and paper money. Today, we find ourselves in a digital age exploring the realms of cryptocurrency, decentralized finance, non-fungible tokens (NFTs), artificial intelligence (AI), machine learning, FinTech, and DeFi (decentralized finance).

The field of business valuation, with its origins in ancient commerce, took a significant leap forward in the early 20th century. It was during the era of prohibition in the United States, spanning from 1920 to 1933, that the modern practice of business valuation began to take shape. As distilleries were forced to halt operations, the Treasury Department developed a methodology to calculate the lost value of goodwill suffered by breweries and distilleries during this period.

One of the trailblazers in the field was Benjamin Graham, an American economist and investor hailed as the father of value investing. In his seminal 1934 book, "Security Analysis," Graham introduced the concept of intrinsic value, which assessed a business's worth based on its earnings potential and other fundamental factors. This approach emphasized the importance of evaluating a company's future earnings potential and the associated risks. Warren Buffett, often referred to as the "Oracle of Omaha," is indeed a well-known disciple of Benjamin Graham's principles of value investing. Buffett was greatly influenced by Graham's teachings, particularly the concept of buying stocks of companies that are trading at a discount to their intrinsic value. While Buffett has adapted and evolved Graham's principles over the years, his core investment philosophy still reflects many of the value investing principles espoused by Graham. Buffett's success as an investor is often attributed to his disciplined application of these principles, along with his exceptional stock-picking ability and long-term perspective.

The 1950s and 1960s marked a turning point for business valuation as publicly traded companies and mergers and acquisitions gained prominence. During this era, the Discounted Cash Flow (DCF) method emerged as a favored approach, allowing for the calculation of a company's present value based on its anticipated future cash flows.

In the subsequent decades, business valuation matured into a well-established discipline, offering a spectrum of specialized methodologies. Today, it stands as an indispensable tool for investors, business proprietors, and financial experts seeking to ascertain the value of a business. As the sands of time continue to shift, the field of business valuation remains both a testament to our enduring need to measure worth and a reflection of our evolving financial landscape. From the rudimentary barter systems of ancient civilizations to the complexities of contemporary digital assets and blockchain technology, the journey of valuation has been one of adaptation and innovation.

In the modern world, business valuation serves as a compass, guiding entrepreneurs, investors, and financial professionals through the intricate terrain of commerce. Its significance spans across borders and industries, from aiding in mergers and acquisitions to shaping estate planning strategies and informing financial decisions. As we peer into the future, the challenges and opportunities of valuation in an ever-changing economic landscape will continue to shape this discipline, ensuring its relevance and importance in the world of business.

Chapter 2

Business Valuation Fundamentals

Purpose

"Make your work to be in keeping with your purpose."
~ Leonardo da Vinci

Identifying the purpose of the business valuation analysis is an important first step in the valuation process. Determining the purpose helps establish the context and specific requirements for the valuation.

Recognizing the purpose of valuation analysis is vital because it helps determine the **scope**, **methodology**, and **standard of value** used in the valuation process. Different purposes for valuation analysis may require different approaches and methods to arrive at an accurate and reliable valuation. The purpose of a business valuation analysis can vary depending on the situation and the stakeholders' needs.

Standards of Value

Diverse standards of value can lead to markedly contrasting valuations, even when assessing the identical business, contingent upon the distinct context and conditions involved.

For example, **Fair Market Value** assumes the business is valued in an arms-length transaction without any special considerations for the buyer or seller. **Investment Value**, on the other hand, considers the unique characteristics and circumstances of the specific buyer or investor and may result in a higher or lower valuation depending on the buyer's specific investment objectives.

In addition, the choice of standard of value can also affect the methodology used in the valuation. For example, **Liquidation Value** may require a different methodology than **Fair Market Value** or **Investment Value** since the valuation assumes that the assets are sold in a distressed or liquidation scenario. Some of the most common standards of value are:

Fair Market Value (FMV)

This is the most common standard of value used in business valuation. FMV is the price that a willing buyer would pay to a willing seller in an arms-length transaction without any compulsion to buy or sell. It assumes that both the buyer and seller have reasonable knowledge of the relevant facts and information.

Investment Value (IV)

Investment value is the value of a business to a specific buyer or investor based on their unique circumstances and investment objectives. It is often used when a business is sold to a specific or strategic buyer rather than on the open market.

Fair Value (FV)

Fair value is the value of a business in a specific context, such as for accounting, litigation, or financial reporting purposes. It is determined based on established accounting principles, standards, or state statutes.

Liquidation Value (LV)

Liquidation value is the value of a business's assets if they were sold off in a liquidation scenario. The liquidation value of an asset or business can be determined through either an orderly or forced liquidation process, and this choice can have a substantial impact on the final assessment of value. Differentiating between these approaches is critical as they influence the ultimate value conclusion significantly. **Forced liquidation**, also known as distressed liquidation or fire sale, represents the value of assets when they must be sold quickly and under unfavorable conditions. This scenario typically arises when a business or individual is facing financial distress, bankruptcy, or urgent liquidity needs. The assets are sold with an urgency to convert them into cash, often resulting in lower prices than their fair market values. **Orderly liquidation**, also known as planned liquidation, is a more systematic and controlled approach to selling assets. It assumes that assets are sold over a reasonable period, allowing for marketing, negotiation, and optimization of sale prices. This method aims to maximize the value of assets, given the constraints of time.

Synergistic Value

Synergistic value results from combining two businesses, where the combined value exceeds the sum of the individual parts. It is often used in mergers and acquisitions.

Understanding the standard of value used in a business valuation is important to ensure that the valuation is appropriate for the specific purpose and context and that the final value conclusion is accurate and reliable. It is also critical to ensure that any agreements or contracts that are based on the valuation (such as a merger or acquisition agreement) are based on a mutually agreed-upon standard of value to avoid disputes or misunderstandings in the future.

Premise of Value

A **premise of value** refers to the basic assumption underlying a business valuation. It describes the context or situation in which the valuation is conducted and can significantly impact the value conclusion. Furthermore, the concept of the premise of value is closely related to the highest and best use of a property or asset in the field of real estate appraisal and business valuation. It refers to the most advantageous and economically feasible use of a property or asset that is legally permissible, physically possible, financially viable, and maximizes its value. This concept helps appraisers determine the potential value of a property based on its optimal use.

Going Concern Premise of Value

The **going concern** premise assumes that the business will continue to operate indefinitely into the future and that its assets will be used in the normal course of business to generate revenue and profits.

Liquidation Premise of Value

The liquidation premise assumes that the business will be liquidated, and its assets sold off either in an orderly or forced manner. This premise assumes that the business is no longer a viable, ongoing entity and that its assets are sold in a distressed or liquidation scenario. The value of the business under this premise is often lower than the going concern premise since assets are being sold off at a discount.

The premise of value is an essential consideration in business valuation because it affects the valuation methodology, the assumptions used in the analysis, and the final value conclusion. It is essential to choose the appropriate premise of value to ensure that the valuation accurately reflects the specific circumstances and context of the business being valued.

Assembled Group of Assets

The assembled group of assets premise is commonly used in situations such as liquidations, bankruptcies, or when there is a need to assess the value of a business's assets independently from its operating entity. It can be relevant when a business is being sold in parts, and potential buyers are interested in acquiring specific assets rather than the entire business.

Valuation Date

Business valuations represent a **snapshot in time** or a photograph because they reflect the value of the business at a specific point in time. The value of a business fluctuates over time due to changes in market conditions, economic trends, industry dynamics, and company-specific factors such as financial performance and management changes.

The concept of **"*known or knowable*"** refers to the available information that can be reasonably obtained and used in the business valuation process as of the valuation date. This information is used to determine the value of a business based on the relevant facts and circumstances and is essential in making an accurate and reliable valuation.

Levels of Value

Level of value refers to the degree of control over a business and marketability of the subject interest that is being valued. It describes the extent to which the owner or buyer has the ability to influence the operations and strategic direction of the business and how easy or challenging it may be to liquidate an ownership interest.

Control Value

The control value is the value of a business that reflects the full degree of control that an owner would have over the business. This includes making strategic decisions, hiring and firing employees, and managing financial aspects of a business and operations. The control value is often higher than other levels of value because of the increased potential for value creation.

Marketable Minority Value

Marketable minority value is the value of a business that reflects a minority ownership interest that is freely marketable. This level of value assumes that the owner has no control over the business but can sell their interest or shares in the open market. This value is typically lower than the control value due to the lack of control.

Non-Marketable Minority Value

Non-marketable minority value is the value of a business that reflects a minority ownership interest that is not freely marketable. This level of value assumes that the owner has no control over the business and cannot sell their interest or shares in the open market easily. This value is typically lower than the marketable minority value due to the lack of liquidity.

The choice of level of value depends on the specific circumstances of the business being valued and the purpose of the valuation. For example, if the valuation is being conducted for a buyer who intends to acquire full control of the business, the control value may be the most appropriate level of value. However, if the valuation is being conducted for a minority shareholder who has no control over the business, the non-marketable minority value may be the most appropriate level of value.

BEV vs. TIC vs. Equity

Business enterprise value (BEV) is the total value of a company's operating assets, excluding cash and other non-operating assets. It represents the value of the business as an operating entity and is typically used in transactions where the buyer is acquiring the entire company.

A Discounted Cash Flow (DCF) analysis typically results in the business enterprise value (BEV) level of value, which represents the value of the company's operations and assets, excluding any cash and non-operating investments held by the company.

Total invested capital (TIC), on the other hand, includes all the capital that has been invested in the business, including debt and equity, as well as any cash.

When converting from BEV to TIC, the value of cash and any non-operating assets, investments, and/or real estate, are added to the BEV. Subtracting interest-bearing debt gives you the equity value of the company.

Equity value refers to the value of a company's equity or ownership interest. It represents the value attributable to the shareholders, members, partners, or equity holders of the business. It represents the residual claim on the company's assets after satisfying all its debt obligations. In other words, it is the net worth or net asset value of the business that would remain for shareholders if all debts and other obligations were paid off.

Principles of Appraisal

The principles of appraisal refer to the fundamental concepts and guidelines that underlie the appraisal process, regardless of the type of asset or property being appraised.

The **principle of alternatives** in business valuation refers to the idea that there are often multiple ways to value a business and that the valuation professional should consider and evaluate different valuation methods to arrive at a reliable and accurate conclusion. By considering and evaluating multiple methods, the valuation professional can identify any inconsistencies or discrepancies in the results and arrive at a more informed and reliable valuation.

The **principle of substitution** in business valuation is based on the concept that a buyer would not pay more for a business than the cost of acquiring a similar business with similar characteristics. In other words, if a buyer can acquire a similar business for a lower cost than the cost of acquiring the business being valued, they would likely choose the less expensive option.

The **principle of economic benefits** in business

valuation refers to the idea that the value of a business is based on its ability to generate future economic benefits for its owners or investors. The principle recognizes that the value of a business is not based solely on its historical financial performance but also on its potential for future growth and profitability.

The **concept of "market"** is a critical component of the definition of fair market value, as it provides a benchmark for determining the value of a business or other asset. The "market" in fair market value refers to the open market, where buyers and sellers can freely and actively participate in transactions. The market provides a mechanism for determining the value of a business or other asset based on the prices at which similar assets are bought and sold. Here are some of the critical assumptions that are typically made when valuing a business:

Willing Buyer and Willing Seller

The assumption is made that the buyer and seller are both willing to participate in the transaction and are acting in their own best interests. This means that neither party is under any compulsion to buy or sell the business.

Reasonable Timeframe

The assumption is made that the business will be sold within a reasonable timeframe based on the prevailing market conditions and the availability of qualified buyers.

Marketing Efforts

The assumption is made that the business will be marketed in a manner that is reasonable and appropriate for the type of business and the industry in which it operates. This includes identifying and targeting potential buyers, creating a comprehensive marketing plan, and utilizing appropriate marketing channels.

No Special Financing

The assumption is made that the transaction will be financed using standard financing terms and that no special financing arrangements will be necessary. Fair market value is based on the assumption that payments are made in cash or an equivalent form. If payments are conducted through a different method, adjustments may be needed to account for the effects and perceived risks associated with the alternative financing arrangement.

Assets and Liabilities

The assumption is made that the assets and liabilities of the business are accurately represented and that there are no undisclosed liabilities or other issues that would impact the value of the business.

No Changes to Business

The assumption is made that there will be no significant changes to the business between the valuation date and the date of the sale that would impact its value.

By making these assumptions, the valuation professional can arrive at a fair market value for the business that reflects the value of the business in an open market transaction between a willing buyer and a willing seller based on the specific circumstances of the business and the prevailing market conditions.

Business Valuation Credentialing Organizations and Guidance

Several organizations provide credentialing and guidance for business valuation professionals, including:

The American Society of Appraisers (ASA)

The ASA offers a business valuation credential that is recognized as a standard of excellence in the field. The ASA also provides a range of resources and guidance for business valuation professionals, including conferences, webinars, and publications.

The National Association of Certified Valuators and Analysts (NACVA)

The NACVA offers a business valuation credential that is widely recognized in the field. The NACVA also provides a range of resources and guidance for business valuation professionals, including conferences, webinars, and publications.

The American Institute of Certified Public Accountants (AICPA)

The AICPA provides a business valuation credential for Certified Public Accountants (CPAs) specializing in business valuation and other financial experts. The AICPA also offers a range of resources and guidance for business valuation professionals, including conferences, webinars, and publications.

In addition to these organizations, several regulatory bodies and professional associations provide guidance for business valuation professionals. These include the Financial Accounting Standards Board (FASB), Uniform Standards of Professional Appraisal Practice (USPAP) and the Appraisal Foundation, among others. Business valuation professionals are encouraged to seek guidance and credentialing from reputable organizations and stay up-to-date on current best practices and standards in the field.

Internal Revenue Service Influence on Appraisals

The Internal Revenue Service (IRS) significantly influences appraisals, particularly in the context of tax-related valuations. **Revenue Ruling 59-60** is a key document that sets out the principles and factors to be considered in valuing closely held businesses and business interests for tax purposes.

Revenue Ruling 59-60 provides guidance on the valuation of businesses and business interests and is often cited as a primary source of guidance in business valuations. The ruling emphasizes the importance of considering all relevant factors in determining the fair market value of a business or business interest, including the nature and history of the business, the economic outlook of the industry, the earning capacity of the business, and the value of the assets of the business. Its influence extends beyond tax-related valuations, as it is frequently referenced in a wide spectrum of valuation scenarios, encompassing various purposes beyond tax considerations.

In addition to providing guidance on the factors to be considered in business valuations, the IRS has the authority to review and challenge valuations that are submitted for tax purposes. The IRS may scrutinize valuations that it believes do not reflect the fair market value of the business or assets being valued and may challenge the valuation in court or through other administrative processes.

Because of the potential for IRS review and challenge, valuation professionals must ensure that their valuations are well-supported and reflect a comprehensive and objective analysis of all relevant factors. Valuation professionals must be prepared to defend their valuations and respond to any challenges that may arise from the IRS or other stakeholders.

Chapter 3

Business Valuation Process

Business Valuation Engagement Steps

"Ponder and deliberate before you make a move."

~ Sun Tzu

The business valuation engagement process refers to the series of steps followed by valuation professionals to conduct a thorough and reliable assessment of the value of a business. While specific approaches may vary, the general engagement process typically includes the following steps:

1. **Define the Engagement:**

The first step in a business valuation engagement is to define the scope of the engagement. This involves understanding the purpose of the valuation, premise of value, level of value, standard of value, and the scope of the valuation. The engagement scope will be documented in an engagement letter or agreement.

2. **Data Gathering:**

The next step is to gather data and information about the business being valued. This may include financial statements, tax returns, business plans, industry reports, and other relevant documents. The valuation professional may also conduct interviews with key management personnel and visit the business location.

3. **Analysis:**

Once the data has been gathered, the valuation professional will analyze the information to determine the value of the business. This may involve using one or more valuation techniques, such as the income, market, or asset-based approaches. The valuation professional will use their professional judgment to determine the most appropriate valuation method or methods for the specific circumstances of the engagement.

4. **Documentation:**

After completing the analysis, the valuation professional will document their findings in a written report. The report will explain the valuation methods used, the assumptions made, and the final value conclusion. The report will also include any necessary disclosures or disclaimers and any other relevant information.

5. **Review and Finalize:**

Once the report is complete, the valuation professional will review it, and any necessary revisions will be made. The final report and any necessary supporting documentation or analysis will be delivered to the client.

6. **Presentation of Findings:**

The final step in a business valuation engagement is to present the findings to the client. The valuation professional may provide a verbal or written explanation of the valuation report, answer any client questions, and provide any necessary advice or guidance based on the findings.

The exact process, however, may vary depending on the specific circumstances of the engagement and the purpose of the valuation.

Type of Engagement

In the field of business valuation, there are two main types of engagements: **valuation engagements** and **calculation engagements**. These engagements differ in terms of the level of procedures and the degree of assurance provided to the client.

Valuation Engagement

A valuation engagement involves thoroughly analyzing the business's financials, industry, market conditions, and other relevant factors. The valuation professional performs detailed procedures and exercises professional judgment to arrive at an independent and supportable value conclusion.

A valuation engagement provides a high level of assurance to the client. The valuation professional is responsible for conducting rigorous analysis, applying appropriate valuation methods, and adhering to professional standards. The resulting valuation report offers a well-documented and defensible estimate of the business's value.

Calculation Engagement

In a calculation engagement, the valuation professional performs limited procedures and analysis based on specific instructions from the client. The procedures may be less extensive than those conducted in a valuation engagement.

A calculation engagement provides a lower assurance level than a valuation engagement. The valuation professional is not required to provide the same rigor, independence, or documentation level as in a valuation engagement. The resulting calculation report may be less comprehensive and may not be suitable for all purposes.

In a calculation engagement, the client may have a more active role in providing inputs, assumptions, or specific instructions to the valuation professional. As a result, the client's requirements and preferences may guide the scope and focus of the engagement.

Here's an example of a calculation engagement versus a valuation engagement:

Let's say that a small business owner is interested in selling their business and wants to know how much it's worth. They hire a certified valuation analyst (CVA) to provide a business valuation.

For a calculation engagement, the CVA might use a simple formula based on the company's revenue or earnings to estimate its value. This could involve applying a multiple to the company's annual revenue or earnings to arrive at a rough estimate of its value. This approach would provide a quick and less expensive estimate of the company's value, but it would be less precise and might not take into account other factors that could impact the company's value, such as market conditions, industry trends, or specific risks and opportunities related to the business.

For a valuation engagement, the CVA would conduct a more comprehensive analysis of the company's financial statements, market conditions, and other relevant factors. This could involve conducting a detailed review of the company's historical financial performance, analyzing industry trends and market conditions, and identifying specific risks and opportunities related to the business. The CVA might also use several valuation methodologies, such as the income, market, or asset-based approaches, to arrive at a more accurate estimate of the company's value. This approach would provide a more precise estimate of the company's value, but it would be more time-consuming and expensive than a calculation engagement.

The choice between a calculation engagement and a valuation engagement depends on the client's specific needs and the situation's complexity. Calculation engagements are less expensive and time-consuming, but they provide a less precise estimate of the company's value. Valuation engagements are more comprehensive and accurate, but they require a higher level of expertise and resources.

Data Gathering

Gathering data is a critical component of conducting a business valuation. The data gathered helps to provide a comprehensive understanding of the business, its operations, financials, and other key factors that impact its value. By gathering a wide range of financial, operational, and industry-specific data, valuation professionals can provide a detailed and accurate assessment of the company's value. There are several key steps involved in gathering data for a business valuation.

Financial statements

Gathering financial statements is an essential component of any business valuation. These statements typically include the balance sheet, income statement, and cash flow statement. These documents provide information about the company's revenues, expenses, assets, and liabilities.

Tax returns

Tax returns provide an authoritative source of financial data for most small businesses that helps conduct a business valuation. Tax returns can provide a detailed picture of the company's revenue streams, expenses, and potential tax liabilities.

Industry information

Understanding the broader industry in which the company operates is critical in conducting a business valuation. This information can be gathered through market research, trade publications, and other industry-specific sources such as IBIS World or First Research.

Company operations

Understanding the company's day-to-day operations is important in conducting a business valuation. This can be gathered through interviews with management and staff, site visits, and other means.

Company-specific information is a critical component of business valuation, as it provides a detailed understanding of the company's operations, financials, and other key factors that impact its value.

Product or service offerings

Understanding the company's product or service offerings is important in assessing its value. This includes understanding the level of demand for its offerings, any competitive advantages, and potential barriers to entry.

Market position

Assessing the company's market position is important in determining its value. This includes understanding its market share, competition, and any potential threats to its market position.

Customer base

Understanding the company's customer base is important in assessing its value. This includes understanding the size and stability of its customer base, as well as any potential growth opportunities.

Management team

The strength and experience of the management team can impact the company's value. This includes assessing their leadership skills, industry knowledge, education, health and reputation.

Growth potential

Assessing the company's growth potential is important in determining its value. This includes understanding its potential for expanding into new markets or introducing new products or services.

Legal documents

Gathering legal documents, such as contracts, leases, and patents, can also be useful in conducting a business valuation. These documents can provide insight into the company's assets, liabilities, and potential legal risks.

Legal structure and ownership

The form of organization and ownership structure of a business can have a significant impact on its value. The legal structure of the business, whether it is a sole proprietorship, partnership, LLC, S corporation or C corporation, can impact its value. Legal structures may have different tax implications and impact the company's ability to raise capital. The ownership structure, whether it is a privately held or publicly traded company, can impact its value. Publicly traded companies may have a higher market value due to their increased visibility and liquidity.

Shareholder agreements

Shareholder agreements, such as buy-sell agreements, can impact the value of the business. These agreements may dictate how shares are bought and sold, which can impact the liquidity and value of the company.

Industry norms

The form of organization and ownership structure may vary across different industries. It is important to consider industry norms when conducting a business valuation to ensure the valuation is consistent with industry standards. Comparing the company's financial data to similar businesses in the same industry can provide valuable insight into its value. This can be gathered through industry databases, trade publications, and other sources.

Economic and market data

Considering the economic and market data is essential to conducting a business valuation. These data points help to provide a broader context for the business and its operations and can help to identify trends and potential risks that may impact its value.

Other non-financial information

While financial data is a key component of business valuation, non-financial information can also be important in assessing a company's value. Here are some examples of non-financial information that may be used in business valuation:

- **Intellectual property:** Patents, trademarks, and copyrights can have significant value and should be considered in a business valuation.

- **Customer base:** The strength and size of a company's customer base can impact its value, as it can provide a stable source of revenue and competitive advantage.

- **Human capital:** The expertise and experience of a company's management team and key employees can impact its value. This can include assessing their leadership skills, industry knowledge, and reputation.

- **Brand reputation:** A company's brand reputation can impact its value, as it can influence customer loyalty and market share.

- **Sustainability and social responsibility:** A company's commitment to sustainability and social responsibility can impact its reputation and brand value, affecting its financial performance.

Facilities

Evaluating company facilities is an essential aspect of business valuation, as the facilities' condition and location can impact the company's value. Some of the main factors that may be considered when evaluating company facilities for business valuation:

- **Location:** The location of the company's facilities can impact its value. Facilities located in desirable areas with good access to transportation and other amenities may have a higher value than those located in less desirable areas.

- **Condition:** The condition of the company's facilities can impact its value. Well-maintained and updated facilities may have a higher value than those in poor condition.

- **Age:** The age of the company's facilities may impact its value. Older facilities may have a lower value than newer ones, as they may require more maintenance and repairs.

- **Capacity:** The capacity of the company's facilities is an important factor to consider in business valuation. Facilities with greater capacity may have a higher value, as they have the potential to generate more revenue.

Environmental concerns

Environmental concerns related to the company's facilities may impact its value. Facilities with environmental issues or potential liabilities may have a lower value than those without such concerns.

Zoning and land use regulations

Zoning and land use regulations may impact the value of the company's facilities. Facilities that comply with zoning and land use regulations may have a higher value than those that do not.

Marketing and advertising

Marketing and advertising efforts can impact a company's value, as they can help to drive revenue growth and enhance the company's reputation.

The effectiveness of a company's marketing and advertising efforts can impact its market share. Companies with a larger market share may have a higher value as they are better positioned to generate revenue and profits.

Effective marketing and advertising can enhance a company's brand reputation, which can, in turn, impact its value. Strong brand recognition and customer loyalty can be valuable assets that drive revenue growth.

The effectiveness of a company's marketing channels, such as social media, email marketing, and traditional advertising, can impact its value. Companies that effectively leverage various marketing channels may have a higher value than those that rely on a single channel.

The level of customer engagement and satisfaction can impact a company's value. Companies that effectively engage with customers and provide high-quality products or services may have a higher value than those with lower customer engagement.

Personnel and human capital

Personnel and human capital considerations are important factors in valuing a business. The quality and experience of a company's employees can impact its ability to generate revenue and profits and its potential for future growth.

The quality and experience of a company's leadership team can impact its value. Effective leaders with solid industry knowledge, experience, and expertise may drive revenue growth and enhance the company's reputation.

The skillset of a company's employees can impact its value. Companies with highly skilled and experienced employees may be better positioned to generate revenue and profits than those with less experienced or less skilled employees.

The level of employee turnover can impact a company's value. High employee turnover may indicate management, culture, or compensation issues, which can negatively impact the company's value.

Effective training and development programs can enhance the skills and knowledge of a company's employees, which can drive revenue growth and improve profitability.

Competitive compensation and benefits packages can help to attract and retain high-quality employees, which can impact a company's value.

Effective succession planning ensures the company is well-positioned for future growth and profitability. Companies with effective succession planning processes may have a higher value than those without such processes.

Technology considerations

Technology considerations are becoming increasingly important when valuing a business. The use of technology can impact a company's ability to generate revenue and profits, as well as its potential for future growth.

The quality and effectiveness of a company's information technology (IT) infrastructure can impact its value. Companies with modern, efficient, and secure IT systems may be better positioned to generate revenue and profits than those with outdated or inefficient systems.

The value of a company's digital assets, such as its website, social media accounts, and email lists, can impact its value. Companies with large and engaged digital audiences may have a higher value than those without such assets.

The use of data analytics can help companies to optimize their operations and enhance their revenue-generating potential. Companies with effective data analytics capabilities may have a higher value than those without such capabilities.

The ability to conduct e-commerce can impact a company's revenue-generating potential. Companies with effective e-commerce capabilities may have a higher value than those without such capabilities.

The importance of cybersecurity cannot be overstated, as cyberattacks can have significant financial and reputational impacts. Companies with effective cybersecurity measures may have a higher value than those without such measures.

Regulation considerations

Regulation considerations are important when conducting a business valuation, as regulations can impact a company's operations and financial performance.

Different industries are subject to different regulations, which can impact a company's operations and financial performance. For example, companies in the healthcare industry may be subject to regulations related to patient privacy and data security, while companies in the financial services industry may be subject to regulations related to lending practices.

Tax regulations can impact a company's financial performance and value. Companies not complying with tax regulations may face fines and other penalties, which can affect their financial performance and value.

Employment regulations can impact a company's operations and financial performance. For example, companies may be subject to regulations related to minimum wage, overtime, and employee benefits.

Chapter 4

Economic and Industry Analysis

Economic Analysis

"A good economic analysis does not give a man a fish, but it teaches him how to fish. It provides a framework for understanding and navigating the complex interplay of markets, policies, and human behavior."

~ Milton Friedman

Economic analysis plays a crucial role in business valuation by examining the economic conditions and trends that influence a company's operations and financial performance. This analysis offers essential context for understanding the company's financial outcomes and helps in estimating its future earnings and growth potential.

By assessing economic conditions and trends, an analyst can identify potential risks and opportunities that may affect the company's financial performance down the line. For instance, shifts in interest rates or changes in regulatory policies could have significant effects on the company's operations. Economic analysis forms the foundation for forecasting the company's future earnings and growth prospects. A thorough understanding of these economic trends allows for more accurate projections of the company's future financial performance.

Additionally, economic analysis helps justify the assumptions made during valuation. If an analyst uses a growth rate higher than the industry average, the economic analysis can provide the rationale behind why this assumption is reasonable.

Moreover, economic analysis offers valuable insights for strategic planning. By understanding the economic factors influencing the company, management can make more informed decisions about the company's future direction.

Macroeconomic factors such as interest rates, inflation, and GDP growth can have a significant impact on the company's financial performance. These factors should be considered when estimating the company's future earnings and growth prospects.

The performance of the company's industry and competitors can provide important context for understanding the company's financial performance. Industry trends such as technological change, regulatory developments, and competitive pressures should be considered in the economic analysis.

Interest rates are an important factor in business valuation because they can affect a company's cost of capital, which is a key input into many valuation methods. Interest rates can be a reflection of economic conditions such as inflation and economic growth. Changes in these conditions can affect a company's financial performance and growth prospects, which in turn can affect its valuation.

Inflation can impact a company's cash flows by affecting the prices of goods and services that the company sells, as well as the prices of the inputs it uses to produce those goods and services. Changes in cash flows can in turn impact the company's valuation. Inflation can also affect a company's growth prospects by affecting consumer spending, investment, and other economic factors. Changes in growth prospects can in turn affect the company's valuation.

Gross Domestic Product (GDP) is important for business valuation because it is a key indicator of the overall health and performance of the economy in which a business operates. For example, a company's revenue growth may be stronger during periods of economic expansion than during periods of economic contraction.

GDP can also provide insight into the performance of the industry in which the company operates. Changes in GDP can affect consumer spending patterns, investment levels, and other economic factors that can in turn affect the industry's performance. Changes in GDP can affect market conditions, such as supply and demand dynamics and pricing trends, which can in turn affect the company's financial performance. For example, changes in consumer spending patterns can impact the company's sales and profitability. Market conditions, such as supply and demand dynamics and pricing trends, can affect the company's financial performance. These factors should be considered when estimating the company's future earnings and growth prospects. GDP can also affect the investment climate, such as interest rates, availability of credit, and investor sentiment. Changes in the investment climate can in turn affect the company's cost of capital and valuation.

Regional and local factors, such as demographics, population growth, and economic development, can affect the company's financial performance. These factors should be considered when estimating the company's future earnings and growth prospects.

Political and regulatory factors, such as tax policies, trade policies, and environmental regulations, can have a significant impact on the company's financial performance. These factors should be considered in the economic analysis.

Industry Analysis

"By analyzing industry trends, businesses can anticipate changes in the market and adapt to stay competitive."
~ Peter Drucker

Industry analysis is a crucial aspect of business valuation, as it offers essential context for interpreting a company's financial performance and forecasting its future earnings and growth potential.

The size and growth trajectory of an industry provide valuable insights into the company's financial health. For instance, a company's revenue growth relative to the industry average can significantly influence its valuation. A thriving industry may indicate strong growth prospects, while a stagnant or declining industry might suggest more limited opportunities.

Industry size and growth also shape the competitive landscape. A rapidly growing industry may attract new entrants, increasing competition, while a shrinking industry could lead to consolidation, reducing the number of competitors. These dynamics directly impact a company's financial performance and future growth potential. For example, a company with a high market share in a growing industry is likely to have a strong competitive position, which can lead to higher valuation multiples. Conversely, a company in a declining industry might face challenges in maintaining its market position, resulting in lower valuation multiples.

Industry trends—such as technological advancements, regulatory changes, and competitive pressures—are critical components of industry analysis. These trends can affect the company's financial outcomes and growth prospects. Identifying growth opportunities within these trends is vital for evaluating the company's potential. For example, companies operating in rapidly expanding industries may have greater growth potential. Understanding the competitive landscape through industry trends helps pinpoint potential threats and opportunities, while awareness of regulatory developments can highlight risks or advantages that might affect the company's future.

Furthermore, recognizing areas of innovation within the industry can reveal additional growth opportunities. Staying attuned to these trends is essential for accurately assessing the company's value and its prospects in a changing market.

Porter's Five Forces Framework

"Competitive strategy is about being different. It means deliberately choosing a different set of activities to deliver a unique mix of value."
~ Michael Porter

Michael E. Porter, a renowned professor at Harvard Business School, developed the concept of Porter's Five Forces.

It is a framework used to analyze the competitive dynamics and attractiveness of an industry or market. Porter introduced this framework in his 1979 book titled "Competitive Strategy: Techniques for Analyzing Industries and Competitors."

The framework was developed as a way to understand the competitive environment in which a company operates and to help companies develop competitive strategies to succeed in their industry. Porter based his analysis on the idea that a company's profitability is influenced not only by the company's own competitive position, but also by the competitive forces in the industry as a whole. He identified five key forces that shape the competitive environment: the threat of new entrants, the bargaining power of suppliers, the bargaining power of buyers, the threat of substitutes, and the intensity of competitive rivalry.

Since its introduction in 1980, Porter's Five Forces analysis has become a widely used framework for analyzing industry competitiveness and for developing competitive strategies. The framework has been adapted and applied in a variety of contexts, including business valuation, industry analysis, and strategic planning. This framework is useful in business valuation because it provides insights into the competitive dynamics of an industry and how they may impact the company being valued. Here are the five forces that are included in Porter's analysis in more detail:

1. **Threat of new entrants:** This force looks at the ease

with which new competitors could enter the market. If the barriers to entry are low, such as low capital requirements or weak brand recognition, it may be easier for new competitors to enter the market and compete with existing companies.

2. **Bargaining power of suppliers:** This force looks at the power of suppliers to impact the pricing and quality of inputs for the company being valued. If there are few suppliers or if they hold significant market power, they may be able to exert more influence over the company's operations and profitability.

3. **Bargaining power of buyers:** This force looks at the power of customers to impact the pricing and quality of the company's products or services. If there are few buyers or if they hold significant market power, they may be able to negotiate more favorable terms with the company.

4. **Threat of substitutes:** This force looks at the ease with which customers could switch to alternative products or services. If there are many substitutes available or if they are priced competitively, customers may be more likely to switch away from the company's products or services.

5. **Intensity of competitive rivalry:** This force looks at the level of competition within the industry. If there are

many competitors or if they are particularly aggressive, it may be more difficult for the company to maintain market share and profitability.

Here is an example of Porter's Five Forces analysis for a plumbing business in Florida:

1. **Threat of new entrants:** The plumbing industry is highly competitive, but the cost of entry can be relatively low. However, the presence of established companies in the market may make it difficult for new entrants to gain market share. In Florida, there are many established plumbing companies, so the threat of new entrants is considerable.

2. **Bargaining power of suppliers:** Plumbing businesses rely on suppliers for materials, equipment, and other resources. In Florida, there are several large suppliers of plumbing materials, which can enhance the bargaining power of individual plumbing businesses. Furthermore, smaller suppliers may be more flexible in their pricing and terms, giving plumbing businesses more bargaining power.

3. **Bargaining power of buyers:** Plumbing businesses may face competition from other local plumbing companies, as well as from larger national franchises. However, customers may be loyal to established

plumbing businesses that have a strong reputation for quality and service. In Florida, the bargaining power of buyers is moderate, with some customers being highly price-sensitive and others more focused on quality and service.

4. **Threat of substitutes:** Plumbing businesses may face competition from other service providers, such as HVAC companies, electricians, and general contractors. However, plumbing services are essential for many homes and businesses, and there may be few substitutes for these services. In Florida, the threat of substitutes is relatively low.

5. **Competitive rivalry:** The plumbing industry in Florida is highly competitive, with many established companies vying for market share. However, there may be opportunities for differentiation based on service quality, pricing, or other factors. The competitive rivalry in the plumbing industry in Florida is high.

A Porter's Five Forces analysis of a plumbing business in Florida suggests that the business operates in a highly competitive market with moderate to high bargaining power of buyers and suppliers. However, the threat of substitutes is low, and there may be opportunities for differentiation and competitive advantage based on service quality and other factors.

Let's compare a Porter's Five Forces analysis and how it can be applied to a bio-pharmaceutical company:

1. **Threat of new entrants:** The bio-pharmaceutical industry typically requires significant investments in research and development, regulatory approvals, and manufacturing capabilities. This creates high barriers for new entrants. Established bio-pharmaceutical companies often have strong patent portfolios and intellectual property rights, which can deter new entrants from competing directly. Strict regulatory requirements and lengthy approval processes act as deterrents for new players trying to enter the market.

2. **Bargaining power of suppliers:** In the bio-pharmaceutical industry, suppliers such as raw material providers or equipment manufacturers usually have limited bargaining power because of the availability of alternative suppliers and the importance of quality control in manufacturing. Bio-pharmaceutical companies often establish long-term contracts with suppliers to ensure a stable supply of high-quality materials and to mitigate potential price fluctuations.

3. **Bargaining power of buyers:** In the bio-pharmaceutical industry, buyers (such as hospitals, pharmacies, healthcare providers, and insurance

companies) often have limited bargaining power due to the unique nature of pharmaceutical products and their critical role in patient treatment. Bio-pharmaceutical companies often differentiate their products through branding, efficacy, safety, and patents, reducing the ability of buyers to switch easily between products based solely on price.

4. **Threat of substitutes:** In many cases, there are limited substitutes for bio-pharmaceutical products, especially for treating specific diseases or conditions. Alternative treatments or therapies may not offer the same level of efficacy or safety. Patents and intellectual property rights provide protection against substitutes, as they prevent competitors from producing identical or similar products without authorization.

5. **Intensity of competitive rivalry:** The bio-pharmaceutical industry is characterized by intense competition among established players as well as emerging biotech firms. Companies invest heavily in R&D to develop new drugs and therapies, leading to constant innovation and competition for market share. Price competition is common, particularly in therapeutic areas with multiple treatment options or when patents expire, leading to generic competition.

By analyzing these five forces, investors and stakeholders

can gain insights into the competitive landscape of a biopharmaceutical company, its profitability prospects, and its potential for long-term value creation. This analysis can inform business valuation models and investment decisions.

SWOT Analysis

SWOT analysis is a strategic planning framework used to evaluate the **strengths**, **weaknesses**, **opportunities**, and **threats** of a business, organization, or project. It provides a structured approach to assessing internal and external factors that can impact performance and decision-making.

SWOT analysis was not developed by a single individual but has evolved over time through contributions from multiple sources. However, it gained popularity in the 1960s and 1970s as a strategic planning tool. Albert S. Humphrey is often credited with popularizing the concept of SWOT analysis during his work at the Stanford Research Institute (SRI) in the 1960s and 1970s. Humphrey and his team conducted research on Fortune 500 companies, analyzing internal and external factors that influenced their performance. Since its inception, SWOT analysis has been further refined and expanded by numerous researchers, practitioners, and business experts. Its versatility and simplicity have made it a widely recognized and applied framework in various fields, including business, marketing, project management, and organizational development. A breakdown of each element of SWOT analysis is as follows:

Strengths

These are the internal characteristics, assets, or capabilities that give the entity a competitive advantage or unique selling proposition. Strengths could include factors such as a strong brand reputation, skilled workforce, advanced technology, or efficient processes.

Weaknesses

These are the internal limitations, deficiencies, or areas of improvement within the entity. Weaknesses could include factors such as lack of resources, outdated infrastructure, poor customer service, or limited market presence.

Opportunities

These are the external factors or situations that have the potential to positively influence the entity's growth, profitability, or success. Opportunities could arise from emerging market trends, technological advancements, changing consumer preferences, or new business partnerships.

Threats

These are the external factors or challenges that pose risks or obstacles to the entity's performance or objectives. Threats could include factors such as intense competition, economic downturns, regulatory changes, or shifts in consumer behavior.

To conduct a SWOT analysis, the following steps are typically followed:

1. Identify and list the internal strengths and weaknesses of the entity, considering factors such as resources, capabilities, and competitive advantages.

2. Identify and list the external opportunities and threats that exist in the entity's operating environment, considering factors such as market trends, industry dynamics, and competitive landscape.

3. Analyze the relationships between the internal factors (strengths and weaknesses) and external factors (opportunities and threats) to uncover insights and potential strategies.

4. Use the analysis to develop strategic initiatives, action plans, or mitigation strategies that leverage strengths, address weaknesses, capitalize on opportunities, and mitigate threats.

Some ways a SWOT analysis can be used in business valuation include:

Industry SWOT analysis

Analyzing the strengths, weaknesses, opportunities, and threats of an industry can provide insight into the competitive dynamics of the industry and how they may impact the company being valued. For example, if an industry has a strong growth outlook (opportunity), it may present growth opportunities for the company being valued.

Company SWOT analysis

Analyzing the strengths, weaknesses, opportunities, and threats of the company being valued can provide insight into the company's competitive position and how it may impact its valuation. For example, if a company has a strong brand (strength), it may command higher valuation multiples than a competitor with weaker brand recognition.

Cross-analysis

Comparing the results of the industry and company SWOT analyses can help identify areas of alignment and misalignment. For example, if an industry has strong growth potential (opportunity) but the company being valued has limited capacity to capitalize on that growth (weakness), this may impact the company's valuation.

By carefully considering the results of the analysis, a

business valuation can provide a more accurate estimate of the company's value. Here's an example of a SWOT analysis for an electrical services company in Florida:

Strengths

- Highly skilled electricians with extensive experience in a wide range of electrical services.

- Strong reputation for providing high-quality, reliable electrical services to residential and commercial customers.

- Diverse service offerings, including installation, repair, and maintenance of electrical systems.

- Excellent customer service, with a focus on building strong relationships with clients.

Weaknesses

- High competition in the electrical services market in Florida, which may make it difficult to stand out from other providers.

- Dependence on skilled labor, which may be subject to shortages or high turnover.

- Potential for disruptions due to weather events or natural disasters in Florida.

Opportunities

- Growing demand for renewable energy solutions, such as solar panel installation, which may represent a new revenue stream for the company.

- Expansion into new markets or service areas, either through acquisition or organic growth.

- Partnerships with other service providers or suppliers in the electrical services industry.

Threats

- Economic downturns or recessions, which may decrease demand for alternative electrical services.

- Increasing competition from larger national chains or franchises in the electrical services market in Florida.

- Changes in regulations or codes that may impact the company's ability to provide certain services.

Overall, a SWOT analysis of an electrical services company in Florida suggests that the company has several strengths, including highly skilled labor and a strong reputation for quality and customer service. However, the company faces challenges in a competitive market and may be vulnerable to disruptions from weather events or natural disasters. There are also opportunities for growth in renewable energy solutions and new markets, but the company will need to be mindful of potential threats such as economic downturns or regulatory changes.

Key Performance Indicators

The industry analysis is typically performed using a combination of quantitative and qualitative methods. Quantitative methods may include the analysis of industry reports and financial data. Qualitative methods may include interviews with industry experts and analysis of regulatory filings. When performing an industry analysis, it's important to consider a range of key performance indicators (KPIs) that can provide insight into the industry's performance and the company's competitive position within the industry. Some common KPIs that are typically considered:

Revenue growth

Revenue growth is an important indicator of the industry's overall health and the company's ability to generate revenue. Revenue growth is an essential component in business valuation because it can directly impact a company's future earnings and cash flows. Higher revenue growth can lead to higher future earnings and cash flows, which can increase a company's valuation.

Profit margins

Profit margins provide insight into the industry's profitability and the company's ability to generate profits. Higher profit margins can lead to higher earnings and cash flows, which can increase a company's valuation. Overall, profit margins are crucial indicators of a company's financial health and performance. They provide insights into how efficiently a company is generating profit relative to its revenue, assets, or equity. When conducting business valuations, several profit margins are commonly analyzed to assess the company's profitability and operational efficiency. Some of the key profit margins include:

Gross Profit Margin:

Formula: (Gross Profit / Revenue) x 100

Gross profit margin measures the percentage of revenue that exceeds the cost of goods sold (COGS). It reflects the efficiency of production or service delivery and is often used to assess a company's pricing strategy and production costs.

For example, for Landscape, Inc., the gross profit margin is calculated by taking the gross profit (which is revenue minus the cost of goods sold) and dividing it by the total revenue.

$$\text{Gross Profit Margin} = \left(\frac{\text{Gross Profit}}{\text{Revenue}}\right) \times 100$$

For Landscape, Inc.'s gross profit margins for the years 2020 to 2023 were as follows:

- 2020: 49.4%
- 2021: 39.0%
- 2022: 44.3%
- 2023: 45.7%

For instance, in 2023, the gross profit margin of 45.7% was derived from a gross profit of $675,293 on a revenue of $1,477,191.

The gross profit margin's fluctuations imply that Landscape, Inc. has faced challenges in maintaining consistent cost control. However, the upward trend in the margins from 2021 to 2023 is a positive sign, suggesting that the company has been addressing these issues effectively.

For business valuation purposes, the stabilization and slight improvement in gross profit margins towards 2023 indicate a potentially favorable outlook. A consistent or improving gross profit margin is often seen as a sign of a company's strong competitive position and effective management, which are critical factors in assessing future profitability and overall business value.

This analysis shows that while Landscape, Inc. experienced a dip in profitability in 2021, it has since recovered and is likely on a stable path moving forward. Such trends are essential considerations when estimating the fair market value of the company, as they directly impact the projected future earnings and, consequently, the valuation multiples used in determining the company's worth.

Contribution Margin:

Contribution margin is a crucial financial metric that helps businesses understand the profitability of their products or services. It represents the portion of sales revenue that exceeds variable costs associated with producing or delivering those products or services. Contribution margin is particularly useful for assessing the profitability of individual products, departments, or segments within a company. The formula for contribution margin is:

Contribution Margin (in dollars) = Revenue − Variable Costs

$$\text{Contribution Margin Ratio} = \left(\frac{\text{Contribution Margin}}{\text{Sales Revenue}} \right) \times 100$$

Where:

- Revenue refers to the total sales generated from selling the products or services.

- Variable Costs are the costs directly associated with producing or delivering the products or services, which vary with the level of production or sales.

Alternatively, contribution margin can be calculated on a per-unit basis:

Contribution Margin per Unit = Selling Price per Unit – Variable Cost per Unit

Key points about contribution margin:

- *Focus on Variable Costs*: Contribution margin focuses solely on variable costs because these costs vary with the level of production or sales. Fixed costs, such as rent and salaries, are not considered in the contribution margin calculation.

- *Covering Fixed Costs*: Contribution margin helps to cover fixed costs and contribute towards covering overhead expenses and generating profit after fixed costs are covered.

- *Decision Making*: Contribution margin analysis is useful for decision-making purposes, such as determining pricing strategies, product mix optimization, and assessing the profitability of different business segments.

- *Break-Even Analysis*: Contribution margin is a key component of break-even analysis, which helps businesses determine the level of sales needed to cover both variable and fixed costs.

- *Margin of Safety*: Contribution margin can also be used to calculate the margin of safety, which represents the amount by which sales can drop before the business starts incurring losses.

Let's assume that Landscape, Inc. generated sales revenue of $1,000,000 in 2023. The total variable costs associated with these sales, including materials, direct labor, and other costs that fluctuate with production levels, amounted to $600,000.

Using the contribution margin formula:

$$\text{Contribution Margin} = \text{Sales Revenue} - \text{Total Variable Costs}$$
$$\text{Contribution Margin} = \$1,000,000 - \$600,000 = \$400,000$$

$$\text{Contribution Margin Ratio} = \left(\frac{\$400,000}{\$1,000,000}\right) \times 100 = 40\%$$

The contribution margin of $400,000, representing 40% of sales revenue, indicates that for every dollar of sales, Landscape, Inc. retains $0.40 after covering variable costs to contribute toward fixed costs and profit.

From a business valuation perspective, a healthy contribution margin is critical as it directly influences the company's ability to generate profits. A higher contribution margin suggests that the company can effectively control its variable costs relative to sales, leaving more funds available to cover fixed expenses and generate profit. This efficiency can enhance the company's valuation by indicating strong operational management and the potential for higher profitability.

In contrast, if the contribution margin were lower, it might signal challenges in controlling costs or pricing products and services effectively, which could raise concerns about the company's ability to maintain profitability under varying market conditions. For Landscape, Inc., the 40% contribution margin reflects a solid financial footing, making it more attractive to potential buyers or investors, as it suggests that the business is well-positioned to generate consistent profits, contributing positively to its overall market valuation.

EBITDA Margin (Earnings Before Interest, Taxes, Depreciation, and Amortization):

Formula: (EBITDA / Revenue) x 100

EBITDA margin measures the company's operating profitability before considering non-operating expenses and financial structure. It is often used in business valuation to assess operational efficiency and compare the performance of companies within the same industry.

Assume that in 2023, Landscape, Inc. reported earnings before interest, taxes, depreciation, and amortization (EBITDA) of $250,000 on a total revenue of $1,000,000. Using the EBITDA margin formula:

$$\text{EBITDA Margin} = \left(\frac{\text{EBITDA}}{\text{Sales Revenue}}\right) \times 100$$

$$\text{EBITDA Margin} = \left(\frac{\$250,000}{\$1,000,000}\right) \times 100 = 25\%$$

The EBITDA margin of 25% for Landscape, Inc. indicates that the company retains $0.25 of every dollar earned in revenue before accounting for interest, taxes, depreciation, and amortization. This margin is a critical indicator of the company's operational efficiency and its ability to generate profits from its core operations.

From a business valuation perspective, the EBITDA margin is particularly important because it reflects the profitability of the company's core operations without the influence of capital structure, tax rates, or non-cash accounting items like depreciation. A higher EBITDA margin suggests that Landscape, Inc. is effectively managing its operating expenses relative to its revenue, which can indicate a strong competitive position in the market and the potential for sustained profitability.

A lower EBITDA margin could signal potential issues with cost management or pricing strategies, which might raise concerns about the company's ability to maintain profitability in the face of market fluctuations or increased competition.

Therefore, the 25% EBITDA margin of Landscape, Inc. is a positive indicator, suggesting operational strength and profitability, which are key factors that contribute to a higher valuation.

Now, consider a scenario where the industry standard EBITDA margin is 30%, but Landscape, Inc.'s EBITDA margin is only 25%. This discrepancy suggests that the company may not be operating as efficiently as its peers, potentially due to higher operating expenses or less effective cost control measures.

In such a case, the company might be at a competitive disadvantage, which could lower its attractiveness to potential buyers or investors. They may perceive the lower margin as a risk, indicating that the company could struggle to generate profits at the same level as industry counterparts, especially in a more challenging economic environment. This could result in a lower valuation for Landscape, Inc., as the market typically rewards companies that outperform industry standards in terms of profitability.

Net Profit Margin:

Formula: (Net Profit / Revenue) x 100

Net profit margin represents the percentage of revenue that remains as net income after deducting all expenses, including taxes, interest, and non-operating costs. It provides a comprehensive view of the company's overall profitability and efficiency in managing expenses.

Assume that in 2023, Landscape, Inc. reported a net income of $150,000 on a total revenue of $1,000,000.

Using the net profit margin formula:

$$\text{Net Profit Margin} = \left（\frac{\text{Net Income}}{\text{Sales Revenue}}\right) \times 100$$

$$\text{Net Profit Margin} = \left(\frac{\$150,000}{\$1,000,000}\right) \times 100 = 15\%$$

The net profit margin of 15% for Landscape, Inc. indicates that the company retains $0.15 of every dollar earned in revenue after accounting for all expenses, including operating costs, interest, taxes, and other non-operating expenses. The net profit margin is a critical indicator of the company's overall profitability and financial health.

From a business valuation perspective, the net profit margin is particularly important because it represents the company's ability to convert revenue into actual profit after all costs are considered. A higher net profit margin suggests that Landscape, Inc. is not only managing its operating expenses effectively but also optimizing its financial structure, taxes, and other expenses to maximize profitability.

A robust net profit margin can significantly enhance the company's attractiveness to potential buyers or investors. It indicates that the company has a strong bottom line, which is crucial for generating returns on investment and providing value to shareholders. This, in turn, positively impacts the company's valuation, as a higher net profit margin typically leads to higher valuation multiples.

On the other hand, a lower net profit margin might signal potential issues with cost management, tax strategies, or financial efficiency, raising concerns about the company's ability to sustain profitability.

Consider a scenario where the industry standard net profit margin is 20%, but Landscape, Inc.'s net profit margin is only 15%. This discrepancy suggests that the company may not be as profitable as its industry peers, potentially due to higher costs, less efficient tax strategies, or other financial inefficiencies.

In this case, the company may be perceived as less competitive, which could lower its attractiveness to potential buyers or investors. They might view the lower margin as a sign of underlying financial challenges, which could affect the company's ability to maintain profitability, especially in a more competitive or challenging market environment. Consequently, this could result in a lower valuation for Landscape, Inc., as the market typically rewards companies that exceed industry benchmarks in terms of profitability.

This analysis highlights the importance of comparing a company's financial metrics not only in isolation but also against industry standards to understand its competitive position and potential valuation more comprehensively.

Other Factors & KPIs to Consider:

Customer retention

Customer retention is an important indicator of customer loyalty and the company's ability to retain customers over time. Customer retention is an important factor in business valuation because it can provide insight into a company's revenue stability and potential for future growth.

Net Promoter Score (NPS)

NPS is a metric used to gauge customer satisfaction and loyalty towards a company, product, or service. It is widely used across industries as a simple and effective way to measure customer sentiment and predict business growth. NPS is based on the fundamental idea that customers can be divided into three categories: promoters, passives, and detractors.

- Promoters (Score 9-10): These are customers who are highly satisfied with the company's product or service. They are likely to continue purchasing from the company and will also recommend it to others.

- Passives (Score 7-8): These are customers who are somewhat satisfied but not necessarily loyal. They may be prone to switch to competitors if a better offer comes along. Passives are considered neutral in terms of their impact on the company's growth.

- Detractors (Score 0-6): These are customers who are dissatisfied with the company's product or service. They are unlikely to repurchase and may even spread negative word-of-mouth, potentially harming the company's reputation.

To calculate the Net Promoter Score, you first gather responses to a single question: "How likely is it that you would recommend [company/product/service] to a friend or colleague?" The respondents typically answer on a scale from 0 to 10. Then, you categorize the responses into promoters, passives, and detractors. After categorization, you calculate the percentage of promoters and detractors among all respondents. The NPS is obtained by subtracting the percentage of detractors from the percentage of promoters. Mathematically, the formula for calculating NPS is:

$$NPS = \text{Percentage of Promoters} - \text{Percentage of Detractors}$$

A positive NPS indicates that there are more promoters than detractors, suggesting that the company has a favorable reputation and is likely to experience growth through word-of-mouth referrals. Conversely, a negative NPS suggests that there are more detractors than promoters, indicating potential issues that need to be addressed to improve customer satisfaction and loyalty.

Sales per employee

Sales per employee provides insight into the company's productivity and efficiency. Sales per employee is an important metric to consider when valuing a business because it can provide insight into a company's productivity, efficiency, and profitability. Sales per employee can also be used for industry benchmarking. Comparing a company's sales per employee to those of its competitors can provide insight into its competitive position and potential for future growth.

Employee turnover

Employee turnover provides insight into the company's ability to retain its employees and maintain a stable workforce.

These KPIs are not all inclusive. The valuation professional may deem certain KPIs to be more relevant or irrelevant for a valuation, depending on the facts and circumstances of the subject engagement.

In general, KPIs provide valuable insight into the industry's performance and the company's competitive position within the industry. By carefully considering these indicators, a business valuation can provide a more accurate estimate of the company's value. KPIs can be used in various areas of business, such as finance, marketing, operations, and customer service. They can be used to track performance over time, benchmark against competitors, and identify areas for improvement. For example, a retail company may use sales revenue as a KPI to measure the success of its sales efforts, while a manufacturing company may use production efficiency as a KPI to measure how efficiently it is using its resources.

Ultimately, the selection of KPIs will depend on the specific goals and objectives of the company or organization. By tracking KPIs, businesses can gain insights into their operations, identify opportunities for improvement, and make data-driven decisions to improve their overall performance.

Industry-Specific KPIs Examples:

Technology Industry

For technology companies, key value drivers may include intellectual property, research and development capabilities, and market share in a growing industry. Key considerations may include the impact of emerging technologies and competition from new entrants. Some examples of KPIs that are particularly relevant for IT companies:

Monthly Recurring Revenue (MRR)

This KPI measures the amount of revenue an IT company generates on a monthly basis from its recurring sources, such as subscription-based services. MRR is an important metric for measuring the growth of an IT company's customer base.

Customer Churn Rate

This KPI measures the percentage of customers that stop using an IT company's services over a given period of time. A high churn rate can indicate customer dissatisfaction or issues with the IT company's services.

Customer Satisfaction

This KPI measures the level of customer satisfaction with an IT company's products or services. Customer satisfaction can be measured through surveys or other feedback mechanisms and is an important indicator of the quality of an IT company's offerings.

Time-to-Resolution

This KPI measures the amount of time it takes for an IT company to resolve customer issues or support tickets. A low time-to-resolution can indicate effective support processes and customer service.

Productivity

This KPI measures the efficiency and productivity of an IT company's employees. This can be measured in terms of the number of projects completed, lines of code written, or other relevant metrics.

Intellectual Property

Patents, trademarks, copyrights, and other forms of

intellectual property can be valuable assets that increase a technology company's overall value.

Innovation

A technology company's ability to innovate and develop new technologies can increase its value, as it can lead to competitive advantages, new markets, and revenue streams.

Market Share

A technology company's market share in a particular industry or niche can increase its overall value, as it can indicate a strong competitive position and potential for growth.

User Base

A technology company's user base or customer base can increase its value, particularly if it has a loyal and engaged user community that contributes to ongoing revenue streams.

Human Capital

Skilled and experienced employees, particularly those with specialized knowledge of technology and software development, can increase a technology company's value.

Healthcare Industry

In the healthcare industry, key value drivers may include patient outcomes, regulatory compliance, and reimbursement rates. Key considerations may include changes in healthcare policy, demographic shifts, and technological advancements. Some examples of KPIs that are particularly relevant for healthcare companies include:

Patient Satisfaction

This KPI measures the level of patient satisfaction with a healthcare company's services. Patient satisfaction can be measured through surveys or other feedback mechanisms and is an important indicator of the quality of a healthcare company's services.

Cost Per Patient

This KPI measures the cost of providing care to each patient, including expenses such as staff salaries, equipment, and supplies. A low cost per patient can indicate efficient use of resources and effective cost management.

Contribution Margin

A contribution margin serves as a valuable KPI for healthcare companies, enabling them to optimize profitability, control costs, improve efficiency, and make data-driven decisions that enhance both financial and clinical outcomes.

Patient Volume

This KPI measures the number of patients treated by a healthcare company over a given period of time. Patient volume can be an important indicator of the growth and success of a healthcare company.

Patient to Staff Ratio

This KPI measures the number of patients that each staff member is responsible for. It can help healthcare companies ensure that they have the right number of staff to effectively manage patient care.

Average Length of Stay

This KPI measures the average length of time patients spend in a healthcare facility or hospital. A shorter average length of stay can indicate efficient use of resources and effective care management.

Claims Processing Time

This KPI measures the amount of time it takes for healthcare companies to process insurance claims. A shorter claims processing time can indicate efficient billing processes and effective insurance management.

Denied Claims Rate

This KPI measures the percentage of insurance claims that are denied by payers. A high denied claims rate can indicate issues with insurance coverage or billing processes.

Revenue per Patient

This KPI measures the amount of revenue generated by each patient, including insurance payments and out-of-pocket expenses. A high revenue per patient can indicate effective insurance management and cost-effective care management.

No-Show Rate

This KPI measures the percentage of patients who fail to show up for their appointments. A high no-show rate can indicate issues with patient communication, scheduling processes, or patient education.

Relative Value Unit (RVU)

This KPI often used in healthcare practices for the purpose of business valuation and performance assessment. RVUs are a measurement of the work and resources required to provide medical services. RVUs are a standardized measure used to quantify the value of medical services provided by healthcare professionals, such as physicians, nurse practitioners, and physician assistants. RVUs take into account three main components:

- Physician Work (wRVU): This component represents the effort, time, and skill required by the healthcare provider to perform a specific medical service. It considers factors like complexity, expertise, and time spent with the patient.

- Practice Expense (PE RVU): This component accounts for the cost of resources, equipment, and overhead associated with delivering the medical service. It includes expenses such as rent, staff salaries, and medical supplies.

- Malpractice (MP RVU): This component reflects the cost of malpractice insurance associated with the medical service provided.

By calculating the total RVUs for a healthcare practice, you can assess the overall productivity and revenue-generating capacity of the practice. A higher RVU indicates that the practice is delivering more services and potentially generating higher revenue. This KPI is valuable for business valuation purposes because it helps potential buyers or investors gauge the practice's financial health and growth potential.

Current Procedural Terminology (CPT) codes

CPT codes play a significant role as KPIs in a healthcare practice for the purpose of business valuation. CPT codes are a standardized set of codes used to describe medical procedures and services provided by healthcare professionals. Each medical service or procedure is associated with a specific CPT code, allowing for uniform billing, documentation, and reimbursement in the healthcare industry. In the context of business valuation for a healthcare practice, CPT codes serve several essential roles:

Revenue Tracking: CPT codes enable the healthcare practice to track and categorize the types and volume of medical services it provides. By analyzing the utilization of specific CPT codes, the practice can assess its revenue streams and identify which services are the most profitable.

Productivity Measurement: CPT codes provide a basis for measuring the productivity of healthcare providers within the practice. By tracking the number of procedures and services associated with each CPT code, the practice can evaluate the efficiency and workload of its providers.

Billing and Reimbursement: Accurate and appropriate use of CPT codes is crucial for billing and reimbursement. Billing based on the correct codes ensures that the practice receives appropriate payments from insurance companies, government programs, and patients.

Growth and Expansion: CPT code data can help the practice identify opportunities for growth and expansion. Analyzing trends in code utilization can reveal areas of increasing demand or services with high profitability, guiding strategic decisions about expanding or diversifying the practice's offerings.

Benchmarking and Comparisons: When conducting a business valuation, potential buyers or investors often assess the practice's CPT code data to benchmark it against industry standards and similar practices. This comparison helps in evaluating the practice's financial performance and competitiveness.

Transportation Industry

KPIs are important metrics that transportation companies can use to measure their progress and success. Some examples of KPIs that are particularly relevant for transportation companies:

On-time Delivery

This KPI measures the percentage of shipments or deliveries that are made on time. On-time delivery is essential for customer satisfaction and can be a key differentiator for transportation companies.

Fleet Utilization

This KPI measures the percentage of time that a transportation company's vehicles or equipment are being used. A high fleet utilization rate can indicate efficient use of resources and revenue generation.

Safety Record

This KPI measures the number of safety incidents or accidents in a transportation company's operations. Monitoring safety is essential for protecting workers and reducing business risk.

Cost per Mile

This KPI measures the cost of transporting goods or people per mile. Monitoring cost per mile is essential for managing costs and improving profitability.

Customer Satisfaction

This KPI measures the level of customer satisfaction with a transportation company's services. Customer satisfaction can be measured through surveys or other feedback mechanisms and is an important indicator of the quality of a transportation company's services.

Technology

The use of technology, such as GPS tracking and automated routing systems, can increase a transportation company's efficiency and value.

Customer Base

A strong and diverse customer base can increase the stability and predictability of a transportation company's revenue, and therefore increase its overall value.

Market Position

A strong market position, with a competitive advantage over rivals, can increase a transportation company's value and attract potential buyers.

Manufacturing Industry

In the manufacturing industry, key value drivers may include production efficiency, supply chain management, and brand reputation. Key considerations may include global competition, regulatory compliance, and environmental factors. Some examples of KPIs that are particularly relevant for manufacturing companies:

Production Efficiency

This KPI measures the efficiency of a manufacturing company's production processes, including factors such as equipment utilization, downtime, and waste. A high production efficiency can indicate effective manufacturing processes and cost-effective production.

Inventory Turnover

This KPI measures the number of times a manufacturing company's inventory is sold and replaced over a given period of time. A high inventory turnover can indicate effective inventory management and efficient use of resources.

Defect Rate

This KPI measures the percentage of defective products or components produced by a manufacturing company. A low defect rate can indicate effective quality control processes and high-quality production.

On-Time Delivery

This KPI measures the percentage of orders that are delivered on-time and in-full. A high on-time delivery rate can indicate effective order management processes and reliable production scheduling.

Cost of Goods Sold (COGS)

This KPI measures the cost of producing and selling a manufacturing company's products, including expenses such as labor, materials, and overhead costs. Monitoring COGS is essential for managing costs and improving profitability.

Supply Chain Management

A manufacturing company's ability to effectively manage its supply chain, including sourcing of raw materials, logistics, and inventory management, can increase its overall value.

Retail Industry

For retail companies, key value drivers may include customer loyalty, inventory management, and brand recognition. Key considerations may include changing consumer trends, online competition, and economic cycles. Some examples of KPIs that are particularly relevant for retail companies:

Customer Base

A strong and loyal customer base can increase the stability and predictability of a retail company's revenue, and therefore increase its overall value.

Brand

A strong brand with a positive reputation can increase a retail company's value, as it can lead to higher customer loyalty and trust.

Store Footprint

A retail company's physical store footprint can be a valuable asset that increases its overall value, particularly if it has a strong presence in high-traffic areas or prime locations.

E-commerce Presence

A strong e-commerce presence can increase a retail company's overall value, as it can lead to increased revenue and customer engagement.

Supply Chain Management

A retail company's ability to effectively manage its supply chain, including sourcing of products, logistics, and inventory management, can increase its overall value.

Average Transaction Value

This KPI measures the average value of each transaction in a retail store. A high average transaction value can indicate effective merchandising and sales techniques.

Inventory Turnover

This KPI measures the number of times a retail company's inventory is sold and replaced over a given period of time. A high inventory turnover can indicate effective inventory management and efficient use of resources.

Customer Traffic

This KPI measures the number of customers who visit a retail store over a given period of time. Customer traffic can be used to identify peak shopping times and trends in consumer behavior.

Conversion Rate

This KPI measures the percentage of customers who make a purchase after visiting a retail store. A high conversion rate can indicate effective sales techniques and a positive customer experience.

E-Commerce Businesses

For e-commerce businesses, KPIs play a crucial role in assessing their operational efficiency, financial health, and overall performance. When conducting a business valuation for an e-commerce company, investors and stakeholders often look at various KPIs to understand the company's growth potential, profitability, and market position. Some common KPIs for business valuation purposes in e-commerce:

Monthly Recurring Revenue (MRR)

MRR measures the predictable and recurring revenue generated by the e-commerce business from subscription-based products or services. It provides insights into the company's revenue stability and growth trajectory.

Customer Acquisition Cost (CAC)

CAC represents the average cost incurred by the company to acquire a new customer. It helps in assessing the efficiency of marketing and sales efforts and evaluating the scalability of the business model.

Customer Lifetime Value (CLV)

CLV estimates the total revenue expected from a customer throughout their relationship with the company. It helps in understanding the long-term profitability of acquiring and retaining customers.

Churn Rate

Churn rate measures the percentage of customers who stop using the company's products or services within a specific period. A low churn rate indicates strong customer retention and loyalty, which is essential for sustained revenue growth.

Average Order Value (AOV)

AOV represents the average amount spent by customers per order. It helps in evaluating the effectiveness of upselling and cross-selling strategies and identifying opportunities to increase revenue per customer.

Conversion Rate

Conversion rate measures the percentage of website visitors who make a purchase. It indicates the effectiveness of the e-commerce platform in converting traffic into sales and provides insights into user experience and marketing effectiveness.

Gross Merchandise Value (GMV)

GMV represents the total value of goods sold through the e-commerce platform, excluding discounts, returns, and taxes. It provides a measure of the company's transaction volume and market share.

Inventory Turnover Ratio

Inventory turnover ratio measures how quickly the company's inventory is sold and replaced within a specific period. It helps in assessing inventory management efficiency and identifying potential liquidity issues.

Customer Satisfaction Score (CSAT)

CSAT measures the satisfaction level of customers based on their shopping experience. It provides qualitative insights into customer sentiment and helps in identifying areas for improvement.

Construction Industry

Construction companies have a range of value drivers that can impact their overall worth. Some examples of KPIs that are particularly relevant for construction companies:

Project Schedule Performance

This KPI measures the percentage of construction projects completed on time or ahead of schedule. A high project schedule performance can indicate effective project management and efficient use of resources.

Project Cost Performance

This KPI measures the percentage of construction projects completed within budget or under budget. Effective cost management is essential for improving profitability and overall business performance.

Safety Record

This KPI measures the number of safety incidents or accidents on construction sites. Monitoring safety is essential for protecting workers and reducing business risk.

Bid-to-Win Ratio

This KPI measures the percentage of construction bids that a company wins compared to the total number of bids submitted. A high bid-to-win ratio can indicate effective business development and a strong competitive position in the market.

Project Pipeline

A strong pipeline of construction projects, with a diverse range of clients and industries, can increase a construction company's overall value and revenue generation potential.

Employee Productivity

This KPI measures the productivity of construction workers and teams. A high level of employee productivity can indicate effective management and training programs.

Technology

The use of technology, such as Building Information Modeling (BIM), can increase a construction company's efficiency and value, as it can lead to more accurate project planning and improved collaboration.

Start-Up Companies

By monitoring key metrics and adjusting their strategies as needed, start-ups can increase their chances of success and achieve their business goals. Some examples of KPIs that are particularly relevant for start-up companies:

Customer Acquisition Cost (CAC)

This KPI measures the cost of acquiring a new customer, including marketing and sales expenses. For start-ups, it's important to keep the CAC low to ensure that the cost of acquiring new customers is sustainable.

Monthly Recurring Revenue (MRR)

This KPI measures the amount of revenue a start-up generates on a monthly basis from its recurring sources, such as subscription-based services. MRR is an important metric for measuring the growth of a start-up's customer base.

Burn Rate

Burn rate measures the amount of cash a start-up spends on a monthly basis to cover its expenses. It's important for start-ups to manage their burn rate carefully to ensure that they have enough cash to sustain their operations until they reach profitability.

Customer Lifetime Value (CLTV)

CLTV measures the total value of a customer to a start-up over the course of their relationship. It's important for start-ups to maximize CLTV by providing excellent customer service and retaining customers over the long term.

Service-Based Businesses

Tracking KPIs is essential for service-based companies to measure their progress, identify areas for improvement, and make informed decisions about their growth strategies. By monitoring key metrics and adjusting their strategies as needed, service-based companies can increase their chances of success and achieve their business goals.

Service Quality

This KPI measures the quality of a service-based company's services. Service quality can be measured through metrics such as response time, resolution time, and error rates.

Utilization Rate

This KPI measures the percentage of billable time that a service-based company's employees spend working on client projects. A high utilization rate can indicate effective resource management and revenue generation.

Employee Turnover

This KPI measures the percentage of employees who leave a service-based company over a given period of time. High employee turnover can indicate issues with employee satisfaction or retention.

Revenue per Employee

This KPI measures the amount of revenue generated by each employee of a service-based company. A high revenue per employee can indicate effective use of resources and efficient service delivery.

Customer Base

A strong and loyal customer base can increase the stability and predictability of a service company's revenue, and therefore increase its overall value.

Brand

A strong brand with a positive reputation can increase a service company's value, as it can lead to higher customer loyalty and trust.

Intellectual Property

Patents, trademarks, copyrights, and other forms of intellectual property can be valuable assets that increase a service company's overall value.

Human Capital

Skilled and experienced employees can increase a service company's value, as they contribute to the company's ability to deliver high-quality services and innovate.

Technology

The use of technology, such as automation and artificial intelligence, can increase a service company's efficiency and value, as it can lead to more accurate service delivery and improved customer satisfaction.

Agriculture Industry

By monitoring key metrics and adjusting their strategies as needed, agriculture businesses can increase their chances of success and achieve their business goals. Some examples of KPIs may include:

Yield per Acre

This KPI measures the amount of crop or product harvested per acre of land. Monitoring yield per acre can help agriculture businesses identify areas for improvement in their farming practices and maximize their productivity.

Cost of Production

This KPI measures the cost of producing agricultural products, including expenses such as labor, seeds, fertilizers, and pesticides. Monitoring cost of production is essential for managing costs and improving profitability.

Customer Retention Rate

This KPI measures the percentage of customers who continue to purchase agricultural products from a business over a given period of time. A high customer retention rate can indicate effective customer management and high-quality products.

Ultimately, the selection of KPIs will depend on the specific goals and objectives of the company or organization. By tracking KPIs, businesses can gain insights into their operations, identify opportunities for improvement, and make data-driven decisions to improve their overall performance.

CHAPTER 5

Financial Statement Analysis

The Company's Historical Financial Statements

"What gets measured gets managed."

~ Peter Drucker

The company's historical financial statements analysis is an important component of business valuation because it can provide valuable information about a company's financial health, performance, and potential for future growth. There are several techniques that can be used to analyze a company's financial statements when performing a business valuation.

Trend analysis

Trend analysis involves comparing financial statement data from different periods to identify trends and patterns. This can help determine a company's growth potential, such as whether revenue and earnings are increasing or decreasing over time.

Revenue trend analysis involves comparing a company's revenue over time to identify patterns and trends. This can help determine the company's growth potential and market position. For example, if a company's revenue has been steadily increasing over the past few years, this may suggest that it has a strong market position and is poised for future growth.

To calculate revenue growth rate, you can use the following formula:

Revenue growth rate = (Revenue in current or historical period - Revenue in previous period) / Revenue in previous period x 100%

For example, let's say a company had revenue of $1,000,000 in the previous year and revenue of $1,200,000 in the current year. The revenue growth rate would be:

($1,200,000 - $1,000,000) / $1,000,000 x 100% = 20%

This means that the company's revenue has grown by 20% over the past year.

It's important to note that revenue growth rate should be analyzed in conjunction with other financial metrics, such as profit margins, cash flow, and asset quality, to get a more complete picture of a company's financial health and potential for future growth.

You can also calculate a **CAGR**, which stands for stands for **Compound Annual Growth Rate**. It is a measure of the annual growth rate of an investment over a specified period of time, assuming that the investment has been compounding at a constant rate. CAGR is often used to measure the growth of investments such as stocks, mutual funds, or real estate, but it can also be used to measure the growth of a company's revenue, earnings, or other financial metrics.

To calculate CAGR, you can use the following formula:

CAGR = (Ending value / Beginning value) ^ (1 / Number of years) - 1

For example, let's say a company had revenue of $1,000,000 in 2016 and revenue of $1,500,000 in 2020. The CAGR for this period would be:

($1,500,000 / $1,000,000) ^ (1 / 4) - 1 = 0.107 or 10.7%

This means that the company's revenue grew at a CAGR of 10.7% over the four-year period.

CAGR is useful for comparing the growth rates of investments over different time periods and can provide a more accurate representation of long-term growth rates than simple averages. However, it's important to note that CAGR assumes that the investment has been compounding at a constant rate over the specified period and may not reflect actual fluctuations in growth rates.

Cash flow trend analysis involves comparing a company's cash flow over time to identify patterns and trends. This can help determine the company's liquidity and potential for future growth. For example, if a company's cash flow from operating activities has been consistently positive over the past few years, this may suggest that it has a strong cash position and is able to invest in growth initiatives.

Balance sheet trend analysis involves comparing a company's balance sheet over time to identify patterns and trends. This can help determine the company's financial health and potential for future growth. For example, if a company's total assets have been steadily increasing over the past few years, this may suggest that it has been investing in growth initiatives and has a strong asset base to support future growth.

Financial performance trend analysis can provide valuable insights into a company's financial health, performance, and potential for future growth. By carefully analyzing a company's financial statements using trend analysis, a more accurate estimate of the company's value can be determined.

Profit margins analysis, as previously mentioned, is an important component of business valuation because it can provide insight into a company's profitability and potential for future growth. Profit margins analysis can provide insight into a company's operating efficiency. Companies with high profit margins may be more efficient in generating revenue and managing costs, which can increase their valuation. Profit margins analysis can also indicate whether a company has a competitive advantage in its industry. If a company has higher profit margins than its competitors, this may suggest that it has a competitive advantage in terms of its pricing power, cost structure, or product differentiation. Companies with high profit margins may have more resources available to invest in growth initiatives, such as research and development, marketing, and acquisitions. Profit margins analysis can be used for industry benchmarking. Comparing a company's profit margins to those of its competitors can provide insight into its competitive position and potential for future growth.

Common size analysis involves expressing financial statement data as a percentage of a base amount, such as total revenue or total assets. This can help identify areas of a company's financial statements that may be over or underperforming relative to other areas.

Common base is typically total revenue, or total assets, depending on the type of analysis being performed. For example, a common size income statement expresses each item as a percentage of total revenue, while a common size balance sheet expresses each item as a percentage of total assets. This can be useful for identifying trends, comparing financial performance across different time periods or companies, and identifying areas of strength or weakness. Common size analysis can be performed on any financial statement, including income statements, balance sheets, and cash flow statements. It can be used to identify patterns and trends in a company's financial performance, such as changes in revenue or expenses over time, or changes in the composition of a company's assets and liabilities.

Ratio Analysis

Ratio analysis involves calculating various financial ratios using information from a company's financial statements. These ratios can provide insight into a company's financial health, such as its liquidity, profitability, and efficiency. Examples of commonly used financial ratios include the current ratio, debt-to-equity ratio, return on assets, and various profit margins. Some common ratios used in ratio analysis for business valuation include:

Liquidity ratios

Liquidity ratios measure a company's ability to meet its short-term obligations. Common liquidity ratios include the current ratio (current assets / current liabilities) and the quick ratio (current assets - inventory / current liabilities). The **current ratio** is a financial metric used to evaluate a company's ability to pay off its short-term liabilities (debts due within one year) with its short-term assets (assets that are expected to be converted into cash within one year). A current ratio greater than 1 indicates that a company has more current assets than current liabilities, suggesting that it should be able to meet its short-term obligations. Generally, a higher current ratio is seen as favorable as it indicates a stronger liquidity position. However, an excessively high current ratio may suggest that a company is not efficiently utilizing its assets. On the other hand, the **quick ratio** only considers the most liquid assets, excluding inventory from the calculation. Inventory is generally considered less liquid than cash, cash equivalents, or accounts receivable since it may take time to sell and convert into cash. Therefore, by excluding inventory, the quick ratio provides a more conservative measure of a company's liquidity.

Example Calculation of Current Ratio for a Fast Food Restaurant:

Step 1: Gather Financial Information: Assume the following simplified financial information for the fast food restaurant (the information is derived from the subject company's balance sheet):

Current Assets: $150,000
Current Liabilities: $100,000

Step 2: Calculate the Current Ratio: The current ratio is calculated using the formula:

$$\text{Current Ratio} = \frac{\text{Current Assets}}{\text{Current Liabilities}}$$

Substituting the values:

$$\text{Current Ratio} = \frac{150,000}{100,000} = 1.5x$$

Assume, the industry average current ratio for fast food restaurants is given as 2.9x.

Analysis:

Liquidity and Financial Health:

- A current ratio of 1.5x indicates that the restaurant has $1.50 in current assets for every $1.00 of current liabilities.

- This is below the industry average of 2.9x, suggesting that the restaurant has less liquidity compared to its peers. Lower liquidity might indicate potential difficulties in meeting short-term obligations.

Business Risk:

- Higher Risk: From a business valuation perspective, a lower current ratio can be seen as a red flag. It could indicate higher financial risk, as the restaurant may struggle to cover its short-term liabilities, particularly in a downturn or economic stress.

- Operational Efficiency: The lower ratio might also suggest that the restaurant is operating more efficiently with its working capital, potentially tying up less money in assets that don't generate revenue. However, this efficiency must be balanced against the need for liquidity.

Impact on Valuation:

- Discount Rate: The higher perceived risk due to a lower current ratio might lead to a higher discount rate being applied to the restaurant's future cash flows, thereby lowering its valuation.

- Potential for Financial Stress: A business with a lower current ratio might face higher borrowing costs or even difficulty accessing credit, which could further impact its valuation negatively.

Strategic Considerations:

- Improvement Opportunities: The restaurant might consider strategies to improve its current ratio, such as reducing liabilities or increasing current assets (e.g., improving inventory turnover, collecting receivables faster).

- Comparison with Peers: If the industry average is significantly higher, investors or valuators may question why this restaurant's liquidity is lower, potentially leading to a deeper investigation into its financial practices and business operations.

Solvency ratios

Solvency ratios measure a company's ability to meet its long-term obligations. Common solvency ratios include the debt-to-equity ratio (total debt / total equity) and the interest coverage ratio (earnings before interest and taxes / interest expense). The **debt-to-equity ratio** measures the proportion of a company's total debt to its total equity. It indicates the degree to which a company is financing its operations through debt versus equity. A high debt-to-equity ratio suggests that a company has been aggressive in financing its growth through debt, which can increase financial risk because debt requires regular interest payments and eventual repayment of principal. On the other hand, a low debt-to-equity ratio may indicate a conservative financing approach or strong financial health, but it may also suggest limited growth opportunities. The **interest coverage ratio**, also known as the times interest earned ratio, measures a company's ability to meet its interest payments on outstanding debt. It evaluates the relationship between a company's earnings before interest and taxes (EBIT) and its interest expense. EBIT represents a company's operating profit before deducting interest and taxes, while interest expense is the total amount of interest payable on outstanding debt over a specific period. A higher interest coverage ratio indicates that a company is more capable of covering its interest obligations from its operating earnings, suggesting lower financial risk. Conversely, a lower interest coverage ratio may signal potential difficulty in meeting interest payments, which could lead to financial distress or default.

Example Calculation of Debt-to-Equity Ratio for a Fast Food Restaurant

Step 1: Gather Financial Information: Assume the following simplified financial information for the fast food restaurant:

Total Debt: $200,000
Total Equity: $100,000

Step 2: Calculate the Debt-to-Equity Ratio: The debt-to-equity ratio is calculated using the formula:

$$\text{Debt-to-Equity Ratio} = \frac{\text{Total Debt}}{\text{Total Equity}}$$

Substituting the values:

$$\text{Debt-to-Equity Ratio} = \frac{200,000}{100,000} = 2.0x$$

The industry average debt-to-equity ratio for fast food restaurants is given as 4.1x.

Analysis:

Solvency and Financial Stability:

- A debt-to-equity ratio of 2.0x indicates that the restaurant has $2.00 in debt for every $1.00 of equity.

- This is favorable compared to the industry average of 4.1x, suggesting that the restaurant has a more conservative capital structure with less reliance on debt.

Business Risk:

- Lower Risk: A lower debt-to-equity ratio generally indicates lower financial risk. The restaurant is less leveraged, meaning it is less vulnerable to interest rate fluctuations or economic downturns that could make debt servicing more difficult.

- Financial Flexibility: With a lower ratio, the restaurant likely has more financial flexibility and a stronger balance sheet. This could be attractive to investors, as it suggests the business has a solid foundation and the ability to weather financial challenges.

Impact on Valuation:

- Attractive to Investors: Investors might view the restaurant as a safer investment, especially if they are risk-averse. The lower reliance on debt might also mean that the restaurant has more capacity to take on new debt for expansion or other opportunities, which could enhance its growth potential.

Strategic Considerations:

- Leverage for Growth: The restaurant could consider taking on more debt if it has expansion plans or other capital-intensive initiatives. Given its favorable debt-to-equity ratio, it has the capacity to leverage its balance sheet without reaching the industry average.

- Capital Structure Optimization: The restaurant might explore optimizing its capital structure by balancing debt and equity in a way that maximizes returns while maintaining financial stability.

Comparison with Peers:

- Conservative Approach: The restaurant's lower debt-to-equity ratio compared to the industry average suggests a more conservative financial approach. This could be a strategic decision to maintain stability or a reflection of the owners' risk tolerance.

- Market Perception: The market might perceive the restaurant as more financially stable and less risky, which could positively influence its market value and attractiveness to potential buyers or investors.

Profitability ratios

Profitability ratios measure a company's ability to generate profits. Common profitability ratios include the gross profit margin (gross profit / revenue), the operating profit margin (operating profit / revenue), EBITDA margin (EBITDA/ revenue) and the net profit margin (net income / revenue).

<u>Gross Profit Margin</u>: This margin measures the percentage of revenue that exceeds the cost of goods sold (COGS). It reflects how efficiently a company produces and sells its products. A higher gross profit margin indicates that the company is able to command higher prices for its products or has lower production costs.

<u>EBITDA Margin</u>: EBITDA (Earnings Before Interest, Taxes, Depreciation, and Amortization) margin measures the percentage of revenue that represents operating profit before accounting for interest, taxes, depreciation, and amortization expenses. EBITDA margin focuses exclusively on a company's operational efficiency by excluding non-operating expenses and

non-cash items. It provides insight into how well the company generates profits from its core activities.

Net Profit Margin: This margin measures the percentage of revenue that remains as net income after deducting all expenses, including taxes, interest, and other non-operating costs. It provides a comprehensive view of a company's overall profitability. A higher net profit margin indicates that the company is effectively managing its expenses and generating strong profits.

Efficiency ratios

Efficiency ratios measure a company's ability to use its assets and resources efficiently. Common efficiency ratios include the inventory turnover ratio (cost of goods sold / average inventory) and the accounts receivable turnover ratio (revenue / average accounts receivable). **Inventory turnover** ratio measures the number of times a company sells and replaces its inventory during a specific period, typically a year. A higher inventory turnover ratio indicates that the company is selling its inventory quickly, which suggests efficient inventory management and a shorter cash-to-cash cycle. A low ratio may indicate overstocking or slow-moving inventory, while a high ratio may imply stockouts or insufficient inventory levels. **Accounts receivable turnover** ratio measures how efficiently a company collects payments from its customers for credit sales. A higher A/R turnover ratio indicates that the company collects payments from customers quickly, reflecting effective credit and collection policies. A low ratio may indicate lenient credit terms or difficulties in collecting payments.

Return on Equity (ROE)

ROE stands for Return on Equity, which is a financial ratio that measures the profitability of a company based on the amount of equity invested by shareholders. ROE analysis is a tool used in business valuation to evaluate the financial performance of a company.

ROE is calculated as: ROE = Net Income / Shareholders' Equity

$$ROE = \frac{\text{Net Income}}{\text{Shareholders' Equity}}$$

Net income is the profit earned by the company, and shareholders' equity is the amount of capital invested in the company by its shareholders. The higher the ROE, the more profitable the company is, relative to the amount of equity invested.

ROE analysis can be useful for identifying trends and changes in a company's financial performance over time. A declining ROE may indicate that the company is becoming less profitable or that it is using more debt to finance its operations, while an increasing ROE may indicate that the company is growing more profitable or that it is becoming more efficient at using its equity to generate income.

DuPont analysis is a financial analysis technique that breaks down the return on equity (ROE) of a company into three components: **profitability, efficiency,** and **leverage**. It is used to evaluate the factors that contribute to a company's financial performance and to identify areas for improvement.

DuPont analysis is based on the following formula:

$$ROE = \text{Net Profit Margin} \times \text{Asset Turnover} \times \text{Equity Multiplier}$$

$$ROE = \left(\frac{\text{Net Income}}{\text{Revenue}}\right) \times \left(\frac{\text{Revenue}}{\text{Total Assets}}\right) \times \left(\frac{\text{Total Assets}}{\text{Shareholders' Equity}}\right)$$

where:

Net Profit Margin is the ratio of net income to revenue, which measures a company's profitability.

Asset Turnover Ratio is the ratio of revenue to total assets, which measures a company's efficiency in using its assets to generate revenue.

Equity Multiplier is the ratio of total assets to shareholders' equity, which measures the amount of debt used to finance a company's assets.

By breaking down ROE into these three components, DuPont analysis helps to identify which factors are driving a company's performance and where improvements can be made. For example, a company with a low ROE may have a high net profit margin but low asset turnover or a high equity multiplier, indicating that it may need to focus on improving efficiency or reducing leverage.

Let's say a company had a net income of $1 million, revenue of $10 million, total assets of $20 million, and shareholders' equity of $8 million. Using DuPont analysis, we can calculate the company's ROE as follows:

Net Profit Margin = Net Income / Revenue = $1 million / $10 million = 0.1 or 10%

Asset Turnover Ratio = Revenue / Total Assets = $10 million / $20 million = 0.5 or 50%

Equity Multiplier = Total Assets / Shareholders' Equity = $20 million / $8 million = 2.5x

ROE = Net Profit Margin x Asset Turnover Ratio x Equity Multiplier

ROE = 0.1 x 0.5 x 2.5 = 0.125 or 12.5%

This means that the company generated a return of 12.5% on the equity invested by its shareholders. By breaking down the ROE into its component parts, we can see that the company's profitability (net profit margin) is 10%, its efficiency (asset turnover ratio) is 50%, and its leverage (equity multiplier) is 2.5x. In this example, the company's ROE is driven by the company's efficient operations.

DuPont analysis allows us to see how changes in these three factors can impact a company's overall ROE, and can help identify areas for improvement in a company's financial performance.

However, it's important to use caution when interpreting ROE, as it can be influenced by a variety of factors, including changes in the company's capital structure, the quality of its earnings, and the timing of its investments. It's also important to compare ROE to industry benchmarks and to consider other financial metrics, such as profit margins and cash flow, when evaluating a company's financial performance.

Normalization Adjustments

Normalization adjustments are made to the financial statements of a company in order to present a more accurate picture of its financial performance and value. Normalization adjustments are necessary when a company's financial statements include items that are not representative of its ongoing business operations or when there are unusual or non-recurring expenses that may affect the accuracy of the financial statements. Non-recurring or unusual expenses are expenses that are not part of the ongoing operations of the company, such as legal fees related to a lawsuit, costs associated with a one-time restructuring, or expenses related to a natural disaster.

Once you have identified the non-recurring expenses, you will need to add them back to the company's earnings. This adjustment is typically made to the income statement of the company.

For example, let's say a company incurred $100,000 in legal fees related to a lawsuit in the current year. This expense is a one-time expense that is not expected to occur in future periods. In order to make an adjustment for this expense, you would add the $100,000 back to the company's earnings. This adjustment would increase the company's earnings by $100,000 and provide a more accurate picture of the company's ongoing operations.

It's important to note that not all one-time expenses are considered non-recurring. Some one-time expenses may be related to the company's ongoing operations or future growth plans. Carefully evaluate each expense to determine if it is truly non-recurring and should be adjusted for in the valuation analysis.

Discretionary expenses normalization adjustments are made in business valuation to account for discretionary or non-operational expenses that are not necessary for the ongoing operations of the business. These adjustments aim to provide a more accurate representation of the business's financial performance and its potential future earnings under new ownership.

Let's consider a small retail business that is being valued for sale. The owner of the business pays themselves a higher salary than what would be considered market rate for a similar position. This higher salary is a discretionary expense and does not accurately reflect the compensation that would be necessary for a new owner to operate a business.

In this case, a normalization adjustment would be made to bring the owner's salary in line with market rates. The adjustment would involve determining the reasonable compensation for someone to perform the same role in the business. The excess salary paid to the owner is added back to the business's earnings to reflect the potential savings for a new owner.

For example, if the owner is paying themselves a salary of $100,000 per year, but the market rate for that position is $70,000 per year, a discretionary expenses normalization adjustment of $30,000 would be made. This adjustment would increase the business's earnings by $30,000 to provide a more accurate representation of its profitability.

Other examples of discretionary expenses that may require normalization adjustments could include personal expenses charged to the business, excessive perks or benefits provided to owners or executives, or non-recurring or non-essential expenses that are not expected to continue under new ownership. Personal expenses may include things like personal meals, travel expenses, entertainment expenses, and other non-business-related expenses.

It's worth noting that personal expenses adjustments are only made for expenses that are truly personal in nature and have no business purpose. It's important to distinguish between personal expenses and business expenses that may be related to the owner's or employee's job duties. For example, if a salesperson takes a client out to dinner as part of a business meeting, this would be considered a legitimate business expense and would not be subject to a personal expenses' adjustment.

Comparability normalization adjustments are a type of normalization adjustment made to a company's financial statements in order to make them more comparable to other companies in the same industry. For example, a company may be using a different depreciation method than other companies in the same industry or may be using different inventory accounting methods. In order to make the financial statements more comparable to other companies, normalization adjustments may be made to adjust for these differences.

For example, let's say a company is using an accelerated depreciation method for its assets, but market conditions dictate that a straight-line depreciation method is more appropriate. If the company's current depreciation expense is $12,000 and the straight-line depreciation expense would be $10,000, you will need to adjust the depreciation expense by $2,000.

Note that depreciation adjustments can have a significant impact on the company's earnings and overall value. Therefore, carefully evaluate the accounting methods and make adjustments that are consistent with the current market conditions and industry standards.

If a company is using a different inventory accounting method than other companies in the same industry, a normalization adjustment may be made to adjust for this difference. If the company has inventory that is considered to be obsolete or unsellable, it may be appropriate to adjust the inventory accounting to reflect the lower value of the inventory. This adjustment is typically made to the balance sheet, where the value of the obsolete inventory is written down.

Another way to normalize inventory accounting for business valuation is to calculate the inventory turnover ratio, which measures how quickly the company is able to sell its inventory. A low inventory turnover ratio may indicate that the company is carrying too much inventory or that the inventory is not selling quickly enough. In this case, it may be appropriate to adjust the inventory accounting to reflect a more realistic value of the inventory.

Chapter 6

Business Valuation Approaches

Business valuation approaches are frameworks or methods used to estimate the value of a business. These approaches provide different perspectives on how to assess a company's worth. There are three primary valuation approaches: the income approach, the market approach, and the asset-based approach.

Income approach

"Cash is king. Get every drop of cash you can get and hold onto it."
~ Jack Welch

The income approach is based on the idea that the value of a business is determined by its ability to generate future income. This approach involves estimating the future cash flows that the business is expected to generate, and then discounting those cash flows to their present value using a discount rate.

Market approach

"In the short run, the market is a voting machine, but in the long run, it is a weighing machine."
~ Benjamin Graham

The market approach is based on the idea that the value of a business can be estimated by comparing it to similar businesses that have recently sold. This approach involves finding comparable businesses and analyzing their sale prices to estimate the value of the business being valued.

Asset approach

"Valuation is not about numbers, it's about understanding the story of the asset and why the numbers make sense."
~ Aswath Damodaran

The asset approach is based on the idea that the value of a business is equal to the sum of its assets minus its liabilities. This approach involves valuing the business's assets and liabilities and subtracting the liabilities from the assets to arrive at the net asset value of the business.

Income Approach

The income approach is one of the three primary approaches used to value a business, and it is based on the idea that the value of a business is determined by its ability to generate future income. The income approach to valuation has been used by valuation professionals for many years. The origins of the income approach can be traced back to the 19th century, when economists began to develop theories about the relationship between income and value. In the early 20th century, the income approach gained popularity among appraisers who were looking for a more objective way to value businesses.

In the 1930s and 1940s, the income approach became more refined as economists and statisticians developed more sophisticated methods for forecasting future income. The development of the discounted cash flow (DCF) method in the 1950s and 1960s revolutionized the income approach, as it provided a more rigorous framework for estimating future cash flows and discounting them to their present value.

There are several methods that can be used to apply the income approach, including the capitalization of earnings method, the discounted cash flow (DCF) method, and the excess earnings method (hybrid method).

Time Value of Money

"Compound interest is the eighth wonder of the world. He who understands it, earns it; he who doesn't, pays it."
~ Albert Einstein

Have you heard the saying "time is money?" Did you ever stop and ponder what does it actually mean? This expression comes from Benjamin Franklin, one of the Founding Fathers of the United States; in 1748, in his book, he wrote: "remember that time is money." What Benjamin Franklin intended to imply is that you should not waste time, because you could be using it to earn money.

The time value of money is the bedrock concept when it comes business valuation because it recognizes that money has a time value and that the value of a dollar today is not the same as the value of a dollar in the future. This is a fundamental concept in finance that underlies many of the valuation techniques and investment strategies used by finance professionals today. In business valuation, the time value of money is incorporated into the income approach to valuation. The time value of money is important in business valuation for several reasons including:

Opportunity cost

The time value of money recognizes that there is an

opportunity cost associated with deferring consumption or investment. If you have money today, you can invest it and earn a return. If you spend the money today, you give up the opportunity to earn a return on it.

Inflation

The time value of money also takes into account the effect of inflation, which reduces the purchasing power of money over time. By discounting future cash flows at an appropriate rate of return, we can account for the effect of inflation and calculate the present value of future cash flows in today's dollars.

Risk

The time value of money is also influenced by risk. Investments with higher risk require a higher rate of return to compensate for that risk. By incorporating an appropriate discount rate into the income approach, we can account for the risk associated with a particular investment.

The concept of the time value of money has a long history, dating back at least to the ancient Greeks and Romans, who recognized that the value of money changed over time. However, it was not until the development of modern financial theory in the 20th century that the time value of money became a formalized concept. The idea of discounting future cash flows to their present value was first introduced in the 1700s by the

French mathematician Abraham de Moivre. Yet, it was not until the 1800s that the concept of the time value of money was fully developed by economists such as Irving Fisher, Eugen von Böhm-Bawerk, and John Rae.

In the early 1900s, the time value of money became an important concept in financial management, as managers began to use discounted cash flow techniques to make investment decisions. The development of the net present value (NPV) method in the 1950s and the capital asset pricing model (CAPM) in the 1960s provided theoretical frameworks for estimating the appropriate discount rate for a given investment.

Today, the time value of money is a fundamental concept in finance and is used in a wide range of applications, including business valuation, investment analysis, and financial planning. It is recognized as one of the most important principles of finance, and it underlies many of the valuation techniques and investment strategies used by finance professionals today.

Suppose you have the choice between receiving $1,000 today or $1,100 one year from now. Which option should you choose?

At first glance, it might seem like the $1,100 is the better option, since it's more money. However, the time value of money tells us that we need to consider the fact that money has a time value. In other words, the value of money changes over time due to factors such as inflation and the opportunity cost of investing.

To account for the time value of money, we can use the concept of present value. Present value is the value of a future cash flow in today's dollars, discounted at an appropriate rate of return. In this example, let's assume that the appropriate rate of return is 12% (discount rate). Using the present value formula, we can calculate the present value of the $1,100 in today's dollars:

$$PV = \frac{FV}{(1+r)^n}$$

$$PV = \frac{1,100}{(1+0.12)^1}$$

PV = $982 (rounded)

The present value (PV) of $1,100 to be received in one year, using a 12% discount rate, is approximately $982.14. This means that if you could invest $1,000 today at a 12% rate of return, you would have $1,120 one year from now. Comparing the present value of the two options, we can see that receiving $1,000 today is the better option. This is because the present value of $1,100 one year from now is only $982, which is less than the $1,000 you could have today.

The time value of money is a crucial concept in business valuation because it provides a way to estimate the present value of future cash flows and accounts for the opportunity cost, inflation, and risk associated with those cash flows. This allows us to make informed decisions about investments and to determine the fair market value of businesses and other assets.

Risk and Return

The concepts of risk and return play a crucial role in business valuation. Risk refers to the uncertainty or variability associated with an investment or business. In the context of business valuation, assessing risk is important because it affects the potential returns and value of the business. Various factors contribute to the risk profile of a business, including industry dynamics, competition, market conditions, operational efficiency, financial stability, legal and regulatory environment, and management capabilities, among others. The higher the perceived risk, the lower the value of the business.

Return represents the financial gains or rewards an investor expects to receive from an investment. It is typically measured in terms of profitability, cash flow, or capital appreciation. In business valuation, the expected return is considered as part of the valuation analysis. The return can be estimated by projecting future cash flows, considering growth rates, profitability, and the time value of money. The return expectation should align with the perceived risk of the business.

Higher-risk businesses should offer higher potential returns to attract investors. The relationship between risk and return is often characterized by a tradeoff. Investments or businesses with higher perceived risks tend to require higher expected returns to compensate for that risk. Conversely, investments with lower risk profiles may offer lower expected returns.

In business valuation, risk and return are incorporated into the determination of the discount rate or required rate of return used to calculate the present value of future cash flows. The discount rate represents the investor's required return to justify the investment in the business, considering its level of risk. The higher the perceived risk, the higher the discount rate applied, which results in a lower present value of future cash flows and, consequently, a lower valuation.

It's important to note that the assessment of risk and return in business valuation involves a combination of quantitative analysis, qualitative judgment, and industry knowledge. Valuation professionals employ various valuation methods and techniques to capture the risk and return factors specific to the business being valued. Additionally, the risk and return analysis should consider the perspective of the intended user of the valuation, such as potential buyers, investors, or stakeholders, as their risk tolerance and return expectations may vary.

Capitalization of Earnings Method

The capitalization of earnings method is a commonly used technique in business valuation that estimates the value of a business by capitalizing its future earnings. This method is based on the idea that the value of a business is equal to its expected earnings divided by a capitalization rate, which is a measure of the risk associated with the investment.

The capitalization of earnings method is typically used for stable, mature companies that are expected to have consistent earnings in the future. The method assumes that the company's earnings will continue at a consistent rate into perpetuity, and that the company will not experience significant growth or decline in the future.

To use the capitalization of earnings method, the valuator first estimates the company's future earnings. These earnings are then divided by the capitalization rate to arrive at an estimate of the company's value. Let's assume the company's average annual net earnings is $1,000,000 and a market-based capitalization rate is 8%. To calculate the value of a company using the capitalization of earnings method, use the formula:

Business Value = Expected Earnings / Cap Rate

Business Value = $1,000,000 / 0.08 = $12,500,000

Based on this example and the given assumptions, the estimated value using the capitalization of earnings method is $12,500,000.

The capitalization rate used in the method is determined by assessing the risk associated with the investment. The higher the risk, the higher the capitalization rate, and the lower the resulting value. The capitalization rate is often based on factors such as the company's industry, its financial stability, and the overall economic environment.

The capitalization of earnings method is commonly used in real estate valuation, where it is used to estimate the value of income-producing properties such as rental properties and commercial real estate. It is also used in business valuation, particularly for smaller businesses that have a consistent history of earnings.

The method has its origins in the early 20th century when investors and analysts began to seek more objective ways to value businesses. In the 1930s and 1940s, the capitalization of earnings method gained popularity as analysts developed more sophisticated ways to estimate future earnings and determine appropriate capitalization rates.

The capitalization of earnings method is a useful approach for valuing a business because it provides a simple and straightforward way to estimate the value of a stable, mature business based on its expected earnings. This method is particularly well-suited to companies that are expected to have consistent earnings in the future and are not expected to experience significant growth or decline. The capitalization of earnings method is useful for several reasons:

Simplicity

The method is relatively simple and straightforward to use, requiring only an estimate of the company's expected earnings and a capitalization rate to arrive at an estimate of the company's value.

Stability

The method is well-suited to stable, mature companies that are not expected to experience significant growth or decline in the future. This makes it particularly useful for valuing small businesses that have a consistent history of earnings.

Transparency

The method is transparent and easy to understand, making it a useful tool for communicating the value of a business to investors, buyers, and other stakeholders.

Consistency

The method is consistent with the notion that the value of a business is based on its expected future earnings. This is a widely accepted principle in finance and provides a useful framework for valuing businesses. The key components and assumptions of the capitalization of earnings method include:

1. Expected earnings:

The first step in using the capitalization of earnings method is to estimate the company's expected earnings for future periods. These earnings should be based on historical performance and projected future growth rates.

Gather the company's financial statements. Use this information to determine the company's historical earnings and financial performance. Evaluate trends in the company's industry to determine the expected growth rate for the industry. This can help you estimate the company's future earnings growth rate. Consider factors that are specific to the company, such as its competitive position, management team, and growth prospects. These factors can help you estimate the company's future earnings growth rate.

2. Adjust for non-recurring and discretionary items, along with any comparability adjustments:

Adjust the projected earnings for any non-recurring items, discretionary or personal expenses and any one-time gains or losses, to arrive at the company's normalized earnings. Furthermore, consider any appropriate comparability adjustments such as rent, depreciation, owner's compensation, etc.

3. Determine capitalization rate:

Determine the appropriate capitalization rate based on the company's risk profile, using factors such as the company's industry, financial stability, and the overall economic environment.

4. Calculate value:

Divide the company's normalized earnings by the capitalization rate to arrive at an estimate of the company's value.

5. Capitalization rate:

The capitalization rate also known as cap rate is a measure of the risk associated with the investment and is used to determine the present value of future earnings. The capitalization rate is typically based on factors such as the company's industry, its financial stability, and the overall economic environment.

Cap rate is a key factor in the capitalization of earnings method of business valuation. The capitalization rate is calculated by dividing the expected cash flows (or economic benefit stream) by the estimated value of the business or asset. For example, if a business has an expected net operating income of $500,000 and an estimated value of $5 million, the capitalization rate would be:

Capitalization rate = $500,000 / $5,000,000

Capitalization rate = 10%

The capitalization rate represents the rate of return an investor would require investing in the business or asset, given its level of risk. The lower the capitalization rate, the higher the expected value of the business or asset.

The discount rate and the capitalization rate are not the same thing, although they are related. Both are used in business valuation to estimate the value of future cash flows, but they are applied in different ways.

The discount rate represents the required rate of return for an investor to invest in the business or asset, given its level of risk. On the other hand, the capitalization rate is a method of valuing a business based on its expected future earnings. The cap rate is calculated by subtracting the expected growth rate from the discount rate. The cap rate is then used to divide the expected future earnings to determine the estimated value of the business. The reason why the expected growth rate is subtracted from the discount rate to arrive at the capitalization rate is to account for the fact that the capitalization of earnings method assumes a constant growth rate in perpetuity. In other words, the capitalization of earnings method assumes that the business will continue to generate the same level of earnings into the future, with a constant growth rate.

For example, if the discount rate is 12% and the expected growth rate is 2%, the capitalization rate would be 10% (12% - 2% = 10%). This capitalization rate would then be used to divide the expected future earnings to determine the estimated value of the business.

The capitalization of earnings method has several limitations, including its reliance on historical performance and assumptions about future growth rates, which may not always be accurate. Additionally, the method is not appropriate for companies that are expected to experience significant growth or decline in the future.

How to Calculate Capitalization Rate

The build-up method is a way to estimate the capitalization rate or cap rate by calculating the expected return of a business or asset based on a combination of risk factors. The build-up method for example assumes that the capitalization rate consists of two main components: a risk-free rate and risk premia.

The risk-free rate represents the expected return on a risk-free investment, such as a U.S. Treasury bond, and reflects the time value of money. The **risk premium** represents the additional return an investor expects to earn for taking on risk associated with the investment, such as business-specific risk or market risk. The build-up method starts with the risk-free rate and adds various risk premia to arrive at the estimated capitalization rate. Some common risk premia that may be added include:

Equity risk premium (ERP) is the additional return that investors demand for investing in equities (stocks) over a risk-free investment, such as a U.S. Treasury bond. The ERP is an important component in the build-up method to calculate the required rate of return for equity investments. It reflects the systematic risk of the overall equity market.

The equity risk premium compensates investors for the risk they assume when investing in the stock market. Stocks are generally considered to be riskier investments than bonds, as their values can fluctuate more widely in response to changes in economic and market conditions.

The ERP is usually calculated by subtracting the risk-free rate from the expected return on stocks. For example, if the expected return on stocks is 10% and the risk-free rate is 2%, the equity risk premium would be 8% (10% - 2% = 8%).

Several firms typically use a combination of historical market data, current market conditions, and economic forecasts to estimate the equity risk premium for a particular investment or valuation analysis. One approach is to look at historical data on stock market returns and bond yields over a long period of time, typically 50-100 years. Then, calculate the average excess return (i.e., the difference between stock returns and bond yields) over this period to arrive at an estimate of the equity risk premium.

The equity risk premium can vary over time depending on a variety of factors, such as the current state of the economy, market conditions, and investor sentiment. Carefully consider these factors when estimating the equity risk premium for a particular investment or valuation analysis.

Size premium represents the additional return an investor expects to earn for investing in smaller companies, which are typically considered riskier than larger companies.

Industry-specific risk premium/ (discount) represents the additional return an investor expects to earn for investing in a specific industry, based on the perceived level of risk associated with that industry.

Company-specific risk premium represents the additional return an investor expects to earn for investing in a specific company, based on factors such as management, financial performance, and market position. Estimating the company-specific risk premium often involves a combination of quantitative analysis and expert judgment. Quantitative analysis may involve analyzing historical financial data, market trends, and other factors to identify specific risks associated with the company. Expert judgment may involve input from industry experts, management, and other sources to identify unique risks associated with the company that may not be reflected in the quantitative analysis. Examples of company-specific risk premiums may include factors such as a key person risk, supplier risk, customer concentration risk, and the absence of established systems and controls. These factors are particularly relevant to smaller companies.

Once all risk premia have been added to the risk-free rate, the sum represents the estimated capitalization rate.

For example, if the risk-free rate is 2%, the equity risk premium is 6%, the size premium is 3%, the industry-specific risk premium is 2%, and the company-specific risk premium is

2%, the estimated capitalization rate would be:

Capitalization rate = 2% + 6% + 3% + 2% + 2%

Capitalization rate = 15%

Note, the build-up method is just one way to estimate the capitalization rate and that the specific risk premia used and the weights assigned to each may vary depending on the business or asset being valued and other market conditions and considerations.

Let's say we're valuing a company that has an expected net operating earnings of $500,000. We estimate that the appropriate discount rate for this company is 10%. To use the capitalization of earnings method, we first need to calculate the capitalization rate, which is the discount rate minus the expected growth rate of earnings. Let's assume we expect the company's earnings to grow at a rate of 3% per year.

Capitalization rate = Discount rate - Expected growth rate

Capitalization rate = 10% - 3%

Capitalization rate = 7%

Next, we can use the capitalization rate to calculate the company's value using the following formula:

Value = Net operating earnings / Capitalization rate

Value = $500,000 / 7%

Value = $7,142,857

The capitalization of earnings method is particularly useful when the business generates consistent cash flows over time, while the DCF analysis can better capture the fluctuations in cash flows and the impact of changes in the business environment.

Discounted Cash Flow Method

"I think it is possible for ordinary people to choose to be extraordinary."

~ Elon Musk

The discounted cash flow (DCF) method under the income approach is commonly used in business valuation when there is an expectation of future cash flows. This method is based on the principle that the value of a business is equal to the present value of its future cash flows, discounted at an appropriate rate.

The origins of the DCF method can be traced back to the 1930s, when economists began to develop theories about the relationship between cash flows and value. The dividend discount model (DDM) was first introduced in 1938 by John Burr Williams in his book, "The Theory of Investment Value." Williams proposed that the value of a stock is equal to the present value of its future dividends, discounted at a suitable rate of return. The present value approach, which is similar to the DDM, was also developed in the early 1900s and was used to value bonds and other fixed-income securities.

In the 1950s and 1960s, the DCF valuation gained popularity among financial economists who were looking for a more rigorous way to value investments. The development of the Capital Asset Pricing Model (CAPM) in the 1960s provided a theoretical framework for estimating the appropriate discount rate for a DCF valuation.

The DCF method is recognized as a reliable and objective way to estimate the fair market value of a business, and it is used in a variety of contexts, including mergers and acquisitions, and tax-related engagement. The DCF method may be used in situations where:

- The business has a history of generating consistent cash flows that are expected to continue in the future and/or grow exponentially.

- There are well-defined growth opportunities that can be forecasted with reasonable degree of certainty.

- The DCF method can be used to value a start-up business, but it can be challenging because start-ups typically have limited operating history and revenue streams. In such cases, the projections of future cash flows may be more uncertain, and the accuracy of the valuation may be heavily dependent on the assumptions made about future growth, risk profile and forecasted cash flows.

Free cash flows to equity (CFE) and free cash flows to invested capital (CFIC) are two different ways of calculating the cash flows generated by a business.

Cash flows in the DCF are called "free" because they represent the cash flows that are available to be distributed to the company's equity holders or invested in the company's operations after all necessary operating expenses, capital expenditures, and working capital adjustments have been made. These cash flows are considered "free" because they are available for discretionary use, as opposed to being required for ongoing operations or debt service.

CFE measures the cash flows available to the equity holders after deducting all debt-related expenses (interest and principal repayments) and non-discretionary capital expenditures (such as maintenance capex). CFE is calculated as follows:

CFE = EBIT * (1 - tax rate) + depreciation & amortization - capital expenditures - change in working capital + net debt

EBIT stands for Earnings Before Interest and Taxes. It is a measure of a company's profitability that is calculated by subtracting all operating expenses, except for interest and taxes, from the company's revenue.

CFIC measures the cash flows available to both debt and equity investors, after deducting all capital expenditures (both discretionary and non-discretionary) required to maintain the business and to support future growth, and changes in net working capital. CFIC is calculated as follows:

CFIC = EBIT * (1 - tax rate) + depreciation & amortization - capital expenditures - change in working capital

CFIC is a more comprehensive measure of the cash flows generated by the business, as it takes into account all the capital investments required to support the business operations and growth.

It is important to choose the appropriate cash flow measure depending on the purpose of the analysis and the perspective of the investor. Steps in applying the DCF analysis are:

1. Forecast Revenue

Developing a revenue forecast for the DCF analysis involves estimating the future revenues that the business is expected to generate over a certain period of time. The revenue forecast is a critical input into the DCF model, as it drives the projected cash flows. Here are some steps to develop a revenue forecast for the DCF analysis:

Understand the business model

Gain a thorough understanding of the business model, including its products or services, target markets, competition, and growth prospects.

Analyze historical performance

Analyze the business's historical revenue performance, including trends, seasonality, and cyclical fluctuations.

Identify growth drivers

Identify the key drivers of revenue growth for the business, such as market share gains, new product launches, geographic expansion, or pricing changes.

Estimate market size and share

Estimate the size of the market and the business's share of that market. This can be done by analyzing industry reports, market research, and competitor data.

Develop revenue projections

Develop revenue projections based on the growth drivers and market size estimates. This can be done by applying growth rates to historical revenues or by developing detailed financial models. Validate the revenue projections by comparing them to industry benchmarks, market research, and competitor data.

Sensitivity analysis

Perform a sensitivity analysis to determine how the revenue forecast and subsequent cash flows are affected by changes in key assumptions, such as growth rates, market size, and competition.

2. Forecast Expenses

Forecasting expenses for the DCF analysis involves estimating the future operating expenses that the business is expected to incur over a certain period of time. These expenses are subtracted from the projected revenues. Here are some of the considerations when forecasting expenses for the subject company:

Understand the cost structure

Once again, it is imperative to gain a thorough understanding of the business model, including its cost structure, and operating expenses.

Analyze historical performance

Analyze the business's historical expense performance, including trends, seasonality, and cyclical fluctuations.

Identify cost drivers

Identify the key drivers of operating expenses for the business, such as changes in the cost of goods sold, labor costs, and operating expenses.

Estimate future expenses

Develop projections for future operations based on the identified cost drivers and business strategy. This can be done by applying growth rates to historical expenses or by developing detailed financial models.

Validate projections

Validate the expense projections by comparing them to industry benchmarks, market research, and competitor data.

3. Deprecation and capital expenditures (Capex):

It is important to note that depreciation and Capex projections should be considered in conjunction with other inputs, such as revenue projections and working capital requirements.

In the context of DCF analysis, Capex refers to capital expenditures. Capex represents the investments made by a company in long-term assets, such as property, plant, and equipment (PP&E), that are expected to generate future cash flows.

When incorporating Capex into the DCF model, it is typically considered as a cash outflow. The Capex amount is subtracted from the operating cash flow to arrive at the Free Cash Flow (FCF) available to the firm or equity holders. The inclusion of Capex in the DCF analysis is crucial because it reflects the company's ongoing investment in its productive assets. By deducting Capex from the cash flows, the DCF analysis takes into account the impact of these investments on the available cash flow to equity holders or the firm's value.

The accuracy of the capex projections is critical to the accuracy of the overall valuation, and therefore requires careful analysis and consideration. Gain a thorough understanding of the business model, including its capital structure, asset base, and maintenance requirements. Analyze the business's historical depreciation and Capex performance, including trends, seasonality, and cyclical fluctuations. Identify the key assets that the business is expected to use in the future and estimate their useful lives. Develop projections for future depreciation based on the identified assets and their estimated useful lives. This can be done by applying a depreciation method (such as straight-line or accelerated) to the asset base.

Validate the depreciation and Capex projections by comparing them to industry benchmarks, market research, and competitor data.

Note, while it is possible to estimate depreciation as a percentage of revenue, it may not always be the most accurate method. Depreciation is typically based on the useful life of the asset and the salvage value at the end of that life.

4. Working Capital

Working capital is a critical component of the DCF analysis as it represents the short-term assets and liabilities that are required to operate the business. Here are some steps to calculate working capital for the DCF analysis:

Identify the current assets that the business requires to operate (excluding cash) and identify the current liabilities (excluding debt) that the business must pay in the short term, including accounts payable, and other current liabilities.

The debt and cash free working capital calculation is a method of valuing a company that removes the impact of debt and cash on the calculation of working capital. This approach assumes that the company is acquired by a new owner who would not inherit the company's existing debt and cash balances. By using the debt and cash free working capital calculation, the valuation of the business becomes more accurate as it is based on the company's operations rather than its capital structure.

<u>Calculating net working capital</u>:

- Subtract current liabilities from current assets to calculate net working capital.

- Develop projections for future net working capital requirements based on the business's historical performance, industry benchmarks, and future growth prospects.

Working capital is typically estimated as a percentage of revenues. The specific percentage will vary by industry, but a common range is 10% to 20% of revenues. To estimate working capital as a percentage of revenues, you can use the following formula.

Working capital = (Accounts receivable + Inventory - Accounts payable) / Revenues

For example, if a company has $1 million in accounts receivable, $500,000 in inventory, $750,000 in accounts payable, and $5 million in revenues, the calculation would be as follows:

Working capital = ($1,000,000 + $500,000 - $750,000) / $5,000,000

Working capital = $750,000 / $5,000,000

Working capital = 0.15 or 15%

In a debt and cash free working capital analysis, we use the **incremental change** in debt-free cash-free working capital to calculate the company's future cash flows. This means estimating the additional working capital that will be needed to support the company's growth in the forecast period. Incremental debt-free cash-free working capital is the amount of additional working capital that the company will need to invest in order to support its projected growth. It takes into account changes in the company's operations, such as changes in inventory levels, accounts receivable, and accounts payable, that are required to support the projected increase in revenues.

By using incremental debt-free cash-free working capital, the analysis ensures that the cash flows being projected are consistent with the growth assumptions being made, and that the company has the necessary working capital to support that growth.

5. Estimate Terminal Value

In a DCF analysis, the terminal value is the value of a company's expected cash flows beyond the explicit forecast period. In other words, it represents the present value of all future cash flows beyond the forecast period, assuming the business continues to operate in perpetuity. Terminal value is usually calculated using the perpetuity growth method or the exit multiple method. It is a crucial component of DCF analysis since the bulk of a company's value often comes from cash flows beyond the forecast period. The terminal value in DCF analysis is similar to the capitalization of earnings method in that both methods determine the value of the company's future cash flows beyond the explicit forecast period. The formula for calculating the terminal value using the perpetuity growth method is:

Terminal Value = (FCF_n x (1 + g)) / (WACC - g)

- where FCF_n is the free cash flow in the final year of the projection period, g is the expected perpetual growth rate, and WACC is the weighted average cost of capital.

Once the company's FCFs are forecasted, we discount them to present value (or the valuation date). To apply the discount rate to the company's forecasted free cash flows, the following steps can be followed:

1. Determine the company's forecasted free cash flows over the projection period.

2. Determine the appropriate discount rate based on the risk of the company and the expected return of its investors.

3. Apply the discount rate to each year's forecasted free cash flow to determine the present value of each year's cash flow.

4. The discount rate is used in the formula for calculating the present value of cash flows.

The formula is:

$$PV = CF / (1 + r)^n$$

Where:

PV = Present value of cash flows

CF = Expected cash flow for the period

r = Discount rate

n = Number of periods

The discount rate is used to bring future cash flows back to their present value, accounting for the time value of money. The higher the discount rate, the lower the present value of the cash flows, and vice versa. Add the present values of each year's free cash flow to arrive at the total present value of the company's projected free cash flows. The resulting amount represents the estimated value of the company based on the discounted cash flow analysis.

Let's assume you are evaluating the value of a fictional company called XYZ Corporation. You want to determine its present value based on its expected future cash flows. Here are the steps and some simplified numbers for illustration:

1. <u>Forecast Future Cash Flows:</u>

    Year 1: $1,000,000
    Year 2: $1,200,000
    Year 3: $1,500,000
    Year 4: $1,800,000
    Year 5: $2,000,000

2. Determine the Discount Rate:

   For this example, let's assume a discount rate of 10% (this represents the required rate of return or cost of capital).

3. Calculate the Present Value of Each Cash Flow:

   Year 1: $1,000,000 / (1 + 0.10)^1 = $909,091
   Year 2: $1,200,000 / (1 + 0.10)^2 = $991,736
   Year 3: $1,500,000 / (1 + 0.10)^3 = $1,126,972
   Year 4: $1,800,000 / (1 + 0.10)^4 = $1,229,424
   Year 5: $2,000,000 / (1 + 0.10)^5 = $1,241,843

4. Sum the Present Values:

   Sum of Present Values = $909,091 + $991,736 + $1,126,972 + $1,229,424 + $1,241,843 = $5,499,066

5. Calculate Terminal Value:

   You can calculate the terminal value using different methods such as the perpetuity growth model (assuming the business continues to grow at a certain rate beyond Year 5) or by using a multiple of EBITDA or Earnings. Let's assume a terminal value of $10,000,000 for this example.

6. <u>Discount the Terminal Value:</u>

   $\$10{,}000{,}000/(1+0.10)^5 = \$6{,}209{,}213$ (discounted to Year 5)

7. <u>Add the Present Value of Terminal Value to the Present Values of Cash Flows:</u>

   $\$5{,}499{,}066 + \$6{,}209{,}213 = \$11{,}708{,}279$

8. <u>Subtract Any Outstanding Interest-Bearing Debt:</u>

   Let's assume there are no outstanding debts for this example.

The resulting value represents the estimated value of XYZ Corporation of approximately $11,708,279.

Please note that this is a simplified example, and in a real-world DCF analysis, you would need to consider more factors, assumptions, and sensitivity analyses. Additionally, the accuracy of your analysis depends on the quality of your cash flow projections and the chosen discount rate, which can vary based on market conditions and risk factors.

Discount Rate

Discount rate is the rate of return used to determine the

present value of future cash flows in a discounted cash flow analysis. It is also referred to as the required rate of return or cost of capital, and it represents the minimum rate of return that investors require for their investment to be worthwhile. The discount rate is influenced by factors such as the risk level of the investment, inflation, interest rates, and the opportunity cost of investing in an alternative investment with a similar risk profile.

Present value is the concept in finance that recognizes the time value of money, which suggests that a sum of money available today has more value than the same sum of money at some point in the future.

The concept of present value can be traced back to ancient civilizations, where merchants and moneylenders used it for financial transactions. However, the modern concept of present value emerged in the 17th century when mathematicians started exploring the concept of compound interest. In the 18th century, the Scottish mathematician Colin Maclaurin was the first to formally define the concept of present value in his book "A Treatise on Fluxions" (1742). Later, in the 19th century, the French mathematician Augustin-Louis Cauchy developed the concept of a mathematical limit, which provided a formal basis for calculating present value. Since then, the concept of present value has been widely used in finance, economics, and accounting for a range of applications, including business valuation, investment analysis, and capital budgeting.

Present value concept is essential in business and finance because it enables people to evaluate the present and future values of money in investment decisions. To calculate the present value of a future cash flow or investment, a discount rate is applied that reflects the time value of money and the risk associated with the investment.

Cash flows in the DCF get discounted to present value to account for the time value of money. Money received in the future is worth less than the same amount of money received today, due to factors such as inflation, opportunity cost, and risk. By discounting future cash flows to their present value, the DCF calculation takes these factors into account and provides a more accurate representation of the value of the cash flows to the business. This allows for better decision-making when considering the potential value of an investment or business.

The discount rate used in a discounted cash flow analysis can be based on the cost of equity for cash flows to equity, or the weighted average cost of capital (WACC) for cash flows to invested capital.

The cost of equity reflects the expected return that equity investors require given the risks associated with investing in the company. It takes into account factors such as the company's beta, risk-free rate, and equity risk premium. The cost of equity is used to discount the cash flows to equity in a DCF analysis.

The WACC, on the other hand, represents the weighted average cost of the company's debt and equity financing, and reflects the minimum return required by both investors and lenders. It is calculated by taking the weighted average of the cost of equity and the after-tax cost of debt and is used to discount the cash flows to invested capital in a DCF analysis.

The components of the discount rate, including the risk-free rate, equity risk premium, and beta, have been developed by various scholars and practitioners in the field of finance over time. For example, the Capital Asset Pricing Model (CAPM) was developed by William Sharpe in 1964 and later extended by John Lintner and Jan Mossin. The model was developed to explain how financial markets price risky assets and to provide a framework for understanding the relationship between expected return and risk. The CAPM has since become one of the most widely used models in finance and is a cornerstone of modern portfolio theory.

Modern Portfolio Theory (MPT) is a mathematical framework used to build and manage investment portfolios. Developed by economist Harry Markowitz in 1952, MPT provides a method to optimize portfolios that seeks to maximize returns while minimizing risk. It assumes that investors are rational and risk-averse, and that they make decisions based on expected returns and expected risks. MPT takes into account the correlation between different assets in a portfolio, as well as the individual risk and return characteristics of each asset. By diversifying a portfolio and selecting assets with low correlation, MPT seeks to create a portfolio that is less risky than any individual asset in the portfolio.

Both MPT and CAPM are widely used in finance and investment analysis. MPT is used to construct portfolios that balance risk and return by diversifying investments across different asset classes, while CAPM is used to estimate the expected return of an asset by comparing its risk and return to the overall market.

The modified capital asset pricing model (MCAPM) is a variation of the traditional CAPM model used in business valuation to estimate the cost of equity capital for private companies. It accounts for the specific risks associated with investing in private companies that are not captured by the traditional CAPM. The MCAPM model incorporates additional factors such as company size, and company-specific risk to arrive at a more accurate estimate of the cost of equity capital.

Capital Asset Pricing Model (CAPM)

The formula for the modified CAPM is:

Discount Rate = Risk-Free Rate + Beta * Equity Risk Premium + Size Premium + Company-Specific Risk Premium where:

- **Risk-Free Rate:** The expected return on a risk-free investment such as a government bond. It is a crucial input in the calculation of the cost of equity using the CAPM. In CAPM, the risk-free rate represents the minimum expected return that investors demand for investing in an asset that carries no risk. It is used as a baseline to determine the expected return on a risky asset by adding a premium for the asset's risk. The higher the risk of an investment, the higher the expected return demanded by investors.

- **Beta:** A measure of a company's systematic risk relative to the overall market. In business valuation, beta is a measure of a company's volatility or systematic risk in comparison to the overall market. Beta is used in the CAPM to calculate the expected return of an investment. The beta estimate is usually obtained by comparing a company's stock price movements to a market index, such as the S&P 500 index. Guideline public companies can be used to calculate a proxy beta for a business valuation by analyzing the historical stock returns of comparable public companies. The beta of a public company represents the volatility of the company's stock price relative to the market as a whole. To estimate the beta for a private company, analysts can first identify a set of public companies that operate in the same industry as the private company being valued. Next, the historical stock returns of the selected public companies can be analyzed to estimate the average beta for the industry. This estimated beta can then be used as a proxy beta for the private company. The proxy beta can be adjusted based on any relevant differences between the private company and the public companies used in the analysis, such as differences in size or business model.

Beta coefficient (β) = Covariance (R_e, R_m) / Variance (R_m)

where:

R_e = the return on an individual stock

R_m = the return on the overall market

Covariance is defined how changes in a stock's returns are related to changes in the market returns. Variance is defined how far the market's data points spread out from their average value.

Other adjustments include un-levering and re-levering beta. These are two techniques used to adjust a company's beta to reflect its capital structure. Un-levering beta involves removing the impact of a company's debt on its beta to arrive at its "un-levered beta" or "asset beta". This is done by assuming that the company has no debt and recalculating its beta based solely on the risk of its equity. The formula for un-levering beta is:

Un-levered beta = Levered beta / [1 + (1 - Tax rate) x (Debt / Equity)]

Re-levering beta involves adjusting the un-levered beta to reflect the company's actual capital structure. This is done by assuming that the company takes on a certain amount of debt and recalculating the beta based on the risk of the equity in that new capital structure. The formula for re-levering beta is:

Levered beta = Un-levered beta x [1 + (1 - Tax rate) x (Debt / Equity)]

In both cases, the tax rate used is the company's effective tax rate. These adjustments are typically made in order to make the beta more comparable to other companies in the same industry or market, especially when those companies have different capital structures. Assume that a company has a levered beta of 1.2 and a debt-to-equity ratio of 0.5. To un-lever the beta, we need to remove the effect of financial leverage on the beta. The formula for un-levering the beta is:

Un-levered Beta = Levered Beta / [1 + ((1 - Tax Rate) x (Debt / Equity))]

Assuming a tax rate of 25%, we can calculate the un-levered beta as follows:

Unlevered Beta = 1.2 / [1 + (1 - 0.25) * 0.5]

Unlevered Beta = 1.2 / [1 + (0.75 * 0.5)]

Unlevered Beta = 1.2 / [1 + 0.375]

Unlevered Beta = 1.2 / 1.375

Unlevered Beta ≈ 0.8727

Now, to re-lever the beta to reflect the company's capital structure, we need to use the following formula:

Levered Beta = Unlevered Beta * [1 + (1 - Tax Rate) * (New Debt-to-Equity Ratio)]

You already have the Unlevered Beta as approximately 0.8727 and the Tax Rate as 25% or 0.25. Now, plug in the new Debt-to-Equity Ratio of 0.8 into the formula:

Levered Beta = 0.8727 * [1 + (1 - 0.25) * 0.8]

Levered Beta = 0.8727 * [1 + (0.75 * 0.8)]

Levered Beta = 0.8727 * [1 + 0.6]

Levered Beta = 0.8727 * 1.6

Levered Beta ≈ 1.3963

The re-levered beta for the company, taking into account its capital structure, is 1.40 (rounded).

- **Equity Risk Premium (ERP):** The ERP refers to the disparity between the anticipated market return and the risk-free interest rate. It serves as a gauge for estimating the performance of a stock index relative to a safe investment like a treasury bond. For example, an ERP of 6.28% is chosen, derived from historical data. This figure is based on the average annual return of 11.64% from the S&P 500 over the period from 1928 to 2022, compared to a 20-year Treasury bond's average annual return of 5.36% during the same time frame.

- **Size Premium:** The average return achieved by investors is also influenced by the size of a specific company. Known as the 'size effect,' this phenomenon is substantiated by numerous empirical studies demonstrating that smaller companies carry higher levels of risk and, consequently, possess a greater cost of capital. In essence, a noticeable (negative) correlation exists between size and actual equity returns—namely, as size diminishes, returns tend to rise, and conversely.

- **Company-Specific Risk Premium:** An adjustment to the discount rate based on the specific risks associated with the company being valued. The company-specific risk premium is impacted by several factors, including:

- *Market position:* A company's market position can impact its risk premium. A company with a dominant market position may be less risky than a company that is still trying to establish itself in a market.

- *Financial strength:* Companies with strong financials, such as high profitability and low leverage, may have a lower risk premium than those with weak financials.

- *Management quality:* The quality of a company's management team can impact its risk premium. A well-managed company may be considered less risky than a company with a history of poor management.

- *Geographic location:* Companies operating in politically unstable or volatile regions may have a higher risk premium due to the potential impact of political and economic instability on their operations.

- *Customer concentration risk* is the risk that a company faces when a significant portion of its revenue is generated by a limited number of customers. This creates a dependency on these customers, making the company vulnerable to a loss of revenue if any of these customers reduce or stop their purchases. The level of customer concentration risk depends on the number and size of customers that contribute to the company's revenue. The more customers a company has, and the more evenly they contribute to revenue, the lower the customer concentration risk. On the other hand, if a company is heavily reliant on a few customers for the majority of its revenue, it faces a high customer concentration risk. Factors that may increase customer concentration risk include the absence of long-term contracts, limited diversification across products or services, and a lack of bargaining power with customers. In contrast, factors that may decrease customer concentration risk include a large and diverse customer base, long-term contracts, and strong relationships with customers. Assessing customer concentration risk is an important part of business valuation, as it can significantly impact the company's future earnings and cash flows.

- *Supplier or vendor risk* refers to the potential negative impact that may arise from the actions or performance of a company's suppliers or vendors.

This risk can manifest in various ways such as supply chain disruptions, quality issues, delays in delivery, and price fluctuations. Companies that rely heavily on a single supplier or vendor are particularly vulnerable to this risk. To mitigate this risk, companies may develop contingency plans, diversify their supplier base, and implement robust monitoring and evaluation processes to ensure their suppliers meet their standards and expectations. In business valuation, supplier or vendor risk is considered as a company-specific risk factor that affects the discount rate used in the valuation.

- *Personnel risk* refers to the risk that a company's operations may be negatively impacted due to the loss of key personnel or the inability to attract and retain qualified personnel. This risk is particularly relevant for small and medium-sized businesses, where a small number of key individuals may have a significant impact on the company's success. Personnel risk can be addressed through succession planning, competitive compensation and benefits packages, and employee retention programs. It is an important consideration in business valuation as it can impact the company's future earnings potential and overall value.

- *Technology risk* refers to the possibility of a negative impact on a company's operations, financial performance, or competitive position resulting from technological changes or issues. This risk can arise from a variety of factors such as changing consumer preferences, cybersecurity threats, obsolescence of existing technology, and technological disruption from new market entrants. For example, a company heavily dependent on a legacy technology that is becoming outdated may face technology risk if it fails to invest in new technologies or adapt to market changes. In the context of business valuation, the degree of technology risk faced by a company can affect the discount rate used in the DCF analysis or the multiple used in market-based valuation methods.

- *The lack of systems and controls* can pose significant risks to a business. For instance, it can lead to errors, fraud, and mismanagement of resources. It can also make it difficult to identify and address issues promptly, which can result in financial losses and reputational damage. In the context of business valuation, the lack of systems and controls can increase the company-specific risk premium, which will, in turn, increase the discount rate and lower the estimated value of the business. Therefore, it is crucial to assess a company's systems and controls when performing a business valuation.

For example, you can calculate the expected return using the CAPM with the given inputs. Here's the modified CAPM calculation:

Expected Return = Risk-Free Rate + (Beta * Equity Risk Premium) + Size Premium + Company-Specific Risk Premium

Given the following values:

Risk-Free Rate = 4.5%

Beta = 1.4

Equity Risk Premium = 6.28%

Size Premium = 5.02%

Company-Specific Risk Premium = 5%

Now, plug these values into the formula:

Expected Return = 4.5% + (1.4 * 6.28%) + 5.02% + 5%

Expected Return = 4.5% + 8.792% + 5.02% + 5%

Expected Return ≈ 23.312%

The modified CAPM calculation suggests an expected return of approximately 23.312% for the investment or company in question, given the specified risk-free rate, beta, equity risk premium, size premium, and company-specific risk premium.

Weighted Average Cost of Capital (WACC)

The WACC is a financial metric that accounts for the cost of capital to both debt and equity holders in a company. WACC represents the average rate of return a company needs to generate in order to compensate its investors (both equity and debt holders) for the risk associated with investing in the company's operations. As such, WACC takes into consideration the relative weights of debt and equity in the company's capital structure, as well as the cost of each component.

Cost of Equity: This is the rate of return expected by the company's equity owners. It reflects the company's risk and the return investors require for investing in the company's equity.

Cost of Debt: This is the interest rate the Company pays on its debt obligations. It represents the cost of borrowing funds from creditors. The cost of debt is usually the pre-tax yield to maturity on the company's debt instruments, adjusted for tax benefits from interest payments.

Tax Shield: The interest payments on debt are tax-deductible in many jurisdictions. The tax shield represents the tax savings generated by deducting interest expense from taxable income. This reduces the overall cost of debt.

Weights: The WACC takes into account the proportion of debt and equity in the Company's capital structure. The weights are usually determined by the market value of each component (i.e., market value of equity and market value of debt).

WACC is calculated by taking the weighted average of the cost of each component of capital, where the weight is the proportion of that component to the total capital structure. The formula for WACC is as follows:

$$WACC = \left(\frac{E}{V} \times R_e\right) + \left(\frac{D}{V} \times R_d \times (1 - T_c)\right)$$

Where:

E = market value of the company's equity

V = total market value of the company's equity and debt

D = market value of the company's debt

R_e = cost of equity

R_d = cost of debt

T = tax rate

In this formula, the cost of equity is determined by using the Capital Asset Pricing Model (CAPM), which is based on the risk-free rate, the company's beta, and the market risk premium.

The cost of debt is calculated by considering the interest rate on outstanding debt, fees, and other expenses.

The proportion of debt and equity is determined by dividing the market value of each by the total market value of the company's invested capital.

The cost of debt is determined by calculating the interest rate that a company pays on its debt, including both short-term and long-term debt. This is often calculated by dividing the interest expense by the total amount of debt. However, it can also be estimated based on the company's credit rating and prevailing interest rates in the market. In general, the cost of debt is lower than the cost of equity, as debt is considered less risky than equity.

Determining an appropriate capital structure for WACC involves analyzing the company's financial statements, market conditions, and other factors to determine the optimal mix of debt and equity financing. The following steps may be taken:

1. Analyze the company's financial statements to determine its current debt-to-equity ratio and the cost of its existing debt and equity financing.

2. Review industry standards and peer benchmarks to determine what capital structures are typical for similar companies in the same industry.

3. Assess market conditions, such as interest rates and market volatility, to determine the cost of debt and equity financing.

4. Consider the company's growth prospects and capital requirements to determine how much debt the company can safely take on without jeopardizing its financial stability.

5. Determine the optimal mix of debt and equity financing that minimizes the company's cost of capital while still maintaining an appropriate level of financial risk.

6. Calculate the company's weighted average cost of capital (WACC) using the appropriate weightings for debt and equity based on the company's optimal capital structure.

It's important to note that the determination of an appropriate capital structure for WACC can be complex and depends on a variety of factors unique to each company.

Therefore, it may be helpful to consult with financial professionals and conduct a thorough analysis before making any decisions.

While the discounted cash flow (DCF) method is a widely used and accepted valuation technique, it has certain limitations and drawbacks, including:

Dependence on projections

The accuracy of the valuation is heavily dependent on the quality of the projected cash flows, which can be difficult to estimate, especially for long-term projections. Any errors or uncertainties in the projections can result in significant valuation errors.

Sensitivity to assumptions

The DCF method relies on numerous assumptions, including discount rate, growth rate, and terminal value, which can significantly impact the valuation results. Small changes in assumptions can lead to large changes in the valuation, making it sensitive to the judgement and expertise of the valuator.

Difficulty in estimating cost of capital

Estimating the discount rate, which is used to determine the present value of future cash flows, is not straightforward, and it requires significant expertise and judgement. Determining the cost of equity and cost of debt can be challenging, especially for companies that are privately held or for which the market risk premium is uncertain.

Inability to capture non-financial factors

The DCF method is based solely on financial metrics and cannot capture non-financial factors, such as changes in the competitive landscape, regulatory environment, or technological advances, which can have a significant impact on a company's value.

Lack of comparability

The DCF method is highly specific to the company being valued and cannot be easily compared with other companies or industries, limiting its usefulness in benchmarking and comparative analysis.

Example: DCF Valuation of BeanBliss Coffee Roasters

Discounted Cash Flow (DCF) analysis is a fundamental valuation method used to estimate the value of an investment based on its expected future cash flows. For BeanBliss Coffee Roasters, a coffee roasting business, the DCF model provides insights into its fair market value by forecasting future cash flows and discounting them to present value using the Weighted

Average Cost of Capital (WACC). The accuracy of a DCF analysis heavily relies on the underlying assumptions, for example:

- Revenue Growth Rate - 8% annually for the next 5 years
- Capital Expenditures (Capex) - equals depreciation at 4% of revenue
- Depreciation - 4% of revenue each year
- Tax Rate – 25%
- Change in Net Working Capital (NWC) - incremental changes: Year 1: $6,000, Year 2: $8,000, Year 3: $8,640, Year 4: $9,331, Year 5: $10,078
- WACC – 20%
- Projection Period – 5 years
- Terminal Growth Rate – 3%

The following table projects the key financial metrics over a 5-year period based on the assumptions.

DCF (Simplified Example)

	Year 1	Year 2	Year 3	Year 4	Year 5
Revenue	$ 5,000,000	$ 5,400,000	$ 5,832,000	$ 6,298,560	$ 6,802,445
Operating Expenses	3,000,000	3,180,000	3,370,800	3,573,048	3,787,431
EBITDA	$ 2,000,000	$ 2,220,000	$ 2,461,200	$ 2,725,512	$ 3,015,014
Depreciation	200,000	216,000	233,280	251,942	272,098
EBIT (Operating Income)	$ 1,800,000	$ 2,004,000	$ 2,227,920	$ 2,473,570	$ 2,742,916
Taxes @ 25%	450,000	501,000	556,980	618,392	685,729
Net Income	$ 1,350,000	$ 1,503,000	$ 1,670,940	$ 1,855,177	$ 2,057,187
+ Depreciation	200,000	216,000	233,280	251,942	272,098
- Change in Net Working Capital	6,000	8,000	8,640	9,331	10,078
- Capex	200,000	216,000	233,280	251,942	272,098
Free Cash Flow	$ 1,344,000	$ 1,495,000	$ 1,662,300	$ 1,845,846	$ 2,047,109

We will now discount the FCF values back to their present value using the WACC of 20%.

	FCE ($)	Discount Factor (1 / (1 + WACC)^n)	Present Value ($)
Year 1	$ 1,344,000	0.8333	$ 1,120,000
Year 2	$ 1,495,000	0.6944	$ 1,038,194
Year 3	$ 1,662,300	0.5787	$ 961,980
Year 4	$ 1,845,846	0.4823	$ 890,165
Year 5	$ 2,047,109	0.4019	$ 822,688
Total PV of CFE [A]			$ 4,833,026
Terminal Year Cash Flow [B]	$ 12,403,075	0.4019	$ 4,984,523
Fair Market Value			$ 9,817,549

Excess Earnings (Hybrid) Method

The excess earnings method, initially developed to provide compensation to wineries and distilleries during the Prohibition era, is formally addressed in IRS Revenue Ruling 68-609. Within this ruling, the IRS refers to it as the "formula approach." In the introductory statement, the IRS emphasizes that it should be employed "solely when no superior foundation exists for arriving at the assessment." Nevertheless, despite this cautionary note, the Excess Earnings Method has gained popularity among certain business valuation professionals and remains in contemporary use.

Let's consider a small consulting firm called "XYZ Construction." XYZ Construction generates an annual revenue of $1,000,000 and has tangible assets (machinery and equipment) worth $600,000. The fair return on these tangible assets, based on market norms, is estimated to be 10% per year, which is $60,000. To use the excess earnings method to value XYZ Construction, follow these steps:

1. Calculate the Excess Earnings:

   Excess Earnings = Total Earnings - Fair Return on Tangible Assets

   Excess Earnings = $1,000,000 - $60,000 = $940,000

2. Determine the Capitalization Rate (Cap Rate):

   The capitalization rate represents the expected rate of return that an investor would require for investing in a business with similar risk. Let's assume a cap rate of 20% for this example.

3. Calculate the Value of Excess Earnings:

   Value of Excess Earnings = Excess Earnings / Cap Rate

   Value of Excess Earnings = $940,000 / 0.20 = $4,700,000

4. Add the Value of Tangible Assets:

   Add the value of tangible assets to the value of excess earnings to determine the total business value.

   Business Value = Value of Excess Earnings + Value of Tangible Assets

Business Value = $4,700,000 + $600,000 = $5,300,000

Based on this simplified example and the given assumptions, the estimated value of XYZ Construction using the excess earnings method is $5,300,000.

It's important to note that in a real-world valuation, various factors, including the selection of an appropriate cap rate, the determination of excess earnings, and the consideration of risk factors, would require more detailed analysis. Additionally, this method is often used in conjunction with other valuation methods to arrive at a comprehensive estimate of a business's value.

Market Approach

The market approach to valuation is based on the principle of substitution, which involves evaluating companies in the same industry as the one being appraised to establish valuation benchmarks. Additionally, the market approach to valuation is used to determine the value of a business by comparing it to similar businesses that have recently been sold or that are currently on the market for sale. This method is based on the principle of supply and demand, as well as the idea that the value of a business can be determined by its market price.

In the 1920s and 1930s, the use of price multiples became

more common in business valuations. This approach involved valuing a business based on a multiple of its earnings, revenues, or other financial metrics, with the multiple determined by comparing the business to similar businesses that had recently sold.

In more recent years, the market approach to valuation has continued to evolve, with the use of transaction databases and other sources of market data making it easier to identify comparable transactions and market multiples. There are two primary market approach methods to valuation:

Guideline Public Company Method (GPCM)

This method involves comparing the subject company to similar companies whose stocks are actively traded on major exchanges like the NYSE or NASDAQ. By analyzing and calculating valuation multiples—ratios resulting by dividing the stock price of comparable companies by a relevant financial metric from their financial statements—a valuation estimate for the subject company can be derived. GPCM involves looking at the trading multiples (such as price-to-earnings or price-to-sales ratios) of publicly traded companies that are similar to the company being valued. The multiples of the comparable companies are then used to estimate the value of the company being valued.

Merged and Acquired Company Method (GMAC)

The GMAC is a market-based valuation approach that estimates a company's value by analyzing the market values of similar companies that have undergone mergers or acquisitions. This method values a company by referencing market sales transactions within the same or similar SIC or NAICS (industry) classification codes. By examining these transactions, multiples are calculated, which are then applied to the relevant financial metrics of the business being appraised. The value determined through this method reflects a control-level value, acknowledging that only a controlling owner can decide to sell a private company.

Transactional data, which is crucial for this method, is gathered and published by various sources that compile information on reported transactions within specific industries. This data reflects real transactions, allowing for a valuation based on the actual sale prices of businesses in the marketplace. This valuation technique offers a solid foundation for valuing companies by utilizing the sale prices of comparable businesses.

Both market-based valuation methods rely on the idea that similar companies should be valued similarly, and the market provides a good indication of the value of the company being valued. It is essential to be aware about key advantages and drawback of this valuation technique.

Advantages

- Market approach to valuation is based on actual transactions, which can provide a more objective and verifiable valuation.

- It is relatively easy to understand and apply.

- It can provide a range of valuation estimates based on comparable companies or transactions, which can increase confidence in the valuation.

- It can incorporate current market trends and investor sentiment, which can reflect the current state of the industry and overall economy.

Disadvantages

- Market approach to valuation is heavily reliant on the availability of comparable companies or transactions, which may not always exist.

- Market multiples may not accurately reflect the unique characteristics of the company being valued, such as differences in size, growth prospects, customer mix and risk profile.

- Market approach to valuation may not take into account

the company's future growth potential or strategic value, which can result in a lower valuation than what the company may actually be worth.

Market multiples are useful because they can provide a quick and relatively simple way to estimate the value of a company. However, it is important to note that they are based on the assumption that similar companies should have similar valuations. Therefore, the accuracy of the valuation depends on the quality of the comparable companies and the relevance of the financial metrics used. Additionally, market multiples do not consider the unique aspects of a company's operations or future growth prospects, which can significantly impact its value. Therefore, market multiples are often used in conjunction with other valuation methods to arrive at a more comprehensive estimate of a company's value.

Regression Analysis

Validating market multiples through regression analysis involves comparing a company's financial ratios to the ratios of other similar companies in the same industry. This process helps to identify whether the company's valuation multiples are within an appropriate range compared to the industry data.

Regression analysis is a statistical tool used to measure the relationship between two or more variables. In the context of business valuation, it is used to estimate the relationship between a company's market value (dependent variable) and its financial ratios, such as price-to-revenue (P/R) ratio, price – to – SDE (Seller's Discretionary Earnings) (P/SDE) ratio, or price – to – EBITDA (P/EBITDA) ratio (independent variables).

To perform the regression analysis, financial data from a sample of comparable companies in the same industry is collected and analyzed. The regression equation is used to predict the market value of a company based on its financial ratios. The results of the regression analysis are used to validate the market multiples used in the business valuation.

Regression analysis involves plotting data of independent and dependent variables onto a graph derived from transactions. It then calculates a line that best fits through the center of the data, minimizing the squared deviations from the mean. This line is described by the formula $y = a + bx$, allowing for the estimation of a private company's value based on its specific results.

In regression analysis, the R-squared (R^2) value represents the proportion of the variance in the dependent variable (y) that is explained by the independent variable(s) (x). It is a measure of how well the independent variable(s) predict the variation in the dependent variable. R-squared values range from 0 to 1, where:

An R-squared of 0 indicates that the independent

variable(s) do not explain any of the variability in the dependent variable.

An R-squared of 1 indicates that the independent variable(s) perfectly explain all the variability in the dependent variable.

However, a high R-square value alone does not confirm the statistical validity of the relationship; it could still be due to random chance. The "Significance F" test assesses whether the relationship is statistically significant or merely random. If a regression analysis was conducted at a 95% confidence level and if the computed significance F statistic in Excel is below 0.05 (for a 5% significance level), the relationship is statistically significant. If we had chosen a 90% confidence level, the significance F would need to be below 0.10 to be considered valid.

Market multiples are often adjusted to account for differences in size, growth, profitability, risk, and other factors that can affect a company's valuation. Some of the most common adjustments made to market multiples include:

- **Size adjustments:** Comparing the multiples of a smaller company to those of a larger company may result in a lower multiple for the smaller company, even if both companies have similar growth rates and profitability.

- **Profitability adjustments:** Companies with higher

profit margins may have higher multiples than those with lower profit margins.

- **Risk adjustments:** Companies operating in riskier industries or with more volatile earnings may have lower multiples than those with stable earnings and lower risk.

- **Other adjustments:** Other factors that may affect a company's multiple include the quality of its management team, the strength of its competitive position, its exposure to regulatory risk, and its capital structure. Adjustments for these factors may be made based on industry norms and market expectations.

Industry Rules of Thumb Multiples

It is generally not recommended to rely solely on industry rules of thumb multiples when valuing a business because they do not take into account the specific circumstances and characteristics of the company being valued. These multiples may not reflect the company's growth prospects, market position, financial performance, or other unique factors that could affect its value. Therefore, it is important to perform a comprehensive analysis using multiple valuation methods and consider both quantitative and qualitative factors to arrive at a reasonable estimate of the company's value.

Guideline Public Company Method

The Guideline Public Company Method (GPCM) is a market approach to business valuation that involves comparing the financial performance of the subject company to the financial performance of similar publicly traded companies. This method assumes that the market values similar companies in the same industry similarly, and therefore, the valuation of the subject company can be derived from the financial metrics of comparable publicly traded companies.

The GPCM involves several steps, including:

1. Identify comparable publicly traded companies that operate in the same or similar industries as the subject company.

2. Collect financial data for each comparable company, including revenue, earnings, and other financial metrics.

3. Calculate valuation multiples for each comparable company, such as price-to-earnings (P/E) ratio, price-to-sales (P/S) ratio, or enterprise value-to-EBITDA (EV/EBITDA) ratio.

4. Apply the valuation multiples to the corresponding financial metrics of the subject company to estimate its valuation.

The GPCM is used by appraisers and analysts to estimate the fair market value of a private company that has not yet gone public. However, there are several limitations to this method, including differences in company size, growth prospects, and financial structure that can affect the comparability of the subject company to its public peers. Therefore, it is important to exercise caution when using the GPCM and to consider other valuation methods in conjunction with this approach.

The GPCM typically provides a value indication on a minority, marketable basis. This is because the valuation is based on publicly traded companies, and the shares of those companies are usually freely tradable, meaning that no one shareholder has control. Therefore, the valuation is generally based on the assumption that the subject company is a minority interest in a publicly traded company with similar characteristics. If a control premium is required, it would need to be added separately.

Guideline Merged and Acquired Company Method

The GMAC is a market approach to business valuation that estimates a company's value by analyzing the sale prices of similar companies. This method assumes that a company's value can be estimated by analyzing the sale prices of similar companies in the same industry that have recently been sold.

The GMAC method involves the following steps:

1. Identify similar companies in the same industry that have recently been sold or merged (i.e., market transaction).

2. Analyze the sale prices of these companies and their financial data to calculate their valuation multiples.

3. Apply the valuation multiples to the financial data of the company being valued to estimate its value.

4. Adjust the valuation based on any differences between the company being valued and the comparable companies (such as size, growth prospects, or profitability).

The GMAC method is commonly used in conjunction with other valuation methods, such as the DCF or capitalization of earnings method, to provide a range of valuation estimates. However, the GMAC method relies heavily on the availability and accuracy of data on comparable companies' transactions and may not be applicable in all cases. Here's an example of how to apply the GMAC method:

Let's say Company A is in the technology industry and is being valued using the GMAC method. Company A has the following financial metrics:

Revenue of $620,000

SDE (Seller's Discretionary Earnings) of $153,000

EBITDA of $57,000

To find comparable companies for the GMAC method, the valuator would look for recent merger or acquisition transactions in the technology industry. Let's say the valuator finds three comparable companies with the following financial metrics:

Company B:

Revenue of $489,132

SDE (Seller's Discretionary Earnings) of $84,378

EBITDA of $26,058

MVIC Price of $140,000

Company C:

Revenue of $332,610

SDE (Seller's Discretionary Earnings) of $97,091

EBITDA of $45,854

MVIC Price of $300,000

Company D:

Revenue of $908,396

SDE (Seller's Discretionary Earnings) of $238,511

EBITDA of $200,000
MVIC Price of $540,000

To calculate the valuation multiples for the GMAC method, the valuator would divide each of the comparable companies' MVIC Prices by their respective financial metrics. For example:

Company B:

MVIC-to-Revenue Multiple: 0.29x ($140,000/$489,132)
MVIC-to-SDE Multiple: 1.66x ($140,000/$84,378)
MVIC-to-EBITDA Multiple: 5.37x ($140,000/$26,058)

Company C:

MVIC-to-Revenue Multiple: 0.90x ($300,000/$332,610)
MVIC-to-SDE Multiple: 3.09x ($300,000/$97,091)
MVIC-to-EBITDA Multiple: 6.54x ($300,000/$45,854)

Company D:

MVIC-to-Revenue Multiple: 0.59x ($540,000/$908,396)
MVIC-to-SDE Multiple: 2.26x ($540,000/$238,511)
MVIC-to-EBITDA Multiple: 2.70x ($540,000/$200,000)

Once the valuator has calculated the valuation multiples for the comparable companies, they can apply median indication to Company A's financial metrics to estimate its value.

For example, if the median MVIC Price/Revenue multiple for the comparable companies is 0.59x, the valuator would multiply Company A's Revenue of $620,000 by 0.59x to arrive at an estimated enterprise value of $368,562. To arrive at the equity value, the valuator would subtract Company A's interest-bearing debt balance[1].

Market Approach (Simplified Example)

	Subject Company A	Comparable Company B	Comparable Company C	Comparable Company D			Subject Company A	x	Median Multiple	=	Indicated Value	Weight	Weighted
Revenue	$620,000	$489,132	$332,610	$908,396									
SDE	$153,000	$84,378	$97,091	$238,511									
EBITDA	$57,000	$26,058	$45,854	$200,000									
MVIC		$140,000	$300,000	$540,000	Average	Median							
MVIC-Revenue Multiple		0.29	0.90	0.59	0.59	0.59	$620,000		0.59		$368,562	33.3%	$122,854
MVIC-SDE Multiple		1.66	3.09	2.26	2.34	2.26	$153,000		2.26		$346,399	33.3%	$115,466
MVIC-EBITDA Multiple		5.37	6.54	2.70	4.87	5.37	$57,000		5.37		$306,240	33.3%	$102,080
												100.0%	
											Final Value		$340,400

Asset Approach

The asset approach is a valuation technique that determines the value of a company based on the value of its assets. This approach is often used when the company being valued has significant tangible assets, such as real estate, equipment, or inventory.

The asset approach involves adding up the fair market value of all of the company's assets and subtracting any liabilities to arrive at the net asset value (NAV) of the company. This NAV can then be used as an estimate of the company's value.

---

[1] *If the selected market transactions were structured as asset deals, an adjustment may also need to be made for assets and liabilities included or not included in the multiple.*

Advantages of the asset approach include its simplicity and the fact that it is based on actual asset values, which can be easier to determine than other valuation methods. The asset approach may not be appropriate for companies with intangible assets, such as intellectual property or goodwill, that are difficult to value. Additionally, the value of a company's assets may not necessarily reflect its true value, as factors such as market conditions, customer relationships, and management expertise can also have a significant impact on a company's value.

Adjusted Net Asset Value Method

The Adjusted Net Asset Value (NAV) method is a common approach used in business valuation to determine the value of a company. This method is based on the idea that the value of a company is derived from the value of its assets minus the value of its liabilities.

To calculate the Adjusted Net Asset Value, you would typically start by determining the fair market value of the company's assets and then subtracting the fair market value of its liabilities. The resulting figure is the company's net asset value.

As mentioned, the NAV method can be a useful approach when valuing real estate holding companies, as these types of businesses often have a significant proportion of their value tied up in tangible assets, such as buildings, land, and other property.

To use the NAV method for a real estate holding company, you would typically start by determining the fair market value of the company's assets, which in this case would primarily be the value of its real estate holdings. This could involve appraising each property and determining its current market value, or using other relevant data such as comparable sales in the area.

Next, you would subtract the value of any liabilities, such as mortgages or other debts, to arrive at the company's net asset value. It's also important to consider other factors that could affect the value of the real estate holding company, such as the location and condition of the properties, any potential for future development or rental income, and the overall health of the real estate market in the region. Here is an example of how the Adjusted Net Asset Value (NAV) method can be used to value a real estate holding company:

Let's say that XYZ Real Estate Holding Company owns three properties: a commercial office building, a residential apartment complex, and a retail strip mall. We will assume the following values for each property:

Cash: $500,000
Account receivable: $250,000
Commercial office building: $5 million

In addition, let's say that the company has the following liabilities:

Accounts Payable: $350,000

Mortgage on the office building: $2 million

Assume the fair market value of the office building is $8 million.

To calculate the net asset value of the company, we would adjust the value of the office building to fair market value and then subtract the liabilities from the total value of the assets, thereby resulting in the net asset value of $6,400,000.

Asset Approach (Simplified Example)

	Balance Sheet As of XX Date	Adjustments	Adjusted Balance Sheet
Assets			
Cash	$500,000	$0	$500,000
Account Receivable	250,000	-	250,000
Total Current Assets	$750,000	$0	$750,000
Fixed Assets (Net):			
Commercial office building	5,000,000	3,000,000	8,000,000
Other Assets	-	-	-
Total Assets	$5,750,000	$3,000,000	$8,750,000
Liabilities			
Accounts Payable	$350,000	$0	$350,000
Long-Term Debt	2,000,000	-	2,000,000
Total Liabilities	2,350,000	-	2,350,000
Equity	3,400,000	3,000,000	6,400,000
Total Liabilities and Equity	$5,750,000	$3,000,000	$8,750,000
Adjusted Net Asset Value (NAV)			$ 6,400,000

Reconciliation of Values

Reconciling values obtained via different valuation methods is an important step in arriving at a final estimate of a company's value. Each valuation method has its strengths and weaknesses, and by using multiple methods, you can gain a more comprehensive understanding of the company's value. There are several ways to reconcile values obtained via different valuation methods including the following:

Weighted average

One approach is to assign weights to each valuation method based on its reliability, relevance, and the quality of the data used. Then, you can calculate a weighted average of the values obtained via each method.

For example, if you used the Discounted Cash Flow (DCF) method, the transaction method, and the Adjusted Net Asset Value (NAV) method, you could assign weights of 50%, 30%, and 20%, respectively, to each method. Then, you could calculate a weighted average of the values obtained via each method to arrive at a final estimate of the company's worth.

Sensitivity analysis

Another approach is to perform a sensitivity analysis, which involves testing different assumptions and inputs used in each valuation method to see how they affect the final value. For example, if you used the DCF method, you could vary the discount rate, growth rates or the projected cash flows to see how the final value changes. By performing a sensitivity analysis, you can identify which inputs have the greatest impact on the final value and adjust your assumptions accordingly.

Overall, reconciling values obtained via different valuation methods is an important step in arriving at a final estimate of a company's worth. By using multiple methods and cross-checking your estimates against market data and industry benchmarks, you can arrive at a more accurate and reliable estimate of the company's value.

Remember that business valuation is part art and part science. While there are well-established methodologies and techniques used in business valuation, there is also a subjective element to the process that requires professional judgment and expertise.

The science of business valuation involves applying quantitative analysis to financial and operational data to arrive at an estimate of a company's worth. This includes techniques such as the Discounted Cash Flow (DCF) method, the Price-to-Earnings (P/E) ratio method, the Adjusted Net Asset Value (NAV) method, and other approaches. These methods are grounded in financial theory and accounting principles and provide a rigorous framework for determining a company's value.

However, the art of business valuation involves interpreting the data and making subjective judgments based on professional experience and expertise. This includes considerations such as the company's competitive position, management team, market dynamics, and other qualitative factors that may impact the company's future earnings potential.

For example, a business valuator may need to make subjective judgments about the potential impact of emerging technologies, changes in consumer behavior, or regulatory changes on a company's future earnings. These qualitative factors can be difficult to quantify, but they can have a significant impact on a company's overall value.

Overall, business valuation requires a balance of scientific and artistic skills. While quantitative analysis provides a strong foundation for determining a company's worth, subjective judgment and expertise are necessary to interpret the data and account for the unique qualities of each company.

Index

A

acquisitions..... 2, 8, 13, 105, 146
AICPA .... viii, 23
American Society of Appraisers 22
asset approach 126, 197, 198

B

balance sheet..............104
beta 164, 165, 166, 167, 168, 169, 174
brand 36, 37, 39, 50, 56, 58, 86, 88, 89, 98
break-even analysis....... 66
burn rate 96
business enterprise value 18
business valuation approaches.................. 125

C

CAGR 103
calculation engagement. 29, 30, 31
capacity.......... 24, 38, 58, 82
capex 152, 153
capital asset pricing model 146, 163, 164, 177

capitalization of earnings method 127, 134, 135, 137, 139, 140, 144, 145, 156, 194
capitalization rate..134, 135, 136, 138, 139, 140, 141, 143, 144, 145, 183
cash flow 104
cash flows 147, 162
churn rate 92
common size 105, 106
Compound Annual Growth Rate 103
construction 93, 182, 184
contribution margin . 64, 65, 66, 79
control value............... 16, 17
conversion rate................92
cost of debt 175
cost of equity 175
Cross-analysis..................58
customer 33, 36, 72, 76, 77, 85, 86, 88, 90, 91, 93, 95, 96, 98, 100, 170

D

DCF
model, analysis 8, 18, 127, 145, 146, 147, 148, 149,

150, 152, 153, 156, 160, 162, 163, 173, 179, 180, 194, 201, 202

dcf method 145, 146, 147, 179, 180, 201

debt-to-equity 106, 110, 167, 178

depreciation ... 114, 122, 123, 138, 148, 152, 153

discount rate . 125, 129, 130, 131, 133, 139, 140, 144, 146, 157, 158, 159, 160, 161, 162, 163, 169, 172, 173, 179, 201

discounted cash flow ..8, 18, 127, 130, 145, 158, 161, 162, 179, 201, 202

E

EBITDA margin ... 68, 114

efficiency ratios.............. 115

equity value 18

ESOP 3

excess earnings method 127, 182, 184

F

facilities..................... 37, 38

fair market value.......... 11

fair value......................12

financial performance 4, 15, 20, 31, 37, 42, 44, 45, 46, 84, 105, 116, 117, 119, 121, 137, 143, 173, 191, 192

financial statements 1, 4, 27, 30, 32, 101, 104, 105, 106, 119, 122, 137, 177, 178

G

GDP 44, 45

going concern 14, 15

gross profit margin..........................62

gross profit margin .. 62, 114

growth.....3, 4, 5, 20, 33, 34, 38, 39, 40, 41, 44, 45, 46, 56, 58, 60, 61, 73, 74, 75, 76, 78, 80, 82, 84, 91, 92, 96, 101, 102, 103, 104, 105, 110, 120, 132, 134, 136, 137, 140, 144, 146, 147, 148, 149, 150, 151, 154, 155, 156, 159, 178, 179, 187, 188, 190, 191, 193, 194, 201

guideline public company method . 185, 192

H

healthcare 42, 53, 79, 80, 81, 82, 83

human capital....... 78, 98

I

income approach ...125, 127, 128, 129, 145

intellectual property .53, 54, 76, 78, 98, 198

inventory 87, 88, 89, 90, 93, 106, 115, 122, 123, 155, 197

inventory turnover .. 93, 115

investment value 11, 12, 146

K

key performance indicators 61

KPIs .. 61, 75, 76, 79, 83, 84, 86, 88, 90, 93, 95, 96, 99, 100

L

level of value 17, 18, 26

liquidation value 11, 12

liquidity ratios 106

M

management team ... 34, 36, 137, 170, 191, 203

manufacturing 53, 75, 86, 87, 88

market approach .. 125, 126, 184, 185, 192, 193

Marketing and advertising 38

merged and acquired company method. 186, 193

mergers 2

MRR 76, 91, 96

N

NACVA .... vii, viii, 23

NAV method 198, 199

Net

profit margin .. 70, 73, 74, 115, 116, 117, 118, 145, 198, 199, 201, 202

normalization adjustments 119, 120

P

Porter's Five Forces. 48, 49, 51, 52, 53

premise of value..... 14, 15, 26

present value 8, 125, 127, 129, 130, 131, 132, 133, 138, 145, 146, 156, 157, 158, 161, 162, 179

price ... 2, 4, 5, 11, 52, 53, 54, 163, 165, 172, 184, 185, 189, 192

principle of alternatives 19

principle of substitution............... 19
productivity...74, 77, 82, 83, 95, 99
profit margin..... 62, 70, 114, 115, 118, 119
Profit margins......... 62, 104
profitability ratios.......... 114
purpose 2, 10, 13, 17, 26, 28, 81, 83, 122, 148

R

ratio analysis................... 106
regression analysis 188, 189, 190
regulations.... 38, 42, 46, 60
retail............................... 88
revenue growth................. 61
revenue ruling 59-60 24
risk premium..... 141, 142, 143, 162, 163, 170, 173, 175, 177, 180
risk-free rate...... 141, 142, 143, 162, 163, 165, 175, 177
ROE........... 116, 117, 118, 119
rules of thumb 191
RVUs 81, 82

S

sell 2, 11, 17, 20, 35, 107, 124
sensitivity analysis. 150, 201
size premium 142
solvency ratios 110
standard of value .. 10, 11, 13, 26
supply chain 86, 88, 89, 172
SWOT analysis ... 55, 57, 58, 60

T

tax planning.............. vi, 1, 2
Technology ... 41, 76, 86, 95, 99, 173
terminal value ...156, 159, 160
total invested capital.. 18
trend analysis 101
type of engagement 28

V

valuation engagement....26, 28, 29, 30, 31
valuation process............. 26

W

weighted average cost of capital......................... 175
working capital 153, 154, 155

Selected Bibliography

Trugman, G. R. (2018). Understanding Business Valuation Workbook: A Practical Guide To Valuing Small To Medium Sized Businesses. Wiley.

Pratt, S. P., & ASA Educational Foundation. (2022). Valuing a Business, 6th Edition: The Analysis and Appraisal of Closely Held Companies.

Pratt, S. P., & Niculita, A. V. (2007). Valuing a Business, 5th Edition: The Analysis and Appraisal of Closely Held Companies. McGraw-Hill.

Damodaran, A. (2024). The Little Book of Valuation: How to Value a Company, Pick a Stock, and Profit. Wiley.

Mercer, Z. C., & Harms, T. W. (2020). Business Valuation: An Integrated Theory. Wiley.

गर्भअस्थ न्याय

notionpress.com

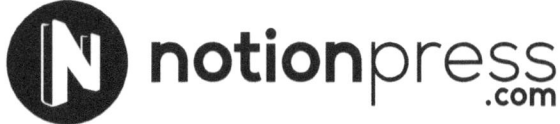

गर्भअस्थ न्याय

डी.एन.एन.एस.यादव

notionpress
.com

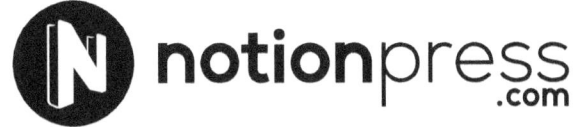

Notion Press

Old No. 38, New No. 6

McNichols Road, Chetpet

Chennai - 600 031

First Published by Notion Press 2016

Copyright © D.N.N.S. Yadav 2016

All Rights Reserved.

ISBN 978-93-5206-403-8

This book has been published in good faith that the work of the author is original. All efforts have been taken to make the material error-free. However, the author and the publisher disclaim the responsibility.

No part of this book may be reproduced or transmitted in any form or by any means, graphic, electronic, or mechanical, including photocopying, recording, taping, or by any information storage retrieval system, without the permission, in writing, from the publisher.

विषय-सूची

	प्राक्कथन	7
1.	कन्या भ्रूण हत्या शर्मनाक	11
2.	किशोर न्याय–घोंप दी गयी कली	14
3.	गरीबी की रेखा और उसके नीचे	17
4.	दाण्डिक न्याय	20
5.	दहेज प्रथा की पीड़ा	23
6.	लैंगिक न्याय– आत्मसम्मान का संघर्ष	26
7.	व्यक्ति अपराध क्यों करते हैं?	29
8.	मजदूरी करते विवश बच्चे	31
9.	भ्रष्टाचार, भ्रष्टाचार और भ्रष्टाचार	34
10.	मानवाधिकारों का विधिशास्त्र	37
11.	शिक्षा का बाजारीकरण	39
12.	संविधान की समाजवादी विचारधारा	41
13.	शिक्षा का अधिकार	43
14.	सामाजिक न्याय का गर्भपतन	45
15.	विधि का शासन' कहाँ है?	47
16.	द्वार खटखटाता आर्थिक साम्राज्यवाद	49
17.	दया याचिका	51
18.	आजीवन कारावास	55
19.	हम लोग	58
20.	न्याय निर्णयन आसान नहीं	61
21.	क्षेत्रीयपरक विखण्डता	64
22.	पंगु होता जाता जनतन्त्र	67
23.	पूंजीवादी प्रवृत्तियाँ	70

24.	जाति विहीन समाज का सपना	73
25.	लोकस स्टैण्डी तथा जनहित	77
26.	सुधारात्मक न्याय	81
27.	सुधारात्मक न्याय की क्रियाशीलता?	85
28.	शोषण से उपजती हड़ताल	89
29.	व्यवस्था के शिकार लोग	91
30.	श्वेतपोश अपराधी	93
31.	विधि के समक्ष समानता	96
32.	गरीबों का और गरीब होता जाना	99
33.	बेरोजगार युवा	102
34.	मजदूर समुदाय की भुखमरी	104
35.	राजनैतिक न्याय–हाईजैक	105
36.	विधि के समक्ष समान संरक्षण	108
37.	महिला सशक्तीकरण–एक मिथक	111
38.	लड़की होने की दुविधा	114
39.	जूझती प्राथमिक शिक्षा	117
40.	धार्मिक धर्मनिरपेक्षवाद	120
41.	कारपोरेट दायित्व	123
42.	परम्परागत भारतीय अर्थव्यवस्था	127
43.	अनेकता में एकता की बात	130
44.	मानवीय गरिमा के साथ रह पाना	134
45.	महिलाओं के प्रति बढ़ते अपराध	137
46.	कानून बना देने की पर्याप्तता?	140
47.	आपकी भूमिका बनती है	143
48.	स्वरोजगार तथा अवसर	146
49.	आर्थिक न्याय–अन्तर्राष्ट्रीय मापदण्ड	148
50.	महिला घरेलू हिंसा–एक कलंक	150
51.	महिलाएं और क्षतिपूर्ति न्याय?	152
52.	शिक्षा माफिया–शैक्षणिक न्याय	155

53.	उपभोक्ता न्याय	157
54.	एक अपराधी का मनोविज्ञान	160
55.	अपराध के शिकार तथा न्याय	162
56.	अपराध एवम अपराधशास्त्री	165
57.	समाज का अपराध मुक्त होना	168
58.	मौत के सौदागर	171
59.	मृत्युदण्ड समाप्त किया जाना?	173
60.	न्यायालय—लम्बे खिंचते विचारण	176
61.	अभियोजन—सिद्ध किये जाने का भार	181
62.	पुलिस—अन्वेषणकर्ता	184
63.	अपराध न्याय प्रशासन	187
64.	कारागार न्याय प्रशासन	190
65.	आत्मघाती दस्ते—दाण्डिकशास्त्र	193
66.	अल्पसंख्यक सम्मानीय नागरिक हैं	196
67.	हिन्दू वर्ण व्यवस्था तथा अछूत	199
68.	क्राइम फिक्सिंग	202
69.	मौत की सजा (सजा—ए—मौत)	203
70.	निर्दोषिता की अवधारणा	207
71.	सामाजिक तथा शैक्षणिक पिछड़ापन	210
72.	उदारीकरण, निजीकरण तथा वैश्वीकरण	213
73.	चिकित्सीय नैतिकता के काले धब्बे	216
74.	शांति और भाई—चारे का समाज	219
75.	निरोधात्मक न्याय—बेहतर रोकथाम	222
76.	लोकपाल—भारत का ओमबड्समैन	225
77.	समाज शांति कानून व्यवस्था	228
78.	हर तरफ आंतकवाद	231
79.	न्याय का गर्भपतन नहीं	234
80.	अपराध न्याय व आत्मघाती दस्ते	237
81.	न्याय में देरी, न्याय से वंचित	240

82.	व्यक्ति का निर्दोष होना?	242
83.	विधिक व्यवस्था को दोष क्यों?	245
84.	पुलिस सुधार–नंगी सच्चाईयाँ	251
85.	न्यायिक सक्रियता–इसके आगे	254
86.	पर्यावरण को छेड़िए मत?	257
87.	लगना भी कि न्याय हुआ?	261
88.	कृषि अर्थशास्त्र	264
89.	अपराध का समाजशास्त्र	267
90.	उपभोक्ता के कानून	270
91.	दण्ड की भयावहता	274
92.	उचित विचारण और त्वरित न्याय	277
93.	पेशेवर होती आचारिकता	280
94.	प्राथमिक स्वास्थ्य के क्षेत्र	284
95.	लोगों का भूख से मरना	287
96.	मानवीय गरिमा का बुनियादी अधिकार	290
97.	व्यक्तियों की अक्षमता	293
98.	वितरणपरक न्याय	297
99.	सुशासन का बुनियादी अधिकार	300

समर्पित सम्माननीय मेरे माता-पिता को, मेरे परिवार के सदस्य, मेरे छात्रों और विधि के उस भाई-चारे की दुनियाँ को, जो मेरी अपनी है तथा समर्पित समूची इस धरती पर व्यापक समाज के उन लोगों के हक को जो वंचित हैं आज भी सामाजिक, शैक्षणिक तथा आर्थिक न्याय से। ईश्वर मेरी सहायता करें. . . !!!

मेरी विनती है।

प्राक्कथन

गर्भअस्थता एक अच्छी खबर हुई लेकिन उत्पत्ति का न होना एक बुरी खबर हुई। व्यवस्था 'न्याय' से 'गर्भअस्थ' होते हुए भी तथा 'गर्भावस्था' काल पूर्ण हो जाने के पश्चात् भी 'न्याय' की उत्पत्ति नहीं करती तब यह तो 'गर्भपतन' की स्थिति बन जाएगी। गर्भपतन किसी भी रूप में हो, भले ही वह स्वप्रेरित हो अथवा बलपूर्वक, व्यवस्था के भविष्य के स्वास्थ्य को नष्ट ही करेगा। एक बड़ी प्राचीन कहावत प्रचलित है *'न्याय विलम्बित किया जाना अर्थात न्याय से वंचित किया जाना'* और व्यवस्था के शिकार व्यक्ति के लिए ऐसा न्याय किसी मतलब का नहीं रह जाता जहाँ न्यायालयों में उसका प्रकरण वर्षों–वर्षों तक खिंचता रहा तथा न्याय उसके जीवन के अंतिम क्षणों में मिल पाया ऐसा बताया गया। अब वह अपने जीवन के अंतिम क्षणों में ऐसे न्याय का क्या करेगा? अब तो वह अपने न्याय के आनन्द की अनुभूति कर पाने की स्थिति में भी नहीं रहा। किसी को इस बात का संशय नहीं रहना चाहिए कि समाज में लोग भी बेहतर 'न्यायिक' सोच रखते हैं इस तथ्य के बावजूद कि वे कानून की तमाम पेचीदगियों की इतनी तकनीकी समझ नहीं रखते। लेकिन नैसर्गिक न्याय के मूलभूत सिद्धान्तों की बारीक समझ तो उन्हें भी है। इन्हीं उपरोक्त कारणों से न्याय प्रदायी व्यवस्था इस 'पिन्च' से नहीं बच सकती कि *'न्याय होना ही नहीं चाहिए बल्कि लगना भी चाहिए कि न्याय हुआ'*। जब लोगों को व्यापक स्तर पर लगता नहीं है कि न्याय हुआ तब हमारी व्यवस्था को विश्वसनीयता के इस बोझ तले तो गुजरना ही होगा। यह तो पर्याप्त नहीं हुआ जहाँ *'न्यायालयों में सिर्फ निर्णय तो दिए जा रहे हों लेकिन न्याय भी दिया गया हो ऐसा होता नजर न आता हो'*।

इस धरती पर किसी भी देश की न्याय प्रदायी व्यवस्था में किसी प्रकरण में *'निर्णय दिया जाना* तथा *'न्याय दिया जाना* उस व्यवस्था के

दो विभिन्न आयाम हो सकते हैं। मेरा इस न्याय प्रदायी व्यवस्था के कार्यवाहकों से सदा ही ऐसा विनम्र निवेदन रहेगा कि *'निर्णय दिए जाने'* तथा *'न्याय दिए जाने'* को समानार्थी सन्दर्भ में नहीं लिया जाना चाहिए। न्याय नहीं होगा जब तक व्यवस्था 'न्याय से गर्भअस्थ' नहीं है। *दोषपूर्ण गर्भअस्थता* अन्ततः या तो *गर्भअस्थ न्याय के गिर जाने* की स्थिति उत्पन्न करेगी या फिर 'बलपूर्ण गर्भसमापन' की स्थिति बनेगी जिसका 'व्यवस्था' के अस्तित्व पर ही बड़ा 'घातक प्रभाव' पड़ जाएगा। हमें तो यह देखना है कि व्यवस्था न सिर्फ 'प्रदायन' करे बल्कि वह अपने 'अस्तित्व' में भी बनी रहे। यह न सिर्फ न्याय प्रदायन व्यवस्था अथवा न्यायालयों का दायित्व है बल्कि यह हम लोगों का भी परम कर्तव्य बनता है कि हम भी इस व्यवस्था के एक अभिन्न अंग के रूप में न्याय प्रदायन में इस व्यवस्था की मदद करें। अगर हम कोई 'गलत' कार्य करते हैं यह जानते हुए कि ऐसा करना 'गलत' है तो हमने 'अन्याय' किया ऐसा हमारा दोष माना जाएगा। अगर हमारे खुद के हाथ 'साफ' न हों तो 'व्यवस्था' पर ऊँगली उठाने का हमारा कोई नैतिक प्राधिकार नहीं रह जाता।

हमारी न्याय प्रदायन व्यवस्था में एक गम्भीर परीक्षण की आवश्यकता है। विश्व भर में न्याय के व्यापक हित में समय की यह मांग है कि हमारी *'न्याय प्रदायी व्यवस्था'* को *'निर्णय प्रदायी व्यवस्था'* में तब्दील होते जाने से रोका जाना चाहिए। 'न्याय' को होने दिया जाए...? यह सुनिश्चित किया जाए कि वह व्यवस्था जो 'न्याय से गर्भअस्थ' हो उसकी उचित 'देखभाल' 'संरक्षण' और 'उपचार' किया जाए जिससे कि जो 'न्याय उत्पन्न हो' वह स्वस्थ, जीवन्त एवम खुशहाल हो। न्याय तुम्हें युगों–युगों तक जीना है. . . .!!! इस समूची धरती पर।

डी.एन.एन.एस.यादव एलएल.डी.

स्वतंत्रता दिवस–2015

लखनऊ

1

कन्या भ्रूण हत्या शर्मनाक

इसे महज संयोग ही कहा जायेगा कि यह आलेख मैं अन्तर्राष्ट्रीय महिला दिवस अर्थात 8 मार्च को लिख रहा हूँ। इस दिन महिलाओं की गरिमा तथा उनके सशक्तिकरण के लिए अनेको गोष्ठियों का आयोजन किया जाता है। प्रति वर्ष हम महिलाओं के हितों के प्रति अपनी चिन्ता जताते हैं पर समाज का कटु सत्य यह है कि आज भी कन्याएं इस धरती पर अपने अस्तित्व के लिए संघर्ष कर रही हैं। वर्तमान लिंग अनुपात इस तथ्य की सत्यता का एक संकेत है। हमें इस क्रूर तथ्य को नकारना नहीं चाहिए कि समाचार पत्रों के माध्यम से हम इस सच्चाई से रूबरू होते है कि नवजात कन्याओं को उनके माता–पिता कूड़े के ढेर पर फेंक दिया करते हैं जहाँ चील, कौए, कुत्ते, सुअर उन्हें नोंच–नोंच कर खा जाते हैं। शिशु कन्या का वध समाज के लिए शर्मनाक है। यह कहने की आवश्यकता नहीं है कि प्रत्येक लड़की को इस धरती पर जीने का हक है। समाज उन लड़कियों पर इस बात का कोई एहसान न करे किवह उन्हें इस धरती पर जिन्दा रहने देता है। भारत जैसे पितृ सत्तात्मक पुरूष प्रधान समाज में कन्या भ्रूण हत्या आज भी एक सामान्य घटना मानी जाती है। हम इस बात का दावा करना कभी नही भूलते कि हम आधुनिक, सभ्य तथा खूब पढ़े लिखे राष्ट्र की श्रेणी में आते है। लेकिन तब हमारी शिक्षा एवं तथाकथित सभ्यता को क्या हो जाता है जब हम एक शिशु कन्या को मार डालने का निर्णय ले लेते हैं? जरा अपने शहर के चारों तरफ एक नजर डालिए। आपको कुकुरमुत्तों की तरह गर्भपात क्लीनिक तथा पैथालोजी, अल्ट्रासाउन्ड केन्द्र मिल जायेगें। वे अपनी क्लीनिक के सामने

बाहर एक विशाल बोर्ड लगा देंगे जिस पर मोटे अक्षरों में लिखा होगा कि भ्रूण लिंग की जाँच कराना कानूनन अपराध है तथा विधि द्वारा प्रतिबन्धित है। परन्तु सच्चाई की दुखद पीड़ा यह है कि ये गर्भपात क्लीनिक कानून को ठेंगा दिखाते हुए धड़ल्ले से गैर कानूनी गर्भ समापन में लिप्त हैं। कानून के अन्तर्गत चिकित्सक की सघन देखरेख में गर्भ के चिकित्सीय समापन की अनुमति दी गयी है। ऐसा गर्भवती महिला का जीवन बचाने के आशय से किया गया है। यदि सम्पूर्ण चिकित्सीय परीक्षण के उपरान्त चिकित्सक इस बात से सन्तुष्ट है कि भ्रूण में कोई जटिलता उत्पन्न हो गयी है तथा यदि गर्भवती महिला का तत्काल गर्भपात न कराया गया तो भ्रूण की जटिलता महिला के जीवन के लिए घातक सिद्ध हो सकती है। ये गर्भपात क्लीनिक कानून की इस सदाशयता का विद्धेषपूर्ण भावना से दुरूपयोग करते हैं तथा इस झूठे तर्क पर कि भ्रूण की जटिलता के कारण गर्भवती महिला का जीवन खतरे में था उक्त महिला का जीवन बचाने की आड़ में अवैध रूप से गर्भपात कर देते हैं तथा गर्भपात को विधिक रूप से न्यायोचित भी ठहराने का कुत्सित प्रयास करते हैं।

सबसे ज्वलन्त प्रश्न तो यह है कि इन अवैध गर्भपात के लिए सहमति कौन देता है? बड़ा स्पष्ट सा उत्तर होगा कि माता–पिता स्वयं और कौन? यदि माता–पिता इसके लिए राजी नहीं हैं तो क्या ये क्लीनिक उन्हें गर्भपात के लिए मजबूर कर सकते हैं? ये क्लीनिक तो अपना व्यवसाय कर रहे हैं और हम उन्हें वह बाजार मुहैया करा रहे हैं जिसकी उन्हें आवश्यकता है। यहाँ यह बात स्पष्ट हो जानी चाहिए कि हमारे देश में कानूनों के तब तक अपेक्षाकृत परिणाम नहीं निकल सकेंगे जब तक समाज स्वयं अपने स्वच्छ हाथों से कानून की मदद के लिए आगे नहीं आता। कानून समाज की रक्षा तथा समाज की बेहतरी के लिए समाज के द्वारा ही बनाए गये हैं। हमें इन कानूनों का मखौल नहीं उड़ने देना चाहिए। कानूनों की मदद से समाजिक व्यवहार को नियन्त्रित किया जाता है। समाज को इस तरह से कोई अवैध व्यवहार नहीं करना चाहिए कि वह स्वयं अपनी बच्ची को ही मार डाले। बेटे हो अथवा बेटियाँ समाज उन्हें बराबरी का दर्जा दे। कन्या भ्रूण हत्या की समाज द्वारा घोर भर्त्सना की जानी चाहिए। शिशु कन्या को बचाइयें। शिशु कन्या के अस्तित्व के बिना

इस धरती पर मानव का अस्तित्व सम्भव नहीं है। यह एक सामाजिक कुरीति है। समाज के व्यापक दूरगामी हित में समाज को ही कन्या भ्रूण हत्या को रोकने की दिशा में पहल करनी होगी। शिशु कन्या के अस्तित्व को बनाए रखकर शिशु कन्या के प्रति न्याय तथा अन्ततः समाज के अस्तित्व के प्रति न्याय सुनिश्चित किया जाए।

"ये गर्भपात क्लीनिक कानून की इस सदाश्यता का विद्वेषपूर्ण भावना से दुरूपयोग करते हैं तथा इस झूठे तर्क पर कि भ्रूण की जटिलता के कारण गर्भवती महिला का जीवन खतरे में था उक्त महिला का जीवन बचाने की आड़ में अवैध रूप से गर्भपात कर देते हैं तथा गर्भपात को विधि ाक रूप से न्यायोचित भी ठहराने का कुत्सित प्रयास करते हैं।"

2

किशोर न्याय-घोंप दी गयी कली

समाज में किशोर न्याय प्रशासन सदा से गम्भीर चिन्ता का विषय रहा है। आज के बच्चे कल के जिम्मेदार नागरिक हैं। प्रत्येक समाज को आज के बच्चों में सावधानीपूर्वक चारित्रिक निवेश करना चाहिए जिससे आने वाले कल में वे बहुमूल्य लाभांश समाज को दें। बच्चों में किया गया कोई भी कमजोर एवम लापरवाह निवेश बड़े ही खतरनाक स्वरूप में समाज को वापस मिलेगा। राष्ट्रीय एवम अन्तर्राष्ट्रीय स्तर पर किशोर न्याय की अवधारणा बच्चों की देखभाल, संरक्षण, उपचार, शिक्षा, विकास, सुधार तथा पुर्नवास के रूप में स्थापित है। राज्य का यह सांविधिक दायित्व बनता है कि वह किशोर न्याय के उद्देश्यों को हासिल करे तथा बच्चों के प्रति न्याय सुनिश्चित करे जिससे कि समाज में कोई बालक अथवा बालिका उचित देखभाल तथा संरक्षण से वंचित नरह जाय। क्या राज्य बिना हिचक यह स्वीकार करेगा कि उसने सफलतापूर्वक किशोर न्याय के लिए न्यूनतम आवश्यक मापदण्डों को समाज में लागू किया है? हमें भारी हृदय से यह कटु सत्य स्वीकार करना हीहोगा कि भारतीय समाज में बच्चे पूरी तरह से उपेक्षित रहे हैं। आइए हम इस तथ्य को स्वीकार करें कि क्या हम ऐसे बच्चे रेलवे स्टेशनों, बस स्टेशनों, सिनेमा हाल, बाजारों, होटलों तथा रेस्त्रां में नहीं देखते जो इधर–उधर भटकते, भीख मांगते, तम्बाकू–गुटखा बेचते, बूट–पालिश करते तथा अपने जीवनयापन हेतु बाल मजदूरी करते नजर नहीं आते? जी हाँ..! यह उनकी कष्टप्रद गरीबी की अवस्था है जो ऐसे बच्चों को अस्वास्थ्यकर अपराधजनक परिस्थितियों में विचरण करने के लिए मजबूर करती है। बच्चे शहरों में नगरपालिका के ट्रकों द्वारा डाले गये बदबूदार कूड़े–कचरे के ढेरों मे से प्लास्टिक, पालीथीन एवं अन्य वस्तुए बीनते देखे जा सकते है। शहरों के इर्द गिर्द झुग्गियों–झोपड़ियों में बच्चे अपने परिवार के सदस्यों के साथ जानवरों जैसे हालात में रहते हैं तथा पलते बढ़ते हैं।

ग्रामीण इलाकों, शहरी-अर्द्धशहरी क्षेत्रों में रहने वाले सामाजिक-आर्थिक रूप से कमजोर परिवारों में रहने वाले बच्चों की दशा भी कोई बेहतर नहीं है। कम से कम इस तथ्य के प्रति हमें ईमानदार रहना चाहिए कि ऐसे बच्चे जो इन हालातों में रह रहे हैं, समाज को उनसे ऐसी अपेक्षा नहीं रखनी चाहिए कि ये बच्चे आने वाले कल में सन्त-महात्मा बनकर कहीं प्रवचन देते नजर आएंगे? आज उन्हें जो भी जिस रूप में समाज से मिल रहा है वे कल उसी रूप में वह सब कुछ जो उन्हें मिला, समाज को वापस करेंगे। अगर समाज आज उन्हें उपेक्षा की दृष्टि से देखता है तो वे भी कल समाज की उपेक्षा ही करेंगे। समाज से मिली उपेक्षा को वे उसी रूप में समाज को वापस देंगे। समाज बच्चों के प्रति अपनी इस जवाबदेही से बच नहीं सकता। समाज में ऐसे अनेक नकारात्मक सामाजिक कारक हैं, जैसे कि उचित सामाजिक, आर्थिक तथा शैक्षणिक विकास का अभाव जो किशोर अपचारिता में योगदायी भूमिका निभाते हैं। अगर समय रहते देश की सामाजिक, राजनैतिक व्यवस्था द्वारा ऐसे उपेक्षित तथा अपचारी किशोरों की देखभाल नहीं की गयी अथवा पर्याप्त संरक्षण प्रदान नहीं किया गया तथा यदि उन्हें उन अपराधजनक परिस्थितियों से दूर नहीं रखा गया तो समाज को उसके दुष्परिणामों के लिए तैयार रहना चाहिए। हम इन बच्चों को दोष न दें। ऐसे बच्चे जिन्होंने कानून तोड़ा है या कोई जुर्म किया है अगर यह व्यवस्था या समाज उन्हें उन्हीं अपराधजनक वातावरण में बने रहने देता है, दूर नहीं करता, तो मान लीजिए ऐसे बच्चे आगे चलकर भविष्य में अपराधी ही बनेंगे। जिसका सम्पूर्ण दायित्व हमारे समाज और हमारी व्यवस्था का होगा।

किसी भी किशोर के संरक्षण, देखभाल, उपचार तथा सुधार में सामाजिक स्वीकार्यता एक प्राथमिक कारक होता है जिससे कि बच्चे का उचित विकास हो और वह एक कानून का अनुपालन करने वाला जिम्मेदार नागरिक बन सके। मैं इस बहस में नहीं पड़ना चाहता कि व्यवस्था ने इस उद्देश्य के लिए पूर्व में ही बाल सुधार गृह स्थापित कर रखे हैं। किशोर न्याय कानून भी बना रखा है। लेकिन ये सुधार गृह न्याय देने में पूरी तरह से विफल रहे हैं तथा ये भ्रष्टाचार का केन्द्र बन गए हैं। आइये हम आगे आएं तथा देखें कि किशोर न्याय को उसकी कली अवस्था

में ही घोप न दिया जाय। उसे सुन्दर फूल के रूप में स्वस्थ विकसित होने दिया जाय।अन्यथा हम इस समाज को भविष्य के अपराधियों से बचा नहीं पाएंगे। स्वस्थ सुन्दर फूल समाज में निश्चित रूप से सुगन्ध ही बिखेरेंगे।

"क्या राज्य बिना हिचक यह स्वीकार करेगा कि उसने सफलतापूर्वक किशोर न्याय के लिए न्यूनतम आवश्यक मापदण्डों को समाज में लागू किया है? हमें भारी हृदय से यह कटु सत्य स्वीकार करना ही होगा कि भारतीय समाज में बच्चे पूरी तरह से उपेक्षित रहे हैं।"

३
गरीबी की रेखा और उसके नीचे

गरीबी की रेखा तथा उसके नीचे रहने वाले लोगों के बारे में बातें करना समय के साथ एक फैशन बन गया है। वे लोग जो सत्ता के शीर्ष पर हैं वर्तमान में गरीबी की रेखा खीचनें, गरीबी की रेखा सम्बन्धी आंकड़े जुटाने तथा प्रायोजित प्रेस वार्ताओं को सम्बोधित करने में व्यस्त हैं। जिससे किवे इस समस्या के प्रति अपनी चिन्ता जता सकें तथा भविष्य की कार्य योजना बना सकें? लेकिन कड़वी सच्चाई यह है कि स्वतन्त्रता प्राप्ति के पश्चात अब तक व्यवस्था पूरी तरह से असफल रही है। इस व्यवस्था की व्यथा यह रही है कि इसनें एक ऐसी यात्रा तय की है जो 'गरीबी की रेखा' से चलती हुई 'गरीबी की रेखा से नीचे' की तरफ जा रही है। समकालीन व्यवस्था ने इसे बी0पी0एल0 के नाम से जानना प्रारम्भ किया है। अर्थशास्त्रियों द्वारा दी गयी गरीबी की तकनीकी एवं जटिल परिभाषा में उलझना प्रासंगिक नहीं होगा। साधारण तथा सीधे–सादे शब्दों में एक ऐसी व्यवस्था जहाँ सामाजिक एवं आर्थिक रूप से कमजोर लोग अपनी रोजमर्रा की रोटी, कपड़ा और मकान जैसी बुनियादी आवश्यकताएं पूरी कर पाने में असमर्थ हों उन्हें गरीब की परिभाषा में रखा जाना चाहिए। लोगों के भूख से मरने के समाचार प्रकाशित होते रहते हैं। देश के तत्कालीन प्रधानमंत्री ने 'भूख तथा कुपोषण' जैसे विषय पर बोलते हुए स्वीकारोक्ति की कि देश में कुपोषण एक राष्ट्रीय शर्म है। (2012)

भारत के संविधान की प्रस्तावना भारत के लोगों के लिए समर्पित होते हुए इस बात पर बल देती है कि भारत के लोगों को सामाजिक और आर्थिक न्याय सुनिश्चित किया जाएगा। इसमें इस बात का स्पष्ट उल्लेख किया गया है कि समाज में व्याप्त आर्थिक असमानता को दूर किया जाएगा। राज्य इस बात के प्रयास करेगा तथा आवश्यक कदम उठायेगा कि सामाजिक तथा आर्थिक रूप से कमजोर वर्ग के लोगों का सशक्तिकरण हो सके। इन समस्त संवैधानिक प्राविधानों के रहते हुए भी स्वतन्त्रता प्राप्ति के पश्चात समाज में सामाजिक तथा आर्थिक असमानता

में वृद्धि हुई है। अमीर और अधिक अमीर होते गये हैं, गरीब और अधिक गरीब होते गये हैं। समकालीन प्रश्न यह है कि समाज में गरीबी क्यों हैं? भारत के संविधान के अन्तर्गत वर्णित सामाजिक–आर्थिक न्याय की परिकल्पना का क्या हुआ? क्या हमें ईमानदारी से यह स्वीकार नहीं कर लेना चाहिए कि यह सब सामाजिक–आर्थिक नीतियों के उचित सृजन तथा उनके क्रियान्वयन की असफलता के कारण हुआ है? मैं कोई अर्थशास्त्री नहीं हूँ लेकिन इस देश के नागरिक होने के नाते आज की प्रचलित आर्थिक न्याय प्रशासन व्यवस्था से हमें कुछ वास्तविक अपेक्षाएं हैं। आर्थिक विशेषज्ञों को भारतीय सामाज से गरीबी समाप्त करने के लिए ईमानदार नीयत से उचित आर्थिक नीतियों को लेकर आगे आना होगा। स्वतन्त्रता प्राप्ति के अड़सठ वर्षों से अधिक की अवधि बीत जाने के पश्चात भी हम ऐसा कर पाने में पूरी तरह से नाकाम रहे हैं। हीरोशिमा और नागासाकी (1945) पर विनाशकारी बम बिस्फोटों के बाद जापान पूरी तरह विनष्ट हो गया था लेकिन तुलनात्मक रूप से उक्त विनाश के सत्तर वर्षों के पश्चात आज जापान विश्व की आर्थिक शक्तियों में शुमार है और हम आजादी के अड़सठ वर्षों पश्चात भी गरीबी की रेखा से जूझ रहे हैं। जापान आज एक आर्थिक शक्ति है। ऐसा उसकी दृढ़ इच्छा शक्ति, समर्पण, ईमानदारी, साहस, दृढ़ संकल्प, बलिदान की भावना के कारण सम्भव हो पाया जो उसे अन्य राष्ट्रों से एक अलग राष्ट्र के रूप में स्थापित करता है।

'गरीबी की रेखा' खीचें जाने का अर्थ यह समझा गया कि गरीबी की रेखा पर रहने वाले ऐसे लोगों के आंकड़े एकत्र किये जायं जिससे उनकी गरीबी दूर किये जाने की कोई आर्थिक नीति तय की जाय। लेकिन आश्चर्य तब हुआ जब व्यवस्था 'गरीबी की रेखा के नीचे' जैसी शब्दावली के साथ सामने आयी जो वस्तुतः इस तथ्य की पुष्टिकारक स्वीकृति थी कि इन तमाम वर्षों में गरीबी की रेखा तो छोड़िए लोग इस खींची गयी गरीबी की रेखा के नीचे आ गये। जिसका सीधा मतलब यह होता है कि इन तमाम वर्षों में लोगों की गरीबी के हालातों में बढ़ोत्तरी हुई तथा व्यवस्था गरीबी को समाप्त कर पाने बुरी तरह नाकाम रही। प्रचलित गरीबी उन्मूलन सम्बन्धी नीतियों के क्रियान्वयन की जो गति है उसे

मानक मानते हुए क्या हमें इस बात के लिए तैयार रहना चाहिए कि व्यवस्था भविष्य में एक अन्य गरीबी की रेखा लेकर सामने आ सकती है जैसे 'गरीबी की रेखा के नीचे, और नीचे' (बी0बी0पी0एल0)? नहीं! नहीं! कृपया अब और नीचे नहीं। मानव जाति की मदद कीजिए, उसे गरीबी से बचाइये, जिससे कम से कम मानवीय गरिमा के साथ वे इस धरती पर रह सकें।

"समकालीन प्रश्न यह है कि समाज में गरीबी क्यों हैं? भारत के संविधान के अन्तर्गत वर्णित सामाजिक-आर्थिक न्याय की परिकल्पना का क्या हुआ? क्या हमें ईमानदारी से यह स्वीकार नहीं कर लेना चाहिए कि यह सब सामाजिक-आर्थिक नीतियों के उचित सृजन तथा उनके क्रियान्वयन की असफलता के कारण हुआ है?"

4
दाण्डिक न्याय

एक मशहूर कहावत है कि दण्ड अपने आप में साध्य नहीं है बल्कि यह साध्य को हासिल करने का एक साधन है। वस्तुतः साध्य तो है दाण्डिक न्याय। दाण्डिक न्याय की अवधारणा इस बात की परिकल्पना करती है कि हमारी अपराधिक न्याय व्यवस्था यह सुनिश्चित करे कि अपराधी पर दण्ड आरोपित करने के पीछे भी न्याय का तत्व होना चाहिए। दण्ड के पीछे उद्देश्य यह होता है कि अपराधियों एवं लोगों के मन में दण्ड का भय पैदा किया जाय जिससे उन्हें अपराध करने से रोका जाय। वृहद उद्देश्य तो यह है कि एक अपराध रहित समाज की स्थापना की जाय। अपराधमुक्त समाज की परिकल्पना तथा उद्देश्य तो पूरी तरह से विफल हो चुके हैं फिर भी यदि समाज में अपराधों की संख्या में कमी आती है तो इससे व्यवस्था को सन्तुष्टि होगी। अपराधिक न्याय व्यवस्था के विगत अनुभवों से यह पता चलता है कि दण्ड का भय दिखाकर अपराधियों को अपराध करने से रोका नहीं जा सकता। प्रत्यावर्तित अथवा आदतन अपराधी इस बात के उदाहरण हैं। आधुनिक युग के आंतकवादी संगठनों के 'आत्मघाती दस्ते' इस प्रवृत्ति के अत्यन्त गम्भीर दृष्टान्त हैं जिनके मस्तिष्क में दण्ड का लेशमात्र भी भय नहीं होता तथा वे अपराध कारित करने की खातिर स्वयं को भी मार डालने को तत्पर रहते हैं।

निष्कर्ष यह हुआ कि समाज में अपराधों को रोकने में दण्ड कोई समाधान नहीं होता। अपराध न्याय के वृहद उद्देश्यों को प्राप्त करने के लिए दाण्डिक न्याय व्यवस्था के प्रशासकों को यह तथ्य समझ लेना चाहिए कि दाण्डिक प्रशासन के द्वारा दण्ड के पीछे 'न्याय' का अंश भी शामिल किया जाना आवश्यक है। इस दृष्टान्त पर गौर करें। 'अ' एक अत्यन्त ईमानदार तथा मेहनतकश व्यक्ति है। एक बार उसकी माता गम्भीर रूप से बीमार पड़ी। उसने डाक्टर को सम्पर्क किया। उसकी माता का परीक्षण करने के पश्चात डाक्टर ने 'अ' से बताया कि उसकी माता की स्थिति बहुत ही नाजुक है। वह उन्हें बतायी गयी दवाएं तुरन्त देना शुरू करे

अन्यथा माँ की तबियत और नाजुक हो सकती है। वह मर भी सकती है। डाक्टर को फीस देकर उसे विदा करने के पश्चात 'अ'अपनी माता के लिए दवाएं खरीदने की नीयत से दवा की दुकान भागा। 'अ' के पास दवा के दुकानदार को देने के लिए दवाओं के पर्याप्त रूपए नहीं थे।उसने हाथ जोड़कर दुकानदार से विनती की कि कृपया वह उसे दवाएं दे दे चूँकि उसकी माता की स्थिति अत्यन्त नाजुक है। वह एक दो दिन में बाकी के रूपए उसे चुका देगा। अगर माता को दवाएं तत्काल नहीं दी गयी तो उसकी माता मर सकती है। उसके बार–बार विनती के बावजूद जब तकवह दवाओं की कीमत का पूरा भुगतान नहीं कर देता दुकानदार ने बेरूखी से 'अ' को दवाएं देने से इन्कार कर दिया। 'अ' की आँखों के सामने अंधेरा छा गया। उसे कोई रास्ता नहीं सूझ रहा था। अपनी माता का जीवन बचाने की नीयत से 'अ' ने दुकानदार से दवाएं छीन ली और सरपट माता के पास भागा जिससे कि वह उसे दवाएं तत्काल दे सके। इस तरह दवाएं छीनकर भागना एक विधि विरूद्ध कृत्य है। 'अ' को इस विधि विरूद्ध कृत्य के लिए न्यायालय के सामने पेश किया गया। उसने न्यायालय को दलीलें दीं तथा गुजारिश की कि कानून तोड़ने का उसका कोई आशय नहीं था। लेकिन वह बड़ी मुश्किल में था उसके सामने बड़ी विषम परिस्थिति थी। उसकी माता का जीवन खतरे में था। उसे अपनी माता का जीवन बचाना था। कानून ने कहा। ठीक है! आपकी माता की हालत नाजुक थी तो क्या आप कानून तोड़ेंगे? आपको कानून नहीं तोड़ना चाहिए था। कानून इसके लिए आपको दण्डित करेगा।

अगर कानून ने ऐसी परिस्थितियों में व्यक्तियों को दण्डित किया है तथा उनके विधि विरूद्ध कृत्य के लिए सजा आरोपित करते समय न तो उन विषम परिस्थितियों का संज्ञान लिया है और न ही उन पर विचार ही किया है तो इस बात की पूरी सम्भावना है कि ऐसे में व्यक्तियों का न्यायिक व्यवस्था से विश्वास उठ जायेगा। क्योंकि कहीं न कहीं व्यवस्था को इस तथ्य पर गौर करना होगा कि अगर वह विषम परिस्थिति न रही होती तो वह व्यक्ति सम्भवतः गुनाह करने के लिए विवश न हुआ होता। व्यक्ति परिस्थिति का शिकार हुआ और गुनाह कर बैठा। जबकि ऐसा करने का कोई उसका आशय नहीं था। जब ऐसा व्यक्ति अपनी सजा

काटकर जेल से छूटेगा हो सकता है वह तब एक कठोर मुजरिम के रूप में तब्दील हो चुका हो? हो सकता है जेल में रहने के दौरान उसकी माता की मृत्यु हो चुकी हो? हो सकता है ऐसा व्यक्ति अब समाज के लिए घातक बन कर निकले। क्योंकि यह बात उसके मस्तिष्क में घूमती रहती है कि दवा का वह दुकानदार भी इसी समाज का ही अंग था जिसने उसकी विनती के बावजूद भी उसकी माता की नाजुक हालत की परवाह नहीं की थी। आइये हम व्यवस्था की मदद करें कि प्रत्येक दण्ड के पीछे व्यवस्था दाण्डिक न्याय सुनिश्चित कर सके। व्यवस्था के अन्तर्गत दण्ड अपने आप मे साध्य नहीं होता मात्र एक साधन होता है। साध्य होता है अन्ततः न्याय। विधि का शासन और अपराध मुक्त समाज। आइये हम उन यदा कदा परिस्थितिवश कमतर प्रथमतः अपराधी को कठोर अपराधी होने से बचाएं। हम इस बात की वकालत नहीं करते कि उन्हें दण्डित न किया जाय बल्कि उन्हें न्यायपूर्ण दण्ड दिया जाय।

"आइये हम व्यवस्था की मदद करें कि प्रत्येक दण्ड के पीछे व्यवस्था दाण्डिक न्याय सुनिश्चित कर सके। व्यवस्था के अन्तर्गत दण्ड अपने आप मे साध्य नहीं होता मात्र एक साधन होता है। साध्य होता है अन्ततः न्यायविधि का शासन और अपराध मुक्त समाज।"

5
दहेज प्रथा की पीड़ा

दहेज प्रथा एक सामाजिक बुराई है। भारतीय समाज में विवाह के प्रतिफल के रूप में दहेज मांगना तथा दहेज देने जैसी परम्परा की जड़े बड़ी गहरी हैं। यह प्रथा धीरे–धीरे कलंक बन गयी जब समाज में लोगों ने दहेज की मांग पूरी न हो सकने के कारण विवाहिता स्त्रियों को प्रताड़ित करना तथा जान से मारना शुरू कर दिया। आज की तारीख में भी दहेज सम्बन्धी प्रताड़ना तथा विवाहिता स्त्रियों के मारे जाने के समाचार प्रमुखता से आते हैं। दहेज की मांग करना तथा दहेज देना कानूनन प्रतिबन्धित है। लेकिन कानून की रत्ती भर भी परवाह किये बगैर लोग दहेज देते हैं और दहेज लेते हैं। दहेज की समस्या मुख्यतः सामाजिक समस्या है यह विधिक समस्या नहीं है तथा इस समस्या से मध्यमवर्गीय परिवार प्रमुख रूप से प्रभावित होते हैं। ऐसे लोग हैं जो दहेज देने को तैयार हैं तो दूसरा पक्ष भी दहेज लेने को तैयार बैठा है। अब बड़ा प्रश्न यह है कि कानून किस प्रकार गतिशील होगा? वह पक्ष जिसे शिकायत होनी चाहिए तथा जिसे कानून के समक्ष शिकायत दर्ज करानी चाहिए वह कोई शिकायत दर्ज नहीं कराता तथा वह दहेज देने को तैयार है। बावजूद इसके कि दहेज दिया जा रहा है तथा दहेज लिया जा रहा है चूंकि इस प्रकार की कोई शिकायत कानून के समक्ष नहीं आती कानून किसी प्रकार की कार्यवाही करने में सम्पूर्ण रूप से असहाय नजर आता है। कोई कानूनी कार्यवाही करने के लिए कानून को सबूत चाहिए तथा ऐसे किसी सबूत के अभाव में कानून कोई मदद नहीं कर पाता।

मैं उदाहरण स्वरूप एक सामाजिक परिस्थिति के माध्यम से इस समस्या की ओर आपका ध्यान आकर्षित करना चाहता हूँ। यह मैं आपके ऊपर छोड़ता हूँ कि आप विचार करें कि इस सामाजिक कुरीति से किस प्रकार निपटा जाय? खासतौर से उन परिस्थितियों में जब ऐसे ही किसी लड़की का पिता दहेज की शिकायत लेकर कानून के समक्ष आता है और कानून की मदद करना चाहता है। 'अ' जो कि एक लड़की का पिता है।

वह अपनी पुत्री की शादी का प्रस्ताव लेकर 'ब' के पास जाता है जो कि लड़के का पिता है। 'ब' अपने पुत्र की शादी 'अ' की पुत्री से करने के प्रतिफल के रूप में 'अ' से दहेज की मांग करता है। 'अ' यह मानता है कि 'ब' को दहेज की मांग नहीं करनी चाहिए क्योंकि ऐसा करना कानूनन गलत है। 'अ', 'ब' के विरूद्ध दहेज मांग की शिकायत कानून के समक्ष दर्ज कराता है जिससे 'ब' के विरूद्ध कानून कार्रवाई कर सके। मित्रों! असली समस्या तो अब आयी। दहेज के विरूद्ध शिकायत करके 'अ' ने देश के कानून व्यवस्था की मदद तो की लेकिन उसने अपने लिए मुश्किल खड़ी कर ली। यह समाचार कि 'अ' ने दहेज मांगने के विरूद्ध 'ब' की कानून के समक्ष शिकायत की यह बात अब जंगल की आग की तरह पूरे समाज में फैल जायेगी। अब 'अ' जहाँ कहीं भी अपनी बेटी के विवाह का प्रस्ताव लेकर जायेगा समाज के लोग उसे निराश करेंगे। उससे दूरी बना लेंगे और वह तीव्र कुण्ठा का शिकार हो जायेगा। 'अ' को अब समाज की इस चुनौती का सामना करना पड़ेगा कि उसने दहेज कुप्रथा के विरूद्ध कानून के समक्ष शिकायत करने का जो दुस्साहस किया है उससे उसकी बिटिया अब अनब्याही ही रह जायेगी। समाज के लोग अब उसकी बिटिया का ब्याह न होने देंगे। क्योंकि उसने कानून की बात की। कौन सुनना पसंद करेगा कानून की बात? लोगों को तो दहेज चाहिए। आखिर अपनी बेटी के विवाह की कीमत पर समाज का कौन सा व्यक्ति यह जोखिम उठाना चाहेगा? ऐसे में ऐसी किसी शिकायत के अभाव में कानून इस स्थिति में नहीं होगा किवह समाज की मदद कर पाये।इस प्रकार दहेज प्रथा की कुरीति समाज में अबाध रूप से बनी रहेगी। यह कुरीति समाप्त हो इसके लिए समाज को ही आगे आना होगा।

    भारतीय समाज में दहेज न लाने के जुर्म में उसके सगे सम्बन्धियों द्वारा नवविवाहिता स्त्री को जला कर मार डालना एक बड़ी सामान्य सी घटना है। पर्याप्त दहेज न लाने के कारण स्त्रियों को क्रूरता पूर्वक प्रताड़ित किया जाना भी उतनी ही सामान्य बात है। दहेज के लिए स्त्रियों को जलाना तथा उन्हें जानबूझ कर निर्ममता से तड़पाकर मार डालना तो एक क्रूर हत्या है। मैं यह समझ नहीं पाता कि इसे कानून की किताबों में 'दहेज मृत्यु' के रूप में क्यों पारिभाषित किया गया है?यह हत्या के मुकाबले एक

कमतर अपराध है जबकि क्रूरता के रूप में यह हत्या के अपराध से बढ़कर है। दहेज हत्यारों के लिए तो मृत्युदण्ड की व्यवस्था की जानी चाहिए। दहेज सम्बन्धी कानूनों के दुरूपयोग के मामले भी प्रकाश में आते हैं। विधि की प्रक्रिया का दुरूपयोग करके निर्दोष सास, श्वसुर व अन्य सम्बन्धियों को वधु पक्ष द्वारा दहेज के झूठे मामलों में फँसा दिया जाता है। ऐसी परिस्थितियों से निपटने के लिए पुलिस मशीनरी तथा न्यायालय को अतिरिक्त सावधानी बरतनी होगी। यहाँ यह कहना प्रासंगिक होगा कि दहेज प्रथा को कानूनी रूप से अपराध घोषित करने के कानून होने के बावजूद भी यदि समाज में दहेज हत्याएं अथवा दहेज प्रताड़ना नहीं रूक पा रही है तो इसका दोष कानून व्यवस्था को देना उचित नहीं होगा। यह समाज का नैतिक तथा विधिक दायित्व बनता है कि वह यह सुनिश्चित करे कि दहेज प्रतिषेध सम्बन्धी कानून प्रभावी रूप से अपना काम कर पायें तथा दहेज प्रथा को समाज से समूल नष्ट किया जा सके। अगर समाज इस कुरीति को खत्म करने में आगे नहीं आता तो यह अकेले कानून व्यवस्था के वश की बात नहीं होगी। स्त्रियाँ समाज में पूरी तरह से असुरक्षित महसूस करेंगी जिससे अन्ततः समाज ही कमजोर होगा। समाज की इस कमजोरी का पूर्ण दायित्व स्वयं समाज का ही होगा। सम्भवतः समाज में आने वाली नस्लें समाज के इस कुकृत्य के लिए समाज को भविष्य में माफ न कर पायें।

‘‘दहेज के लिए स्त्रियों को जलाना तथा उन्हें जानबूझ कर निर्ममता से तड़पाकर मार डालना तो एक क्रूर हत्या है? मैं यह समझ नहीं पाता कि इसे कानून की किताबों में ‘दहेज मृत्यु’ के रूप में क्यों पारिभाषित किया गया है? यह हत्या के मुकाबले एक कमतर अपराध है जबकि क्रूरता के रूप में यह हत्या के अपराध से बढ़कर है।’’

6

लैंगिक न्याय- आत्मसम्मान का संघर्ष

लिंग आधारित भेदभाव तथा लिंग आधारित अपराध हमारे समाज में असामान्य नहीं हैं। स्त्रियों के प्रति भेदभाव होता है क्योंकि उन्होंने स्त्री के रूप में जन्म पाया है। पुरूषों के मुकाबले समाज में उन्हें बराबरी का दर्जा नहीं मिल पाता। एक मानव जाति के रूप में तो वे समान हैं लेकिन लैंगिक असमानता के कारण उन्हें सामाजिक गैर बराबरी की सोच का शिकार होना पड़ता है। पुरूष प्रधान समाज में सदियों से महिलाओं का शोषण होता आया है। लेकिन प्राकृतिक कारणों से मानवीय संव्यवहार में समाज इस स्वीकारोक्ति के लिए बाध्य है कि महिलाएं समाज का आधा अंग होती हैं। गम्भीर प्रश्न यह है कि एक समाज जो अपने आपको आधुनिक, सभ्य तथा शिक्षित होने का दावा करता है ऐसे समाज में स्त्रियों का शोषण क्यों? वर्तमान समाज में भी जब किसी परिवार में बेटा जन्म लेता है तो खुशियाँ मनायी जाती हैं जबकि बेटी के जन्म के साथ ऐसा नहीं होता। स्त्रियों के लिए बराबरी के दर्जे के संवैधानिक प्राविधानों के बावजूद समाज में महिलाएं आज भी अपने अधिकारों से वंचित रखी गयीं हैं।

लैगिंक न्याय प्रशासन के विभिन्न आयाम हैं। भले ही आज समाज में महिला सशक्तिकरण की आहट सुनायी पड़ती हो लेकिन दुखद वस्तुस्थिति इस कड़वी सच्चाई में निहित है कि आज भी परिवार में स्त्रियाँ घरेलू हिंसा का शिकार हैं। घरेलू हिंसा रोकने का कानून कोई बहुत पुराना नहीं है। महिलाओं को समाज में व्याप्त घरेलू हिंसा से बचाने के लिए मजबूर होकर संसद को कानून बनाना पड़ा। क्योंकि देश की संसद को ऐसा समाधान हुआ कि समाज ऐसे नहीं मानेगा। अपने घर में ही महिलाएं सुरक्षित नहीं हैं। अर्थ यह हुआ कि महिलाओं को अपने आत्म सम्मान के लिए संघर्ष करना पड़ रहा है। लैंगिक न्याय को तो कली के रूप में तभी घोंप दिया जाता है जब भ्रूण में ही शिशु कन्या की हत्या कर दी जाती है। विज्ञान तथा तकनीकी विकास लैंगिक न्याय के हित में वरदान नहीं साबित हुआ है। सोनोग्राफी अल्ट्रासाउन्ड तकनीकें भ्रूण हत्या

के लिए धडल्ले से प्रयोग में लायी जा रहीं हैं। यह एक सम्पूर्ण लिंग आधारित अन्याय है।

देश के उच्चतम न्यायालय ने कार्यस्थलों पर कामकाजी महिलाओं के प्रति लैंगिक प्रताड़ना का संज्ञान लिया है। 'विशाखा मामले' के माध्यम से निश्चयात्मक दिशा–निर्देशों के बावजूद कामकाजी महिलाएं आत्म सम्मान के लिए जूझ रहीं हैं। लैंगिक अपराधों में बलात्कार जैसे अपराध महिलाओं के लिए घोर मानसिक त्रासदी हैं। महिला अधिकार संगठनों की वर्षों की लड़ाई तथा उच्चतम न्यायालय के निर्णयों के बावजूद बलात्कार के दोषसिद्ध मामलों की प्रतिशतता में गिरावट आई है। वर्ष 1973 में 44.2 से गिरकर वर्ष 2010 में यह प्रतिशतता मात्र 26.5 रह गयी। इस बात की युक्तियुक्त शंका है कि आने वाले वर्षों में दोष सिद्धि की दर में और गिरावट आयेगी जो लैंगिक न्याय के उद्देश्यों के लिए अच्छी बात नहीं होगी।

अच्छी तरह याद आता है जब बलात्कार के अपराध की गम्भीरता को देखते हुए अटल बिहारी बाजपेयी सरकार के तत्कालीन गृहमंत्री संसद में प्रस्ताव लाए कि बलात्कार के अपराध के लिए दण्ड सम्बन्धी प्राविधानों को संशोधित कर दिया जाय तथा बलात्कार के अपराध को मृत्युदण्ड से दण्डनीय बना दिया जाय। दण्ड की मात्रा के बढ़ाये जाने सम्बन्धी प्रस्ताव लाने के पीछे आशय यह ही था कि मृत्युदण्ड के भय से बलात्कारियों में दहशत पैदा होगी तथा वे ऐसे अपराध करने से बाज आयेंगे। लेकिन हमें यह जानकर आश्चर्य नहीं होना चाहिए कि ऐसे प्रस्ताव का सर्वप्रथम महिला संगठनों ने ही विरोध किया। महिला संगठनों का यह विरोध पूरी तरह से तार्किक तथा सुसंगत था। महिला संगठनों नें दलील दी कि यदि बलात्कार के अपराध के लिए दण्ड बढ़ाकर मृत्यु दण्ड कर दिया गया तो महिलाएं समाज में और भी असुरक्षित हो जायेंगी। अब अपराधी एक नहीं दो अपराध करेगा। पहले तो वह महिला के साथ बलात्कार करेगा तत्पश्चात सबूत नष्ट कर देने के इरादे से महिला की हत्या भी कर देगा। क्योंकि उसे ज्ञात है कि दोनो ही अपराधों की सजा मृत्युदण्ड ही है। महिला संगठनों की इस दलील के पीछे एक युक्तियुक्त बल था जिसे समझते हुए अन्ततः सरकार को संसद से अपना प्रस्ताव वापस लेना

पड़ा। लैंगिक न्याय एक गम्भीर मामला है। जब तक कि सम्पूर्ण समाज ईमानदार नीयत से महिलाओं को सम्मान देने के लिए आगे नहीं आता तब तक कानून के यह अकेले वश की बात नहीं है कि वह समाज में लैंगिक न्याय सम्बन्धी मामलों से निपट सके तथा महिलाओं के प्रति न्याय सुनिश्चित कर सके।

"महिला अधिकार संगठनों की वर्षों की लड़ाई तथा उच्चतम न्यायालय के निर्णयों के बावजूद बलात्कार के दोष सिद्ध मामलों की प्रतिशतता में गिरावट आई है। वर्ष १९७३ में ४४.२ से गिरकर वर्ष २०१० में यह प्रतिशतता मात्रा २६.५ रह गयी। इस बात की युक्तियुक्त आशंका है कि आने वाले वर्षों में दोष सिद्धि की दर में और गिरावट आयेगी जो लैंगिक न्याय के उद्देश्यों के लिए अच्छी बात नहीं होगी।"

7
व्यक्ति अपराध क्यों करते हैं?

अपराधिक कृत्य करना मानवीय प्रवृत्ति होती है। जब यह अपराधिक प्रवृत्ति मानव मस्तिष्क पर प्रभावी होती है व्यक्ति अपराध करता है अन्यथा वह सामान्य रूप से व्यवहार करता है। ऐसी परिस्थितियाँ हमारे समक्ष आती हैं जहाँ व्यक्ति या तो जानबूझ कर अपराध करता है अथवा उसकी अपराध करने की कोई नीयत तो नहीं होती लेकिन वह कुछ ऐसी परिस्थितियों का शिकार बन जाता है किवह अपराध कर बैठता है अथवा उससे अपराध हो जाता है। सदियों से समाज एक अपराध रहित समाज की परिकल्पना करता रहा है। विधिक व्यवस्था अपराध को परिभाषित करती है तथा इसके लिए दण्ड का प्राविधान भी करती है। जिससे अपराधियों के मन में डर पैदा किया जा सके। लेकिन फिर भी समाज में अपराध नहीं रूकते। अब तो आधुनिक समाज में अपराधियों ने अपराध करने के लिए तकनीकी संसाधनों की मदद लेनी शुरू कर दी है। अपराधिक विधियों, अपराधिक न्यायालयों तथा दण्ड के प्राविधानों के बावजूद इस प्रश्न का कोई जवाब नहीं मिल पाता कि आखिर लोग अपराध क्यों करते हैं?

प्रत्येक अपराध परिस्थितिजन्य नहीं होता। अपराधिक गिरोह संगठित होकर योजनाबद्ध तरीके से एक पेशेवर गतिविधि के रूप में अपराध को अंजाम देते हैं। आज के समय में अपराध तो एक तरह से पेशा बन गया है। प्राचीन शोधों से यह पता चलता है कि अपराधी बीमार मानसिकता से ग्रसित होते हैं। अपराध के माध्यम से दूसरों को तकलीफ देकर उन्हें आनन्द आता है। सुनियोजित पेशेवर अपराधिक गतिविधियाँ इस बात का आभास कराती हैं कि अपराधी बीमार सोच के नहीं होते बल्कि वे विधि प्रर्वतन संस्थाओं की तुलना में कहीं ज्यादा सतर्क एवं चालाक होते हैं। समाज मे 'व्यक्तिगत हितों' का टकराव अपराधिक व्यवहार के पीछे एक प्रमुख कारण होता है। लोगों में जाति के आधार पर धर्म, क्षेत्र, भाषा तथा लिंग के आधार पर 'सामाजिक टकराव' की स्थिति बनती है। जब तक

कि वर्तमान व्यवस्था इन टकरावों को दूर नहीं करती अथवा हितों के टकरावों को संतुलित करने की दिशा में जब तक कोई गम्भीर पहल नहीं की जाती व्यवस्था के लिए समाज में अपराधों को रोक पाना एक असम्भव कार्य होगा। व्यवस्था हितों के टकराव को संतुलित कर पाने में इसलिए असफल होती है क्योंकि कड़वी सच्चाई यह है कि वह हितों के टकराव को रोकने के पीछे 'राजनीति' खेलती है, ईमानदार प्रयास नहीं करती तथा टकराव की परिस्थितियाँ उत्पन्न करने में व्यवस्था के निहित स्वार्थ भी जुड़ जाते हैं। अतएव अपराधिक मनोविज्ञान के अतिरिक्त व्यक्ति अपराध को एक व्यवसाय के रूप में ले लेते हैं जिसका बीमार मानसिकता से कोई लेना देना नहीं होता। पेशेवर अपराधियों ने व्यवस्था की कीमत पर 'अपराध को फिक्स' करने का तरीका अपना लिया है जिसमें व्यवस्था भी शामिल है। ऐसे परिदृष्य में हमें इस बात की अपेक्षा नहीं करनी चाहिए कि व्यवस्था अपना काम प्रभावी तथा निष्पक्ष रूप से कर सकेगी?इन हालातों में अपराधिक न्याय व्यवस्था का पूरी तरह से टूट कर ध्वस्त हो जाना तय है।

"व्यवस्था हितों के टकराव को संतुलित कर पाने में इसलिए असफल होती है क्योंकि कड़वी सच्चाई यह है कि वह हितों के टकराव को रोकने के पीछे 'राजनीति' खेलती है, ईमानदार प्रयास नहीं करती तथा टकराव की परिस्थितियाँ उत्पन्न करने में व्यवस्था के निहित स्वार्थ भी जुड़ जाते हैं।"

8
मजदूरी करते विवश बच्चे

आप ऐसे बच्चों के बचपन की सहज कल्पना कर सकते हैं जिनका बचपन मजदूरी करते बीत रहा हो। बचपन तो बड़ा ही निश्छल होता है। दायित्व बोध कहाँ होता? यह तो प्रकृतिजन्य ही है। बचपन में खुशी ही खुशी होती है। पीड़ा अगर होती भी है तो वह शरीरजन्य हो सकती है मस्तिष्कजन्य नहीं। बच्चे अगर मजदूरी करते हमारे समाज में नजर आएंतो इसका अर्थ आखिर क्या निकाला जाय? मजदूरी करने का अर्थ तो पेट पालने से हुआ। व्यस्कों द्वारा की जाने वाली मजदूरी में उनके दायित्वों के निर्वहन की बात तो हो सकती है लेकिन बच्चों की मजदूरी में कम से कम ऐसी कोई दायित्व निर्वहन की विवशता नजर नहीं आती। हो सकता है उनके माता पिता किसी अक्षमतावश बच्चे के जीवन यापन की व्यवस्था न कर पा रहे हों। फिर तो बच्चों को अपना पेट पालने के साथ-साथ माता-पिता के जीवन यापन के लिए भी जूझना पड़ेगा। फिर बचपन किस बात का?

अगर किसी समाज में छोटे-छोटे बच्चे इस धरती पर अपना अस्तित्व मात्र बनाए रखने के लिए जूझते नजर आते हों तो इस एक सीधा सा अर्थ यह निकल कर आता है कि उक्त समाज की आर्थिक स्थिति बड़ी ही कमजोर हैऔर वह भी अगर भारत जैसे देश में आजादी के अड़सठ वर्षों के बाद भी भारत का बचपन मजदूरी करने के लिए विवश हो तो हम अनायास यह कल्पना कर सकते हैं कि आज का यह बचपन ही कल का युवा भारत होगा। किन मजबूत कंधों पर होगा राष्ट्र का भविष्य? बेरोजगारी ही बेरोजगारी नजर आएगी हर तरफ। बेरोजगारी की बात तो हम तब करें जब हम अपने इन बच्चों को शिक्षा दे पाएं और फिर इन्हें रोजगार न दिला पाएं। हमारे ये बच्चे स्कूल तो तब न जायेंगे जब इन्हें बाल मजदूरी से फुरसत मिलेगी। मजदूरी करते अशिक्षित बच्चे जब युवा होंगे तब इनके पेट की भूख बढ़ेगी तथा व्यक्तिगत आर्थिक आवश्यकताएं भी बढ़ेंगी। बचपन तो मजदूरी करते गुजर गया, शिक्षा का तो कोई अवसर

ही नहीं आया। अब क्या करेंगे हमारे ये युवा अपनी आर्थिक आवश्यकताओं की पूर्ति के लिए? कहीं न कहीं छीना झपटी अथवा लूटमार ही तो करते नजर आयेंगे। अपराध करेंगे, कानून तोडेंगे। फिर हम कहेंगे कि समाज मेंअपराध होते रहते हैं तथा समय के साथ अपराध की दर भी बढ़ती जाती है। ऐसे विवश युवाओं को दोष देने के पूर्व क्या कभी हमने ऐसा सोचा कि समाज की ऐसी परिस्थिति तथा आर्थिक कमजोरी के लिए हमारे सामाजिक तथा राजनैतिक निकम्मेपन का कितना दोष हो सकता है?

कृपया ऐसा मत कहिएगा कि आज का भारत सामाजिक आर्थिक रूप से इतना मजबूत होता जा रहा है कि भारत की सड़कों पर भीख मांगते बच्चे नजर नहीं आते या फिर समाज में मजदूरी करते बच्चे हमें दिखायी नहीं पड़ते। इन बच्चों से कभी बात करके तो देखिए। ये बच्चे मजदूरी करके सिर्फ अपना ही पेट पालने के लिए विवश नहीं बल्कि इनके गरीब माता–पिता तथा छोटे भाई बहनों का दायित्व भी इन बच्चों के कन्धों पर ही आन पड़ा है।अब ये मजदूरी करके सुबह से शाम तक कितनी रकम जुटा पाते होंगे जिससे कि उनके परिवार का खर्चा चल जाए? नहीं तो फिर दूसरे भाई बहन भी निकलेंगे मजदूरी करने और फिर सभी मिलकर घर का बोझ उठाने के लिए विवश होंगे। ऐसे कोई एक, दो या सौ, पचास परिवार नहीं होंगे? भारत में जिनका बचपन मजदूरी करते करते ही बीत जाता हो वो भला पढ़ाई करने कब जायेंगे? यह भारत सरकार के योजना आयोग के ही तो आँकड़े हैं कि भारतवर्ष की सम्पूर्ण आबादी के लगभग चालीस प्रतिशत लोग गरीबी की रेखा के नीचे रहने के लिए अभिशप्त हैं। ऐसे बच्चों को गरीबी से मुक्ति मिले तो फिर ये बच्चे स्कूल जाने की बात सोचें कि चलो अब मजदूरी करने की जरूरत नहीं है। बचपन किसी भी इन्सान की जिन्दगी का सबसे सुहाना स्वछन्द एहसास होता है। यहाँ तो यह मजदूरी करते ही गुजर गया। काश! कोई मजबूत पारदर्शी व्यवस्था इन बच्चों का बचपन वापस लौटा पाती? मजदूरी करते इन बच्चों को इंसाफ दिला पाती? फिर ये बच्चे युवा होकर अनपढ़ न रह जाते। समाज में अपना पेट पालने के लिए अपराध करने या कानून तोड़ने को विवश न होते।

बाल मजदूरी जैसी गम्भीर समस्या से निपटने के लिए सुझाव देने की कोई गुंजाइश तो तब बने जब हमारे राष्ट्र के संविधान अथवा अन्य कानूनों

में ऐसी कोई पहल न की गयी हो। लेकिन संविधान में लिख देने अथवा कानून बना देने मात्र से ही तो समस्या का समाधान नहीं हो जाता? इस पर अमल करने की ईमानदारी तथा इच्छाशक्ति हम कहाँ से लायेंगे? यह इच्छा शक्ति तो राजनैतिक व कार्यपालक व्यवस्थापकों के अर्न्तमन तथा उनकी कुछ करने की दिमागी सोच से निकल कर ही आयेगी। संविधान तो कहता है कि समाज में आर्थिक गैर बराबरी तथा सामाजिक गैर बराबरी दूर होनी चाहिए। दूर होना तो क्या आर्थिक गैर बराबरी तो और बढ़ती ही जा रही है? आँकड़ों की बात नहीं की जानी चाहिए जब ऐसी चिन्ताजनक परिस्थितियाँ प्रत्यक्ष हमारे भारत में स्पष्ट नजर आ रही हों तथा योजना आयोग की स्वीकारोक्ति भी हो। हालातों को संजीदगी से महसूस किया जाए तथा व्यवस्थापक अपने जमीर पर हाथ रख कर कायदों पर ईमानदारी से अमल करें व कराएं। बच्चों के लिए कानून तो बहुत से बना डाले हैं हमने। बुनियादी कानून ही बच्चों को मुफ्त स्कूलीशिक्षा की बात करता है। लेकिन इन गरीब बच्चों की भूख तो पहले मिटे तथा वे कुपोषण से तो बचें? मजदूरी करने की कोई पारिवारिक विवशता तो न हो? फिर वे स्वस्थ दिमाग से स्कूल जाएं, शिक्षित हों, जिम्मेदार युवा बनें, फिर राष्ट्र को मजबूत करें। बच्चों को इन्साफ दिलाने की कृपया बातें भर मत कीजिए, उन्हें इन्साफ दीजिए। उन्हें उनका बचपन वापस लौटा दीजिए।

"अगर किसी समाज में छोटे-छोटे बच्चे इस धरती पर अपना अस्तित्व मात्रा बनाए रखने के लिए जूझते नजर आते हों तो इसका एक सीधा सा अर्थ यह निकल कर आता है कि उक्त समाज की आर्थिक स्थिति बड़ी ही कमजोर है और वह भी अगर भारत जैसे देश में आजादी के अड़सठ वर्षों के बाद भी भारत का बचपन मजदूरी करने के लिए विवश हो तो हम अनायास यह कल्पना कर सकते हैं कि आज का यह बचपन ही कल का युवा भारत होगा। किन मजबूत कंधों पर होगा राष्ट्र का भविष्य?"

9
भ्रष्टाचार, भ्रष्टाचार और भ्रष्टाचार

भ्रष्टाचार की प्रवृत्ति अब घातक सिद्ध होने लगी है जब हम यह मान बैठे हैं कि भ्रष्टाचार तो सर्वव्याप्त है, हम क्या कर सकते हैं? हमारी इसी सोच ने समाज में भ्रष्टाचार जैसे कोढ़ को स्वीकार्यता प्रदान कर दी है। स्वीकार्यता तो इस हद तक बन गयी है कि यदि व्यक्ति लोक सेवक के रूप में सरकारी सेवा में है तो बडे ही गर्व से वह लोगों को यह बताना भी नहीं भूलता कि नौकरी में अच्छी खासी ऊपरी कमाई भी है। हम भी समाज में पूछे बिना नहीं रह पाते कि आपकी ऊपर की आमदनी भी कुछ कम तो नहीं होगी? शादी ब्याह के रिश्तों में वधू पक्ष वर का वेतन तो कम लेकिन उसकी ऊपरी आमदनी की सम्भावनाओं की पूछताछ करता अधिक नजर आता है और ऐसी सम्भावनाओं की पुष्टि से उसकी खुशी का ठिकाना नहीं रहता। व्यक्ति का ईमानदार होना एक अच्छी बात है यह तो गुजरे जमाने की बात हो गई। आज तो व्यक्ति का ईमानदार होना उसके चरित्र से जोड़ कर नहीं देखा जाता बल्कि कहा यह जाता है कि अमुक ईमानदार व्यक्ति कायर है, डरपोक है क्योंकि रिश्वत लेने का कलेजा नहीं है उसके पास। वह रिश्वत लेने का साहस नहीं कर पाता, डरता है, इसीलिए तो वह ईमानदार है। गैर कानूनी कार्य करना, कानून तोड़ना, भ्रष्टाचार करना यह तो सामर्थ्यवानों का काम है, उन कायरों का नहीं जो अपनी कायरता के कारण ईमानदार बने रहने के लिए विवशहैं। उनकी सामर्थ्य और शक्ति इस बात में भी है कि उनके द्वारा कानून तोड़ने, भ्रष्टाचार करने के बावजूद भी कानून उनका कुछ बिगाड़ नहीं पाता। और यही बात उनकी सामाजिक प्रतिष्ठा से जोड़ दी जाती है। उनकी सामाजिक स्वीकार्यता स्थापित हो जाती है और विधि का शासन किनारे कर दिया जाता है।

भ्रष्टाचार का भी अपना एक अपराधशास्त्र है जिसके पीछे अपराधिक प्रवृत्ति तो होती ही है साथ ही साथ यह सर्वत्र व्याप्त इसलिए नजर आने लगता है क्योंकि ऐसे सामर्थ्यवान लोगों के मस्तिष्क से कानून का डर

समाप्त हो चुका है। लोग यह बात करते सुनाई पडते हैं कि कानून अधिक से अधिक क्या कर लेगा? सजा ही तो देगा और वह भी तब जब कानून की नजरों में गुनाह साबित होगा? वे जानते हैं कि देश का कानून उन्हें सजा दे नहीं पाएगा। क्योंकि वे गुनाह को साबित नहीं होने देंगे। सबूत कानून तक नहीं पहुँच पाएंगे 'नष्ट' कर दिए जायेंगे। कानून यह सब होते देख भी नहीं पाएगा क्योंकि कानून तो अंधा होता है? देखे भी भला तो कैसे? सबूतों के अभाव में ये सामर्थ्यवान भ्रष्टाचारी कानून के द्वारा बाइज्जत बरी कर दिए जायेंगे। भ्रष्टाचार के स्वरूप को केवल आर्थिक भ्रष्टाचार तक ही सीमित न रखा जाए। सामाजिक भ्रष्टाचार का स्वरूप भी अत्यन्त डरावना है जिसके सामने कानून की एक भी नहीं चलती। जातिगत व्यवस्था के अन्तर्गत व्याप्त सामाजिक शोषण की प्रवृत्ति से हमारी राष्ट्रवादी सोच सदियों से नष्ट-विनष्ट होती रही है। लेकिन हमारे देश का कानून इस नकारात्मक सोच से बचने का तथा जातिगत सामाजिक असंगठन को दूर करने का अब तक न तो कोई रास्ता ही निकाल पाया है और न ही ऐसा करने की उसकी कोई पहल नजर आती है।

सामाजिक भ्रष्टाचार की नजीरें दिल दहला देने वाली हैं। अगर किसी बच्ची के माता-पिता की आर्थिक हैसियत अच्छी नहीं है, वे निर्धन हैं, दहेज की धनराशि दे सकने में समर्थ नहीं हैं तो दहेज न लाने के जुर्म में हमारा समाज ऐसी विवाहिता बच्ची को जला कर मार डालेगा या फिर उस बच्ची के मस्तिष्क में प्रताड़ना की ऐसी परिस्थितियाँ पैदा कर दी जायेंगी कि एक न एक दिन वह बच्ची स्वयं ही आत्महत्या करके अपना जीवन समाप्त कर बैठेगी। हमारे तथाकथित सभ्य तथा पढ़े लिखे समाज के चेहरे पर जरा भी शिकन नहीं आयेगी और दहेज प्रवृत्ति सम्बन्धी भ्रष्टाचार यथावत होते रहेंगे। दहेज लेना तथा दहेज देना दोनों कानूनन अपराध होते हैं यह बात महज किताबों तक ही सिमट कर रह जायेगी और कानून किसी का कुछ बिगाड़ नहीं पाएगा क्योंकि सबूत निकल कर सामने नहीं आयेंगे।

लेकिन हम तो सामाजिक भ्रष्टाचार की कड़ी में कहीं आगे निकल आए हैं। इसका श्रेय विज्ञान और तकनीकी विकास को दिया जाना चाहिए। दहेज प्रताड़ना की नौबत तो तब आने दी जाएगी जब हमारी बच्चियाँ

जिन्दा जन्म ले पाएंगी। हम उन्हें जन्म ही नहीं लेने देंगे, माँ के गर्भ में भ्रूण रूप में ही उनकी हत्या कर डालेंगे। कन्या भ्रूण हत्या के मामले हमारे समाज में एक बड़ी ही सामान्य बात हो चले हैं। इन अपराधों को रोकने तथा अपराधियों को दण्डित करने के लिए हमारी विधिक व्यवस्था में कानून तो हैं लेकिन वे पूरी तरह से प्रभावी नहीं हो पा रहे हैं। वैसे सही मायनों में कानून व्यवस्था को दोष देने से पहले हमें अपनी सोच तथा आचरण में बदलाव लाना पड़ेगा। देखिए, कानून अपना काम ठीक तरह से इसलिए नहीं कर पाता क्योंकि हमारा खुद का आचरण ठीक नहीं है। हमारा आचरण महज अपराध करने तक ही सीमित नहीं रहता बल्कि फिर हम सबूतों को नष्ट करने की जुगत में भी लग जाते हैं और हमारा यह भ्रष्ट आचरण ही हमारी विधिक व्यवस्था को पूरी तरह से नपुंसक बना देता है। याद रखिए नपुंसकता न्याय को जन्म नहीं दे सकती।

"हमारा आचरण महज अपराध करने तक ही सीमित नहीं रहता बल्कि फिर हम सबूतों को नष्ट करने की जुगत में भी लग जाते हैं और हमारा यह भ्रष्ट आचरण ही हमारी विधिक व्यवस्था को पूरी तरह से नपुंसक बना देता है। याद रखिए नपुंसकता न्याय को जन्म नहीं दे सकती।"

10
मानवाधिकारों का विधिशास्त्र

मानवाधिकारों का विधिशास्त्र बड़ा ही विचित्र है। विचित्र क्यों न हो? मानवाधिकारों की बात भी की जाए, विधि के अर्न्तगत मानवाधिकारों को प्रवर्तनीय भी बनाया जाए तथा मानवाधिकारों का अनवरत उल्लघंन भी होता रहे। अगर मानवाधिकारों के विधि शास्त्र का जरा गहराई से अध्ययन किया जाए तो हम यह पाते हैं कि ये वे अधिकार हैं जो मानव के अस्तित्व से जुड़े हुए हैं। दलील यह दी जाती है कि चूँकि व्यक्तियों ने जब मानव के रूप में जन्म पा ही लिया है तो कम से कम इन्हें जानवरों से अलग करके तो देखा ही जाना चाहिए। हर्ज भी क्या है? महज अभिलेखों में लिख देने से, बार–बार कहते रहने से, दुहराते रहने से अगर व्यक्तियों को मानवाधिकारों की घूंटी पिलाई जा सकती हो तो फिर इससे आसान बातऔर क्या हो सकती है? मानवाधिकारों पर बात ऐसे लगती है जैसे मानवों पर कितना एहसान किया जा रहा हो? अन्तर्राष्ट्रीय स्तर पर मानवाधिकारों की सार्वभौमिक घोषणा की गयी है। ये समस्त अधिकार मानव जीवन के लिए अत्यन्त महत्वपूर्ण तथा नैसर्गिक हैं जिनकी मदद से एक व्यक्ति मानवीय गरिमा से अपना जीवन जी सके।

आज विश्व में भूख तथा गरीबी किस स्तर तक व्याप्त है यह कहने की आवश्यकता नहीं है? अगर धनी देशों को छोड़ दें तो निर्धन देशों में रहने वाले लोगों के लिए मानवीय गरिमा की बात करना तो छलावे से भी बढ़कर है। कुपोषण की अवस्था से निजात मिले, भुखमरी की स्थिति खत्म हो तब हम फिर मानवीय गरिमा तथा उसके अस्तित्व की बात करें। यथार्थ तो यह है कि शायद मानव गरिमा प्राप्त करते–करते व्यक्ति का जीवन ही खत्म होने को आ जाए तथा मानवाधिकारों की बातें इसी धरती पर ही दफन होकर रह जाएंया फिर अगली पीढ़ी के लिए मानवाधिकारों की बातें होती रहें। गरीबी की रेखा, गरीबी की रेखा के नीचे और नीचे पड़े रहना ही बस हमारी मानवीयता की नियति रह गयी है। जब नियति को ही यह स्वीकार नहीं है तो क्या करेंगे? बस हम प्रयास करते रहेंगे,

मानवाधिकारों की बातों के सिलसिले इसी तरह चलते रहेंगे। हमने कब कहा कि हम व्यक्तियों को उनके मानवाधिकार दिला कर ही दम लेंगे?

एक बडा ही दिलचस्प तथ्य यह है कि जब तक मानवाधिकारों को राष्ट्रों की विधायी संस्था द्वारा कानून बनाकर उसमें शामिल नहीं कर लिया जाता तब तक ऐसे अधिकारों को कोई वैधानिकता प्राप्त नहीं हो सकती। हम मानवाधिकारों की बातें तो करते रहेंगे, लेकिन वे विधि द्वारा प्रवर्तनीय नहीं हो सकेंगे। अब जब ऐसे मानवाधिकार जो विधि में शामिल ही नहीं हैं, न्यायपालिका कानूनन ऐसे अधिकार दिलवा ही नहीं सकेगी तो ऐसे हालातों में व्यक्तियों को व्यवस्था के रहमोकरम पर ही रहना पड़ेगा। तो फिर अधिकार कहाँ रहा? व्यवस्था के रहमोकरम का नतीजा तो हम देख ही रहे हैं। निर्धनता, भूख, कुपोषण, बीमारी, अशिक्षा, जानवरों से भी बदतर इन्सानों की जिन्दगी।

व्यवस्था को दोष देने की बात की जाएगी तो आप यह कहेंगे कि हमारी सोच नकारात्मक है। लेकिन सकारात्मक कहने लायक जो कुछ है भी वह भी तो महज ऊँट के मुँह में जीरे के माफिक ही है? मानवाधिकारों की बात यदि अभिलेखों तक ही सिमट कर रह जाए और प्रत्येक मानवाधिकार कानूनन विधिक अधिकार हों ही यह जरूरी न हो तो ऐसे में अधिकारों की प्रवर्तनीयता तो दूर की बात, न्याय-अन्याय की बात करना ही निरर्थक होगा।

"अब जब ऐसे मानवाधिकार जो विधि में शामिल ही नहीं हैं, न्यायपालिका कानूनन ऐसे अधिकार दिलवा ही नहीं सकेगी तो ऐसे हालातों में व्यक्तियों को व्यवस्था के रहमोकरम पर ही रहना पड़ेगा। तो फिर अधिकार कहाँ रहा? व्यवस्था के रहमोकरम का नतीजा तो हम देख ही रहे हैं। निर्धनता, भूख, कुपोषण, बीमारी, अशिक्षा, जानवरों से भी बदतर इन्सानों की जिन्दगी।"

11
शिक्षा का बाजारीकरण

हमें यह कटु सत्य स्वीकार कर लेना चाहिए कि राजनैतिक इच्छा शक्ति के अभाव में हमारी बुनियादी शिक्षा ध्वस्त हो गई है। हमारे जो राजकीय योजनाकार हैं वे बुनियादी शिक्षा नीति को जमीनी स्तर पर उसके सही अर्थों में लागू करवा पाने में बुरी तरह से विफल रहे हैं। योजनाकारों को यह बहाना नही ढूढ़ना चाहिए कि उनका काम तो सिर्फ योजनाएं बनाना है, उन्हें लागू करवाना उनका काम नहीं है। सरकारी नियन्त्रण के प्राथमिक विद्यालयों में बच्चों की लगातार गिरती संख्या इस तथ्य का सबूत है कि चाहे वे ग्रामीण अथवा शहरी क्षेत्र हों बुनियादी शिक्षा विनष्ट होती जा रही है। अत्याधिक झकझोर देने वाला तथ्य यह है कि यद्यपि इन प्राथमिक विद्यालयों में एक अच्छी संख्या में अध्यापकों की नियुक्ति की गयी है लेकिन नियमित रूप से स्कूल जाने की वे कभी परवाह नहीं करते, न ही बच्चों की फिक्र करते हैं तथा उन्हें इस बात की भी परवाह नहीं होती कि स्कूलों में बच्चों की घटती संख्या को किस प्रकार रोका जाए।

ऐसी शिक्षा के गिरते स्तर ने निजी क्षेत्रों के पब्लिक तथा कान्वेन्ट स्कूलों को कुकुरमुत्तों की तरह बढ़ने का मौका दे दिया है। ऐसे निजी क्षेत्रों के स्कूल शहरी क्षेत्रों में ही नहीं बल्कि ग्रामीण क्षेत्रों में भी खुलते जा रहे हैं। इन स्कूलों की कार्यशैली विशुद्व रूप से व्यवसायिक दृष्टिकोण पर आधारित होती है। इनकी शिक्षा की गुणवत्ता पर सरकार का कोई व्यवहारिक नियन्त्रण नहीं होता। देश की शिक्षा नीति के फिक्रमन्दों की सम्पूर्ण बेपरवाही का गैरवाजिब फायदा उठाते हुए इन कुकुरमुत्तों जैसे बढ़ते निजी क्षेत्र के पब्लिक स्कूलों ने शिक्षा का पूरी तरह से बाजारीकरण कर दिया है। शिक्षा का यह विनिष्टकारी दृश्य सिर्फ प्राथमिक शिक्षा के क्षेत्र में ही देखने को नहीं मिलता बल्कि ऐसे ही हालात सरकारी नियन्त्रण के हाईस्कूलों तथा माध्यमिक स्कूलों में भी पैदा हो गए हैं जहाँ उन्हें अपने अस्तित्व के सवाल पर विशुद्व रूप से बाजारू निजी स्कूलों से कड़ा कठिन

संघर्ष करना पड़ रहा है तथा वे ध्वस्त होने के कगार पर ही पहुँचते नजर आ रहे हैं। शिक्षा के बाजारीकरण के घातक तन्तुओं ने उच्च शिक्षा के क्षेत्र को भी अपने आगोश में बुरी तरह जकड़ लिया है। आधुनिक समय में निजी क्षेत्र के विश्वविद्यालयों की अत्यन्त तेजी से वृद्धि देखी जा रही है।

अच्छी गुणवत्तापरक शिक्षा की कीमत अदा करना कोई बुरी बात नहीं है। लेकिन भारत जैसे देश में इस तथ्य की अनदेखी भी नहीं की जानी चाहिए कि भारत की ऐसी कितनी जनसंख्या है जो इन निजी संस्थानों में दी जाने वाली मंहगी प्राथमिक, माध्यमिक अथवा उच्च शिक्षा के खर्च के बोझ को उठा पाने में आर्थिक रूप से सक्षम है? भारत का संविधान तो प्रत्येक व्यक्ति को 'अवसर की समानता' उपलब्ध कराने की बात करता है जहाँतक सामाजिक, आर्थिक तथा शैक्षणिक बेहतरी का प्रश्न है। भारत के समाज में ऐसे लोग हैं जो अपनी खराब आर्थिक दशा के कारण इन स्कूलों के माध्यम से शिक्षा के लिए अवसर की समानता प्राप्त ही नहीं कर सकते। क्या हम इस राष्ट्र के जिम्मेदार नागरिक होने के नाते ऐसा न मानें कि शिक्षा नीति में व्याप्त ऐसी स्थिति सम्पूर्ण रूप से असंवैधानिक है? अगर यह दोहरी व्यवस्था तथा बाजारीकरण की स्थिति संविधानसम्मत प्रतीत नहीं होती तो हमारे राष्ट्र की विधिक व्यवस्था खामोश क्यों है? इसका जवाब राष्ट्र की आने वाली नस्लों को हासिल करना ही होगा। अन्यथा राष्ट्र की शैक्षणिक बुनियाद जर्जरता की स्थिति तक पहुँचने में देर न लगेगी।

"सरकारी नियन्त्रण के प्राथमिक विद्यालयों में बच्चों की लगातार गिरती संख्या इस तथ्य का सबूत है कि चाहे वे ग्रामीण अथवा शहरी क्षेत्र हों बुनियादी शिक्षा विनष्ट होती जा रही है। अत्याधिक झकझोर देने वाला तथ्य यह है कि यद्यपि इन प्राथमिक विद्यालयों में एक अच्छी संख्या में अध्यापकों की नियुक्ति की गयी है लेकिन नियमित रूप से स्कूल जाने की वे कभी परवाह नहीं करते, न ही बच्चों की फिक्र करते हैं तथा उन्हें इस बात की भी परवाह नहीं होती कि स्कूलों में बच्चों की घटती संख्या को किस प्रकार रोका जाए।"

12
संविधान की समाजवादी विचारधारा

शाब्दिक सन्दर्भ में हम 'समाजवाद' का क्या मतलब समझते हैं? यह एक विचारधारा है, नीति अथवा एक ऐसी पहल है जो समाज में प्रत्येक व्यक्ति को एक समान मानती हुई सर्वसमाज के उत्थान की बात करती है। समाज की सम्पूर्णता में बेहतरी के लिए समाजवादी विचारधारा की समाज के लोगों के प्रति अपनी एक चिन्ता है। इस तथ्य को मानते हुए कि समाज में जिस व्यक्ति ने जन्म लिया है वह एक समान है, प्रत्येक व्यक्ति को समाज के हर क्षेत्र में समानता का अवसर उपलब्ध कराया जाय जिससे कि राज्य के संसाधनों से वे समान रूप से लाभार्थी हों।

पूंजीवादी तथा साम्यवादी विचारधाराओं से अलग समाजवादी विचारधारा इस बात का प्रयास करती है कि अधिक से अधिक लोगों के हित में एक ऐसा वातावरण तैयार किया जाय जो जमीनी स्तर तक उपलब्ध संसाधनो का लाभ ले पाने में सर्वथा उपयुक्त हो। लेकिन बड़ा प्रश्न यह है कि क्या आज की तारीख में हमारा राष्ट्र प्रशासन इस स्थिति में है कि वह भारत की आबादी के एक बड़े हिस्से के सामाजिक तथा आर्थिक हितों के संरक्षण में ऐसे अवसर उपलब्ध करा पाएं अथवा उन्हें उनका लाभ दिला पाए? बेहतर अर्थशास्त्र एक ऐसा बुनियादी हित है जिसको सर्वोच्च प्राथमिकता के रूप में संरक्षण देते रहने की आवश्यकता है। क्या हमें कोई ऐसी आर्थिक नीति याद आती है जो अधिसंख्य लोगों के हितों की बात करती हुयी बनायी गयी हो तथा जो लोक प्राधिकारियों के भ्रष्टाचार के चंगुल से मुक्त रही हो? सम्भवतः नहीं।

ठीक बात है। हमने समाजवादी व्यवस्था के केन्द्रीय दर्शन के रूप में मिश्रित अर्थव्यवस्था की संरचना को अंगीकार किया है जहाँ पर लोक क्षेत्र तथा निजी क्षेत्र दोनों के स्वस्थ सहअस्तित्व की बात की गयी। यहाँ तक कि छोटे से छोटा व्यवसायी भी जिसके अन्दर व्यवसायिक दूरदर्शिता, कौशल्य तथा क्षमता है जिससे कि वह व्यवसाय की दुनियां में आगे बढ़ सके, उसे राष्ट्र की विधिक मशीनरी द्वारा वैसा व्यवसायिक वातावरण

उपलब्ध कराया जाएगा। उसे इस बात की स्वतन्त्रता होगी कि देश के किसी भू–भाग में वह अपने पसंद का व्यवसाय चुन सके तथा उसे आगे बढ़ा सके। ऐसी स्वतन्त्रता कुछ युक्तियुक्त प्रतिबन्धों के अधीन रहेगी।

देश में समाजवादी सोच से आच्छादित अवसर की समानता से लोग सम्पूर्ण रूप से तब वंचित कर दिए जाते हैं जब संघीय सरकारों पर इस तरह के आरोप लगते हैं कि देश की आर्थिक नीतियाँ बडे औद्योगिक घरानों के दबाव में तय की जाती हैं। ऐसे प्रकरण सामने आते रहते हैं कि ये घराने अपने तात्कालिक व्यवसायिक तथा आर्थिक हितों के संरक्षण में सरकारी नीति निर्धारण की प्रक्रिया में हस्तक्षेप करते रहते हैं। यह पूरी तरह से अनुचित तथा अन्यायपूर्ण है। यदि सरकारी आर्थिक नीतियाँ बड़े औद्योगिक घरानों को ही अनुचित लाभ पहुँचाने की नीयत सेतैयार की जाएंगी तो समाजवादी विचारधारा का इससे बड़ा मखौल और क्या हो सकता है? आवश्यकता इस बात की है कि हमारी राष्ट्रीय व्यवस्था उपरोक्त परिस्थितियों का परीक्षण करे तथा उन आरोपों से बचे जो समाजवादी व्यवस्था को निष्पक्ष नहीं रहने देते।

''देश में समाजवादी सोच से आच्छादित अवसर की समानता से लोग सम्पूर्ण रूप से तब वंचित कर दिए जाते हैं जब संघीय सरकारों पर इस तरह के आरोप लगते हैं कि देश की आर्थिक नीतियाँ बडे औद्योगिक घरानों के दबाव में तय की जाती हैं। ऐसे प्रकरण सामने आते रहते हैं कि ये घराने अपने तात्कालिक व्यवसायिक तथा आर्थिक हितों के संरक्षण में सरकारी नीति निर्धारण की प्रक्रिया में हस्तक्षेप करते रहते हैं।''

13
शिक्षा का अधिकार

शिक्षा किसी भी सभ्य समाज की रीढ़ की हड्डी है। व्यक्तियों को शिक्षित करने का अर्थ होता है समूचे समाज को शिक्षित करना जिससे मानवीय सभ्यता का समग्र विकास हो। शिक्षा का सम्बन्ध व्यवसाय से भी है। व्यक्ति को शिक्षित करने का उद्देश्य यह होता है कि व्यक्ति को इस काबिल बनाया जा सके जिससे कि वह इस बात में अन्तर कर सके कि क्या सही है तथा क्या गलत? क्या न्याय संगत है तथा क्या उचित? किसी व्यक्ति को क्या करना चाहिए अथवा क्या नहीं?

यदि समाज में कुछ गलत हो रहा है तो इसका सीधा मतलब यह होता है कि उस समाज की शिक्षण व्यवस्था में सब कुछ ठीक ठाक नहीं है। भारत के समाज में देश की शिक्षण व्यवस्था बड़े ही गम्भीर दौर से गुजर रही है। बेसिक शिक्षा की शुरूआत बच्चे के सीखने की प्रक्रिया से जुड़ी है। प्रत्येक बच्चे की अपनी एक अलग प्रतिभा होती है। लेकिन शिक्षा नीति में खामी होने के कारण जमीनी स्तर पर न तो हम उस बच्चे के स्वयं के लिए और न ही समाज की व्यापक बेहतरी के लिए उन बच्चों की प्रतिभा का लाभ उठा पा रहे हैं। कमजोर बेसिक शिक्षा नीति जैसी पहल ने हमारे बच्चों की रीढ़ की हड्डी तोड़ कर रख दी है। यह व्यवस्था प्रबन्धकों के माथे पर एक बड़ा कलंक है। अपनी टूटी रीढ़ की हड्डी के साथ बच्चा पूरे आत्मविश्वास से अपने पैरों पर किस प्रकार खड़ा रह सकेगा? यह चिन्ता का विषय है। सरकारी नियन्त्रण के अधीन ग्रामीण तथा शहरी क्षेत्रों के प्राथमिक तथा नगरपालिका स्कूल बड़े ही खतरनाक ढंग से ध्वस्त होने की कगार पर खड़े हैं। भारत में स्वतन्त्रता के समय से ही बेसिक शिक्षा की नीति में एकरूपता नहीं रही है। इसके क्या कारण हो सकते हैं यह तो नीति नियन्ता ही बेहतर जान सकते हैं? पब्लिक स्कूलों तथा सरकारी नियन्त्रण के स्कूलों के मध्य एक उर्ध्व विभाजन रेखा खींच दी गई है। आर्थिक कारणों से अवसर की असमानता बनी हुयी है तथा समाज के निर्धन वर्ग के बच्चे अच्छी शिक्षा से वंचित रह जाते हैं। यह तो हमारे

संविधान की भावना का सम्पूर्ण अपमान है तथा शैक्षणिक न्याय के उद्‍देश्यों को पराजित करता है।

भारत में जब संविधान लागू किया गया था शिक्षा के अधिकार को तो उसी वक्त संविधान में मूलभूत अधिकारों के अन्तर्गत शामिल किया जाना चाहिए था। 'शैक्षणिक न्याय' को संविधान के मूलभूत ढांचे के रूप में संविधान की 'प्रस्तावना' में सामाजिक न्याय, आर्थिक न्याय तथा राजनैतिक न्याय के समकक्ष शामिल किया जाना चाहिए था। इसके पीछे आखिर ऐसी कौन सी बाधा थी यह समझ से परे है। आज की तारीख में नागरिकों के लिए शिक्षा के अधिकार को संविधान में मूलभूत अधिकार के रूप में शामिल कर लिए जाने के बावजूद भी समाज के निर्धन वर्ग के बच्चों को गुणवत्तापरक शिक्षा का लाभ नहीं मिल पा रहा है। हमारे बच्चों को आज सख्त रूप से अच्छी शिक्षा की जरूरत है, ऐसा कम से कम मानवता के हित में ही किया जाय जो न सिर्फ राष्ट्रहित में होगा बल्कि भविष्य में राष्ट्र के सामाजिक हित को भी पुष्ट करेगा।

"भारत में जब संविधान लागू किया गया था शिक्षा के अधिकार को तो उसी वक्त संविधान में मूलभूत अधिकारों के अन्तर्गत शामिल किया जाना चाहिए था। 'शैक्षणिक न्याय' को संविधान के मूलभूत ढांचे के रूप में संविधान की 'प्रस्तावना' में सामाजिक न्याय, आर्थिक न्याय तथा राजनैतिक न्याय के समकक्ष शामिल किया जाना चाहिए था। इसके पीछे आखिर ऐसी कौन सी बाधा थी यह समझ से परे है"

14
सामाजिक न्याय का गर्भपतन

व्यवस्था में सामाजिक न्याय की बड़ी ही विस्तृत तथा बहुआयामी अवधारणा है। यहाँ तक कि उस व्यक्ति को भी सामाजिक न्याय सुनिश्चित किया जाय जो सामाजिक संरचना की आखिरी पायदान पर खड़ा है। वर्तमान सामाजिक संरचना के ताने बाने बुनने का दायित्व किसका है? कौन है जिम्मेदार इस ढाँचे के लिए? वस्तुतः हम सभी लोग। वह समाज कहाँ है जिस समाज को हम समतामूलक समाज होने की बात करते हैं? हम समाज में समानता हो, इस बात का रोना रोते रहते हैं, बावजूद इसके कि हमने अपने संविधान में भेदभाव रहित समाज तथा समानता की अवधारणा के उपबन्ध शामिल कर रक्खे हैं। वे समान लोग कौन हैं? तथा यह समानता की अवधारणा किनके मध्य है?

अभी हम अपने आपको केवल उस सीमा तक सीमित रखें तथा यह मानकर चलें कि व्यवस्था के प्रबन्धक समाज में ऐसी सहुलियतें प्रदान करते हैं जो लोगों के मूलभूत न्यूनतम आवश्यकताओं की पूर्ति कर सकें। उन्हें पर्याप्त भोजन मिले जिससे उनके तथा उनके परिवार के सदस्यों की भूख मिट सके। अपना सिर छुपाने को एक छत मिल सके तथा कम से कम अपना तन ढकने को कपड़ा मिल सके। जी हाँ! हम जानते हैं। यह परिस्थिति मुख्यतः इसी वजह से है क्योंकि समाज में आर्थिक विषमता है, आर्थिक असमानता है। यह बड़ी ही सामान्य सी बात है कि समाज में बहुसंख्य लोगों को भूखे पेट सोना पड़ता है, रहने को मकान नहीं हैं। उन्हें अत्यन्त ही अस्वास्थ्यकारी जानवरों के रहने जैसी परिस्थितियों में गुजर बसर करना पड़ता है। कभी कभी तो उनका जीवन जानवरों से भी बदतर होता है। ऐसा क्यों है कि व्यवस्था उन्हें ऐसी दशाएं उपलब्ध कराने में नाकाम रही कि कम से कम मानवाधिकारों के जमाने में तो वे मानवीय गरिमा के साथ रह सकें?

सामाजिक असमानता के विभिन्न किस्म के आयाम हैं। शाश्वत होती जाती सामाजिक असमानता के लिए कौन जिम्मेदार है? सामाजिक

असमानता को दूर करने का रोना रोते रहने के बावजूद व्यवस्था असमानता दूर करने में क्यों नाकाम रही? अथवा क्या हम ऐसा निष्कर्ष निकाल लें कि सारे तथ्यों को जानने बूझने के बावजूद व्यवस्थाएं इस बात से पूरी तरह बेपरवाह रहीं कि चीजें दुरूस्त हों। जी हाँ? समाज में वर्तमान में ऐसे हालात हैं जो इस तथ्य के सूचक हैं जिनसे व्यवस्था की गम्भीर अपराधिक उपेक्षा साबित होती है। भोजन की कमी, कुपोषण, भूख से मरते लोग, उचित चिकित्सा उपचार न मिल पाने के कारण अप्राकृतिक मौतें इत्यादि राज्य मशीनरी की विफलताएं हैं तथा लोगों की मूलभूत न्यूनतम आवश्यकताएं भी पूरी न कर पाना राज्य के व्यवस्था प्रबन्धकों के माथे पर कलंक। यह वर्तमान विकास की तरफ बढ़ते समाज का नकारात्मक पक्ष नहीं अपितु एक कटु सत्य है जहाँ सामाजिक न्याय के तत्व नष्ट हुए हैं तथा सम्पूर्ण रूप से सामाजिक न्याय के गर्भ पतन के रूप में साबित हुए हैं।

"क्या हम ऐसा निष्कर्ष निकाल लें कि सारे तथ्यों को जानने बूझने के बावजूद व्यवस्थाएं इस बात से पूरी तरह बेपरवाह रहीं कि चीजें दुरूस्त हों। जी हाँ? समाज में वर्तमान में ऐसे हालात हैं जो इस तथ्य के सूचक हैं जिनसे व्यवस्था की गम्भीर अपराधिक उपेक्षा साबित होती है।"

15
विधि का शासन कहाँ है?

ए0 वी0 डायसी ने 'विधि के शासन' की विस्तृत व्याख्या की है। विधि का शासन अन्य सभी प्राथमिकताओं के ऊपर होगा तथा यह बात भी बिल्कुल स्पष्ट होनी चाहिए कि व्यक्तियों के मध्य किसी प्रकार का पक्षपात नहीं किया जायेगा। प्रत्येक व्यक्ति विधि के समक्ष समान होगा तथा प्रत्येक व्यक्ति को विधि का समान संरक्षण प्राप्त होगा। विश्व में विभिन्न देशों ने संविधान में जो विधि के शासन में आस्था रखते हैं अपनी सांविधिक व्यवस्था के अर्न्तगत समानता के अधिकार को मूलभूत अधिकार के रूप में शामिल किया हुआ है। लेकिन अत्यन्त कष्टप्रद प्रश्न जो अक्सर मेरे जेहन में आता रहता है कि क्या वास्तव में विधि का शासन सही अर्थों में प्रचलित है? क्या हम ऐसा सोचते हैं कि कानून की किताबों में विधि के शासन की अवधारणा को महज लिख देने से ही हम इस बात को लेकर निश्चिन्त हो जायं कि विधि का शासन स्थापित हो गया? मेरा यह विनम्र अनुरोध है कि सैद्धान्तिक रूप से विधि के शासन को व्यवस्था में शामिल कर लेना और व्यवहारिक रूप से विधि का शासन सुनिश्चित कराना पूरी तरह से भिन्न-भिन्न बातें हैं।

यह एक कटु सत्य है कि हमारे तथाकथित विकसित तथा अग्रणी समाज में ऐसे लोग हैं जो सामाजिक तथा आर्थिक रूप से 'सक्षम' हैं तथा वे यह भी सुनिश्चित करने की स्थिति में हैं कि उन्हें विधि के शासन का पूर्ण लाभ मिले अथवा जब कभी भी उन्हें यह लगता है कि विधि का शासन उनकी इस 'सक्षमता' में कोई अवरोध उत्पन्न करता नजर आता है तो वे अपने लाभ के लिए विधि के शासन का उल्लघंन करने से तनिक भी नहीं हिचकिचाते। हमारी वर्तमान सामाजिक व्यवस्था ने एक ऐसे विशेषाधिकृत 'इलिट' वर्ग के विकास को स्वीकृति प्रदान कर दी है जो राजनैतिक, तथा सामाजिक-आर्थिक रूप से इतने मजबूत हैं कि उनके लिए विधि के शासन का कोई मतलब नहीं रह जाता। वे जब कभी भी चाहते हैं अपनी स्वेच्छा के मुताबिक कानून को तोड़ मरोड़ देते हैं। दूसरी तरफ इसी समाज में वंचित वर्ग के लोग भी हैं जो कि संख्या के आधार पर बहुमत मे हैं लेकिन न

तो वे सामाजिक और न ही आर्थिक रूप से सक्षम हैं। अतः उन्हें विधि के समक्ष समानता तथा विधि के समान संरक्षण से वंचित होना पड़ता है। देखिए! यह कह देना बड़ी ही आसान बात है कि कम से कम कागज पर तो उन्हें विधि की दृष्टि में समानता प्रदान की ही गयी है लेकिन जब बात यथार्थता के धरातल पर आती है तब जाकर हमें कटु सत्य का एहसास होता है। समाज के ऐसे लोग जो सामाजिक रूप से कमजोर हैं, ऐसे लोग जो आर्थिक रूप से कमजोर हैं, और वे भी जो शैक्षणिक रूप से भी कमजोर हैं क्या वे यह सोच भी सकते हैं कि न्याय क्या होता है? न्याय की परिभाषा क्या होती है? उन्हें नहीं मालूम कि कानून का 'क' क्या होता है? उन्हें नहीं मालूम कि उनके कानूनी अधिकार क्या होते हैं? जैसे कि दैनिक मजदूरी या अन्य मजदूरों के विधिक अधिकारों का हनन।

क्या वे वित्तीय रूप से इस स्थिति में होते हैं किवे अपने अधिकारों की लड़ाई अदालत में लड़ सकें? इसी समाज में ऐसे भी लोग हैं जो गरीबी की रेखा के नीचे रहते हैं। उनके पास जीवन यापन अथवा जीवित रहने के पर्याप्त संसाधन नहीं हैं। ठीक है! हम मानते हैं कि व्यवस्था ने कानून में ऐसे लोगों के लिए 'विधिक सहायता' के उपबन्ध बनाए हैं। ईमानदारी से बताइएगा ऐसे कितने लोग हैं जिन्हें सही अर्थों में विधिक सहायता मिल पाती है? उन्हें विधि का समान संरक्षण नहीं मिल पायेगा क्योंकि वे सामाजिक आर्थिक रूप से गरीब परिस्थितियों में रहते हैं। विधि का शासन ऐसे वर्ग के लोगों को न्याय दिला पाने में नाकाम सिद्ध होगा। हमें यह पुर्नपरिभाषित करने की आवश्यकता होगी कि आखिर 'विधि के समक्ष समानता' का क्या अर्थ होता है? व्यवस्था का वृहत्तर उद्देश्य तो यह है कि विधि का शासन अपना काम करे और गरीबों को न्याय मिले।

"क्या हम ऐसा सोचते हैं कि कानून की किताबों में विधि के शासन की अवधारणा को महज लिख देने से ही हम इस बात को लेकर निश्चिन्त हो जायं कि विधि का शासन स्थापित हो गया? मेरा यह विनम्र अनुरोध है कि सैद्धान्तिक रूप से विधि के शासन को व्यवस्था में शामिल कर लेना और व्यवहारिक रूप से विधि का शासन सुनिश्चित कराना पूरी तरह से भिन्न-भिन्न बातें हैं।"

16
द्वार खटखटाता आर्थिक साम्राज्यवाद

हमने अपने मस्तिष्क में इस बात की गलतफहमी पाल रखी है कि औद्योगीकरण किसी राष्ट्र की आर्थिक वृद्धि में प्रगति का सूचक है। औद्योगिक क्रान्ति की छाप से लेकर वर्तमान युग के उदारीकरण, निजीकरण तथा वैश्वीकरण (एल０पी०जी०) के दौर तक भारतवर्ष में औद्योगीकरण का अपना इतिहास रहा है। हमारी जो मिश्रित अर्थव्यवस्था है वह सरकारी क्षेत्र व निजी क्षेत्र दोनों के सह-अस्तित्व की सुविधा प्रदान करती है। हमें यह नहीं भूल जाना चाहिए कि नाभिकीय विध्वंश के बाद जापान पूरी तरह से तहस-नहस हो गया था। लेकिन आज की तारीख में वैश्विक आर्थिक परिदृश्य में जापान एक बड़ी ताकत के रूप में उभरा है। यह कहना आवश्यक नहीं होगा कि जापान की इस आर्थिक शक्ति के पीछे जापान की औद्योगिक वृद्धि का महान योगदान रहा है। लेकिन कष्टदायक प्रश्न यह है कि ऐसा ही भारत के सन्दर्भ में सच क्यों नहीं है?

भारत की लघु तथा कुटीर उद्योगों की स्वदेशीय समृद्धशाली विरासत रही है जिससे ग्रामीण भारत शक्तिशाली तथा खुशहाल रहा। वैश्विक औद्योगिक रूख की छाप भारत के आर्थिक परिदृश्य पर पड़े बिना नहीं रह सकी। ब्रिटिश साम्राज्य के अन्त तथा पश्चातवर्ती स्वतन्त्र भारत का युग एक अत्यन्त सक्रिय औद्योगिक नीति का साक्षी बना। कारण यह कि अन्तर्राष्ट्रीय औद्योगिक रफ्तार से तालमेल बनाए रखना था। वैश्विक मापदण्डों की मिथ्या दौड़ में भारत ने पूरी तरह से ग्रामीण अर्थशास्त्र की अनदेखी करनी शुरू कर दी। आखिर नतीजा वही होना था। कुटीर एवं लघु उद्योग ठप पड़ने लगे तथा अन्ततः विलुप्त हो गये। हम परम्परागत ग्रामीण शहरी आर्थिक ढांचे के मध्य संतुलन बनाए रख पाने मे नाकाम रहे।

हम आधुनिक औद्योगीकरण की प्रक्रिया को आनन-फानन में अपना लेने की जल्दबाजी में रहे तथा ग्रामीण पृष्ठभूमि पर आधारित लघु कुटीर उद्योगों को तब तक बचाए रखने के लिए कोई ठोस उपाय नहीं कर पाए जब तक कि भारतीय सामाजिक आर्थिक वातावरण ऐसे सम्पूर्ण परिवर्तन

के लिए दिमागी रूप से तैयार नहीं हो पाता। औद्योगीकरण में भी एकरूपता नहीं पायी गयी तथा पर्याप्त योजना का अभाव साफ–साफ नजर आया। यह प्रक्रिया सिर्फ महानगरों तथा कुछ बड़े शहरों तक ही सीमित रही। जिसके कारण बेरोजगार युवकों की बड़ी भीड़ काम की तलाश में ग्रामीण एवं छोटे शहरों से इन शहरों की तरफ चल पड़ी। इन दोषपूर्ण आर्थिक योजनाओं के कारण ही आजादी के इतने वर्षों के बाद भी हम आज इस स्थिति में नहीं हैं कि हम शक्तिशाली औद्योगिक राष्ट्र होने का दावा कर सकें। इसके पूर्व कि हम औद्योगिक ताकत बन पाते आधे अधूरे मन तथा अनियोजित तैयारी से अन्तर्राष्ट्रीय आर्थिक साम्राज्यवादी प्रवृत्तियों द्वारा भारत को एल0पी0जी0 के युग में धकेल दिया गया तथा निर्देशित किया गया कि भारत दुनिया भर के देशों के लिए अपने बाजार खोल दे। आइए! ईमानदारी से हम यह कुबूल करें कि भारत अन्तर्राष्ट्रीय मुद्रा कोष (आई0एम0एफ0) तथा विश्व व्यापार संगठन (डब्ल्यू0टी0ओ0) के दबाव में है और वह पहले ही अपनी धरती पर आर्थिक साम्राज्यवाद को आमंत्रित कर चुका है। इस साम्राज्यवाद ने भारत की आर्थिक खुशहाली को अपने पंजों में समेट लेने के इरादे से जाल फैलाना शुरू कर दिया है। हम एल0पी0जी0 का स्वागत करेंगे लेकिन स्वदेशीय अर्थशास्त्र की कीमत पर कत्तई नहीं और नही अपने ग्रामीण शहरी आर्थिक ढाँचे की पुर्नस्थापना किये बिना। इसके कारण भारत के युवा बेरोजगारी से जूझरहे हैं तथा उन्हें गरीबी का सामना करना पड़ रहा है। भारत का ग्रामीण शहरी आर्थिक स्वास्थ्य बहुत अच्छा नहीं है। इसे उचित एकरूप उपचार देने की आवश्यकता है जिससे भारत की आर्थिक स्थिति बेहतर हो सके। पहले हम अपना घर दुरूस्त कर लें फिर हम समूची दुनिया को न्योता दें, ऐसा ठीक होगा।

''वैश्विक मापदण्डों की मिथ्या दौड़ में भारत ने पूरी तरह से ग्रामीण अर्थशास्त्र की अनदेखी करनी शुरू कर दी। आखिर नतीजा वही होना था। कुटीर एवं लघु उद्योग ठप पड़ने लगे तथा अन्ततः विलुप्त हो गये। हम परम्परागत ग्रामीण शहरी आर्थिक ढांचे के मध्य संतुलन बनाए रख पाने मे नाकाम रहे।''

17
दया याचिका

मृत्यु दण्ड दिया जाना आज की तारीख में एक बहस का मुद्दा हो सकता है, खासतौर से उन परिस्थितियों में जब भारत की सरकारें अचानक हरकत में आतीहों और एक के बाद एक कई मामलों में मृत्यु दण्ड देने का निर्णय ले लिया जाता हो। ये निर्णय तब लागू कर दिये जाते हों जब सजायाफ्ता मुजरिमों की दया याचिकाओं को व्यवस्था के हाथों वर्षों तक की अवधि से लम्बित रहने तथा अनिर्णय की स्थिति से गुजरने के पश्चात राष्ट्रपति द्वारा अस्वीकार कर दिया जाता हो।

दया याचिकाएं राष्ट्रपति के पास मृत्युदण्ड से बचने के अंतिम उपाय के रूप में पहुँचती हैं। ऐसा तब होता है जब विचारण न्यायालय से लेकर देश के सर्वोच्च न्यायालय तक अभियुक्त के लिए मृत्यु दण्ड की पुष्टि कर दी जाती है। ध्यान में रखा जाता है कि अपराध की प्रकृति, गम्भीरता तथा साक्ष्य पुष्टिकारक हों। 'बिरले से बिरले मामलों' की अवधारणा सर्वोच्च न्यायालय द्वारा पारित किये गये दिशा-निर्देशों के प्रचलन के अनुरूप दृष्टिगत रखते हुए विचारण न्यायालय द्वारा दोषी को मृत्युदण्ड की सजा दी जाती है। सर्वोच्च न्यायालय के अनुसार यदि किसी व्यक्ति की हत्या जानबूझकर अमानवीय, क्रूर, बर्बरतापूर्वक, निर्मम एवम नृशंस तरीके से की गयी है तो ये वे ही बिरले से बिरली परिस्थितियाँ हैं जो मृत्युदण्ड दिए जाने को न्यायोचित ठहराती हैं। यदि मामले के तथ्य और परिस्थितियाँ ऐसी क्रूरता एवं नृशंसता दर्शाती हैं तो ऐसा दण्ड दिये जाने के कारणों का विशेष रूप से उल्लेख करते हुए विचारण न्यायालय बेहिचक मृत्युदण्ड की सजा दे देती है। मृत्युदण्ड दिया जाना तथा अपीलीय न्यायालयों द्वारा विधिक बिन्दुओं का सूक्ष्म परीक्षण करने के पश्चात इसकी पुष्टि किया जाना विशुद्ध रूप से न्यायिक कृत्य है। तत्पश्चात मृत्युदण्ड को लागू कर दोषी को फाँसी दे दिया जाना एक प्रशासनिक कृत्य है।

जैसा कि नाम से ही परिलक्षित होता है दया याचिकाओं में न्यायिक परीक्षण की कोई गुंजाइश नहीं होती क्योंकि त्रिस्तरीय न्यायिक परीक्षण

की कठोर प्रक्रिया से गुजरने के पश्चात ही अपराध न्याय व्यवस्था इस बात से अपने आपको सन्तुष्ट पाती है कि अभियुक्त दोषी है तथा उसे फाँसी की सजा दे दी जाय। अब यह सक्षम अधिकारी की दया पर ही निर्भर करेगा यदि इस बात के न्यायोचित कारण हों तो उसके मृत्युदण्ड को आजीवन कारावास की सजा में परिर्वतित कर दिया जाय अथवा उचित समझे तो न्यायहित में अभियुक्त की दया याचिका को निरस्त कर दिया जाय। संवैधानिक प्राविधानों के अन्तर्गत ऐसी कोई व्यवस्था निर्धारित नहीं की गयी है कि अमुक विशिष्ट समय सीमा के अर्न्तगत दया याचिका के सम्बन्ध में कोई न कोई निर्णय ले लिया जाना चाहिए। वस्तुतः इस बात की अपेक्षा तो की ही जाती है कि व्यवस्था द्वारा एक युक्तियुक्त समय सीमा के अन्दर उचित निर्णय ले लिया जाय। हम देखते हैं कि इस अनिश्चित संवैधानिक व्यवस्था का बड़ा ही दुरूपयोग होता है। हम सभी जानते हैं कि न्याय में देरी न्याय के उद्‌देश्य को पराजित कर देती है। उचित कारणों की बेहतर जानकारी तो व्यवस्था को ही होगी। लेकिन यह भी एक कटु सत्य है कि दया याचिकाएं वर्षों तक लम्बित रहती हैं तथा समय से उन पर कोई निर्णय नहीं लिया जाता। राजनैतिक तिकड़मबाज व्यवस्था की इस अनिर्णय की स्थिति का अनुचित लाभ लेने पर उतर आते हैं। यदि देश की न्यायिक व्यवस्था ने अपना कर्तव्य परिपूर्णता से कर दिया है तब यह बात समझ मे नहीं आती कि आखिरवह कौन सी ऐसी वजह होती है जो प्रशासनिक व्यवस्था को ऐसे मामलों में कोई त्वरित निर्णय लेने से रोकती है तथा बिना किसी पर्याप्त कारण के मामलों में अनावश्यक देरी होने दी जाती है। व्यवस्था में अनिर्णय की स्थिति बने रहने के कारण दोष सिद्ध अपराधी वर्षों तक फाँसी पर चढ़ा दिये जाने की मानसिक यातना से गुजरते रहते हैं। ऐसा होना एक अमानवीय कृत्य है तथा मानवाधिकार संगठनों को इस अनावश्यक देरी की आलोचना तथा विरोध करने का एक अच्छा आधार मिल जाता है। फिर याचिकाओं के माध्यम से उच्चतम न्यायालय के समक्ष मुकदमेबाजी का एक सिलसिला शुरू हो जाता है।

ऐसे ही अधिसंख्य मामलों में उच्चतम न्यायालय ने निर्णीत किया है कि फाँसी पर चढ़ाने में देरी किए जाने का अगर कोई पर्याप्त कारण नहीं है

तो याचिकाओं को सुनवाई करने के लिए स्वीकार कर लेने का यह एक अच्छा आधार बन जाता है तथा उच्चतम न्यायालय ने ऐसे मामलों में मानवीयता के आधार पर मृत्युदण्ड की सजा को आजीवन कारावास में तब्दील कर दिया है। यह एक स्वीकार्य तथ्य है कि दया याचिकाएं दशकों तक लम्बित रहती हैं। उच्चतम न्यायालय के समक्ष ऐसी प्रार्थना की याचिकाएं प्रस्तुत की जाती हैं कि उनकी फाँसी की सजा को आजीवन कारावास में तब्दील कर दिया जाय। उनकी दलील यह होती है चूंकि दया याचिका की सुनवाई में अयुक्तियुक्त लम्बा विलम्ब हो गया अतः ऐसा करना ही न्यायसंगत होगा। यह जरा भी अच्छी बात नहीं होगी कि उक्त अयुक्तियुक्त विलम्ब का उच्चतम न्यायालय को सूक्ष्म परीक्षण करना पड़े जिसका लाभ उठाकर शातिर अपराधी मृत्युदण्ड की सजा से बच निकलें। वही उच्चतम न्यायालय जिसने अंतिम रूप से मृत्युदण्ड की पुष्टि कर दी थी उसे अपने ही निर्णय पर 'पुर्नविचार' करना पड़ रहा है। अपने कारणों से नहीं बल्कि प्रशासकों की शिथिलता के कारण। यह एक ऐसा संदेश है जो अपराध न्याय प्रशासकों के लिए बहुत अच्छी बात नहीं है।

इस बात में कोई संशय नहीं होना चाहिए कि मृत्युदण्ड दिया जाना अत्यन्त पीड़ाजनक है। इसी वजह से यह अमानवीय है। मृत्युदण्ड की व्यवस्था को समाप्त किए जाने के मुद्दे पर एक गम्भीर बहस हो सकती है लेकिन समाज की सुरक्षा की कीमत पर कत्तई नहीं। भारतवर्ष चूंकि एक लोकतान्त्रिक देश है, उसे मृत्युदण्ड समर्थक समूहों तथा मृत्युदण्ड विरोधियों दोनों की बातें सुननी पड़ती है। विधि आयोग की संस्तुतियों को ध्यान में रखते हुए कानून की किताबों से मृत्युदण्ड की व्यवस्था को समाप्त नहीं किया गया लेकिन मृत्युदण्ड दिये जाने की संख्या को न्यूनतम करते हुए केवल 'बिरले से बिरले' मामलों तक ही सीमित कर दिया गया। किसी व्यक्ति की मृत्यु पर जश्न मनाया जाये यह सभ्यता की स्थापित मान्यताओं के अनुरूप नहीं है। लेकिन जैसा कि दिल्ली बलात्कार मामले में सामने आया। आक्रामक लोकप्रिय मांग यह थी कि बलात्कारियों को बिना देरी किए फाँसी पर लटका दिया जाए। हम व्यवस्था की इस दुविधा को समझ सकते हैं जो दो परस्पर विरोधी मांगों के मध्य सैण्डविच बनकर रह गयी। लेकिन हमारी व्यवस्था को इस दुविधा से बाहर निकल कर आना होगा

तथा विशेष तौर से उन दया याचिकाओं पर तत्काल निर्णय ले लेने की आवश्यकता होगी जो सहानुभूति के आधार पर विचारणीय प्रतीत होती हैं।अन्यथा व्यवस्था की शुचिता पर प्रश्न तो खड़े होंगे ही और उसे आलोचना का सामना भी करना पड़ेगा। आखिर ऐसी कौन सी वजह हुई कि दशकों तक वे दया याचिकाएं लम्बित पड़ी रहीं और अचानक उन्हें रद्द कर के अपराधी को फाँसी पर लटका देने का निर्णय ले लिया गया। अरे! यह निर्णय तो पहले भी लिया जा सकता था? निर्णय लेकर अपराधी को फाँसी पर लटका दो? इतने वर्षों तक उन्हें मानसिक प्रताड़ना का शिकार न बनाया जाय। क्या इन तमाम वर्षों के दौरान कोई नया आधार बन पड़ा जिसने दया याचिकाओं को अचानक रद्द किये जाने के निर्णय में महत्वपूर्ण भूमिका निभायी? अगर नहीं, तब तो यह अमानवीय बात हुई। या तो उसे फाँसी पर लटका दो अथवा उसका जीवन बख्श दो। दुविधा की स्थिति नहीं होनी चाहिए। अन्यथा न्यायिक व्यवस्था के समक्ष कोई विकल्प नहीं बचेगा। वह हस्तक्षेप करेगी और वही करेगी जो उन परिस्थितियों में न्यायपूर्ण होगा, जैसा उसे उचित लगेगा। अनिर्णय और दुविधा की स्थिति का लाभ अपराधी को तो मिल ही जायेगा। न्याय हो ऐसा उद्देश्य होना चाहिए। लेकिन प्रशासनिक अनिर्णय की स्थिति का अनुचित लाभ अपराधी को मिल जाए तथा वह अपराध की गम्भीरता के अनुरूप फाँसी की सजा से बच निकले यह किसी भी दशा में न्यायसंगत बात नहीं हो सकती।

"इस बात में कोई संशय नहीं होना चाहिए कि मृत्युदण्ड दिया जाना अत्यन्त पीड़ाजनक है। इसी वजह से यह अमानवीय है। मृत्युदण्ड की व्यवस्था को समाप्त किए जाने के मुद्दे पर एक गम्भीर बहस हो सकती है लेकिन समाज की सुरक्षा की कीमत पर कत्तई नहीं।"

18
आजीवन कारावास

आजीवन कारावास को शारीरिक दण्ड की श्रेणी में सांविधिक मान्यता प्रदान की गयी है। हमारी दाण्डिक न्याय व्यवस्था के अर्न्तगत आजीवन कारावास दण्ड के निवारात्मक सिद्धान्त का प्रतिनिधित्व करता है। उद्देश्य यह है कि दोष सिद्ध अपराधी को समाज से दूर जेलों में रखा जाना चाहिए। उद्देश्य यह भी है कि अपराधियों को जेल में रख कर न्यायिक व्यवस्था ऐसे व्यक्तियों को समाज में दुबारा अपराध करने से रोक कर रखती है तथा ऐसा करना सामाजिक सुरक्षा के दृष्टिकोण से भी महत्वपूर्ण है।

कारावास का अर्थ यह होता है कि अपराधी को उतनी समयावधि के लिए जेल में रखा जाय जितना दण्डस्वरूप सक्षम न्यायालय द्वारा निर्धारित किया गया है। क्योंकि अपराधी को दोष सिद्ध पाया गया तथा उसेविधि द्वारा स्थापित दण्ड की सीमा के अधीन न्यायसंगत दण्ड दिया गया। सक्षम न्यायालय विधि द्वारा स्थापित दण्ड की सीमा के अधीन ही अपने न्यायसंगत विवेक का प्रयोग कर सकती है। वर्तमान में आजीवन कारावास की समयावधि को लेकर बहस जारी है। आखिर आजीवन कारावास का अर्थ क्या होता है? क्या यह अवधि 14 वर्ष की है, अथवा 20 वर्ष की अथवा अपराधी को ताजिन्दगी उम्रकैद की स्थिति में तब तक रखा जाय जब तक वह कारावास की सजा के दौरान ही अपनी प्राकृतिक मृत्यु को प्राप्त नहीं हो जाता। इस बात को लेकर कोई संशय की स्थिति नहीं होनी चाहिए कि आजीवन कारावास का अर्थ होता है आजीवन व्यक्ति को जेल में ही रखा जाय। अधिसंख्य अवसरों पर उच्चतम न्यायालय ने यह स्थिति स्पष्ट भी की है कि दोषसिद्ध व्यक्ति को पूरी उम्र जेल में ही रहना होगा। संशय की स्थिति तब उत्पन्न हो जाती है जब सक्षम सरकारें अपने सांविधिक विवेक का मनमाना इस्तेमाल करते हुए पक्षपात के आधार पर उम्रकैद के सजायाफ्ता मुजरिमों को समयपूर्व ही रिहा कर देती हैं। समयपूर्व रिहाई के उपबन्धों के पीछे उद्देश्य यह है

कि जहाँ दोषसिद्ध व्यक्ति ने पहले एक पर्याप्त अवधि की सजा काट ली है तो या तो मानवीयता के आधार पर अथवा ऐसे कैदी के आचरण के आधार पर उसके सुधार की सम्भावनाओं को देखते हुए उसे जेल से रिहा करने का आदेश दिया जा सकता है बजाय इसके कि उसे जीवन भर जेल की सीखचों के पीछे रखा जाय। एक उम्रकैदी वैसे अधिकार स्वरूप इस बात का दावा तो नहीं कर सकता कि उसे समय पूर्व ही उम्रकैद से रिहा कर दिया जाय। यदि कोई सक्षम सरकार ऐसा निर्णय लेती है तो उसे ऐसा निर्णय लेने का स्पष्ट कारणों का उल्लेख करना चाहिए तथा वह मामले के तथ्यों एवम परिस्थितियों को ध्यान में रखते हुए अपने न्यायिक विवेक का प्रयोग करे तथा ऐसी सरकार इस तथ्य को भी ध्यान में रखे कि यदि कोई उम्रकैदी समयपूर्व जेल से रिहा हो तो वह इसका दुरूपयोग न करे तथा समाज में पुनः अपराध करने से बचे। ऐसे समस्त उम्र कैदियों को समय पूर्व रिहा करने का निर्णय लेने के लिए उपयुक्त सरकार को सामाजिक सुरक्षा सुनिश्चित कराने का मापदण्ड नहीं भूलना चाहिए।

आजीवन कारावास अत्यन्त ही गम्भीर अपराधों के लिए दिया जाता है। हत्या के अपराध के लिए मृत्युदण्ड की सजा की व्यवस्था है लेकिन आज की सुधारात्मक दाण्डिक व्यवस्था में बिरले से बिरले मामलों में ही मृत्युदण्ड दिया जाता है। सामान्यतया राष्ट्रपति के समक्ष दया याचिका के फलस्वरूप अथवा अपीलीय न्यायालय द्वारा मृत्युदण्ड को आजीवन कारावास में बदल दिया जाता है। बर्बर दिल्ली बलात्कार काण्ड के पश्चात बलात्कार के अपराध के लिए भी उम्रकैद की बात की जाने लगी।उम्रकैद की सजा अपना मकसद हासिल करे खासतौर से जहाँ तक कठोर आदतन अपराधियों तथा पेशेवर अपराधियों से निपटने की बात है। न्यायिक व्यवस्था का मकसद अपने आप में नाकाम हो जायेगा यदि हम बार-बार गुनाह करने वाले मुजरिमों को इस तरह उम्रकैद से समय पूर्व रिहा कर देंगे। न्यायिक व्यवस्था का यह प्रयास तो होना चाहिए कि वह ऐसे अपराधियों को दण्डित करने में कड़ाई से निपटे जहाँ तक अपराध की गम्भीरता का प्रश्न है। साथ ही साथ व्यवस्था यह भी सुनिश्चित करे कि किसी निर्दोष व्यक्ति को अनावश्यक रूप से दण्डित न किया जाय।

लेकिन त्रासदी यह है कि न्यायिक व्यवस्था इस सम्बन्ध में परिपूर्ण नहीं है।

"उम्रकैद की सजा अपना मकसद हासिल करे खासतौर से जहाँ तक कठोर आदतन अपराधियों तथा पेशेवर अपराधियों से निपटने की बात है। न्यायिक व्यवस्था का मकसद अपने आप में नाकाम हो जायेगा यदि हम बार-बार गुनाह करने वाले मुजरिमों को इस तरह उम्रकैद से समय पूर्व रिहा कर देंगे।"

19
हम लोग

हम लोग भी अगर अपने अर्न्तमन को टटोल कर देखें तो कुछ चीजें बिल्कुल स्पष्ट होंगी कि क्या देश के न्याय प्रशासन में हमारी जो भूमिका बनती है, हम उस भूमिका में खरे उतर पाए? हम लोगों से ही मिलकर बना है यह समाज और आज हमें महसूस होने लगा है कि समाज में सब कुछ ठीक-ठाक घटित नहीं हो रहा है। यकीनन हम लोग अपने इस दायित्व से नहीं बच सकते कि हम लोगों ने आखिर इस बात की फ्रिक क्यों नही की कि समाज में सब ठीक-ठाक घटित हो?

समाज के जो कानून हैं वे आसमान से टपक कर तो नहीं आते। हम आप ही तो मिल बैठकर बनाते हैं कानून अपने खुद के लिए अर्थात जो कानून हम लोगों पर लागू हों। एक व्यवस्था होगी जिसमें हमारे द्वारा चुने गये हमारे प्रतिनिधि कानून बनाने की प्रक्रिया में भाग लेंगे। या फिर कोई तानाशाह होगा जो हमारे ही बीच से निकल कर आगे आएगा। हमारी ही शह पर अपनी सनक को हम लोगों पर थोपेगा, कानून को अंजाम देगा। हम लोग फिर उसके सामने विवश नजर आएंगे। हम आज की तारीख में कम से कम यह तो न मानें कि विश्व के कतिपय देशों में तानाशाही प्रवृत्ति की छाप नहीं है। संख्या में कम ही सही तानाशाही व्यवस्थाएं आज के जागरूक विश्व में भी प्रचलित तो हैं। जॉन आस्टिन जो कि एक बड़े ही मशहूर विधि शास्त्री के रूप में जाने जाते हैं उनकी अपनी धारणा थी कि विधि तो सम्प्रभु का आदेश होती है। प्रश्न यह उठेगा कि आखिर सम्प्रभु किसे माना जाए? और फिर आदेश तो आदेश ही होता है। अर्थात यदि सक्षम प्राधिकारी द्वारा आदेश जारी कर दिया गया है तो फिर भावना तो यही होती है कि उक्त आदेश का अनुपालन सुनिश्चित किया जाए। आदेश गलत हो अथवा सही फिर सम्प्रभु रूपी तानाशाह के आदेश के विरोध की कोई गुंजाइश नहीं बननी चाहिए। अरे! यह तो कोई बात नहीं हुई। जी हाँ! यही तो बात है। प्रश्न तो यह है कि हम लोगों के बीच में से ही निकला हुआ व्यक्ति हमारी ही शक्ति के बूते पर हमारा नेतृत्व करने

की आड़ में हमारे ही भले की बात करता हुआ तानाशाह बन निकला? और अब जब वह तानाशाह बन ही गया है तो आदेश तो जारी होंगे और हम लोगों के द्वारा ऐसे आदेशों की अवहेलना किए जाने की दशा में प्रताड़ित किए जाने की स्थिति तो बनेगी। जाहिर सी बात है कि फिर हम लोगों को अपनी गिरेहबान में झांक कर देखना ही होगा कि आखिर ऐसी परिस्थिति का उत्तरदायी कौन हुआ? तब तक शायद बहुत देर हो चुकी हो।

हम लोग जब अपना संविधान बनाते हैं तो अवधारणा यह होती है कि हमारे राष्ट्र में लोकतांन्त्रिक व्यवस्था होगी और इस व्यवस्था के अर्न्तगत हम लोग अपने चुने गए प्रतिनिधियों को इस बात के लिए अधिकृत करते हैं कि वे हमारे प्रतिनिधि के रूप में कानून बनाने की प्रक्रिया में सक्रिय भूमिका निभाएं। तो फिर निष्कर्ष तो यह निकला कि सम्प्रभु तो हम लोग ही हुए। अगर हम उन्हें अपना प्रतिनिधि बना सकते हैं तो हम उन्हें यह कह कर मना भी तो कर सकते हैं कि अब आप हमारे प्रतिनिधि नहीं रहे। क्या हमारे संवैधानिक इतिहास में कभी ऐसा अवसर आया कि हमारे देश का कानून हमारे सम्प्रभु होने के आदेश के रूप में निकल कर आया हो अथवा कभी ऐसा अवसर उत्पन्न हो भी तो वह संविधान सम्मत होना तो चाहिए? जो अधिकार हम लोग अपने प्रतिनिधियों को कानून बनाने के लिए देते हैं उस अधिकार का प्रयोग करते हुए क्या हम एक कानून नहीं बना सकते? अगर नहीं तो हम लोगों के सम्प्रभु होने की विश्वसनीयता पर प्रश्न चिन्ह लगता तो है ? ऐसी व्यवस्था की वैधानिकता का क्या अर्थ हो जहाँ हम लोग अपना प्रतिनिधि चुनकर विधायी संस्थाओं का सदस्य बनाने का अधिकार तो रखते हों लेकिन हमारे प्रतिनिधि यदि निकम्मे निकल जाएं, विश्वासघात कर जाएं या फिर तानाशाही प्रवृत्ति की तरफ निकल पड़ें तो फिर हम तत्क्षण उन्हें वापस बुलाने का अधिकार न रखते हों। ऐसे में हमारा सम्प्रभु होने का कोई मतलब नहीं रह जाता।

हम लोग शक्तिशाली तो तभी होंगे जब हमारी सम्प्रभु शक्ति महज सांकेतिकया किताबी न हो। हमारे सांसद अथवा विधायक लोक सेवक ही तो होते हैं जो हम लोगों की सेवा करें, अपने सम्प्रभु की फिक्र करें और जब सम्प्रभु को ऐसा लगे कि अमुक लोक सेवक प्रतिनिधि की आवश्यकता

न रह गयी हो तो सम्प्रभु कम से कम इस स्थिति में हो कि एक मालिक की तरह अपने सेवक को निकाल बाहर करे। लेकिन होता तो इधर ठीक उल्टा है। हम लोगों के प्रतिनिधि इतने बेलगाम हो जाते हैं किवे अपने सम्प्रभुओं को ही दांव पर लगा बैठते हैं। एक बार जब चुन ही लिए गए तो अब तो वह अपना कार्यकाल पूर्ण करके ही हटेंगे। हम लोग तो बस मन मसोस कर ही रह जाएंगे। हम लोग तो सम्प्रभु की भूमिका में केवल उतने ही दिनों के लिए होते हैं जब तक आम चुनाव के दिन होते हैं। जैसे ही हम लोग अपना मतदान कर चुके हमारी सम्प्रभुता खतम। अब तो हमारे प्रतिनिधि ही सम्प्रभु नजर आएंगे। हम लोगों से ही सत्ता प्राप्त करके हम लोगों को ही उसकी हनक बतायेंगे। हम लोगों ने अगर कभी कोई सवाल जवाब कर दिया तो हम लोगों के विरूद्ध ही कानूनी कार्यवाही करवा कर जेल भिजवा देने की व्यवस्था भी कर देंगे। वैसे न्याय–अन्याय की तो बात ही मत कीजिए। अगर जरूरत समझी तो कभी–कभी हम लोगों की खोज खबर ले लियाकरेंगे। क्योंकि उन्हें मालूम है कि अगले आम चुनाव भी आने हैं। पर त्रासदी तो यह है कि हम लोग ही यह सब भूल जाया करते हैं और फिर उन्हें ही अपना प्रतिनिधि बन जाने देते हैं।

"हम लोग शक्तिशाली तो तभी होंगे जब हमारी सम्प्रभु शक्ति महज सांकेतिक या किताबी न हो। हमारे सांसद अथवा विधायक लोक सेवक ही तो होते हैं जो हम लोगों की सेवा करें, अपने सम्प्रभु की फिक्र करें और जब सम्प्रभु को ऐसा लगे कि अमुक लोक सेवक प्रतिनिधि की आवश्यकता न रह गयी हो तो सम्प्रभु कम से कम इस स्थिति में हो कि एक मालिक की तरह अपने सेवक को निकाल बाहर करे। लेकिन होता तो इधर ठीक उल्टा है।"

20
न्याय निर्णयन आसान नहीं

न्याय क्या है?यह परिभाषित करना बड़ा कठिन है। यह भी कह पाना उतना ही दुष्कर कार्य है कि आखिर न्याय निर्णयन है क्या? मूर्त रूप से कहा जाए कि जो कुछ भी किए जाने की आवश्कता है उचित तथा न्याय संगत होना चाहिए। अब प्रश्न यह उठ सकता है कि आखिर इस बात का फैसला कौन करेगा कि अमुक बात उचित तथा न्याय संगत है? या फिर ऐसा कोई मानक अथवा पैमाना है जिसके अनुरूप उक्त के उचित तथा न्याय संगत होने की पुष्टि की जा सके। अगर किसी प्रचलित व्यवस्था में विधि का शासन है तथा वस्तुएं कठोरता से कायदों तथा नियमों के अनुसार ही संचालित हो रही हैं तब हम बड़े ही सुरक्षित रूप से यह कह सकते हैं कि हमारे इर्द गिर्द सबकुछ उचित हो रहा है तथा न्यायिकता व्याप्त है। क्या विधि का शासन ही न्याय सुनिश्चित करने का एक मात्र मापदण्ड हो सकता है? विधि तथा इसके पवित्र होने में बड़े ही अन्तरंग सम्बन्ध हैं। क्या हम यह बात पूरे आत्मविश्वास के साथ कह सकते हैं कि जहाँ विधि पूर्णतया पवित्र है वहाँ फिर विधि के लागू किए जाने में किसी प्रकार के मनमानेपन अथवा पक्षपात की कोई गुंजाइश नहीं है? क्या हमें यह तथ्य स्वीकार नहीं कर लेना चाहिए कि जिस क्षण विधि के प्रशासन में विधायी प्रक्रियाअथवा विधि के निर्वचन के माध्यम से मानवीय तत्व प्रवेश कर जाते हैं उसी क्षण विधि की पवित्रता तनु हो जाती है तथा हम उससे समझौता कर बैठते हैं। विधि के प्रवर्तन में भी मानवीय तत्व के शामिल हो जाने से बचा तो नहीं जा सकता। विधि के विधायन स्तर, प्रवर्तन से लेकर निर्वचन स्तर तक विधि का यथार्थवादी रूख तो यह होना चाहिए कि इनमें से किसी भी स्तर पर विधि की पवित्रता बनी रहे तथा उससे कोई समझौता न किया जाए तभी जाकर सही अर्थों में विधि की शाब्दिक भावना तथा उसके आशय के अनुरूप न्याय हो पायेगा।

क्या ऐसा वास्तव में सम्भव है? क्या यह एक कठिन कार्य नहीं है? जी हाँ! ऐसा ही है। विधि की पवित्रता को कैसे सुनिश्चित किया जाए यह

कोई आसान काम नहीं है। व्यक्तियों में उनकी अपनी एक स्वाभाविक मानवीय कमजोरी होती है। विधि का मानवीय बोध एक व्यक्ति से दूसरे व्यक्ति के मध्य अलग-अलग हो सकता है। कुछ विधि के प्रति सकारात्मक बोध रखते हैं जबकि अन्य का बोध नकारात्मक भी हो सकता है। विधिशास्त्र की समाजशास्त्रीय विचारधारा के प्रवर्तकों ने ठीक ही चिन्हित किया है कि सामाजिक हितों का टकराव एक बड़ा ही महत्वपूर्ण मानवबोध है जिसे विधि द्वारा नियन्त्रित तथा व्यवस्थित किए जाने की आवश्यकता है। समाज में हितों का टकराव अपूर्ण मानवीय लोलुपता के कारण उत्पन्न होता है। क्या इस पृथ्वी पर ऐसी कोई विधि है जो मानवीय लोलुपता को न्यायोचित ठहरा सके अथवा सन्तुष्ट कर सके? नहीं! निश्चित रूप से नहीं! इस धरती पर बहुसंख्या में ऐसे वर्ग के लोग हैं जो अपने दिन भर की बुनियादी न्यूनतम आवश्यकताओं की पूर्ति नहीं कर पाते। वहीं इसके ठीक विपरीत इसी धरती पर एक वर्ग ऐसा है जिनके पास पूरी करने को असीमित इच्छाएं हैं जिन्हें वे उस बहुसंख्य वर्ग की आवश्यकताओं की कीमत पर पूरी करते हैं। यह तो एक सम्पूर्ण अन्याय है जिसे समूचा विश्व मूक दर्शक बना देख रहा है तथा हमारी न्याय दिलाने वाली व्यवस्थाएं असहाय रूप से ऐसे अन्याय के प्रति खामोश बनी हुयी हैं।

जब तक इस धरती पर सामाजिक हितों, आर्थिक हितों, सांस्कृतिक हितों, राजनैतिक हितों, धार्मिक हितों, क्षेत्रीय हितों तथा भाषायी हितों इत्यादि के टकराव की स्थिति बनी रहती है तो संविधानों में सामाजिक न्याय, आर्थिक न्याय अथवा राजनैतिक न्याय की घोषणाएं मात्र कर देना इस बात की कोई गारण्टी नहीं होती कि लोगों के प्रति सच्चे अर्थों में न्याय प्रशासन सुनिश्चित हो जायेगा। हमने नीति निर्देशक तत्वों की मदद से ऐसी नीतियों के निर्धारण की व्यवस्था की है कि समाज में आय की असमानता को कम किया जाए, लोगों के बीच आर्थिक व सामाजिक गैर बराबरी को खत्म किया जाए तथा कुछ गिने चुने हाथों में ही सम्पदा को केन्द्रित होने से रोका जाए। आइए! हम स्वयं ही अपनी अन्तरआत्मा से ईमानदारी से यह प्रश्न करें कि अब तक हमने वो कौन-कौन से कदम उठाए जिससे किवे जिनके पास सब कुछ है तथा वे जिनके पास कुछ

नहीं है के बीच खाई को पाट सकें? चलिए! अगर कहने भर के लिए ही उपरोक्त उद्देश्यों को हासिल करने के लिए हमने कुछ सांविधिक प्राविधान बना भी लिए हैं तो क्या हम इस तथ्य को स्वीकार करने का साहस कर सकते हैं कि हम इन प्राविधानोंको उनकी सम्पूर्णता में लागू कर पाए? हमारी अन्तिम आस आकर न्यायपालिका पर ही टिकती है। मैं यह नहीं मानता कि न्यायपालिका उपरोक्त परिस्थितियों का संज्ञान ले पाने में असहाय है या फिर यह देख पाने में कि उक्त सम्पूर्ण अन्याय के हालातों का दोषी कौन है? फिर व्यवस्था प्रबन्धकों के विरूद्ध व्यवस्था के गम्भीर उल्लघंन का दायित्व निर्धारित किया जाए। कल्याणकारी राज्य में सम्पूर्ण अन्याय की स्थितियाँ न बनें विधि के अन्तर्गत ऐसा सुनिश्चित करना व्यवस्था प्रबन्धकों का विधिक कर्तव्य है। ऐसा प्रतीत होता है कि मानव बोध के सामाजिक, आर्थिक तथा राजनैतिक हितों के टकरावों के मध्य संतुलन स्थापित करने के आशाविहीन प्रयास में न्यायपालिका का गम्भीर विचलन हो गया है तथा सामाजिक, आर्थिक एवम राजनैतिक न्याय के उद्देश्यों को प्राप्त करने की दिशा में असफलता ही हाथ लगी है। वक्त की आवश्यकता महसूस होती है एक प्रकार के न्यायिक अति सक्रियता की जो एक ईमानदार परिप्रेक्ष्य में विधि द्वारा स्थापित प्रक्रिया के अन्तर्गत अपना काम करे अन्यथा हमें न्याय के गर्भपतन के लिए तैयार रहना होगा।

"ऐसा प्रतीत होता है कि मानव बोध के सामाजिक, आर्थिक तथा राजनैतिक हितों के टकरावों के मध्य संतुलन स्थापित करने के आशाविहीन प्रयास में न्यायपालिका का गम्भीर विचलन हो गया है तथा सामाजिक, आर्थिक एवम राजनैतिक न्याय के उद्देश्यों को प्राप्त करने की दिशा में असफलता ही हाथ लगी है। वक्त की आवश्यकता महसूस होती है एक प्रकार के न्यायिक अति सक्रियता की जो एक ईमानदार परिप्रेक्ष्य में विधि द्वारा स्थापित प्रक्रिया के अन्तर्गत अपना काम करे अन्यथा हमें न्याय के गर्भपतन के लिए तैयार रहना होगा।"

21
क्षेत्रीयपरक विखण्डता

वैसे तो भारतवर्ष एक राष्ट्र के रूप में अनेकता में एकता की विरासत को लेकर चलने तथा उसे संजोकर रखने में यकीन करता है। फिर भी कभी न कभी और कहीं न कहीं हमारा यह यकीन टूटता और बिखरता नजर आता है। कश्मीर से कन्याकुमारी तक भारत एक है। यकीनन होना भी चाहिए। लेकिन इस भावना की हिफाजत कर पाना कोई आसान काम नहीं है। पहले तो हम यह देखें कि क्षेत्रीय एकता से हमारा मतलब क्या है? भारतवर्ष के संघीय ढाँचे में राज्यों के अपने समूह हैं तथा राष्ट्र के राजनैतिक परिवेश में राज्यों को क्षेत्रीय स्वायत्तता भी प्रदान की गयी है। जिसमें लोकतान्त्रिक तरीके से चुनी गई सरकारों के माध्यम से राज्यों के प्रशासन सुनिश्चित किए जाने हैं तथा संविधान की भावनाओं का अतिक्रमण नहीं किया जाना है। क्षेत्रीय पहचान बनाए रखने की आजादी तो होगी राज्यों को लेकिन भारतवर्ष के व्यापक राष्ट्रीय स्वरूप पर कोई आँच नहीं आनी चाहिए। हमारे राज्यों में क्षेत्रीय सांस्कृतिक धरोहर समाहित है जिसे मजबूत बनाए रखने में हमारी संवैधानिक भावनाएं समर्पित रहती हैं।

क्षेत्रीय एकता एवम अखण्डता को अक्षुण्ण बनाए रखना विश्व के किसी भी राष्ट्र की पहली प्राथमिकता होती है। भारत के संविधान की प्रस्तावना में भी इस बात को प्रमुखता दी गयी है कि 'हम भारत के लोग' भारत की एकता एवं अखण्डता को अक्षुण्ण बनाए रखेंगे। एकता शब्द वैसे तो कहने तथा सुनने में बड़ा ही सरल सा लगता है लेकिन सही अर्थों में भारत जैसे विविधताओं वाले राष्ट्र में एका स्थापित करके रख पाना एक बड़ा ही दुष्कर कार्य है। मैं नहीं समझता कि भारत राष्ट्र में हम सामाजिक अथवा सांस्कृतिक रूप से एक हो पाए हैं। अपनी बात के समर्थन में मुझे कोई नजीर देने की आवश्यकता नहीं होनी चाहिए। फिर भी भारत राष्ट्र के प्रति मेरा भी दायित्व बनता है। वह यह कि मेरी बातों की परिस्थितिजन्य पुष्टि हो। न सिर्फ तर्कसंगत पुष्टि हो बल्कि भारत राष्ट्र की एकाकी दिशा में

सार्थक पहल भी व्यवस्था के प्रबन्धकों द्वारा सुनिश्चित की जाए। हम भारत के लोग अब इस तथ्य का अनुभव करने लगे हैं कि वर्तमान में भारत में सब कुछ ठीक–ठाक नहीं चल रहा। कभी–कभी जब हमें यह सोचना पड़ता है कि क्या वास्तव में कश्मीर से कन्याकुमारी तक भारत एक है तो रोंगटे खड़े कर देने वाले तथ्य निकल कर सामने आते हैं। कश्मीर की अलगाववादी प्रवृत्ति भारत राष्ट्र की अखण्डता के लिए चिन्ताजनक है। ऐसा नहीं कि कश्मीर की समस्या का समाधान नहीं निकल सकता। प्रश्न तो यह है कि हमारी नीयत तो स्पष्ट हो? कश्मीर की समस्या तो समस्या बनी रहेगी क्योंकि हम राजनीति करने से बाज नहीं आयेंगे। अगर राष्ट्रहित सर्वोपरि रखा जाए तो फिर समस्या रही कहाँ? विगत वर्षों में क्षेत्रीयता की अनुभूति महाराष्ट्र में भी महसूस की जा रही है। राष्ट्रहित पीछे छूटता जा रहा है। राजनीति स्पष्ट नजर आती है। फिर भी हमारी संवैधानिक संस्थाएं खामोश रहने के लिए विवश नजर आती हैं। कर्नाटक में आसाम के रहने वाले लोग सुरक्षित नहीं महसूस करते। तो वहीं आसाम से भी बिहार के लोगों को भगा दिया जाता है। बिहार एवं झारखण्ड के मध्य भी विभेद की स्थिति बनी रहती है। तेलंगाना राज्य के पीछे जो भी राजनैतिक दलीलें दी जा रही हों विरोध के स्वर भी उठ रहे हैं तथा समर्थन के दावे भी किए जा रहे हैं। उत्तर प्रदेश तथा बिहार को तोड़ कर भोजपुर राज्य बनाए जाने के दावे–प्रतिदावे रह रह कर जोर पकड़ते रहते हैं। वहाँ के लोगों की भावनाओं को जानने की कोशिश भले ही न की जाए पर ऐसे दावों के पीछे कुछ मुट्ठी भर लोगों के राजनैतिक मंसूबे तो स्पष्ट नजर आते हैं।

हमारे पास जो विकल्प हैं वे बड़े ही स्पष्ट हैं। इसमें कोई दो राय नहीं कि भारत विविधताओं का देश रहा है। बड़ी ही विविध खूबसूरत क्षेत्रीय सांस्कृतिक धरोहरों के रूप में हमारा राष्ट्र जाना जाता है, पहचाना जाता है। इन क्षेत्रीय सांस्कृतिक धरोहरों को संजो कर अक्ष्क्षुण रखने में हमें गर्व महसूस होना चाहिए और यह हमारा कर्तव्य भी बनता है। क्या हम राजनैतिक मंसूबों व क्षेत्रीयता के नाम पर राज्यों को बांट–बांट कर राष्ट्र के टुकड़े–टुकड़े कर देंगे? ठीक है! यह दलील समझ में तो आती है कि बड़े राज्यों के कुछ हिस्से सामाजिक आर्थिक रूप से विकसित नहीं हो

पाते, पिछड़े रह जाते हैं। उन्हें तोड़ कर छोटा कर देने में हमारी राजनैतिक व्यवस्था के प्रबन्धकों को इन छोटे राज्यों पर अधिक ध्यान केन्द्रित करने तथा उनके पिछड़ेपन को दूर करके उनका विकास कर पाने में सहूलियत होगी। अच्छी बात है! हमारी नीयत में खोट नहीं होनी चाहिए तथा उन राजनैतिक प्रबन्धकों की नीयत पर भी शक नहीं करना चाहिए। वैसे अगर राजनैतिक इच्छा शक्ति की कमी न होती तो बड़े राज्यों के ये हिस्से भी अच्छी तरह से विकास की मुख्य धारा में शामिल रहते, पिछड़े न रह जाते। हमारी एक बडी ही जायज सी चिन्ता तो यह होनी चाहिए कि एक बार क्षेत्रों को टुकड़ों–टुकडों में बांट देने के पश्चात क्या कभी ऐसा वक्त आने पर हम उन्हें फिर से समेट पायेंगे? ईश्वर करे! ऐसी स्थिति कभी उत्पन्न न होने पाए। हमारे परिवार में भी जब बंटवारे की नौबत आती है तथा एक भाई दूसरे भाई से अलग जाने लगता है तो अच्छा नहीं लगता। कहीं न कहीं निश्चित रूप से हमारी एकता कमजोर तो होती है। 'बांटो और राज करो' जैसी प्रवृत्ति का दंश हमारा राष्ट्र सदियों से झेलता रहा है, टूटता रहा है, कमजोर होता रहा है। पिछड़ापन दूर करने तथा विकास करने की अगर ईमानदार दलीलें हैं तो फिर विकास होता नजर आना चाहिए। अन्यथा क्षेत्रीय विखण्डताएं राष्ट्र को कमजोर कर के रख देंगी। बचपन से तो यही सुनते आए हैं हम सब कि एकता की मजबूती तो जुड़ने से होती है न कि तोड़–तोड़ कर अलग कर देने से।

"हम भारत के लोग अब इस तथ्य का अनुभव करने लगे हैं कि वर्तमान में भारत में सब कुछ ठीक-ठाक नहीं चल रहा। कभी-कभी जब हमें यह सोचना पड़ता है कि क्या वास्तव में कश्मीर से कन्याकुमारी तक भारत एक है तो रोंगटे खड़े कर देने वाले तथ्य निकल कर सामने आते हैं।"

22
पंगु होता जाता जनतन्त्र

जनतन्त्र के पीछे भारत के संविधान निर्माताओं की नीयत ही यही थी कि सदियों की गुलामी के बाद स्वतन्त्र भारत में राजशाही अथवा तानाशाही जैसी किसी व्यवस्था की कोई गुंजाइश न रहे। 'हम भारत के लोग' मिलजुल कर जैसा चाहें भारत का सामाजिक, आर्थिक तथा राजनैतिक प्रशासन सुनिश्चित करें। हम भारत के लोग एक ऐसी लोकसत्ता का निर्माण करें जो भारत राष्ट्र की एकता, अखण्डता तथा सम्प्रभुता को अक्षुण बनाए रखें। लोकसत्ता का अर्थ मात्र वोट की राजनीति से नहीं होता कि जनतन्त्र में आम चुनाव के माध्यम से लोगों के द्वारा चुनी गयी सरकारें सत्ता पर तो काबिज हो जाए और फिर अपनी मनमानी शुरू कर दें। जनतन्त्र में लोगों के द्वारा चुनी गयी सरकारें एक अरसे के बाद ऐसी लगने लगें किवे तो अब लोगों की नहीं लगतीं, लोगों के लिए नहीं लगतीं, तो ऐसी सरकारों का सत्ता में बने रहने का कोई हक नहीं रह जाता। तब हमारा जनतन्त्र बिल्कुल ही पंगु होता नजर आने लगता है जब ऐसी सरकारें जनता की अनिच्छा के बावजूद अपना कार्यकाल पूरा करने की संवैधानिक विवशता के नाम पर सत्ता में काबिज बनी रहती हैं।

हमारे भारत का संविधान तो राजनैतिक न्याय की बात भी करता है। सामाजिक, आर्थिक न्याय के साथ-साथ राजनैतिक न्याय भी सुनिश्चित किया जाय। हम राजनैतिक न्याय का आखिर क्या अर्थ निकालें? क्या हम यह मान लें कि राजनैतिक न्याय का अर्थ महज लोगों को मतदान करने की स्वतन्त्रता तक सीमित रह गया? और वह भी भारत के अर्धसैनिक बलों के बन्दूकों के साये तले। जनतन्त्र में राजनैतिक न्याय आखिर किस प्रकार के न्याय की तरफदारी करता है? क्या यह कि राजनीति करने वालों को, राजनीति करना जिनका पेशा है, उन्हें उनका यह हक मुकम्मल तरीके से मिलता रहे? कोई अड़चन न हो। ऐसा सुनिश्चित करे हमारा संविधान उनके राजनैतिक पेशे में। या फिर इस राजनैतिक न्याय के

दर्शन में उन लोगों के लिए भी ऐसी कोई गुंजाइश बनती है जिनकी भूमिका इस जनतन्त्र में महज वोट देने तक ही सिमट कर रह जाती है?

हमें यह सोचने तथा निष्कर्ष निकालने में तनिक भी संकोच नहीं होना चाहिए कि आखिर वह ऐसी कौन सी वजह है कि राजनैतिक न्याय की अवधारणा से ही जुड़े हमारे आम चुनाव अर्धसैनिक बलों की तैनाती के बगैर असम्भव हैं? हम अर्धसैनिक बलों को अगर हटा लें तो आखिर ऐसा क्या होने वाला है? जी हाँ! हम ऐसी कल्पना भी नहीं कर सकते। हम राहत की सांस लेते हैं अगर आम चुनावों के दौरान पचास, सौ लोग मार भी दिए जाते हैं तो प्रशासन यह ही कहता नजर आता है कि चलो निपट गया सब कुछ शांति पूर्वक ज्यादा खून खराबा नहीं हुआ। अगर जनतन्त्र में अब्राहम लिंकन के अनुसार लोगों की सरकार, लोगों के द्वारा तथा लोगों के लिए ही है तो फिर यह खून खराबे की नौबत ही क्यों आती है? जनतन्त्र का इतना डरावना स्वरूप कैसे और क्योंकर होता गया? जनतन्त्र क्या इतना पंगु एवं कमजोर हो गया है कि वह अपना स्वरूप भी बचाकर नहीं रख सका? जनतन्त्र यदि लोगों के द्वारा, लोगों के लिए ही है और यदि लोग ही इसके स्वरूप को स्वस्थ बनाकर नहीं रख सके तो फिर हम अन्य किसी को क्यों दोष दें? अगर किसी व्यक्ति के नैतिक मूल्यों का पतन होता है तो इसका जिम्मेदार वह व्यक्ति स्वयं है। हमें यह स्वीकार करने में हिचक नहीं होनी चाहिए कि हमारे समाज में जनतान्त्रिक मूल्यों का गम्भीर रूप से पतन हुआ है और इसकी वजह हमें कहीं और नहीं बल्कि अपनी जनतान्त्रिक व्यवस्था के अन्दर ही तलाशनी होगी।

भारतवर्ष को दुनिया का एक बड़ा एवं शक्तिशाली जनतान्त्रिक देश माना जाता है। क्या मात्र बड़ी जनसंख्या को ही आधार मानकर किसी देश की शक्ति का आकलन कर लेना भ्रम की स्थिति नहीं पैदा करता? किसी देश की जनसंख्या जनतान्त्रिक स्वरूप में ताकतवर तो प्रतीत नहीं हो सकती बशर्ते कि जब तक लोगों के पास उनका मताधिकार सुरक्षित हो। लेकिन बड़ी जनसंख्या किसी देश की सामाजिक अथवा आर्थिक शक्ति का मापदण्ड नहीं हो सकती। हम जनतान्त्रिक रूप से बलवान देश तो हो सकते हैं लेकिन जनसंख्या के ही अनुपात में आज हम उतने ताकतवर नहीं हैं। इंग्लैण्ड, जापान, कोरिया जैसे कम जनसंख्या वाले

छोटे–छोटे देश आज कहीं अधिक ताकतवर देश हैं तो वे अपने नागरिकों की अपने देश के प्रति ईमानदारी, निष्ठा, कर्तव्य एवं दायित्व बोध के बूते पर। हम तो एक बार जन प्रतिनिधि चुन लिए जाने पर अपने राष्ट्र या नागरिकों के प्रति अपना दायित्व ही भूल जाते हैं तथा जनतान्त्रिक बल को राष्ट्र की शक्ति के रूप में परिवर्तित कर देने के बजाए हम उसे अपने व्यक्तिगत हितों को साधने में इतना पंगु बना देते हैं कि हमारा पूरा का पूरा जनतन्त्र ही बिखर कर नष्ट होता नजर आता है। व्यक्तिगत राजनैतिक स्वार्थो की पूर्ति हेतु बात–बात पर भीड़ जुटा कर तोड़–फोड़ कराना, मार पीट, सरकारी सम्पत्ति नष्ट करा देना तो हमारी आदत बनती जा रही है तथा शक्ति प्रदर्शन का जरिया भी। लोगों को आपस में मार–पीट करने के लिए उकसाया जाए, राष्ट्र की सम्पत्ति को नष्ट कर दिया जाए, परस्पर वैमनष्यता के भाव पैदा कर दिये जाएं यह तो एक घातक जनतान्त्रिक शक्ति की प्रवृत्ति है जो राष्ट्र के स्वस्थ सामाजिक आर्थिक वातावरण को कत्तई नष्ट करेगी। ऐसी स्थिति से बचा जाना चाहिए। जनतन्त्र को राष्ट्रहित में भीड़तन्त्र में तब्दील होने से रोका जाय।

"जनतन्त्र में लोगों के द्वारा चुनी गयी सरकारें एक अरसे के बाद ऐसी लगने लगें कि वे तो अब लोगों की नहीं लगतीं, लोगों के लिए नहीं लगतीं, तो ऐसी सरकारों का सत्ता में बने रहने का कोई हक नहीं रह जाता। तब हमारा जनतन्त्र बिल्कुल ही पंगु होता नजर आने लगता है जब ऐसी सरकारें जनता की अनिच्छा के बावजूद अपना कार्यकाल पूरा करने की संवैधानिक विवशता के नाम पर सत्ता में काबिज बनी रहती हैं।"

23

पूंजीवादी प्रवृत्तियाँ

पूंजीवादी प्रवृत्तियों के मस्तिष्क में आते ही एक ऐसी छवि बन जाती है जो व्यवस्था कमजोर, निर्धन, मजदूर वर्ग, संसाधन विहीन लोगों का शोषण करते हुए स्थापित हुई हो अथवा अपनी मजबूती बनाए रख सकी हो। ऐतिहासिक तथ्यों के अध्ययन से यह बात निकल कर सामने आती है कि साम्यवादी सोच जो निकल कर आयी वह पूंजीवादी व्यवस्था के विरोध में ही अत्यन्त मुखर हुयी। पूंजीवादी व्यवस्था में पूंजी की शक्ति, व्यक्तियों की शक्ति पर भारी पड़ी। पैसे के सामने व्यक्ति बिल्कुल ही अशक्त तथा पंगु नजर आया। चाहे कोई भी सभ्यता रही हो आप पैसे की अहमियत को नकार नहीं सकते। पैसे की अहमियत का होना एक सुसंगत तथ्य तो हो सकता है लेकिन मुश्किल तो तब आती है जब मानव अस्तित्व ही पूंजी की शक्ति का गुलाम बना कररख दिया जाता है। ऐसी बहुसंख्य आबादी इस समूचे विश्व में है जिनके पास या तो पर्याप्त पूंजी नहीं है जिनसे उनकी दिन प्रतिदिन की आवश्यकताओं की प्रतिपूर्ति होती हो या फिर पर्याप्तता की बात तो दूर, वे बस जैसे तैसे घिसट–घिसट कर अपना जीवन जीने को विवश हों।

लोकवादी अथवा जनवादी व्यवस्था को आजकल हम जनतन्त्र के रूप में जानते हैं जिसेएक ऐसी व्यवस्था के रूप में देखा जाने लगा जो लोगों की हो, लोगों के द्वारा हो तथा लोगों के लिए हो। इस व्यवस्था का मकसद ही यही रहा जहाँ लोकसत्ता का रास्ता ही लोगों के मध्य से लोगों की मर्जी के मुताबिक ही निकलता हो। लोकमत लोकशक्ति की दिशा निध ारित करे, संचालित करे। लोकमत को यदि लगे कि लोकशक्ति अपनी निर्धारित दिशा से भटक रही है तो लोकमत ही उसे दुरूस्त करे। लोकवाद के व्यापक हित में लोकमत ही उस वैकल्पिकता का चुनाव करे जिससे भटकन की स्थिति उत्पन्न न हो तथा उस पर लगाम लगायी जा सके।

लोकशक्ति भी पूंजी के आकर्षण से अछूती नहीं रही। भ्रष्टाचार जब अपनी चरम स्थिति पर पहुँचा तो सत्ताधीशों को यह समझते देर न लगी की पूंजी शक्ति के बदौलत वे लोकवाद की बोली तक लगाने में समर्थ हो सकते हैं। वे अपनी इस सोच में कामयाब भी हो गए। उन्होंने लोकवाद को खरीद लिया है। आज लोकवाद पूरी तरह से पूंजीवादी प्रवृत्तियों की गिरफ्त में है। लोकवादी समाजवाद की परिकल्पना कर लेने मात्र से अथवा उसे राष्ट्रों के संविधान में लिख भर देने से यदि लोकवाद पृथ्वी पर स्थापित हो सकता होता तो फिर कितनी आसान बात होती? फिर यह विश्व संघर्षों अथवा क्रान्तियों की दास्तान न होता। जब तक हमारी नीयत स्पष्ट न हो अथवा जब तक हमारी नीयत में खोट हो संविधान जैसे अभिलेखों में लोकवादी व्यवस्था का उल्लेख कर देने से कुछ नहीं होने वाला। ऐसे तमाम संविधान आते रहेंगे, नाकाम होते रहेंगे। पूंजीवादी प्रवृत्तियाँ अपना खतरनाक खेल खेलती रहेंगी तथा समाजवादी सोच की धज्जियाँ उड़ती रहेंगी।

पूंजीवादी प्रवृत्तियों की प्राथमिक शर्त जो बड़ी स्पष्ट सी नजर आती है कि समाज में लोगों को शैक्षणिक तथा आर्थिक रूप से इतना कमजोर बना दिया जाय कि वे अपने पांव पर सीधे खड़े होकर टिके रहने की स्थिति में न रह जाएं। बुनियादी शिक्षा की कमर तोड़ कर रख दी जाए जिससे कि उस समाज के बच्चे युवा होकर आत्मनिर्भर न बनने पाएं। पूंजीशक्ति कुछ गिने चुने लोगों की मुट्ठी में ही बनी रहे तथा समाज के ये बहुसंख्य युवा अपनी रोजमर्रा की आवश्यकताओं की प्रतिपूर्ति हेतु पूंजीशक्ति के रहमोकरम पर बने रहें। लोकवाद सबको रोजगार दिलाने की गारण्टी नहीं लेता। पूंजीवादी भी देखेगा अपनी आवश्यकता के अनुरूप। यदि वह युवा उस योग्य होगा तो उसे रोजगार देने के बारे में सोचेगा। कहने का अर्थ यह हुआ कि बहुसंख्य युवा बेरोजगार घूमता रोजगार की तलाश में संघर्ष करता नजर आएगा। भारत जैसे देश में जहाँ लगभग आधी आबादी गरीबी का दंश झेल रही हो तथा सत्तर प्रतिशत आबादी ग्रामीण इलाकों में रहती हो, जहाँ अभी बुनियादी इन्फ्रास्ट्रक्चर भी न पहुँच पाया होतो फिर शिक्षा की बात भी भूल जाइए। आत्मनिर्भरता की बात भी मत कीजिए। यह है स्वरूप हमारी लोकवादी व्यवस्था का। जो

बहुसंख्या में हैं उनकी कमर तोड़ दी गयी है। भ्रष्टाचार के माध्यम से अर्जित की गई पूंजी की बदौलत नव पूंजीपतियों का एक बड़ा वर्ग सामने आया है जिनकी पूंजीवादी प्रवृत्तियाँ सम्भवतः पारम्परिक पूंजीवाद से भी कहीं अधिक घातक हैं। हमारी भूखी, कमजोर जनशक्ति इन पूंजीवादी प्रवृत्तियों के हाथों गिरवी रख दी गयी है। शर्त यह है कि लोकवाद लोकसत्ता की चाभी लोकतन्त्र के जरिए इन्हें सौंपता रहे। बदले में वे लोकवाद की देखभाल करते रहेंगे। संविधान में लिखी बातें बेमानी मानी जाएंगी।

"भ्रष्टाचार के माध्यम से अर्जित की गई पूंजी की बदौलत नव पूंजीपतियों का एक बड़ा वर्ग सामने आया है जिनकी पूंजीवादी प्रवृत्तियाँ सम्भवतः पारम्परिक पूंजीवाद से भी कहीं अधिक घातक हैं। हमारी भूखी, कमजोर जनशक्ति इन पूंजीवादी प्रवृत्तियों के हाथों गिरवी रख दी गयी है। शर्त यह है कि लोकवाद लोकसत्ता की चाभी लोकतन्त्र के जरिए इन्हें सौंपता रहे। बदले में वे लोकवाद की देखभाल करते रहेंगे। संविधान में लिखी बातें बेमानी मानी जाएंगी।

24
जाति विहीन समाज का सपना

सपने तो केवल सपने ही होते हैं। क्या वे कभी सच भी होते हैं? भले ही वे सच न हों, भले ही वे टूट जाएं, लेकिन सपने देखना अथवा देखते रहना कोई गलत बात तो नहीं? खुली आँखों से भी सपने देखे जा सकते हैं। अब यह उस शक्ति पर निर्भर करता है कि वह किस हद तक अपने सपनों को हकीकत में तब्दील कर पाता है? आदमी सपने देखता है अपनी व्यक्तिगत आकांक्षाओं की पूर्ति के लिए भी। लेकिन सपने देखना जितनी ही आसान प्रक्रिया है, उसे वास्तविकता में तब्दील कर पाना उतनी ही जटिल प्रक्रिया है। क्योंकि सपने मात्र देखने ही नहीं होते हैं बल्कि उनको सच्चाई में बदलने के लिए ईमानदार यत्न भी करने पड़ते हैं।

मैंने भी एक सपना देखा है। एक जातिविहीन समाज का सपना। एक वर्ग विहीन समाज का सपना। क्या एक जाति विहीन समाज की परिकल्पना सत्यता हो सकती है? क्या यह सम्भव है कि एक जातिविहीन समाज का निर्माण हो सके? असम्भव तो कुछ भी नहीं है बशर्ते हमारी नीयत साफ हो। एक जातिविहीन समाज के परिवेश में जातिगत भेदभाव की भावना नहीं उभरेगी और समाज में अमन चैन रहेगा। क्योंकि समाज में विभेदकारी परिस्थितियाँ ही टकराव के अवसर उत्पन्न करती हैं। सामर्थ्यवान जाति के लोग असमर्थ जाति के लोगों के विरूद्ध घृणा का भाव उत्पन्न कर के अन्याय का व्रातावरण तैयार करते हैं। वैसे तो जनतन्त्र में संख्या बल को ही शक्ति माना जाता है और यदि हम इस संख्या बल की गणना करें तो ऐसे असमर्थ कमजोर लोग ही बहुसंख्य हैं। तो फिर उनकी यह शक्ति जाती कहाँ है? उनकी यह ताकत सामर्थ्यवानों की आर्थिक शक्ति के आगे दफन कर दी जाती है। कहते हैं कि गरीबों की जाति नहीं पूछी जाती। लेकिन फिर भी हम पूछते हैं। आखिर क्या फर्क पडता है इससे? जातिगत मानसिकता का जहर हमारे मस्तिष्क में है और हम इस बात के लिए सदा उत्सुक नजर आते हैं कि हम अपनी इस विरासत को आने वाली पीढ़ियों को सौप दें।

जाति विहीन समाज का सपना

भारतवर्ष में जातीयता का बड़ा ही पीड़ाजनक इतिहास रहा है। सम्भवत: समूचे विश्व में वर्ण व्यवस्था का प्रचलन भारतवर्ष में ही है। ऐसी जानकारी एनसाइक्लोपीडिया अमेरिकाना में उपलब्ध है। भारत के समाज को चार वर्णों में इस दलील पर बाँट कर रख दिया गया है कि ऐसा लोगों के द्वारा जो पेशा किया जाता है, उस आधार पर किया गया। जब मस्तिष्क में एक अच्छे पेशे अथवा बुरे पेशे की सोच आ जाती है तब ऐसे समूह के लोग जो यह मानते हैं किवे अच्छे पेशे में हैं तो वे सामर्थ्यवानों की भूमिका में आना शुरू कर देते हैं। एक ऐसी सामाजिक व्यवस्था बना दी गयी है कि अच्छा कार्य अथवा अच्छा पेशा कुछ जाति विशेष के लोग ही कर सकते हैं। इस तरह इसे एक प्रथा के रूप में परिवर्तित कर दिया जाता है किवे भविष्य के आने वाले वर्षों में इस प्रथा को मजबूती से बनाए रक्खें। सामर्थ्यवानों की सामर्थ्य का लोक प्रदर्शन तभी सम्भव हो पाता है जब समाज में असामर्थ्यवानों की एक जमात होती है। ये कमजोर असमर्थ वही लोग होते हैं जिन्हें यह माना जाता है कि वे केवल बुरा पेशा कर पाने मे ही सक्षमहैं। इन्हें अलग जातियों के समूह में रख दिया जाता है। और इस तरह शुरू होता है जातिगत सामाजिक व्यवस्था का एक अन्तहीन सिलसिला। जैसे कि अगड़ी जाति के लोग, पिछड़ी जाति के लोग, निम्न जाति के लोग, जातियाँ जिन्हें दलितों की श्रेणी में रख दिया गया तथा जनजातियाँ। अगर बात यहीं तक नहीं बनती तो पुन: समाज को जातिगत आधारों पर बांट कर मानवता को तार–तार कर दिया जाता है। बड़ी ही बेशर्मी से शब्दकोश में अतिपिछड़ा वर्ग, महादलित जैसे सम्बोधन शामिल कर लिए जाते हैं तथा इस तथ्य की जरा भी परवाह नहीं की जाती कि आखिर इस बढ़ते पिछड़ेपन के लिए जिम्मेदार कौन है? वैसे यह बताते चलें कि ये तथाकथित दलित तथा पिछड़े व निम्न जाति के लोग ही भारतवर्ष में आबादी में बहुसंख्य हैं। लेकिन उनके बहुसंख्य होने का उनकी ताकत अथवा सामर्थ्यता से कोई लेना देना नहीं। लोकतन्त्र के पैमानों पर भले ही वे बहुमतमें हों, संख्याबल के आधार पर भले ही उन्हें एक लोकतान्त्रिक शक्ति के रूप में आंका जाता हो पर चूँकि वे निम्न जाति के लोग हैं, आर्थिक रूप से कमजोर हैं तथा वे निम्न वर्गीय पेशे में हैं इसलिए उनके बहुसंख्य होने का कोई मतलब नहींरह जाता। वे जो कुछ

भी लोकतान्त्रिक शक्ति धारण करते हैं उसे आर्थिक रूप से सामर्थ्यवान जातियों के हाथों गुलामी रख दिया जाता है।

ऐसा लगता है जैसे भारतवर्ष में जाति प्रथा स्थापित सी हो गयी हो। जाति विहीन समाज की परिकल्पना तो जैसे महज एक सपना ही हो जो सम्भवतः पूरा न हो सके। अगर हम भारत के संविधान का विश्लेषण करें तब भी हम यही पायेंगे कि हमारे संवैधानिक प्राविधान कहीं भी भारतीय समाज से जाति प्रथा को समाप्त करने का प्रयास करते नजर नहीं आते। वैसे अनुच्छेद—17 की मदद से ऐसा कहा गया है कि अस्पृश्यता समाप्त की जाती है और यह भी कि राज्य जाति के आधार पर भेदभाव नहीं करेगा। अर्थ यह हुआ कि जातिगत व्यवस्था तो बनी रहेगी लेकिन संवैधानिक रूप से कम से कम इस बात का प्रयास जरूर किया जाएगा कि जातिगत भेदभाव न होने पाए। अगर इसके बावजूद यदि समाज में जातिगत भेदभाव की खबरें आती रहती हों तथा हमारे राजनैतिक नेता अपने वोट बैंक की राजनीति के लिए जाति व्यवस्था को और टुकड़ों में बांटते नजर आते हों, समाज की यदि धज्जियाँ उड़ायी जाती हों, यदि एक दलित महिला को समाज के लोग नंगा करके सरेआम उसकी परेड कराते हों, तो उसमें संविधान भला कर भी क्या सकता है? संविधान तो बस एक व्यवस्था दे सकता है और वैसा संविधान ने किया है। अब यदि लोग ही संविधान के प्राविधानों के मुताबिक नहीं चलते तो ये उनकी सद् इच्छा? जहाँ व्यवस्था के फिक्रमन्द चुपचाप संवैधानिक भावनाओं का गम्भीर उल्लघंन होते बस देखते रहते हों। सभ्यता के मतलब? आप कहना क्या चाहते हैं? मानवीय संवेदना का आपका कहने का अर्थ क्या हो सकता है? न्याय, अन्याय की थोथी बातें करना वस्तुतः बेमतलब की, व्यर्थ की बातें हैं। संविधान अपना काम करे ना करे, समाज कमजोर होता हो तो हो, टूटे तो टूटे फिक्रमन्द व्यवस्थापक कर भी क्या सकते हैं। बेचारे? फिक्र ही तो कर सकते हैं, जो वे कर रहे हैं।

"अगर इसके बावजूद यदि समाज में जातिगत भेदभाव की खबरें आती रहती हैं तथा हमारे राजनैतिक नेता अपने वोट बैंक की राजनीति के लिए जाति व्यवस्था को और टुकड़ों में

बांटते नजर आते हैं, समाज की यदि धज्जियाँ उड़ायी जाती हैं, यदि एक दलित महिला को समाज के लोग नंगा करके सरेआम उसकी परेड कराते हैं, तो उसमें संविधान भला कर भी क्या सकता है? संविधान तो बस एक व्यवस्था दे सकता है और वैसा संविधान ने किया है।"

25

लोकस स्टैण्डी तथा जनहित

जनहित का अर्थ व्यापक सन्दर्भ में लिया जाता है खासतौर से तब जब न्यायहित की बात की जा रही हो। जनहित में न्यायहित की बातें तब और प्रासंगिक हो जाती हैं जब भारतवर्ष जैसे देश में करोड़ों लोगों की सामाजिक व आर्थिक स्थिति अच्छी न हो। वर्तमान में न्याय प्राप्त कर पाना अत्यन्त खर्चीली बात हो गयी है। ऐसे करोड़ों नागरिक जिन्हें इस बात का ठिकाना न हो कि शाम के वक्त की रोटी भी नसीब होगी की नहीं आप क्या उम्मीद करते हैं कि वह अपने अधिकारों के मुकदमें की लड़ाई लड़ने के लिए पैसे जुटा पाएगा? तो क्या फिर ऐसे लोगों को न्याय नहीं मिल पाएगा? जनहित, व्यक्तिगत हित से अलग होता है। लेकिन व्यक्ति तो निर्धन व्यक्तिगत रूप से ही होता है।

सिविल प्रक्रिया संहिता का एक कानूनी सिद्धान्त होता है कि न्यायालय में अपने विधिक अधिकारों के हनन सम्बन्धी या अन्य मामलें वह ही व्यक्ति ले आए जिसके विधिक अधिकारों का हनन किसी व्यक्ति द्वारा किया गया हो। इसे लोकस स्टैण्डी का नियम कहा जाता है। अर्थात न्यायालय में व्यक्ति के विधिक अधिकारों का उल्लघंन करने वाले व्यक्ति के विरूद्ध मुकदमा लाने का लोकस उसी व्यक्ति का बनता है जिसके विधिक अधिकारों का उल्लघंन किया गया हो। लेकिन ऐसा व्यक्ति अपनी निर्धनता के कारण विधिक अधिकारों के हनन के बावजूद यदि मुकदमा ला पाने में सक्षम नहीं है तो क्या निष्कर्ष यह निकाला जाए कि ऐसा व्यक्ति न्याय से वंचित रहेगा? भले ही उसके विधिक अधिकारों का हनन होता रहे। क्योंकि कानून तो अन्धा होता है? वह व्यक्ति के पास चलकर तो जाएगा नहीं न्याय करने के लिए? व्यक्ति ही चलकर आए कानून के पास और सुनाए उसे अपनी बात। इसे कहा जाता है सुनवाई का अवसर दिया जाना। अब व्यक्ति मुकदमें के खर्चे की व्यवस्था कर पाए तो आकर सुनाए न्यायालय को अपनी बात। नहीं तो खत्म हो गयी बात।

'लोकस स्टैण्डी' के नियम की अड़चन ही यही रही कि समाज का अगर कोई अन्य व्यक्ति किसी अन्य व्यक्ति के विधिक अधिकारों के हनन की बात करता हुआ न्यायालय में आये, क्योंकि अमुक व्यक्ति निर्धनता एवं अशिक्षा के कारण अपने विधिक अधिकारों की बात करता हुआ न्यायालय आ पाने में असमर्थ था तो सम्भवतः उसकी बात सुनी ही न जाय। 'लोकस स्टैण्डी' के नियम का अगर कठोरता से अनुपालन किया जाए तो किसी अन्य व्यक्ति द्वारा लायी गयी याचिका न्यायालय के समक्ष तो पोषणीय ही नहीं होगी। न्यायपालिका के समक्ष यह बड़ा ही जटिल प्रश्न था। प्रक्रियात्मक रूप से तो ऐसी याचिकाएं गलत थीं पर इससे भी महत्वपूर्ण प्रश्न यह था कि क्या हमारी न्यायपालिका इतनी लाचार हो जाए और ऐसे मामलों की सुनवाई महज इसलिए न कर सके कि याचिका पीड़ित पक्षकार द्वारा नहीं बल्कि उसकी असमर्थता के कारण उसके हित में किसी अन्य व्यक्ति द्वारा मानवतावश दाखिल की गयी है। न्यायपालिका को इस बात का बोध होना कि न्याय करना तो उसका दायित्व बनता है, न कि मात्र इस आधार पर मामले की सुनवाई न करना और यह करते हुए मामले को खारिज कर देना कि याची का मामले को प्रस्तुत करने में कोई लोकस नहीं बना। पीड़ित पक्षकार ही याचिका न्यायालय के समक्ष प्रस्तुत करे तब जाकर मामले की सुनवाई हो और न्यायपालिका न्याय करने के अपने दायित्व बोध के निर्वहन की औपचारिकता पूरी कर सके। फिर तो हो चुका न्याय? यह तय मान लीजिए कि आज के अड़सठ वर्षों के स्वतन्त्र भारत में भी जो अशिक्षा तथा निर्धनता की स्थिति है हमारे अधिकांश देशवासी ईमानदारी से अगर कहा जाए तो वे कानून का 'क' भी नहीं जानते। विधिक अधिकारों के प्रति जागरूकता होने की तो बात ही मत कीजिए।

भारतीय न्यायपालिका के व्यवहारिक पक्ष का गौरवशाली इतिहास रहा है। जिसमें मा0 न्यायाधीश पी0 एन0 भगवती, मा0 न्यायाधीश कृष्णाअय्यर तथा मा0 न्यायाधीश रंगनाथ मिश्र पर हमें सदा से नाज रहा है। इन न्यायाधीशों ने जन हितवाद के माध्यम से न्याय प्रशासन के लिए एक क्रान्तिकारी पहल की। बड़ी ही संवेदनशीलता के साथ ऐसा महसूस किया गया कि अगर समाज का एक ऐसा वर्ग अपनी अशिक्षा अथवा निर्धनता

की लाचारी के कारण अपने विधिक अधिकारों के प्रवर्तन हेतु न्यायालय आ पाने असमर्थ है तो उनके साथ महज इसलिए न्याय न हो क्योंकि वे न्यायालय न आ सके? उनकी लाचारी तो समझ में आती है। पर न्यायपालिका की ऐसी कौन सी लाचारी कि वह न्यायालय में ऐसे वर्ग के आने की प्रतीक्षा करे? फिर न्याय की बात सोचे? देखिए! सम्भावना तो यही बनती है कि उनकी आर्थिक हालत उनके जीवनकाल में सुधर न सके और वे न्याय पाने हेतु कभी न्यायालय न आ सकें। फिर विधि के शासन की बात क्यों करनी? विधि के समक्ष समानता तथा विधि के समान संरक्षण की बात क्यों करनी? न्याय पाने के हक की बात क्यों करनी?

जनहित के इन प्रणेता माननीय न्यायाधीशों की बड़ी जबरदस्त दलील यह रही कि 'लोकस स्टैण्डी' का नियम तो एक प्रक्रियात्मक औपचारिकता मात्र है। न्यायिक प्रक्रिया में यह नियम यदि आड़े आता है तो महत्वपूर्ण बात न्याय प्रशासन है न कि प्रक्रियात्मक औपचारिकता का अनुपालन। अपवाद स्वरूप व्यवस्था यह दी गयी कि जनहित के मामलों में 'लोकस स्टैण्डी' का नियम लागू नहीं होगा। कोई भी व्यक्ति यदि लोक हित के मामलों को लेकर न्यायालय में आता है तो वे मामले सुने जायेंगे तथा लोक हित में समाज के ऐसे वर्ग के लोगों को न्याय सुनिश्चित किया जाएगा जो न्यायालय में याचिका ला पाने में असमर्थ रहते हैं। न्यायपालिका को अन्ततः इस बात का आभास हुआ कि यह सर्वविदित होते हुए भी कि व्यक्तियों के अधिकारों का अतिल्लंघन हो रहा हो और न्यायपालिका लाचारी वश उन्हें न्याय न दे पा रही हो तो फिर यह तो न्यायपालिका की प्रतिष्ठा का अवमान ही हुआ। स्वतः संज्ञान की प्रक्रिया से ही न्यायिक सक्रियता की अवधारणा सामने आयी और स्थापित भी हुयी कि समाज के कमजोर वर्ग के विधिक अधिकारों के हनन के मामले में कोई प्रतीक्षा किए बिना न्यायपालिका स्वतः संज्ञान लेगी और न्याय सुनिश्चित करेगी।

साभार निवेदन यह है कि ऐसे बहुत से मामले हैं जो जनहित के दायरे में तो नहीं आते पर समाज के निर्धन अशिक्षित वर्ग के व्यक्तिगत हितों के हनन की बात तो होती है। पहल यह भी होनी चाहिए कि अत्यन्त गम्भीर तथा संवेदनशील मामलों में लोकस स्टैण्डी के नियम में शिथिलता बरतते हुए न्यायपालिका स्वतः संज्ञान ले तथा समाज के अधिकांश व्यक्तियों को

न्याय का लाभ मिले। सम्भवतः यह अपने आप में अनूठी विश्वस्तरीय न्यायिक पहल होगी तथा न्याय भी अपने आप को होता हुआ धन्य मानेगा।

"साभार निवेदन यह है कि ऐसे बहुत से मामले हैं जो जनहित के दायरे में तो नहीं आते पर समाज के निर्धन अशिक्षित वर्ग के व्यक्तिगत हितों के हनन की बात तो होती है। पहल यह भी होनी चाहिए कि अत्यन्त गम्भीर तथा संवेदनशील मामलों में लोकस स्टैण्डी के नियम में शिथिलता बरतते हुए न्यायपालिका स्वतः संज्ञान ले तथा समाज के अधिकांश व्यक्तियों को न्याय का लाभ मिले। सम्भवतः यह अपने आप में अनूठी विश्वस्तरीय न्यायिक पहल होगी तथा न्याय भी अपने आप को होता हुआ धन्य मानेगा।"

26
सुधारात्मक न्याय

ऐसा होता है जब आदमी अपने सही रास्ते से भटक जाता है पर उसे अपनी भटकन का एहसास होता है और अगर वह वापस आना चाहता है तो आखिर उसे क्या विकल्प दिया जाए? या तो उसे भटकने ही दिया जाए या फिर उसे अपने सही मार्ग पर वापस आने दिया जाए। अगर उसे भटकने के लिए ही छोड़ दिया गया, व्यवस्था ने सही मार्ग पर वापस आने में उसकी मदद नहीं की, तब तो फिर वह कभी वापस नहीं आ सकेगा? भटकन की स्थिति न सिर्फ अमुक व्यक्ति के लिए बल्कि सामाजिक स्वास्थ्य के लिए भी एक अच्छी बात नहीं होगी। आदमी जब समाज में अपराध करता है, लोगों को मारता है, प्रताड़ित करता है, कानून तोड़ देता है, तो यह क्या है? यह उसके भटकाव की स्थिति ही है। समाज में आदमी के भटकाव की स्थितियाँ आखिर क्यों उत्पन्न होती हैं? क्या कभी हमने समाज का ऐसा कोई विश्लेषण किया जिससे यह स्पष्ट होता हो कि आदमी अपने सही मार्ग से क्यों भटक जाता है? ऐसी कोई स्थिति जन्मजात तो नहीं होती किसी व्यक्ति के अन्दर? ये तो समाज की परिस्थितियाँ ही ऐसे हालात पैदा कर देती हैं कि आदमी अपने रास्ते से भटकने के लिए विवश हो जाता है। समाज में भटकाव की परिस्थितियों का विद्यमान होना तथा इन परिस्थितियों का मानव निर्मित होना अत्यन्त ही दुखदः बात है।

सुधारात्मक न्याय की प्रक्रिया में हम अपराधियों को सुधारने पर अधिक बल देते हैं। क्योंकि मानना यह होता है कि यदि अपराधी ने अपराध किया है तो वैसा उसने या तो जानबूझ कर किया है अथवा वह वैसा परिस्थितिवश कर बैठा। कभी–कभी परिस्थितियाँ व्यक्ति के नियन्त्रण में नहीं रहतीं और वह अपराध कर बैठता है। यह परिकल्पना व्यक्ति को सुधारने का अवसर देना चाहती है तथा मकसद यह भी होता है कि अपराधी का पुर्नसमाजीकरण हो तथा समाज भी एक बड़े हृदय से उसकी गलतियों को माफ करते हुए उसे अपना ले तथा व्यक्ति की तमाम ऊर्जा

का समाज की बेहतरी के हित में सकारात्मक उपयोग हो। व्यक्ति को उसके अपराधिक कृत्य के लिए दण्डित कर दिया जाना न्याय व्यवस्था का अंतिम उद्देश्य नहीं होता। परिवीक्षा व्यवस्था, पेरोल व्यवस्था, अनियत दण्डादेश, प्ली बारगेनिंग जैसे तरीके सुधारात्मक न्याय की परिकल्पना के आधारस्तम्भ माने जाते हैं। जिनकी मदद से देश की न्यायिक व्यवस्था अपराधी को यह बोध कराना चाहती है कि चलो! तुमसे अगर अपराध हुआ है जो एक अच्छी बात नहीं है पर फिर भी अपराध की परिस्थितियों को देखते हुए न्याय तुम्हें अपने आप को सुधारने का एक अवसर देना चाहता है। अब यह तुम पर निर्भर करेगा कि तुम उक्त अवसर को खोए बिना सुधर सको तो बड़ी अच्छी बात होगी अन्यथा भटकते रहने की स्थिति कष्टप्रद तो होती है। और यही भटकन अन्ततः गम्भीर परिणाम को अंजाम दे बैठती है। तब तक व्यक्ति के सुधरने के विधि संगत रास्ते भी बंद हो चुकते हैं। अब विधि के समक्ष व्यक्ति को दण्डित करने के अतिरिक्त अन्य कोई उपाय नहीं रह जाता।

एक महत्वपूर्ण प्रश्न है कि सुधारात्मक न्याय के प्रति हमारा क्या दृष्टिकोण होना चाहिए? तथा वे कौन से मापदण्ड हों जिन पर सुधारात्मक न्याय की भावना को स्थापित किया जा सके? देखिए! सुधारात्मकता का सीधा अर्थ तो मानवीयता से है। अपराधी को अपने किये का पश्चाताप हो जिससे उसे अपराध बोध हो तथा उसके अर्न्तमन में सुधरने की प्रवृत्ति विकसित हो। इसी दौरान उसके सुधरने की दिशा में कानून की मदद भी मिले तो फिर कानून के प्रति उसकी आस्था बढ़े। फिर वह समाज में कभी अपराध न करने का संकल्प ले। तो जाकर कुछ बात बने और सुधारात्मक न्याय की सार्थकता सिद्ध हो। दोष तो हमारी न्याय व्यवस्था का भी है। सुधारात्मक न्याय का दृष्टिकोण इतना आसान नहीं है। अगर इसे व्यापक सन्दर्भ में देखा जाए तो यह पता चलता है कि प्रत्येक व्यक्ति की अपराधिक मनोदशा व्यक्तिगत रूप से अलग-अलग होती है। ऐसे में प्रत्येक अपराधी के लिए एक निश्चित सुधारात्मक मापदण्ड नहीं तैयार किया जा सकता। प्रत्येक व्यक्ति की सुधारात्मक प्रक्रिया अलग-अलग होगी और वह इसलिए होगी क्योंकि अपराधजनक कारक अलग-अलग होंगे। अतः उचित तो यह ही हो पाएगा कि व्यवस्था

यह पीड़ा उठाए और प्रत्येक अपराधी का व्यक्तिगत रूप से विश्लेषण करे तथा उनका सुधारात्मक उपचार करे। देखिए! हमें यह याद रखना चाहिए कि व्यक्ति की अपराधिकता उसके बीमार मस्तिष्क की उपज होती है। बीमार मस्तिष्क का प्रथमतः तो उपचार किया जाना होगा जिससे कि उसकी सोच सामान्य हो फिर जाकर उसे वस्तुतः सुधार की तरफ ले जाया जाए।

अपराधी व्यक्ति के लिए अलग-अलग सुधार प्रक्रिया प्रारम्भ करने की इतनी पीड़ा कौन उठाएगा? अपराधियों का मनोविश्लेषण तथा उनका उपचार एक बड़ी ही जटिल प्रक्रिया है। सम्भावना इस बात की भी बनी रहती है कि सुधारात्मक न्याय के हमारे व्यवस्थापक अपना धैर्य न खो बैठें? और ऐसा अक्सर होता भी है। हम अपना धैर्य खो बैठते हैं। सुधारात्मक प्रक्रिया काफी पीछे छूट जाती है तथा हमें वांछित परिणाम नहीं मिल पाते। हमारे शोध से तो यह बात स्पष्ट रूप से निकल कर सामने आती है कि हम सुधारात्मक न्याय की परिकल्पना तो ले आए लेकिन हमने इसे उसकी भावना के अनुरूप लागू नहीं किया। हम भारतवर्ष की ही क्यों अगर समूचे विश्व की बात करें तो उसी निष्कर्ष पर पहुँचेंगे कि सुधारात्मक न्याय व्यवस्था का सकारात्मक असर कहीं तो नजर आना चाहिए था? अपराध तो समाज में होते रहे हैं पर कुछ तो सुधारात्मक प्रवृत्ति दिखायी पड़नी चाहिए थी? मगर ऐसा तो नहीं हुआ? अपराध और अधिक हिंसात्मक होते गए। अपराधिक गतिविधियाँ और अधिक खौफनाक होती गईं। अपराधी आंतकवाद की तरफ चल निकले। वह भी ऐसा कि पेशेवर रूख अख्तियार कर लिया। रूकने का नाम नहीं लेते। विश्व के किस कोने में कब एक बड़ा खून खराबा कर दिया जाए इसका आंतक तो बना ही रहता है? वह भी जब आत्मघाती दस्ते तैयार बैठे हों। कौन समझाए? और कैसे समझाए इनके सुधारने की बात? कहीं ऐसी भयावह स्थिति हमारी प्रचलित विश्व व्यवस्था की ही उपज तो नहीं? फिर तो सुधारात्मक न्याय व्यवस्था दफन ही होगी।

"अतः उचित तो यही हो पाएगा कि व्यवस्था यह पीड़ा उठाए और प्रत्येक अपराधी का व्यक्तिगत रूप से विश्लेषण

करे तथा उनका सुधारात्मक उपचार करे। देखिए! हमें यह याद रखना चाहिए कि व्यक्ति की अपराधिकता उसके बीमार मस्तिष्क की उपज होती है। बीमार मस्तिष्क का प्रथमतः तो उपचार किया जाना होगा जिससे कि उसकी सोच सामान्य हो, फिर जाकर उसे वस्तुतः सुधार की तरफ ले जाया जाए।''

27

सुधारात्मक न्याय की क्रियाशीलता?

प्रचलित सुधारात्मक न्याय व्यवस्था मानवाधिकारों के संरक्षण के विधि शास्त्र का एक अहम हिस्सा है। मकसद तो यह ही है कि अपराधिक प्रवृत्ति के व्यक्ति का सकारात्मक सुधार करके उसे समाज की मुख्य धारा से जोड़ा जाए। हमारे समाज के एक वर्ग की सोच यह भी है कि क्या सुधारात्मक न्याय व्यवस्था सामाजिक सुरक्षा की कीमत पर टिक पाएगी? एक तरफ तो अपराधी अपराध करे, फिर व्यवस्था उसको सुधारने की फिक्र करे। व्यवस्था की इस पहल का अपराध के पीड़ित की मनोदशा पर कितना प्रतिकूल प्रभाव पड़ेगा? इस तथ्य का संज्ञान व्यवस्था को लेना पड़ेगा। अन्यथा न्याय व्यवस्था की आस्था पर प्रश्न उठना स्वाभाविक हो जाएगा। अपराधों के विचारण की प्रक्रिया में अभियोजन की कार्यवाही में केवल राज्य ही आवश्यक पक्षकार नहीं होता। अपराध के शिकार व्यक्ति के हितों की अनदेखी भी नहीं की जा सकती। चूंकि समाज में कानून व्यवस्था कायम रहे अपराध न हों, अपराधों पर रोकथाम लगे, ऐसा राज्य का दायित्व है अतः अपराध घटित होने की दशा में पीड़ित को न्याय मिले। अपराध करने वाले व्यक्ति को कानून के मुताबिक दण्ड मिले यह राज्य की जिम्मेदारी बन जाती है।राज्य न्यायालय में उनके विरूद्ध अपराधिक मुकदमा चलाए तथा सबूतों के आधार पर अपराधी को दण्डित करने में न्यायालय की मदद करे। अपराधी के विरूद्ध न्यायालय के समक्ष अभियोजन की प्रक्रिया में राज्य के साथ–साथ यदि पीड़ित पक्ष भी चाहे तो मामले के प्रभावी अभियोजन के लिए अपना वकील भी नियुक्त कर सकता है। ऐसा देखा जाता है कि अपराधी को सुधारने की तो दूर की बात यदि न्यायालय द्वारा अपराधी को अपेक्षाकृत कम सजा देने की बात की जाती है तो अभियोजन पक्ष को चाहे ऐतराज हो न हो लेकिन पीड़ित पक्ष तो एतराज करता है। क्योंकि असली भुक्तभोगी तो पीड़ित पक्ष है।

सुधारवादी व्यवस्था का मानवीय पक्ष बड़ा ही प्रबल है। लेकिन पीड़ित पक्ष की यह शिकायत होती है कि उनका भी जो मानवीय पक्ष है उसे

नजरअन्दाज न किया जाए। सुधारवादी व्यवस्था के पक्ष या विपक्ष में जो भी दलीलें हों देखना यह होगा कि क्या यह व्यवस्था वस्तुतः अपना काम कर पा रही है? कहीं सुधारवादी व्यवस्था का दुरूपयोग तो नहीं हो रहा? क्या सुधरने का अवसर केवल उन्हीं अपराधियों को सुलभ हो पाता है जिनकी व्यवस्था में अपनी पकड़ होती है? और वे जिनकी व्यवस्था में पकड़ नहीं होती, सुधरने के अवसर से वंचित रह जाते हैं? क्या ऐसा दोहरा मापदण्ड सुधारवादी व्यवस्था का दुरूपयोग नहीं हुआ? ऐसे दोहरे मापदण्ड न हों तथा ऐसे अपराधियों को भी सुधारवादी व्यवस्था का लाभ मिले जिन्हें अपराध के मामले के तथ्यों एवम परिस्थितियों को देखते हुए सुधार की नितान्त आवश्यकता है।जिनका मामला नियमों के दायरे में आता भी है लेकिन उन्हें महज इस कारण से सुधार की प्रक्रिया से वंचित रह जाना पड़ता है क्योंकि व्यवस्था में उनका कोई पैरोकार नहीं होता।

प्रमुख रूप से परिवीक्षा व्यवस्था को सुधारवादी प्रक्रिया के रूप में विधि द्वारा मान्यता प्रदान की गयी है। मूलतः यह एक न्यायिक आदेश होता है जो विशुद्ध रूप से न्यायालय के विवेक पर निर्भर करता है। अपराधी परिवीक्षा का लाभ दिए जाने की बात अधिकार स्वरूप नहीं कर सकता। मामले के तथ्यों एवं परिस्थितियों को देखते हुए यदि न्यायालय की राय में ऐसा प्रतीत होता है कि अमुक व्यक्ति परिस्थितियों का शिकार हुआ तथा अवसर दिए जाने पर सुधार की गुंजाइश है तो न्यायालय कारणों का उल्लेख करते हुए अपराधी की सजा को निलम्बित रख कर उसे परिवीक्षा पर छोड़े जाने का आदेश दे सकती है। अपराधी को परिवीक्षा पर अच्छे व्यवहार की शर्तों के अधीन रखा जाएगा तथा परिवीक्षा अधिकारी को यह देखना होगा कि उक्त अपराधी सुधार की दिशा में प्रवृत्त है।वह परिवीक्षा की शर्तों का उल्लघंन नहीं करता। परिवीक्षा अधिकारी निर्धारित समयान्तरालों पर इस आशय की आख्या न्यायालय के समक्ष प्रस्तुत करेगा कि अपराधी सकारात्मक रूप से सुधार की दिशा में अग्रसर है। यदि अपराधी परिवीक्षा के दौरान कोई अन्य अपराध करता है, परिवीक्षा की शर्तों का उल्लघंन करता है, परिवीक्षा अधिकारी अपनी आख्या में इस बात का भी उल्लेख करेगा। परिवीक्षा अधिकारी की नकारात्मक आख्या का संज्ञान लेते हुए न्यायालय अपराधी की परिवीक्षा का आदेश रद्द कर

देगा तथा निलम्बित सजा को आरोपित करते हुए उसे दण्डित किए जाने हेतु जेल भिजवा देगा। ऐसे भी मामले प्रकाश में आते हैं जहाँ परिवीक्षा की सुधारात्मक व्यवस्था का दुरूपयोग होता है। अपराधी परिवीक्षा अधिकारियों को उनके पक्ष में सकारात्मक आख्या देने के बदले में लालच देते हैं, बल प्रयोग करने की धमकी भी देते हैं। इस प्रकार प्राप्त की गयी आख्या के बूते पर अन्ततः वे अपनी सजा माफ करा लेने में कामयाब भी हो जाते हैं। सुधरने की बात तो दूर, वे अपराध कारित करने में संलिप्त रहते हैं और मुश्किल आने पर वे प्रक्रिया का दुरूपयोग कर बच निकलते हैं। ऐसी ही बात पेरोल पर छोड़े जाने की सुधारात्मक व्यवस्था में भी देखी गयी है। दुरूपयोग तो वहाँ भी है। पेरोल अधिकारी की देखरेख में अपराधी को रखने की बात तो की गयी है, हिदायत यह भी दी गयी है कि अपराधी पेरोल की शर्तों का उल्लघंन नहीं करेगा। जिसकी आख्या पेरोल अधिकारी को देनी होगी। भ्रष्ट आचरण या बल प्रयोग की सम्भावनाएं तो यहाँ भी हैं।

फिर तो प्रश्न यह उठता है कि नकारात्मक कारणों से सुधारात्मक व्यवस्था का उद्देश्य यदि पराजित होता है तो फिर सुधारात्मक न्याय प्रणाली का हश्र क्या होगा? देखिए! जिस अपराधी ने सुधारात्मक न्याय व्यवस्था का लाभ प्रक्रियात्मक दुरूपयोग करके हासिल कर लिया, वह तो सुधरने से रहा। रह गयी बात उस अपराधी की जिसकी वास्तव में सुधरने की प्रवृत्ति है तथा जिसे वास्तव में सुधारात्मक व्यवस्था के सहारे की जरूरत है। उसे तो सुधारात्मक न्याय व्यवस्था का लाभ नहीं मिल पाया? हमें एक ऐसी गणनात्मक प्रक्रिया विकसित करनी होगी जिसमें व्यक्तिगत रूप से प्रत्येक मामले का गहन तथ्यात्मक परीक्षण करके हमारी व्यवस्था जरूरतमन्द व्यक्ति को सुधारात्मक व्यवस्था का लाभ पहुँचाना सुनिश्चित करे। हमें यह नहीं भूलना चाहिए कि अपराधी सुधरते हैं और व्यवस्था के प्रति उनकी आस्था प्रबल हो जाने पर वे व्यवस्था के लिए एवम समाज के लिए वरदान भी सिद्ध होते हैं। हमें सुधारात्मक न्याय की दिशा में ईमानदार पहल करनी चाहिए।

"सुधारवादी व्यवस्था का मानवीय पक्ष बड़ा ही प्रबल है। लेकिन पीड़ित पक्ष की यह शिकायत होती है कि उनका भी जो मानवीय पक्ष है उसे नजर अन्दाज न किया जाए। सुधारवादी व्यवस्था के पक्ष या विपक्ष में जो भी दलीलें हों देखना यह होगा कि क्या यह व्यवस्था वस्तुतः अपना काम कर पा रही है? कहीं सुधारवादी व्यवस्था का दुरूपयोग तो नहीं हो रहा? क्या सुधरने का अवसर केवल उन्हीं अपराधियों को सुलभ हो पाता है जिनकी व्यवस्था में अपनी पकड़ होती है? और वे जिनकी व्यवस्था में पकड़ नहीं होती, सुधरने के अवसर से वंचित रह जाते हैं?"

28
शोषण से उपजती हड़ताल

हड़ताल पर जाना एक बहस का मुद्दा हो सकता है। खासतौर पर ऐसे में कि देश की विधिक व्यवस्था के अर्न्तगत हड़ताल को किस सीमा तक अनुमति दी जानी चाहिए? भारत जैसे लोकतान्त्रिक देश में जो कि विकासशील राष्ट्र होने की दौड़ में शामिल है, एक अच्छी खासी आबादी मजदूर वर्ग की है। श्रमिक विधिशास्त्र के अर्न्तगत हड़ताल को उद्योगपति वर्ग की शोषणकारी प्रवृत्तियों के विरूद्ध एक महत्वपूर्ण हथियार के रूप में मान्यता दी गयी है। हड़ताल उन परिस्थितियों में सम्पूर्णतया जायज है जहाँ श्रमिकों को विधि विरूद्ध तरीके से उनके काम करने के अधिकार से वंचित किया जा रहा हो तथा जब उन्हें काम करने के बदले में उचित वेतन मजदूरी से वंचित किया जा रहा हो।

अगर सब कुछ ठीक–ठाक हो तो किसी वर्ग को हड़ताल पर जाने का कोई कारण नहीं बनता। ऐसा तभी होता है जब कुछ गलत हो रहा हो हड़ताल की परिस्थितियाँ पैदा हो जाती हैं। हड़ताल श्रमिकों की विधि सम्मत तथा जायज मांगे पूर्ण करवाने का एक तरीका है जिसे वे नियोक्ताओं पर दबाव बनाने की नियत से करते हैं। हड़ताल कौन करेगा? अधिकारपूर्वक मांग कौन करेगा? वस्तुतः ऐसा वही लोग करेंगे जिन्हें गलत तरीके से उनके अधिकारों से वंचित किया गया। आज की तारीख में भी उद्योगपति वर्ग की प्रवृत्ति होती है किवे श्रमिक वर्ग के परिश्रम की कीमत पर अधिक से अधिक मुनाफा कमाएं। असंगठित मजदूरों की स्थिति अत्यन्त खराब तथा दयनीय है। वे अपना श्रम बाजार में बेचने को तैयार हैं क्योंकि वे गरीब हैं। उन्हें तथा उनके बच्चों के पास खाने के लिए रोटी नहीं है। वे यह जानते हैं कि जिस दिन उन्हें काम नहीं मिलेगा उनका तथा उनके परिवारके सदस्यों का जीवन संकट में आ जायेगा। लेकिन इसका यह अर्थ कत्तई नहीं होता कि व्यवस्था अमानवीय हो जाये तथा नियोक्ता इस वजह से उनका शोषण करने लग जाएं क्योंकि वे अपनी गरीबी की दशा के कारण बेवश है।

श्रमिकों का हड़ताल पर चले जाना सम्पूर्णतया विधि संगत माना जाना चाहिए लेकिन ऐसा व्यापक लोकहित की कीमत पर नहीं होना चाहिए। सेवा के क्षेत्र में ऐसे उद्योग हैं जो लोगों को बड़े पैमाने पर आपातकालीन सेवाएं उपलब्ध कराते हैं। ऐसे श्रमिक वर्ग जो आपातकालीन सेवाओं के संचालन में लोगों के हित में दिन रात काम पर लगे रहते हैं, बेशक! नियोक्ताओं द्वारा वे विशेष ध्यान देने योग्य हैं। यदि व्यवस्था के प्रबन्धक ऐसे श्रमिकों की जायज आवश्यकताओं पर विशेष ध्यान नहीं देते जो इन आपातकालीन परिस्थितियों से उत्पन्न होती हैं तो इस बात की पूरी सम्भावना बनती है कि व्यवस्था अचानक विफल होगी और हम महज लोक हित के नाम पर उन्हें उनके अधिकारों से वंचित नहीं रख सकते। हाँ! वे परिश्रम के पहिए को लोकहित में खीचेंगे और वह ऐसा करेंगे क्योंकि उनके मन में विधि के शासन के प्रति आस्था है, सम्मान है। अब यह विधि के शासन का भी दायित्व बनता है कि वह ऐसी परिस्थितियों पर निरन्तर नजर रखे जो व्यवस्था की विफलता के कारण बनती हैं और उन पर प्रहार करे इसके पूर्व कि देर न हो जाय। यह बात समझ में आती है कि विधि का शासन लोक हित के लिए है लेकिन इसके साथ ही यह भी नहीं भूलना चाहिए कि श्रमिक वर्ग में लोकहित सम्मिलित है। श्रमिकों के हड़ताल पर जाने की आवश्यकता नहीं होनी चाहिए। शर्त यह हुई कि उनके प्रति भी न्याय सुनिश्चित किया जाना चाहिए इसके पूर्व कि उनके मस्तिष्क में हड़ताल पर जाने का विचार भी आए।

"यह बात समझ में आती है कि विधि का शासन लोक हित के लिए है। लेकिन इसके साथ ही यह भी नहीं भूलना चाहिए कि श्रमिक वर्ग में लोकहित सम्मिलित है। श्रमिकों के हड़ताल पर जाने की आवश्यकता नहीं होनी चाहिए। शर्त यह हुई कि उनके प्रति भी न्याय सुनिश्चित किया जाना चाहिए इसके पूर्व कि उनके मस्तिष्क में हड़ताल पर जाने का विचार भी आए।"

29
व्यवस्था के शिकार लोग

व्यवस्था के शिकार व्यक्तियों को अपराध के शिकार व्यक्तियों से अलग करके देखा जाना चाहिए। जहाँ अपराधिक सोच के लोग व्यवस्था की बेपरवाही का अनुचित लाभ उठाते हैं और व्यक्तिगत अपराध करते हैं वहीं सामूहिक हिंसा के प्रकरण भी सामने आते हैं जहाँ अधिसंख्य निर्दोष लोग बड़े पैमाने पर ऐसी हिंसा का शिकार होते हैं। व्यक्तिगत हिंसा के मामले जैसे हत्या, बलात्कार, अपहरण आदि सामुदायिक हिंसा की घटनाएं, जातिगत आधारित हिंसा, क्षेत्रगत तथा भाषागत भावनाओं पर आधारित हिंसा से भिन्न हैं। आधुनिक समय में समूची दुनियां में फैली आतंकवादी हिंसा चरम अपराधिक व्यवहार के रूप में सामने आयी है।

व्यवस्था की सम्पूर्ण असफलता समाज में चरम हिंसा की परिस्थितियों की उर्वरा जमीन तैयार करती है। हिंसा ही हिंसा को जन्म देती है। खासतौर से तब जब व्यवस्था मूक दर्शक बनी रहती है और अपराध होते रहते हैं। व्यवस्था के उक्त संकट के लिए राजनैतिक दल भी इस मायने में अपने दायित्व से नहीं बच सकते। क्योंकि या तो वे जातिवादी होते हैं अथवा छद्म निरपेक्षतावादी। ये दल जाति, धर्म, क्षेत्र और भाषा के नाम पर हिंसा की आग को हवा देने के लिए जिम्मेदार हैं। भारत जैसे देश में जहाँ विभिन्न क्षेत्रीय भाषाएं हो ऐसे में राजनैतिक दलों के लिए यह बड़ी आसान बात हो जाती है कि वे लोकप्रिय भावना तथा संवेदना का अवशोषण करें तथा समाज में हिंसात्मक परिस्थितियाँ उत्पन्न कर दें। परिस्थितियाँ तब और अधिक नाजुक हो जाती हैं जब ऐसे राजनैतिक दल लोकप्रिय संवेदना का अवशोषण कर वोट की राजनीति करते हुए स्वयं के लिए राजनैतिक सत्ता का इन्तजाम कर लेते हैं। तब उनका यह दावा बन जाता है कि अब तो उन्हें अपनी विध्वंशकारी 'राजनैतिक विचारधारा' को विधिवत अमल में लाने का लोकतान्त्रिक लाइसेन्स प्राप्त हो गया। राजनैतिक शक्तियों की ऐसी प्रवृत्ति व्यवस्था प्रवर्तित हिंसा को जन्म देती है। यह अत्यन्त ही खतरनाक बात है जहाँ भारी संख्या में निर्दोष लोग

राजनीति प्रेरित व्यवस्थागत हिंसा का शिकार बनते हैं तथा ऐसी विद्धेषपूर्ण दुर्भावनाजनित हिंसा उस वर्ग के लोगों को अपना शिकार बनाती है जो राजनैतिक रूप से उनके माफिक नहीं होते।

यह एक गम्भीर अपराधिक मानसिकता है। अब चिन्ता की बात यह है कि जब ऐसी सआशयित राजनैतिक रूप से परिवर्धित व्यवस्थाएं ही किसी राष्ट्र का शासन चलाने लगें तो उसके निर्दोष नागरिकों के साथ क्या होगा? निष्कर्ष यह हुआ कि सम्पूर्ण अन्याय होना निश्चित है। इन परिस्थितियों में निर्दोष व्यक्तियों को न्याय सुनिश्चित कराने की पूरी जिम्मेदारी देश की न्यायिक व्यवस्था के कन्धों पर आ जाती है। पर यह देखना अत्यन्त कष्टदायक हो जाता है कि न्यायपालिका भी ऐसे में न्याय कर पाने में असहाय नजर आती है और मात्र 'राजधर्म' की परिकल्पना अवधारित करते हुए अपने दायित्व से बच निकलने का रास्ता बना लेती है।

क्या व्यवस्था के शिकार निर्दोष व्यक्तियों के प्रति यह ही न्याय हुआ? क्या न्यायपालिका यह महसूस करती है कि कतिपय अवधारणा का सृजन कर देने मात्र से ही न्यायपालिका न्याय प्रशासन सुनिश्चित करने की अपनी जवाबदेही से मुक्त हो गयी? क्या समूची व्यवस्थाएं इन प्रश्नों का उत्तर देंगी? क्या न्यायपालिका व्यवस्थाओं को दण्डित करने का साहस कर सकेगी? हम समझ सकते हैं कि ये तमाम सवाल अनुत्तरित ही रहेंगे और व्यवस्थाएं अपना काम खीचंतान कर चलाती रहेंगी। न्याय सुनिश्चित किया जाय इसका जवाब किस दिशा से आयेगा? यह देखना ही महत्वपूर्ण होगा।

"राजनैतिक शक्तियों की ऐसी प्रवृत्ति व्यवस्था प्रवर्तित हिंसा को जन्म देती है। यह अत्यन्त ही खतरनाक बात है जहाँ भारी संख्या में निर्दोष लोग राजनीति प्रेरित व्यवस्थागत हिंसा का शिकार बनते हैं तथा ऐसी विद्धेषपूर्ण दुर्भावनाजनित हिंसा उस वर्ग के लोगों को अपना शिकार बनाती है जो राजनैतिक रूप से उनके माफिक नहीं होते।"

30

श्वेतपोश अपराधी

श्वेतपोश अपराधी उच्च सामाजिक प्रतिष्ठा वाले लोग हैं। वे अपने व्यवसाय के अनुक्रम में अपने अधिकारिक पद का दुरूपयोग करते हुए श्वेतपोश अपराध कारित करते हैं। उन्हें धन कमाने की हवस होती है तथा वे अपनी इस हवस को पूरी करने के लिए रिश्वत, कमीशनखोरी, कर चोरी इत्यादि जैसे विधि विरूद्ध तरीके अपनाते हैं।

श्वेतपोश अपराधिकता की खोज प्रसिद्ध अपराधशास्त्री एडविन सदरलैण्ड ने की जो कि पारम्परिक अपराधों जैसे हत्या, अपहरण, बलात्कार, चोरी, लूट, डकैती जैसे नीलपोश अपराधों से भिन्न थी। भारत के सन्दर्भ में इन अपराधों को सामाजिक–आर्थिक अपराधों की श्रेणी में रखा गया है क्योंकि इनसे राष्ट्र का सामाजिक आर्थिक जीवन सीधेसीध ो प्रभावित होता है। सदरलैण्ड के अनुसार व्यवस्था की व्यथा यह है कि ऐसे अपराध वे लोग कारित करते हैं जिनकी समाज में ऊँची प्रतिष्ठा है तथा जो लोग सामाजिक आर्थिक रूप से मजबूत हैं। यह बड़े शर्म की बात है। रिश्वत लेना, कमीशनखोरी करना, लोक सेवकों द्वारा अपने पद का दुरूपयोग करके किसी व्यक्ति के प्रति अनुचित पक्षपात करने के बदले में विधि विरूद्ध प्रतिफल स्वीकार करना आदि भ्रष्टाचार हैं। यह सब आज के वक्त में लोक सेवकों में एक बड़ी सामान्य सी घटना बन गयी है। ऐसे में उन लोगों को क्या दोष देना जो सामाजिक–आर्थिक रूप से कमजोर हैं तथा सामाजिक स्थितियों एवम अन्य दूसरी परिस्थितियों का शिकार बन कर विवशतावश अपराध कर बैठते हैं। ये श्वेतपोश अपराधी जो कि मुख्यतः राजनीतिज्ञ हैं, नौकरशाह, उद्योगपति, व्यवसायी तथा अन्य लोकसेवक हैं सत्ता के गलियारों में इतने प्रभावशाली हैं कि राष्ट्र की कानून व्यवस्था इन्हें अपनी गिरफ्त में ले पाने में सम्पूर्ण रूप से असमर्थ नजर आती है। ये तो वे बेचारे गरीब और कमजोर लोग हैं जो कानून का खमियाजा भुगतते हैं तथा इन्हें कानून व्यवस्था लागू करने वाले अधिकारी पीट–पीट कर सलाखों के पीछे धकेल देते हैं।

दोनों विश्वयुद्धों के पश्चात भारतवर्ष में भ्रष्टाचार अपनी चरम सीमा पर था। इससे निपटने के लिए संसद ने भ्रष्टाचार निवारण अधिनियम, 1947, तत्पश्चात दिल्ली विशेष पुलिस स्थापना अधिनियम, 1946 बनाया। इस अधिनियम के अन्तर्गत दिल्ली विशेष पुलिस स्थापना को लोक सेवकों तथा अन्य षडयन्त्रकारियों में रिश्वतखोरी जैसे अपराधिक मामलों के अन्वेषण हेतु प्रचुर सांविधिक शक्ति प्रदान की गयी। समय के साथ दिल्ली विशेष पुलिस स्थापना को लोकप्रिय रूप में केन्द्रीय अन्वेषण ब्यूरो (सी0बी0आई0, 1962) के नाम से जाना जाने लगा। सी0बी0आई0 से यह अपेक्षा की गयी किवह श्वेतपोश अपराधिकता के भ्रष्टाचार जैसे मामलों का निष्पक्ष स्वतन्त्र संस्था के रूप में जाँच करेगी तथा मुजरिमों के विरूद्ध इस अधिनियम के अर्न्तगत गठित विशेष अदालतों में मुकदमा चलाकर दण्डित करायेगी। लेकिन केन्द्र सरकारें इस संस्था का अपने राजनैतिक विरोधियों से निपटने के लिए बेजा इस्तेमाल करती रहीं हैं। वर्ष 1988 में संसद द्वारा नया भ्रष्टाचार निवारण अधिनियम लाया गया तथा यह दलील दी गयी की भ्रष्टाचार से निपटने के लिए यह कानून पुराने कानून की तुलना में अधिक प्रभावशालीहोगा। लेकिन विगत वर्षों में 'श्वेतपोश' लोगों द्वारा जितनी अधिक मात्रा में आर्थिक घोटाले किये गए तथा अपराध ाों की गम्भीरता इतनी बढ़ती गयी कि भ्रष्टाचार निवारण के समस्त दावे ध्वस्त हो गये।हम यह पाते हैं कि श्वेतपोश अपराधों में मंत्रीगण, जनता के चुने गए प्रतिनिधि, सरकारी अधिकारी, चिकित्सक, इंजीनियर, तकनीकी, न्यायाधीश, शिक्षाशास्त्री, वकील, उद्योगपति तथा अन्य व्यवसायी लिप्त हैं। फिल्म उद्योग में फिल्मी सितारों द्वारा आयकर की चोरी के मामले प्रकाश में आते रहते हैं। छोटे व्यवसायी खाद्य पदार्थों में मिलावट करके बाजार में बेचते हैं, जमाखोरी, कालाबाजारी, मुनाफाखोरी के द्वारा गलत तरीके से पैसे कमाते हैं। बीमा सम्बन्धी झूठे दावे, बैंक घोटाले तथा शेयर बाजार के घोटाले सम्बन्धित अधिकारियों की संलिप्तता के बिना सम्भव नहींहैं। हमारी व्यवस्था इस बात का दावा तो नहीं कर सकती कि वह इन सबसे पूरी तरह से अनभिज्ञ है वरन् प्रश्न यह है कि इन प्रभावशाली 'बिल्लों' के गले में घण्टी कौन बाँधे? विश्लेषणात्मक अध्ययनों से यह स्पष्ट होना चाहिए कि श्वेतपोश अपराधियों के रूप में भ्रष्टाचार व्यवस्था

में बना रहेगा तथा राष्ट्र का कानून इनका कुछ बिगाड़ नहीं पायेगा।

"ये श्वेतपोश अपराधी जो कि मुख्यतः राजनीतिज्ञ हैं, नौकरशाह, उद्योगपति, व्यवसायी तथा अन्य लोकसेवक हैं सत्ता के गलियारों में इतने प्रभावशाली हैं कि राष्ट्र की कानून व्यवस्था इन्हें अपनी गिरफ्त में ले पाने में सम्पूर्ण रूप से असहाय नजर आती है। ये तो वे बेचारे गरीब और कमजोर लोग हैं जो कानून का खमियाजा भुगतते हैं तथा इन्हें कानून व्यवस्था लागू करने वाले अधिकारी पीट-पीट कर सलाखों के पीछे धकेल देते हैं।"

31
विधि के समक्ष समानता

विधि के समक्ष समानता इस सिद्धान्त पर आधारित है कि व्यक्तियों के बीच भेदभाव न किया जाय। विधिक व्यवस्था भी विधि के मनमाने प्रयोग को प्रतिबन्धित करती है। ऐसा देखा गया है कि विधि के शासन के पूर्ण विरोधाभास में विधि के प्रशासक भेदभाव के आधार पर विधि का मनमाना प्रयोग करते हैं। प्रशासकों की इस पक्षपात पूर्ण प्रवृत्ति के कारण विधि के समक्ष समानता की अवधारणाका जो उद्देश्य है वह ही पराजित हो जाता है। ठीक है! यह सुनने में तो बड़ा अच्छा लगता है कि विधि के समक्ष समानता होनी चाहिए। इसके आगे और भी व्याख्या की गयी है कि यह जो अवधारणा है वह वस्तुतः समान व्यक्तियों के मध्य समानता तथा असमान व्यक्तियों के मध्य असमानता की बात करती है। मैं उक्त व्याख्या के पीछे क्या आधार है इसे समझ पाने में अपने आपको असफल पाता हूँ। विधि के समक्ष समानता सुनिश्चित करने के पूर्व ही आपने पहले से ही यह मान लिया है कि इस समाज में लोगों के ऐसे समूह अस्तित्व में हैं जो या तो समान हैं अथवा असमान। मैं व्यवस्था की इस दुविधा को समझ सकता हूँ कि विधि के समक्ष समस्त व्यक्तियों को समानता सुनिश्चित कराने के उद्देश्य से पहले असमान व्यक्तियों को समान व्यक्तियों की श्रेणी में ले आइए।

मुझे मालूम है बहुत से व्यक्ति इस दलील के साथ आगे आएंगे कि असमान व्यक्तियों को समान व्यक्तियों की श्रेणी में ला पाना तो व्यावहारिक रूप से असम्भव है। और जब तक असमान व्यक्ति समान व्यक्तियों की श्रेणी में नहीं ला दिये जाते विधि सम्पूर्ण रूप से विधि के समक्ष समानता सुनिश्चित करवा पाने में असमर्थ है। क्योंकि कानून को यह मालूम है कि वह अन्धा है? यदि वह अपनी आँखें खोलकर इस बात का परीक्षण करने का साहस करता भी है कि आखिर क्यों अब तक असमान व्यक्ति असमान ही बने हुए हैं? कौन सी बात असमान व्यक्तियों को समान व्यक्तियों की श्रेणी में लाने में रुकावट पैदा करती है? कानून

को ऐसे प्रश्नों के परीक्षण की इजाजत नहीं दी जायेगी तथा उसे अन्धा बनेरहने दिया जायेगा। क्योंकि यथास्थिति बनाए रखने में विश्वास रखने वाले लोग विधि के इस रूख को स्वीकार नहीं कर सकेंगे कि कानून को खुली आँखों से न्याय करने दिया जाय। अगर यह बात सिर्फ मुहावरे के रूप में इस्तेमाल की जाती है कि कानून अन्धा होता है तो इसका अर्थ यह कत्तई नहीं होता कि कानून भी यह बात साबित करने परतुल ही जाय कि हाँ! कानून अन्धा ही होता है।

अगर सबको एक समान अधिकार उपलब्ध कराने वाले समाज की स्थापना की जाय तो इसमें गलत क्या है? क्या हम एक ऐसे समाज के बारे में नहीं सोच सकते जिसमें प्रत्येक व्यक्ति को समान अधिकार मिलें, समान लाभ मिलें तथा समानता का अवसर प्राप्त हो? समान लाभ तथा समान अवसर उपलब्ध कराने वाली व्यवस्था के बल पर हम सबको समान अधिकार दिलाने के सपने को साकार कर सकते हैं। यदि व्यक्तियों को समान लाभ तथा समान अवसर से वंचित किया जाता है तो वस्तुतः यह बात पक्षपात की श्रेणी में आयेगी। यदि हम सामाजिक समानता, आर्थिक समानता तथा शैक्षणिक समानता के लिए काम करें तो इसमें बुराई क्या है? यदि हम समान व्यक्तियों के मध्य असमानता की श्रेणियां बना देंगे तो मान लीजिए कि यह इस बात का सपष्ट संकेत है कि असमान व्यक्तियों के मध्य समानता हो ही नहीं सकती। क्या हम यही संकेत देना चाहते हैं? दोषपूर्ण सामाजिक, आर्थिक एवं शैक्षणिक नीतियां ही समाज में विद्यमान असमानता के लिए जिम्मेदार हैं। ऐसी नीतियों का पक्षपात तथा बेईमानी पूर्ण प्रवर्तन भी इस सन्दर्भ में एक निर्णायक कारक है। समाज में अगड़े हैं तथा पिछड़े हैं। जब तक सभी अगड़े नहीं हो जाते सामाजिक समानता कैसे आएगी? समाज में अमीर हैं और निर्धन हैं, अधिक अमीर हैं और अधिक निर्धन हैं। यह खाई तो दिन प्रतिदिन बढ़ती ही जा रही है। जब तक सभी अमीर नहीं हो जाते तब तक आर्थिक समानता के उद्देश्य के लिए कानून उन्हें 'समान' कैसे मानेगा? दोहरी शिक्षा नीति, उन स्कूलों जो सरकारी क्षेत्र के हैं तथा पब्लिक कानवेन्ट स्कूल जो पूरी तरह से निजी क्षेत्र के हैं, के बीच ही संघर्षरत है। निजी क्षेत्र के स्कूलों में किसे प्रवेश दिया जायेगा? प्रत्येक बच्चा समान है। लेकिन मात्र इस तथ्य के कारण

कि एक बच्चा अन्य बच्चों के मध्य असमान है, यह अवधारणा निजी क्षेत्र के स्कूलों में उसका प्रवेश सुनिश्चित नहीं करा सकती। अब कहाँ गयी समान व्यक्तियों के मध्य समानता की बात? कानून आखिर कब तक अन्धा बना रहेगा? अब वक्त आ गया है कि कानून अपनी आँखें खोले और यह देखे कि समान व्यक्ति सही अर्थों में समान है।

"मुझे मालूम है बहुत से व्यक्ति इस दलील के साथ आगे आएंगे कि असमान व्यक्तियों को समान व्यक्तियों की श्रेणी में ला पाना तो व्यावहारिक रूप से असम्भव है। जब तक असमान व्यक्ति समान व्यक्तियों की श्रेणी में नहीं ला दिये जाते, विधि सम्पूर्ण रूप से विधि के समक्ष समानता सुनिश्चित कर पाने में असमर्थ है। क्योंकि कानून को यह मालूम है कि वह अन्धा है?"

32

गरीबों का और गरीब होता जाना

विधिक व्यवस्था इस बात की स्पष्ट घोषणा करती है कि समाज में व्याप्त आय की असमानता को कमतर किया जाय। इसका अर्थ यह हुआ कि व्यवस्था बड़ी ही ईमानदारी से इस बात को स्वीकार करती है कि समाज में आर्थिक रूप से असमानता है। यह संवैधानिक आदेश है कि आय की असमानता को कमतर किया जाय तथा व्यक्तियों की आय की विषमता को राज्य दूर करें। ये नीति निर्देशक सिद्धांत इसलिए हैं कि उक्त दिशा में राज्य अपनी नीतियाँ सुनिश्चित करें। स्वतन्त्रता के इतने वर्षों के पश्चात भी दशकों से हम इस बात का रोना रोते रहते हैं कि गरीब और गरीब होते जा रहे हैं। शिट! सब बहाते हैं घड़ियाली आंसू!! यह सब दोषपूर्ण नीतियाँ बनाये जाने तथा उनके दोषपूर्ण प्रवर्तन के कारण है। मैने अब तक इस तरह का रोना कभी नहीं सुना कि अमीर गरीब होते जा रहे हों? कुछ दशकों पूर्व गरीबी हटाओ का नारा दिया जाता था। इस नारे के पीछे जो आशय है वह बड़ा ही स्पष्ट है। हमें ईमानदारी से इसके पीछे के कारकों को देखने की आवश्यकता है कि हम अपनी नीतियों का अनुपालन करा पाने में क्यों नाकाम रहे?

तथ्यतः यदि हम इस बात का सूक्ष्म परीक्षण करें तो हम पायेंगे कि स्वतंत्रता के पश्चात सारी व्यवस्था अमीर बनाम अमीर में ही मशगूल रही तथा गरीब तो पृष्ठभूमि में कहीं था ही नहीं। इस तथ्य के दृष्टांत मौजूद हैं कि व्यवसायी वर्ग सरकार की नीति निर्धारण की प्रक्रिया को प्रभावित करने में लगा रहता है। वे इस बात की लाबिंग करते हैं कि आर्थिक, व्यवसायिक नीति बनाने में उनकी सहभागिता रहे जिससे कि वे अपना पक्ष मजबूत कर सकें। यह सब बड़े ही स्वाभाविक प्रतिफल के लिए होता है। कौन है जो गरीबों के पक्ष में लाबिंग करे? और क्यों करे? उनसे क्या प्रतिफल मिलेगा? नतीजा वही होना था जैसा कि अपेक्षित था। स्वतन्त्रता के पश्चात् निर्धन न सिर्फ और निर्धन हुए हैं बल्कि बुरी तरह वे गरीबी की रेखा के नीचे चले गए हैं। ओह! यह तो दर्दनाक है। लोगों का गरीबी

की रेखा पर रहना यह ही अपने आप में व्यवस्था के लिए एक कलंककी बात है। फिर और भी दर्दनाक दशा उन निर्धन व्यक्तियों की है जो गरीबी की रेखा के नीचे रह रहे हैं। उन्हें इसकी उम्मीद नहीं कि शाम की रोटी मिलेगी भी या नहीं। उनके बच्चे भूखों मर रहे हैं। एक दिन वे भूख के कारण मर जायेंगे। उनके पास उनके बच्चों के लिए रोटी जुटाने का भी पैसा नहीं है, हम उनके स्वास्थ्य या औषधि जुटाने की क्या बात करें? हमारा कल्याणकारी राज्य असहाय बना हुआ उन्हें भूखों मरता देखता रहेगा। इस बात की अनगिनत रिपोर्टें हैं कि निर्धनता की दशा के कारण लोग परिवार समेत आत्महत्या कर लेते हैं। यह सम्पूर्ण रूप से अमानवीय है।

मेरी बातों का इस मायने में गलत अर्थ कतई न निकाला जाय कि मैं प्रचलित व्यवस्था की कमियाँ गिनाने निकला हूँ। क्या आप अपने समाज की इन नंगी हकीकतों से आँखें मूंद लेने की स्थिति में हैं? अगर नहीं! तो फिर मैं कैसे अपनी आँखें मूँद लूँ? सामाजिक व्यवस्था का जो बुरा हिस्सा है अगर उस पर चोट पहुँचाने की आवश्यकता होती है तो इसका मतलब यह तो नहीं होता है कि मैं आशावादी नहीं हूँ। लेकिन समाज को बेहतरी की तरफ ले जाने वाली वह रजत रेखा किधर है? दिखाई तो दे? मुझसे महज आशावादिता के लिए आशावादी बने रहने की अपेक्षा न की जाय।

देश के उच्चतम न्यायालय को संविधान के प्रहरी श्वान के रूप में जाना जाता है। एक प्रहरी श्वान से इस बात की उम्मीद की जाती है कि वह शोर मचाए और शोर मचाता रहे जब उसे कोई बात गलत होती नजर आए। जी हाँ! निर्धन यदि और निर्धन होते जाएं तो यह बात तो इस व्यवस्था के लिए बड़ी ही गलत है। आइये! हम मिलकर हाथ बढ़ाएं और देखने की पहल करें कि आखिरवह कौन सी गलत बात हुई जिससे कि व्यवस्था समाज में आय की असमानता को कम कर पाने में बुरी तरह से विफल रही। बावजूद इसके कि संविधान निर्माताओं की नीयत में कोई खोट नहीं थी। नीतियों का दोषपूर्ण प्रवर्तन तथा सर्वत्र व्याप्त भ्रष्टाचार मेरी समझ से ऐसे महत्वपूर्ण कारक हैं जो व्यवस्था के पतन के लिए जिम्मेदार हैं। मैं यह बात दोहराना चाहूँगा। प्रत्येक बालक समान है। बालक निर्धन पैदा नहीं होते। यह तो व्यवस्था तथा व्याप्त वातावरण है

जो उन्हें गरीबी की तरफ ढकेल देता है। सर्वशक्तिमान! हमारी मदद करें।

"सामाजिक व्यवस्था का जो बुरा हिस्सा है अगर उस पर चोट पहुँचाने की आवश्यकता होती है तो इसका मतलब यह तो नहीं होता है कि मैं आशावादी नहीं हूँ। लेकिन समाज को बेहतरी की तरफ ले जाने वाली वह रजत रेखा किधर है? दिखाई तो दे? मुझसे महज आशावादिता के लिए आशावादी बने रहने की अपेक्षा न की जाय।"

33

बेरोजगार युवा

समाज में बेरोजगारी की समस्या बने रहना किसी देश की राष्ट्रीय रोजगार नीति पर एक कलंक है। यह राज्य का दायित्व है कि वह युवकों के लिए रोजगार के पर्याप्त अवसर पैदा करे। हम पाते हैं कि शिक्षित युवकों को रोजगार नहीं मिल पाता। लोगों को ऐसी दलीलें देते सुना जाता है कि भारतीय समाज में बेरोजगारी की समस्या का मुख्य कारण बढ़ती आबादी है। कोई नीति बनाने की अपनी जिम्मेदारी से यह कह कर बच नहीं सकता कि बेरोजगारी तो एक वैश्विक समस्या है। जी हाँ! संयुक्त राष्ट्र अमेरिका जैसा देश भी भीषण बेरोजगारी की समस्या से जूझ रहा है लेकिन इसका अर्थ यह तो नहीं होता कि ऐसी दलील से हमें इस बात का बहाना मिल जाए कि हम इस समस्या से निपट पाने में असमर्थ हैं।

बढ़ती बेरोजगारी के विभिन्न प्रकार के दुष्प्रभाव हो सकते हैं। जब बेरोजगार युवा अपनी रोजमर्रा की आर्थिक अवश्यकताओं की पूर्ति नहीं कर पाते तब वे जाने अनजाने सही मार्ग से विचलित होकर गलत दिशा पकड़ लेते हैं। वे बेरोजगारी से जुड़ी तथा आर्थिक आवश्यकताओं की पूर्ति न हो पाने सम्बन्धी परिस्थितियों का शिकार बन जाते हैं। व्यवस्था प्रबन्धकों को यह नहीं भूलना चाहिए कि विलम्बित बेरोजगारी की दशाओं में ही ऐसे कीटाणु छुपे रहते हैं जो समाज में अपराधजनक परिस्थिति उत्पन्न करते हैं। बेरोजगारी की विषम निराशाजनक परिस्थितियाँ हमारे इन युवकों को कानून तोड़ने के लिए विवश करती हैं। इसके पहले कि काफी देर हो जाय और बेरोजगार युवाओं की विधिविरुद्ध संलिप्तता होती जाए व्यवस्था प्रबन्धक सतर्क हो जाएं तथा वे अपनी विफलता का दोष इन युवाओं के मत्थे न मढ़ें।

यह कितनी कष्टप्रद बात है जब हमारे सामने ऐसी घटनाएं होती हैं कि पाँच अथवा सात युवकों के समूह जो कि इक्कीस से पच्चीस वर्ष की आयु सीमा में हैं, बैंक लूटने की घटनाओं में संलिप्त पाए जाते हैं मामले

की तहकीकात से पता चलता है उन युवकों में से कुछ के पास व्यापार प्रबन्धन की डिग्री है, कुछ के पास कानून की डिग्री, तो कुछ के पास अन्य शैक्षणिक उपाधियाँ। यह कोई एक अकेला मामला नहीं है। उनके गलत कार्यों के लिए इन युवाओं को दोष देने से पहले व्यवस्था प्रबन्धकों का दायित्व भी निर्धारित किया जाना चाहिए कि यह व्यवस्था इन शिक्षित युवकों को रोजगार दिला पाने में निकम्मी क्यों सिद्ध हुई? यदि समयबद्ध रोजगार मिल जाने से युवाओं की आधारभूत न्यूनतम आवश्यकताओं की पूर्ति हो जाय तो वे कभी अपराधिक गतिविधियों की ओर रुख करें ही न। एक शिक्षित युवा को रोजगार मिलने का अधिकार दिया जाना चाहिए। यह सामाजिक तथा आर्थिक न्याय का बड़ा ही वृहद आयाम होगा बशर्ते कि हमारी यह व्यवस्था अपनी ऐसी इच्छा शक्ति को जाहिर करने का साहस कर सके।

"एक शिक्षित युवा को रोजगार मिलने का अधिकार दिया जाना चाहिए। यह सामाजिक तथा आर्थिक न्याय का बड़ा ही वृहद आयाम होगा बशर्ते कि हमारी यह व्यवस्था अपनी ऐसी इच्छा शक्ति को जाहिर करने का साहस कर सके।"

34
मजदूर समुदाय की भुखमरी

हमें भुखमरी का क्या अर्थ समझना चाहिए? हमें अक्सर ही भुखमरी के कारण लोगों की मृत्यु के समाचार मिलते रहते हैं। श्रमिक समुदाय समाज का सामाजिक आर्थिक रूप से कमजोर वर्ग होता है। हाँ! श्रमिक समुदाय भूखा सोता है। विश्व इतिहास इस बात का गवाह रहा है कि पूंजीवादी वर्ग के हाथों मजदूरों का शोषण होता रहा है। इसके कारण पूंजीवादी खण्ड तथा साम्यवादी खण्ड के रूप में दो पृथक खण्ड अस्तित्व में आए। अगर लोकतान्त्रिक नजरिये से देखा जाय तो मजदूरों की संख्या कहीं ज्यादा बड़ी थी लेकिन आर्थिक ताकत के अभाव में व्यवस्था के अन्तर्गत उनकी अपनी पकड़ नहीं थी। अन्तर्राष्ट्रीय श्रमिक संगठन उनके पक्ष में अस्तित्व में आया। श्रमिक विधि शास्त्र की मदद से उन्होंने राहत की साँस ली कि उन्हें भी व्यवस्था में उनका उचित स्थान मिलेगा तथा उनके प्रति न्याय किया जायेगा।

वस्तुतः श्रमिक विधि शास्त्र मजदूरों के कल्याण की बात करता है। व्यवस्था इस तथ्य से पूरी तरह अवगत है कि मजदूर कठिन परिश्रम करके जो मजदूरी कमाता है वह उसके परिवार के सदस्यों का पालन पोषण कर पाने में पर्याप्त नहीं है। जरा कल्पना कीजिए कि एक मजदूर अपने परिवार के लिए रोटी, स्वास्थ्य, वस्त्र, मकान तथा अन्य आवश्यकताओं सम्बन्धी खर्चों का प्रबन्ध कैसे कर पाता होगा? ये तो मानव अस्तित्व की बुनियादी आवश्यकताएं हैं। मात्र मजदूरी जैसे तुच्छ भुगतान के बल पर एक मजदूर के लिए इन आवश्यकताओं की पूर्ति कर पाना सम्भव नहीं है। यथार्थतः उसे भूखे रहना पड़ेगा, उसके परिवार को भूखों रहना पड़ेगा। उसे अपने भविष्य की बचत के लिए भी अपने खर्चों में कटौती करनी पड़ेगी।

व्यथा यह है कि व्यवस्था मजदूरों का शोषण करने के लिए तैयार बैठी है। व्यवस्था ने व्यापारिक संगठन गतिविधियों को इस नजरिये से मान्यता दी है कि वे मजदूरों के हितों का प्रतिनिधित्व कर सकें तथा उनके हितों

की रक्षा करने में एक सशक्त पहल कर सकें। यह देखकर आश्चर्य नहीं होना चाहिए कि इन व्यापारिक संगठनों के नेता श्रमिक हितों की कीमत पर औद्योगिक प्रबन्धकों की मिलीभगत से सौदेबाजी कर लेते हैं। एक बार जब श्रमिक संगठनों के नेताओं तथा उद्योगपतियों के हाथों श्रमिक हितों से समझौता हो गया तब उन्हें इनसे किसी न्याय की उम्मीद नहीं रखनी चाहिए। शोषण औद्योगिक प्रबन्धन की जड़ में है। यही वह कारण था जो औद्योगिक क्रान्ति के रूप में दुनियाँ के सामने आया। ऐसी क्रान्तियों के बावजूद कड़वी सच्चाई यह ही है कि मजदूरों के पास कोई विकल्प नहीं है तथा वे अपने जीवन यापन के लिए उद्योगों पर निर्भर रहने के लिए विवश हैं। अन्ततः ऐसे हालातों में गरीब मजदूर व्यवस्था का शिकार बनने के लिए बाध्य हैं तथा देश की विधिक व्यवस्था ऐसे मजदूर समुदाय के प्रति अपनी सम्पूर्णता में न्याय सुनिश्चित करा पाने हेतु पूरी तरह से विफल नजर आती है। जबकि राष्ट्र आर्थिक रूप से खुशहाल होने का दावा कर रहा हो, मजदूर वर्ग भूखा सोता है।

"जरा कल्पना कीजिए कि एक मजदूर अपने परिवार के लिए रोटी, स्वास्थ्य, वस्त्र, मकान तथा अन्य आवश्यकताओं सम्बन्धी खर्चों का प्रबन्ध कैसे कर पाता होगा? ये तो मानव अस्तित्व की बुनियादी आवश्यकताएं हैं। मात्र मजदूरी जैसे तुच्छ भुगतान के बल पर एक मजदूर के लिए इन आवश्यकताओं की पूर्ति कर पाना सम्भव नहीं है। यथार्थतः उसे भूखे रहना पड़ेगा, उसके परिवार को भूखों रहना पड़ेगा। उसे अपने भविष्य की बचत के लिए भी अपने खर्चों में कटौती करनी पड़ेगी।"

35
राजनैतिक न्याय-हाईजैक

इसके पूर्व कि हम राजनैतिक न्याय को समझने का प्रयास करें हमें देश की राजनैतिक व्यवस्था को समझना होगा। भारतीय संविधान की प्रस्तावना में इस बात का स्पष्ट उल्लेख किया गया है कि भारतवर्ष में राजनैतिक संचालन लोकतन्त्र के माध्यम से होगा। भारत को विश्व का सबसे बड़ा लोकतान्त्रिक देश माना जाता है। मशहूर अमेरिकी राष्ट्रपति अब्राहम लिंकन ने यह स्पष्ट किया था कि लोकतन्त्र में चुनी गयी सरकार, लोगों की है, लोगों के द्वारा है तथा लोगों के लिए है। देश की राजनैतिक व्यवस्था संघीय प्रकृति की है। देश में राज्यों का संघ होगा, केन्द्रीय सरकार राष्ट्र का शासन सुनिश्चित करेगी जबकि राज्य सरकारें सम्बन्धित राज्यों में शासन चलाएंगी।

चाहे वे संसद के सदस्य (एम0पी0) हों अथवा राज्य विधान सभा के सदस्य (एम0एल0ए0) हों, वे 'हम भारत के लोगों' द्वारा चुने गये प्रतिनिधि होते हैं। एक चुने गये प्रतिनिधि के रूप में ये सभी भारत के लोगों की ओर से संसद तथा सम्बन्धित राज्य विधान सभाओं की कार्यवाही में भाग लेते हैं। वे देश की विधि निर्माण की प्रक्रिया में लोक राय का समावेश करते हैं। विधि मुख्य रूप से वे नियम हैं जो मानवीय व्यवहार को नियन्त्रित करने के लिए बनाए जाते हैं। भारतमें बहुसंख्य लोग या तो निम्न निर्धन वर्ग में आते हैं अथवा मध्यम श्रेणी में आते हैं। धनी सम्पन्न वर्ग इन बहुसंख्य लोगों की तुलना में मुठ्ठी भर मात्र ही हैं। लेकिन कटु सत्य यह है कि यह अल्पसंख्य आर्थिक रूप से सामर्थ्यवान लोग ही हैं जो राष्ट्र के भाग्य का निर्धारण करते हैं।

यदि राजनैतिक लोकतन्त्र संख्या का खेल है तो राष्ट्र का शासन चलाने के लिए वे बहुसंख्य लोग कहाँ हैं जिन्हें हम कह सकें कि 'हम भारत के लोग'? अगर देश का लोकतन्त्र लोगों के लिए है तो हमारी नीति निर्माण में बहुसंख्य लोगों के हितों का संरक्षण परिलक्षित होना चाहिए। बड़े उद्योगपति तथा व्यवसायी वर्ग अपने आर्थिक हितों में नीति निर्माण का एक भारी हिस्सा ले जाते हैं। अगर देश में निर्धन वर्ग के लोगों का

सामाजिक तथा आर्थिक स्तर दिन प्रति दिन गिरता जा रहा है तो उसका एक प्रमुख कारण यह है कि बावजूद इसके कि समाज की आबादी में वे बहुसंख्य हैं उन्हें उसका सत्य एवम् ईमानदार प्रतिनिधित्व नहीं मिल पाता। उनके द्वारा चुने गये उनके प्रतिनिधि भी बाद में आर्थिक सामर्थ्यवानों के हाथ का खिलौना मात्र बन कर रह जाते हैं। वे इस बात के लिए सम्पूर्ण रूप से ठगे गए महसूस करतेहैं कि उनके द्वारा चुनी गयी लोगों की सरकारें कहाँ गयीं? उन्हें उचित राजनैतिक न्याय मिलना चाहिए तथा 'हम भारत के लोग' के रूप में बहुसंख्य आबादी होने के कारण नीति निर्माण में सहभागिता सुनिश्चित की जानी चाहिए।

महिलाएं भारत की जनसंख्या का लगभग आधा भाग हैं। इतनी विशाल जनसंख्या होने के बावजूद भी संवैधानिक रूप से उन्हें उनकी आबादी के अनुपात में राजनैतिक सहभागिता सुनिश्चित नहीं करायी गयी है। महिला आरक्षण विधेयक संसद में विलम्बित पड़ा है। आखिर इसकी मुख्य वजह क्या है? यह पुरुष प्रभाव वाली भारतीय संसदीय व्यवस्था ही बेहतर जानती होगी। राजनैतिक न्याय को पूरी तरह से 'हाइजैक' कर लिया गया है। भारत की जनसंख्या के निर्धन लोगों की, मध्यम वर्ग तथा महिलाओं की प्रतिनिधित्ववादी लोकतान्त्रिक व्यवस्था की अवधारणा का कोई मतलब नहीं रह गया है। जब तक कि यह बहुसंख्य आबादी अपने कड़े रुख के साथ आगे नहीं आती वे इस स्थिति में नहीं होंगे कि सही अर्थों में राजनैतिक लोकतंत्र को बचा सकें। वास्तविकता यह होगी कि राजनैतिक न्याय को आर्थिक सामर्थ्यवानों द्वारा 'हाइजैक' किया जाता रहेगा। डर इस बात का है कि यह व्यवस्था धाराशायी होती जायेगी।

"महिला आरक्षण विधेयक संसद में विलम्बित पड़ा है। आखिर इसकी मुख्य वजह क्या है? यह पुरुष प्रभाव वाली भारतीय संसदीय व्यवस्था ही बेहतर जानती होगी। राजनैतिक न्याय को पूरी तरह से 'हाइजैक' कर लिया गया है। भारत की जनसंख्या के निर्धन लोगों की, मध्यम वर्ग तथा महिलाओं की प्रतिनिधित्ववादी लोकतान्त्रिक व्यवस्था की अवधारणा का कोई मतलब नहीं रह गया है।"

36

विधि के समक्ष समान संरक्षण

विधि के समक्ष समान संरक्षण की अवधारणा सिद्धान्ततः बड़ी ही अच्छी बात लगती है। विधि का आशय भी बड़ा ही स्पष्ट है कि कानून व्यक्तियों के मध्य कोई भेदभाव नहीं करेगा। व्यक्तियों का सदियों से जो सामाजिक भेदभाव तथा आर्थिक शोषण होता आया है जो वर्तमान में भी शाश्वत प्रतीत होता है। क्या कानून ऐसी सामाजिक, आर्थिक परिस्थितियों से निपट पायेगा? समाज में लोगों को सामाजिक न्याय तथा आर्थिक न्याय सुनिश्चित कराए बगैर क्या व्यवहारिक रूप से यह सम्भव है की देश की विधिक व्यवस्था लोगों को 'विधि का समान संरक्षण' उपलबध करा पायेगी? लोग इस बात की दलील दे सकते हैं कि सामाजिक न्याय का यह अर्थ नहीं होता कि सभी को सामाजिक स्टेटस की समानता सुनिश्चित करायी जाय। सभी लोगों का सामाजिक स्टेटस समान कैसे हो सकता है? विभिन्न देशों के संविधान में इस बात के विशेष उपबन्ध किये गये हैं कि राज्य समाज में व्यक्तियों के मध्य आय की असमानता को कमतर करने के उपाय सुनिश्चित करे। संविधान के अर्न्तगत आय की विषमता के सन्दर्भ में गम्भीर चिन्ता जतायी गयी है तथा राज्यों से इस बात की अपेक्षा की गयी है कि वे आय की इस विषमता को दूर करें। लोग पुनः वही प्रश्न उठा सकते हैंकि क्या आय की समानता सम्भव है? अरे भाई! अगर सम्भावना ही नहीं है तो संविधान के अर्न्तगत ऐसी अपेक्षा क्यों कर की गयी है? हमें लोगों की भावनाओं के साथ खिलवाड़ नहींकिया जाना चाहिए। लोग आगे और दलीलें दे सकते हैं कि अगर ऐसा सम्भव होता तो विश्व में पूंजीवादी ध्रुव तथा साम्यवादी ध्रुव न होते। ऐतिहासिक तथ्यों से यह पता चलता है कि विभिन्न सभ्यताएं सामाजिक समानता, आर्थिक समानता अथवा राजनैतिक समानता ही क्यों न कह ली जाय, सुनिश्चित कर पाने में बुरी तरह से विफल रही हैं। अगर ऐतिहासिक तथ्यों को सच मान लिया जाय तो क्या हम यह निष्कर्ष निकाल लें कि समानता के आधार पर समाज में लोगों को सामाजिक संरक्षण, आर्थिक

अथवा राजनैतिक संरक्षण दिला पाना सम्भव नहीं लगता? तो फिर हमें संविधान में दी गयी बातों का क्या अर्थ निकालना चाहिए? हम तो संविधान को एक पवित्र ग्रन्थ के रूप में ग्रहण करते हैं तथा 'हम भारत के लोग' बड़ी ही उम्मीद की नजर से प्रतीक्षारत हैं कि कैसे भी सामाजिक, आर्थिक व राजनैतिक न्याय प्रतीत होता लगे।

अधिसंख्य सामाजिक आर्थिक रूप से निर्बल वर्ग के लोगों के विधिक अधिकारों का हनन तो होता रहता है और विधिक जागरूकता का आलम तो यह है कि उन्हें यह भी नहीं मालूम कि विधिक अधिकार के मायने क्या होते हैं? वे विधिक अधिकार उन्हें मिलेंगे कैसे? उन्हें नहीं मालूम। जिसके विधिक अधिकारों का हनन हुआ हो वो ही आये और बताए कानून को। अधिवक्ता की आवश्यकता पड़ेगी। वे निर्धन हैं, सुबह से शाम तक की रोटी का ठिकाना तो है नहीं वे अधिवक्ता की फीस भला क्या दे पाएंगे? मुकदमें की पैरवी करें तो फिर काम पर क्या जाएंगे? शाम के वक्त की रोटी का इन्तजाम होगा नहीं और बच्चे भूखो सोएंगे। या तो अपने विधिक अधिकार पाने के लिए मुकदमेंबाजी कर लो या फिर सुबह शाम की रोटी की फिक्र कर लो। विधिक अधिकार तो जब मिलेंगे तब मिलेंगे, पर बच्चे जरूर भूखो मरेंगे। यह है विधि के समक्ष समान संरक्षण की कड़वी सच्चाई। शायद बड़ी मुश्किल से उतरेगी हलक के नीचे? विधिक व्यवस्था ऐसे जरूरतमन्द व्यक्तियों को मुफ्त में राज्य के खर्चे पर विधिक सहायता उपलब्ध कराएगी ऐसे कानून हैं। विधिक सेवा प्राधिकरण ऐसे हर सम्भव प्रयास में लगे हुए हैं। हमें विधिक व्यवस्था की नीयत पर बिल्कुल शक नहीं करना चाहिए। विधिक सहायता उपलब्ध कराना एक और बात होती है जबकि प्रभावपूर्ण विधिक सहायता होना एक दूसरी बात। योग्य अधिवक्ताओं के भी अपने पैमाने होते हैं। राज्य योग्य एवं प्रभावपूर्ण विधिक सहायता की पहल करे तो कुछ मायनों में विधि का समान संरक्षण सुनिश्चित हो पाए? हमें अपनी उम्मीद नहीं छोड़नी चाहिए।

"अगर ऐतिहासिक तथ्यों को सच मान लिया जाय तो क्या हम यह निष्कर्ष निकाल लें कि समानता के आधार पर

समाज में लोगों को सामाजिक संरक्षण, आर्थिक अथवा राजनैतिक संरक्षण दिला पाना सम्भव नहीं लगता? तो फिर हमें संविधान में दी गयी बातों का क्या अर्थ निकालना चाहिए? हम तो संविधान को एक पवित्र ग्रन्थ के रूप में ग्रहण करते हैं तथा 'हम भारत के लोग' बड़ी ही उम्मीद की नजर से प्रतीक्षारत हैं कि कैसे भी सामाजिक, आर्थिक व राजनैतिक न्याय प्रतीत होता लगे।''

37
महिला सशक्तीकरण-एक मिथक

महिला सशक्तीकरण का शाब्दिक अर्थ है महिलाओं का सामाजिक रूप से मजबूत होना, महिलाओं का आर्थिक रूप से मजबूत होना। विभिन्न संवैधानिक तथा विधायी उपबन्धों की मदद से देश की विधिक व्यवस्था के अर्न्तगत भारत के समाज में महिलाओं को न्याय सुनिश्चित कराने का प्रयास किया गया है। भारत की संवैधानिक विधि में तो इस बात का स्पष्ट उल्लेख किया गया है कि विधि का समान रूप से उपयोग किया जाएगा। जहाँ संसद, जो देश की प्रमुख विधायी संस्था है, भी इस बात से सन्तुष्ट है कि समाज में महिलाओं की स्थिति बहुत सुखद नहीं है। तभी तो संसद को ऐसे कानून बनाने पड़ते हैं कि महिलाओं को समाज में बेहतर माहौल मिल सके। संसद की यह चिन्ता ही इस तथ्य का संकेत देती है कि महिलाओं की स्थिति समाज में बहुत अच्छी नहीं है तथा बावजूद इसके कि पर्याप्त विधायी प्राविधान हैं, जैसी कि उम्मीद की जाती थी, महिला सशक्तीकरण नजर नहीं आता।

महिला सशक्तीकरण के बुनियाद की शुरूआत लड़की शिशु की मूल प्राथमिक शिक्षा से होती है। यद्यपि कि पिछले वर्षों की तुलना में अभी स्थिति कहीं अधिक अच्छी है, जहाँ खासतौर से शहरी एवम अर्ध–शहरी इलाकों में लड़कियों के प्राथमिक शिक्षा की सुविधाएं हैं। जब हम ग्रामीण इलाकों की तरफ बढ़ते हैं तब इसमें तो कोई शक नहीं है कि हालात बेहतर तो हुए हैं तथा लड़कियों के अभिभावकों में इस बात की जागरूकता भी आयी है कि वे अपनी बच्चियों को स्कूल भेजें। लेकिन ग्रामीण इलाकों में बुनियादी सुविधाओं के अभाव में अथवा खराब अवस्था में होने के कारण बच्चों की स्कूली शिक्षा तो महज एक मिथक सी लगती है तथा अभी भी वास्तविकता से दूर ही है। बेहतर प्राथमिक स्कूली शिक्षा, मजबूत माध्यमिक शिक्षा तथा उच्च शिक्षा की रीढ़ की हड्डी होती है। यह ही मजबूती अन्ततः महिला सशक्तीकरण के भविष्य का निर्णायक कारक बनती है। ग्रामीण इलाकों में जब तक बच्चियों के लिए पर्याप्त रूप से जुड़े हुए

आसपास ही माध्यमिक स्कूल अथवा डिग्री कालेज नहीं हो जाते तब तक उनकी महज स्कूली शिक्षा ही पर्याप्त नहीं है। इन स्कूलों तथा कालेजों की मदद से ये बच्चियॉ अपनी उच्चतर शिक्षा जारी रख सकती हैं। आप जरा गाँवों में चलकर देखें। आप पाएंगे कि अधिकांश बच्चियों ने या तो बीच में ही पढ़ाई छोड़ दी या फिर उन्होंने अपनी स्कूली शिक्षा सफलतापूर्वक पूरी कर भी ली तो माध्यमिक अथवा उच्चतर शिक्षा की सुविधा के अभाव में वे अपनी पढ़ाई आगे जारी नहीं रख सकीं। अगर माध्यमिक तथा उच्च शिक्षा के कालेज लड़कियों के लिए हैं भी तो वे उनके गाँव से काफी दूरी पर स्थित हैं। बच्चियों के अभिभावकों को चाहते हुए भी सुरक्षा कारणों से उन्हें कालेजों में भेजने में हिचक होती है। जंग लगी कानून व्यवस्था की स्थिति तथा वर्तमान के सामाजिक परिदृष्य को देखते हुए अभिभावकों की बच्चियों के प्रति सुरक्षा की चिन्ता जायज लगती है। ग्रामीण इलाकों में ही नहीं बल्कि शहरी इलाकों में भी एक सामान्य सी धारणा बन गयी है कि महिलाएं समाज में सुरक्षित नहीं हैं। निःसन्देह इसमें बहस का कोई कारण नहीं हो सकता चूँकि ऐसी धारणा महिला सशक्तीकरण की किसी पहल को कमजोर बनाती है और इसे मिथक की सीमा तक समेट कर रख देती है।

भारत के समाज में महिलाओं को अब साक्षरता की नहीं बल्कि उचित शिक्षा की भी आवश्यकता है जो कि उत्पादक तथा काम के अवसर पैदा करे। जिससे कि महिलाएं अपनी योग्यता तथा मेरिट के अनुरूप भविष्य में सन्तोषप्रद रोजगार पा सकें। हमारी लड़कियों में अद्भुत प्रतिभा है। लेकिन हमारी व्यवस्था में कुछ अर्न्तनिहित दोष के कारण उनकी यह प्रतिभा कुण्ठित रह जाती है। उचित शिक्षा महिलाओं को सामाजिक रूप से सशक्त करेगी। एक बार जब वे उचित रूप से शिक्षित हो जाएंगी और अपनी इच्छा के अनुरूप रोजगार प्राप्त कर लेंगी तब वे आर्थिक रूप से सशक्त हो जाएंगी। लड़कियों का रोजगार में आना तथा लड़कों के साथ कन्धे से कन्धा मिला कर चलना मुश्किल से पिछले एक दशक की बात होगी, नहीं तो लड़कियों का काम पर जाना हमारे समाज में अच्छा नहीं माना जाता था। इस तथ्य से अत्यन्त ही सुखद आनन्द की अनुभूति होती है कि भारत के समाज में महिलाएं सशक्तीकरण की दिशा में अग्रसर हैं

यद्यपि कि रफ्तार अभी बहुत धीमी ही है। समाज को चाहिए कि महिलाओं के प्रति जो रूढ़िवादी सोच है उसे वह दिमाग से निकाल फेकें तथा बच्चियों को शैक्षणिक इन्फ्रास्ट्रक्चर उपलब्ध करवा कर उन्हें सशक्त करें।

"आप जरा गाँवों में चलकर देखें। आप पाएंगे कि अधिकांश बच्चियों ने या तो बीच में ही पढ़ाई छोड़ दी या फिर उन्होंने अपनी स्कूली शिक्षा सफलतापूर्वक पूरी कर भी ली तो माध यमिक अथवा उच्चतर शिक्षा की सुविधा के अभाव में वे अपनी पढ़ाई आगे जारी नहीं रख सकीं। अगर माध्यमिक तथा उच्च शिक्षा के कालेज लड़कियों के लिए हैं भी तो वे उनके गाँव से काफी दूरी पर स्थित हैं।"

38
लड़की होने की दुविधा

लड़की शिशु होने की दुविधा की बात क्यों करनी? स्वभावतः यह समाज एक लड़की शिशु को कमजोर लिंग के रूप में पहचान क्यों दे देता है? लेकिन अगर प्रकृति की बात करें तो इस धरती पर मानव अस्तित्व स्त्री पक्ष की सहभागिता के बगैर सम्भव नहीं है। यह लैंगिक पक्ष नहीं जो स्त्री को कमजोर लिंग की पहचान देता हो परन्तु वस्तुतः यह सामाजिक दृष्टिकोण है जो स्त्री को कमजोर बनाता है। सामाजिक पहलू तो इस बात का बोध कराते ही हैं कि यदि परिवार में लड़की शिशु ने जन्म लिया है तो उतनी खुशी का इजहार नहीं किया जाता जितना कि लड़का शिशु के जन्म लेने की स्थिति में। अगर यह सामाजिक प्रथा है तो जी हाँ! निर्विवाद रूप से यह निष्कर्ष निकाला जा सकता है कि ऐसा अचानक ही तो नहीं हो गया होगा? यह मानव की सोच है जो दोनों लिगों के बीच भेदभाव की नजर रखती है और न सिर्फ भेदभाव की सोच रखती है बल्कि स्त्रियों को कमजोर लिंग की पहचान देना भी शुरू कर देती है। क्या कभी हमने इस तथ्य का परीक्षण किया है कि समाज का लड़कियों के प्रति ऐसे भेदभाव का उन लड़कियों पर मनोवैज्ञानिक असर क्या पड़ता है? और जो एक अत्यन्त महत्वपूर्ण दुविधा मेरे मस्तिष्क में आती है कि लड़कियों को कमजोर लिंग की श्रेणी में रखकर आखिर हम हासिल क्या करना चाहते हैं? इस बात से सहमत होने में किसी बहस की गुंजाइश नहीं बनती कि लड़कियों के सामान्य मनोवैज्ञानिक सोच पर इसका प्रतिकूल प्रभाव पड़ता है। जिससे उनका सम्पूर्ण सामाजिक तथा आर्थिक विकास प्रभावित हुए बिना नहीं रह सकता।

हमें यह जीव वैज्ञानिक सच स्वीकार कर लेने में कोई हिचक नहीं होनी चाहिए कि प्रकृति ने स्त्री व पुरुष का सृजन विपरीत लेकिन समान लिंग के रूप में किया है। दोनों ही एक दूसरे के पूरक हैं तथा विवाह की संस्था व संतानों का प्रजनन दोनों ही लिंगो के सम्मिलन के बगैर सम्भव नहीं है। लड़की शिशु के इस धरती पर उसके प्राकृतिक अस्तित्व को देखकर

इस बात का ऐसा कोई कारण नहीं बनता कि उसे कमजोर लिंग के रूप में सम्बोधित किया जाय। यह कुछ और नहीं सिवाय इसके कि मानव मस्तिष्क की कमजोरी है। जिसे सामाजिक मनोविज्ञान के व्यापक हित में तथा लड़की शिशु को सामाजिक संरक्षण दिए जाने के हित में दुरुस्त किए जाने की आवश्यकता है। कमजोर लिंग का मनोविज्ञान स्त्री–पुरुष के सामाजिक सामन्जस्य पर इतना घातक प्रभाव डालता है कि एक तरफ तो यह स्त्री को नकारात्मक रूप से हतोस्ताहित करता है वहीं दूसरी तरफ पुरुष को नकारात्मक रूप में ही प्रोत्साहित करता है।नतीजे के रूप में हम देखते हैं कि समाज में महिलाओं के विरुद्ध अपराध होते हैं, घरेलू हिंसा की जाती है और बलात्कार जैसे जघन्य अपराध जहाँ अपराधी अवयस्क व मासूम बच्चियों को भी नहीं छोड़ते। वयस्क अथवा अवयस्क लड़कियों के साथ जो सामूहिक बलात्कार की घटनाएं सामने आती हैं वे और कुछ नहीं बल्कि लड़कियों के प्रति कमजोर लिंग पहचान के प्रवर्तकों द्वारा दिए गए नकारात्मक प्रोत्साहन की प्रतिक्रिया के रूप में ही घटित होती हैं। यह इस माएने में समाज के लिए एक कलंक की बात है कि समाज में महिलाओं के प्रति अपराध के माहौल ने पहले से ही बड़ा घिनौना रुख अख्तियार कर लिया है। महिलाओं के प्रति इस बेपरवाह सोच को बिना अतिरिक्त विलम्ब के रोकने की आवश्यकता है अन्यथा इससे समाज के स्वास्थ्य पर बड़ा ही बुरा प्रभाव पड़ रहा है। इससे समाज अन्ततः कमजोर ही होता जाएगा। वक्त की आवश्यकता यह है कि हम एक ऐसा मजबूत समाज चाहते हैं जिसमें दोनों ही लिंगो के सम्बन्धों की अटूट समझ विकसित हो। यह तभी सम्भव है जब हम लड़की शिशु के प्रति अपनी दिमागी सोच को बदलने के लिए तैयार हों। तभी जाकर हमारे समाज की सोच प्रगतिशील होगी तथा हमारा राष्ट्र ताकतवर बनेगा। क्या कभी आपने संवेदना पूर्वक यह बात सोची है कि महिलाओं को घरेलू हिंसा से संरक्षण दिए जाने का जो कानून हमारी संसद ने बनाया है वह कानून अभी जल्द ही बनाया गया है? ऐसा कानून क्यों? जब हम यह दावा करते हैं कि हम शिक्षित, पढे–लिखे तथा सभ्य आधुनिक समाज हैं। हमें अभी अपनी लड़कियों तथा स्त्रियों की इज्जत करना सीखना बाकी है। शिक्षित भारत में अभी सब कुछ ठीक–ठाक नहीं है। यही तो वास्तविक दुविधा है।

यह दुविधा तो दिमाग ही दूर कर पाएगा। जिस दिन हम अपनी बच्चियों व स्त्रियों का सम्मान करना सीख लेंगे आप कल्पना कीजिए कि हमारा समाज कितना स्वस्थ हो जाएगा? दिमागी रूप से कितना मजबूत हो जाएगा? राष्ट्रहित होगा, न्याय हित का धागा होगा और उसमें पिरो दिए जायेंगे मोतियों के रूप में स्त्री और पुरुष। कुछ भी असम्भव नहीं है बशर्ते कि हम ऐसा ठान लें। ठान लेने के लिए दृढ़ संकल्प जुटाने की बात होगी और दृढ़ संकल्प लड़की शिशु या लड़का शिशु का भेदभाव भुलाकर स्त्री–पुरुष के निश्छल सम्मिलन से ही सम्भव हो पाएगा। आइए! हम मिलकर दूर करें एक लड़की की लड़की होने की दुविधा।

"क्या कभी हमने इस तथ्य का परीक्षण किया है कि समाज का लड़कियों के प्रति ऐसे भेदभाव का उन लड़कियों पर मनोवैज्ञानिक असर क्या पड़ता है? और जो एक अत्यन्त महत्वपूर्ण दुविधा मेरे मस्तिष्क में आती है कि लड़कियों को कमजोर लिंग की श्रेणी में रखकर आखिर हम हासिल क्या करना चाहते हैं?"

39
जूझती प्राथमिक शिक्षा

किसी भी सभ्यता की बेहतरी तथा उसके अस्तित्व के लिए शिक्षा एक बुनियादी जरूरत है। प्राथमिक शिक्षा को आप किसी शिशु के शिक्षण प्रक्रिया के प्रारम्भ के रूप में परिभाषित कर सकते हैं जिससे कि उसके सोचने की प्रक्रिया की नींव बने और वह धीरे-धीरे मजबूत हो। भाषा एक व्यक्ति से अन्य व्यक्ति के लिए संचार का माध्यम है। प्राथमिक शिक्षा उद्देश्यपरक रूप से हमारे शिशुओं को भाषायी ज्ञान कराती है। जब ये भाषायी अक्षर एवम् शब्द शिशु के मस्तिष्क में एक स्थायी छाप बना लेते हैं तब वह भाषा पर अपनी मजबूत पकड़ बना लेता है। कहा जाता है कि ज्ञान में शक्ति होती है और यह ज्ञान रूपी शक्ति एक व्यक्ति को अन्दरूनी ताकत देती है। भाषा की मदद से लिखकर अथवा संवाद के माध्यम से ज्ञान की शक्ति का संचार, एक व्यक्ति से दूसरे व्यक्ति को किया जाता है। यदि एक शिशु भाषा पर अपना मजबूत आत्म विश्वास बना लेता है तब विश्व के महान पुरुषों के विचारों को पढ़कर वह ज्ञान के विभिन्न आयामों को अर्जित कर लेता है और तब वह अपने आपको इतना शक्तिशाली बना लेता है कि भविष्य में जीवन की चुनौतियों का वह डटकर मुकाबला कर सके। उसका मस्तिष्क सशक्त हो जाता है। ज्ञान की मदद से उसका यह सशक्तीकरण न सिर्फ उसे व्यक्तिगत रूप से ताकतवर बनाता है बल्कि उसे इस योग्य भी बनाता है कि वह राष्ट्र हित में चुनौतियों को बहादुरी से लड़े तथा राष्ट्र के प्रति समर्पित हो जाय।

आइए! जरा हम भारत की प्राथमिक शिक्षा के हालातों का परीक्षण करें। भारत में प्राथमिक शिक्षा बहुत बुरी दशा में है। न सिर्फ ग्रामीण इलाकों में बल्कि शहरी क्षेत्रों में भी सरकारी प्राथमिक स्कूल अच्छी तरह से काम नहीं कर रहे हैं। निजी क्षेत्रों द्वारा चलाए जा रहे प्राथमिक स्कूल पूरी तरह से व्यवसायिक पैमाने पर काम कर रहे हैं। ये स्कूल इतने खर्चीले होते हैं कि प्रत्येक मध्यम अथवा निम्न वर्गीय परिवारों को इन स्कूलों में अपने बच्चों को पढ़ाना उनके वश की बात नहीं होती। शहरी

अथवा ग्रामीण सरकारी प्राथमिक स्कूल खराब प्रबन्धन का शिकार हैं। इन स्कूलों में अध्यापन कार्य अथवा लिपिकीय कार्यों के लिए व्यक्तियों की नियुक्ति व्यवस्था प्रबन्धकों तथा राजनैतिक प्रबन्धकों की सांठ-गांठ के आधार पर होती है। इन स्कूलों में शिक्षक पदों पर नियुक्ति के लिए जो योग्य आवेदक होते हैं उन्हें कोई नहीं पूछता बावजूद इसके कि उनके पास नियुक्त किए गए शिक्षकों की तुलना में बेहतर शैक्षणिक एवम् चारित्रिक योग्यता होती है। वे योग्य आवेदक शिक्षकों के रूप में नियुक्ति पाने में इसलिए विफल होते हैं क्योंकि व्यवस्था में इनका कोई जुगाड़ नहीं होता तथा ये व्यवस्था प्रबन्धकों से अपनी अपराधिक सांठ-गांठ नहीं बना पाते। ऐसी नियुक्तियाँ हासिल करने के लिए रिश्वतखोरी एक स्थापित माध्यम बन गया है। जो योग्य आवेदक होते हैं उनके माता-पिता के पास रिश्वत देने के पैसे नहीं होते। इन्हीं दुर्भाग्यपूर्ण वजहों से योग्यता व्यवस्था में अपना स्थान नहीं बना सकी है। जब व्यवस्था में योग्य लोग अपना स्थान बना ही नहीं सके तो व्यवस्था से बेहतर कार्य सम्पादन की उम्मीद कैसे की जा सकती है? ऐसे लोग जो भ्रष्ट तरीके अपनाकर व्यवस्था में घुस लेने में कामयाब हो गए उनसे आप क्या अपेक्षा करेंगे योग्यता के नाम पर? वे व्यवस्था को और भी ज्यादा बिगाड़ेंगे ही। उनके पास न तो योग्यता है और न ही किसी प्रकार की नैतिकता। नतीजा जो होना था वही हुआ। ऐसे प्राथमिक स्कूल बिल्कुल गर्त में चलते गए। इन स्कूलों से तो यह उम्मीद थी कि वे हमारे बच्चों को कुछ शैक्षणिक न्याय दे पाते? काश! ऐसा मुमकिन हो सका होता। कल्पना कीजिए कि बच्चों की प्राथमिक शिक्षा के लिए यह कितनी खतरनाक बात होगी जिन बच्चों की शिक्षा ऐसे अनैतिक शैक्षणिक हाथों में दे दी गई हो।

बेहतर प्राथमिक शिक्षा योग्य तथा ताकतवर मानव सभ्यता की रीढ़ है। हमें इसके लिए कारण नहीं तलाशने चाहिए कि आखिर हमारे बच्चों की शिक्षा इतनी खराब क्यों है? प्राथमिक शिक्षा की रीढ़ आखिर तोड़कर क्यों रख दी गयी है? निर्धन परिवारों के बच्चे इन्हीं सरकारी प्राइमरी स्कूलों में जाने के लिए विवश हैं। जनसंख्या के किसी भी पैमाने से देखा जाए तो चाहे ग्रामीण अथवा शहरी परिवेश के बच्चों की बात कर लीजिए ऐसे निर्धन बच्चों की प्रतिशतता बहुसंख्य है। स्कूल जाना मात्र और घर वापस

आ जाना ही पर्याप्त नहीं है। चिन्ता इस बात की भी होनी चाहिए कि हमारे बच्चे इन स्कूलों में सीख क्या रहे हैं? जिनको बच्चों को सिखाने का दायित्व सौंपा गया है वे उतने सक्षम नहीं हैं। तब फिर हम निष्कर्ष क्या निकालें? प्राइमरी शिक्षा अपना अस्तित्व तब तक बना कर नहीं रख पाएगी जब तक हमारे व्यवस्था प्रबन्धक योग्यता से समझौता करते रहेंगे तथा योग्यता को दाँव पर लगाते रहेंगे। उन्हें शैक्षणिक गुणवत्ता बेहतर करनी होगी तथा प्राइमरी शिक्षा की नीतियों का प्रवर्तन कठोरता से सुनिश्चित करना होगा। हम निर्धन हैं क्योंकि हमारी प्राइमरी शिक्षा अच्छी नहीं है। हम कमजोर हैं क्योंकि हमारे बच्चे उचित रूप से शिक्षित नहीं हैं। भारत के लोगों को तथा उनकी गरीबी को दोष न दिया जाए। यह वस्तुतः व्यवस्था की ही विफलता है तथा इसके शिकार बहुसंख्य निर्धन देशवासी ही हो रहे हैं। इसे रोकना होगा इसके पहले कि बहुत देर हो जाए।

"बेहतर प्राथमिक शिक्षा योग्य तथा ताकतवर मानव सभ्यता की रीढ़ है। हमें इसके लिए कारण नहीं तलाशने चाहिए कि आखिर हमारे बच्चों की शिक्षा इतनी खराब क्यों है? प्राथमिक शिक्षा की रीढ़ आखिर तोड़कर क्यों रख दी गयी है? निर्धन परिवारों के बच्चे इन्हीं सरकारी प्राइमरी स्कूलों में जाने के लिए विवश हैं। जनसंख्या के किसी भी पैमाने से देखा जाए तो चाहे ग्रामीण अथवा शहरी परिवेश के बच्चों की बात कर लीजिए ऐसे निर्धन बच्चों की प्रतिशतता बहुसंख्य है। स्कूल जाना मात्रा और घर वापस आ जाना ही पर्याप्त नहीं है। चिन्ता इस बात की भी होनी चाहिए कि हमारे बच्चे इन स्कूलों में सीख क्या रहे हैं?"

40
धार्मिक धर्मनिरपेक्षवाद

यह शब्द सुनने में बड़ा विचित्र लग रहा होगा कि आखिर 'धार्मिक धर्म निरपेक्षवाद' का क्या अर्थ होता है? बेशक एक न्यायोचित संतुलन बनाए रखकर 'धार्मिक धर्मनिरपेक्षवाद' को परिभाषित कर पाना मेरे लिए भी बड़ा दुष्कर कार्य है। कहने की आवश्यकता नहीं है कि भारत का संविधान राष्ट्र के धर्मनिरपेक्ष ढांचे की बात करता है। लेकिन संविधान की प्रस्तावना में सेक्यूलर शब्द संविधान के बयालीसवें संशोधन द्वारा शामिल किया गया। 'धर्मनिरपेक्षवाद' का अर्थ होता है कि राज्य किसी धर्म को बढ़ावा नहीं देगा और न ही किसी धर्म का प्रचार–प्रसार अथवा उसे संरक्षण प्रदान करेगा। भारत के लोग धार्मिक आस्था के आधार पर अपना धर्म चुनने के लिए बुनियादी रूप से स्वतन्त्र होंगे। भारत एक ऐसा देश है जहाँ विभिन्न धार्मिक आस्थाओं के लोग रहते हैं। व्यक्ति फलाँ धर्म में ही विश्वास करे ऐसा कानून बनाकर उसे प्रवर्तनीय नहीं किया जा सकता। धर्म व्यक्ति की आस्था तथा विश्वास का प्रश्न होता है। आखिर किसी व्यक्ति का धर्म क्या हो सकता है? लोगों के भले की बात की जाए। मानवता के भले की बात की जाए। अन्य जीव जन्तुओं तथा पर्यावरण के भले की बात की जाए। धर्म यह है कि हम परस्पर प्रत्येक व्यक्ति के लिए तथा उनकी धार्मिक आस्था के प्रतिसम्मान का भाव रखें, सम्मान करें। हम किसी भी धर्म को मानने वाले किसी भी व्यक्ति के प्रति बुरी नीयत न रखें।बहुत से ऐसे व्यक्ति भी होते हैं जो हो सकता है किसी भी धर्म में यकीन न रखते हों। विश्व में जितने भी प्रचलित धर्म हैं उनमे से किसी धर्म में आस्था न रखना भी धर्म की बुनियादी स्वतंत्रता की श्रेणी में आता है। यह एक अनूठी प्रकार की धार्मिक स्वतन्त्रता है तथा धार्मिक स्वतन्त्रता की प्रचलित अवधारणा की मूल भावना भी यही है।

एक व्यक्ति यह दावा कर सकता है कि वह केवल मानवीयता में विश्वास करता है तथा मानवधर्म का अनुसरण करता है। उसके मानवध ार्म में प्रत्येक व्यक्ति के लिए सम्मान की बात होगी चाहे वह व्यक्ति किसी

जाति, किसी पंथ अथवा किसी धर्म का क्यों न हो? मानव धर्म जीव–जन्तुओं के देखभाल व उनके संरक्षण की बात भी करेगा। पर्यावरण संरक्षण की चिन्ता तो सभी को करनी होगी क्योंकि उसके बिना तो मानव जीवन, जन्तुओं, वनस्पतियों का अस्तित्व ही खतरे में पड़ जायेगा। इसके पूर्व कि सेक्यूलर शब्द संविधान की प्रस्तावना में शामिल किया गया इसका अर्थ यह तो नहीं कि हम पहले धर्म निरपेक्ष नहीं थे। अथवा यह कि हम बयालीसवें संविधान संशोधन के बाद ही धर्मनिरपेक्ष हुए। धर्मनिरपेक्ष होना तो एक मानसिक सोच की अवस्था है। कानून की किताबों में 'सेक्यूलर' शब्द शामिल कर लेना मात्र ही पर्याप्त नहीं होता। यह कहना कि हम 'धर्मनिरपेक्षता' में विश्वास करते हैं एक आसान बात होती है लेकिन वास्तव में धर्म निरपेक्ष होना एक कठिन काम होता है। कुछ भी हासिल कर लेना इस धरती पर कोई असम्भव बात नहीं होती लेकिन शर्त तो यह है कि इसके लिए 'धार्मिक धर्मनिरपेक्षता' की तरफ हमें ईमानदार कदम बढ़ाने होंगे। जिसमें न तो हमारा कोई निहित स्वार्थ होगा, न किसी के प्रति कोई विद्धेष की भावना अथवा भेदभाव पूर्ण नीयत। धर्म मानव के लिए होता है तथा मानव होना ही अपने आप में धर्म है। वे सभी धर्म जो इस समय धरती पर अस्तित्व में हैं परस्पर सबके लिए सम्मान की बात करते हैं। तब फिर समस्या कहाँ खड़ी हो जाती है? फिर हर तरफ धार्मिक कट्टरवाद क्यों दिखायी पड़ने लगता है? किसी न किसी रूप में यह कट्टरवाद विभिन्न धार्मिक आस्थाओं में देखने को मिलता है। मानवजाति के हित में इसे तत्काल रोके जाने की आवश्यकता है। यह तो मानवीय प्रवृत्ति होती है तथा इसके विधिक रूप से भी उचित ठहराए जाने की बात होती है कि अगर किसी व्यक्ति पर आक्रमण किया जाता है तब वह व्यक्ति उक्त आक्रमण से अपना बचाव करे ऐसा उसका अधिकार होता है। आक्रमण के अतिवादी रूख अख्तियार कर लेने की स्थिति में व्यक्ति को यह लगने लगता है कि अब तो आक्रमण ही सबसे अच्छा बचाव है। लेकिन यह तो अन्तिम समाधान नहीं हुआ।क्योंकि ऐसे ही हालात कट्टरवादी मानसिकता को जन्म देते हैं। जहाँ ऐसे हालात उत्पन्न कर दिए जाते हैं तब हमें यह बड़े दुख के साथ कहना पड़ता है कि यह तो परस्पर सद्भाव व सम्मान की आस्था का गम्भीर विखण्डन

हुआ। ऐसा रूख विश्व शान्ति के लिए बड़ी ही खतरनाक बात होगी। धार्मिक धर्मनिरपेक्षवाद इस बात की वकालत करता है कि हम व्यक्तिगत रूप से धार्मिक रहते हुए भी धर्मनिरपेक्ष बने रह सकते हैं। हम किसी के धार्मिक विश्वास में हस्तक्षेप न करें तथा प्रत्येक मनुष्य के प्रति परस्पर सम्मान का भाव रखें। केवल इसी तथ्य के आधार पर कि आखिर वह व्यक्ति भी मनुष्य ही है। किसी एक धर्म को धार्मिक कट्टरवाद के लिए दोषी नहीं ठहराया जा सकता। दोषी तो वह है जो पहला आक्रमण करता है। फिर तो अपने बचाव में आक्रमण करने का आधार बना लिया जाता है। इस बात की निन्दा की जानी चाहिए। विश्व में शान्ति बनी रहे इसके लिए हमें संकल्प लेने तो पड़ेंगे।

"कुछ भी हासिल कर लेना इस धरती पर कोई असम्भव बात नहीं होती लेकिन शर्त तो यह है कि इसके लिए 'धार्मिक धर्मनिरपेक्षता' की तरफ हमें ईमानदार कदम बढ़ाने होंगे। जिसमें न तो हमारा कोई निहित स्वार्थ होगा, न किसी के प्रति कोई विद्धेष की भावना अथवा भेदभाव पूर्ण नीयत। धर्म मानव के लिए होता है तथा मानव होना ही अपने आप में धर्म है। वे सभी धर्म जो इस समय धरती पर अस्तित्व में हैं परस्पर सबके लिए सम्मान की बात करते हैं। तब फिर समस्या कहाँ खड़ी हो जाती है? फिर हर तरफ धार्मिक कट्टरवाद क्यों दिखायी पड़ने लगता है?"

41
कारपोरेट दायित्व

निगमों की भूमिका हमारे वर्तमान के व्यवसायिक जगत में महत्वपूर्ण है। वह भी तब जब पूरी तरह से हमारे विश्व में औद्योगीकरण अपने चरमोत्कर्ष पर हो। किसी भी देश की मजबूत आर्थिक वृद्धि के लिए कारपोरेट गतिविधियाँ महत्वपूर्ण हैं। साथ ही साथ इसका सीधा सम्बन्ध विकास तथा मानव अस्तित्व से भी है। जब कभी हम कारपोरेट की तरफ निगाह मोड़ते हैं तो स्वतः ही यह बात हमारे मस्तिष्क में आती है कि इसका अपना एक लाभ जनित करने का उद्देश्य है। प्रत्येक कारपोरेट मैनेजर एक ऐसी रणनीति के साथ काम करता है कि अधिक मुनाफे के साथ उसे कारपोरेट की दुनिया में टिकना है। जबसे वाणिज्यिक गतिविधियों के वैश्वीकरण के युग की शुरूआत हुई तब से अन्तर्राष्ट्रीय कारपोरेट गतिविधियों ने अच्छी रफ्तार पकड़ ली है। वाणिज्य तथा व्यापार की आवश्यकताओं से तारतम्य बिठाए रखने के लिए विधिक मशीनरी तथा प्रक्रिया में भी बड़े पैमाने पर बदलाव किए गए जिससे कि राष्ट्रों के मध्य विश्व व्यापार एवम वाणिज्यिक गतिविधियों को सहूलियत मिल सके। जाहिर सी बात है इसके पीछे न्यायिक मकसद यही रहा है कि व्यक्तियों की जीवन शैली के स्तर को ऊँचा उठाने की ठोस जमीन तैयार हो। मूलतः कारपोरेट में या तो लोक क्षेत्र की बड़ी कम्पनियाँ है या फिर बड़े बिजनेस घरानों द्वारा संचालित निजी कम्पानियाँ। सरकारों द्वारा चलाई जा रही लोक क्षेत्र की कम्पनियाँ सरकारी पूंजी के निवेश की ताकत पर अस्तित्व में बनी रहती हैं।

पिछले कई दशकों से ऐसा देखा जा रहा है कि सरकारों द्वारा चलाई जा रही लोक क्षेत्र की कम्पनियाँ लकवा ग्रस्त होती जा रही हैं। ऐसा लोक सेवकों तथा भ्रष्ट राजनैतिक नेतृत्व के कुप्रबन्धन की वजह से हो रहा है। बीमार सरकारी कम्पनियों के पीछे यह विद्धेषपूर्ण मिलीभगत ही मुख्य कारण है जिससे अन्ततः सरकारी कम्पनियों को या तो ठप कर दिया जाता है अथवा निजी क्षेत्रों को औने–पौने दाम में बेच दिया जाता है। बहुत जल्द ही यह अन्तर स्पष्ट देखा जाता है कि वही सरकारी कम्पनी

जिसे अब तक 'बीमार' कहा जा रहा था निजी क्षेत्र में जाते ही अच्छे प्रबन्धन के बूते पर एक लाभ कमाने वाली कम्पनी के रूप में तब्दील हो जाती है। निजी मालिक ने कम्पनी के साथ कोई जादू तो नहीं कर दिया? यह तो महज उस कम्पनी का रणनीतिक प्रबन्धन, साथ ही साथ उस कम्पनी का अपना होने का जो बोध था जिसकी वजह से 'बीमार' कही जाने वाली सरकारी कम्पनी एक पूर्ण रूप से स्वस्थ बिजनेस कारपोरेट के रूप में स्थापित हो गई। अपनेपन का बोध तथा रणनीतिक प्रबन्धन आखिर सरकारी कम्पनियों में मुमकिन क्यों नहीं हो पाता? क्योंकि हमारे अन्दर राष्ट्र बोध नहीं होता। हमारी यह सोच हो जाती है कि हम यदि माथा खपाते हैं तो अपने लिए, सरकार के लिए क्यों? इससे हमें क्या मिलने वाला? जी हाँ! लेकिन राष्ट्र का तो नुकसान होने वाला है?

यह सवाल मेरे मस्तिष्क को अक्सर बड़ी पीड़ा पहुँचाता है। ऐसी सामान्य शिकायत क्यों बनी रहती है कि सरकारी कम्पनियों का प्रबन्धन उचित ढंग से नहीं होता और कारपोरेट प्रबन्धक उनका कुप्रबन्धन करके उन्हें 'बीमार' कर देने की हद तक पहुँचा देते हैं। इस बात की कोई शंका नहीं होनी चाहिए कि सरकारी कम्पानियों के मैनेजर प्रबन्धन योग्यता में किसी माएने में कम प्रशिक्षित होते हैं अथवा कम योग्यता रखते हैं। उन्हें व्यापार प्रशासन तथा व्यापारिक गतिविधि को मुनाफे में तब्दील करने की बारीकियां बखूबी मालूम हैं। फिर कम्पनियाँ बीमारी की कगार पर क्यों पहुँच जाती हैं? क्या सरकारी कम्पनियों के मैनेजर इन कम्पनियों के प्रति अपनी कम्पनी होने की धारणा नहीं बना सकते? जब वे पूरी योग्यता रखते हैं तब वे अपने पूर्ण प्रबन्धन कौशल्य का कम्पनी के मुनाफे के लिए इस्तेमाल क्यों नहीं करते? वह समर्पण भाव क्यों नहीं होता? हमारे राजनैतिक प्रबन्धक तथा सरकार के मंत्रीगण अपना प्रतिनिधिक चरित्र आखिर क्यों भूल जाते हैं तथा लोकतान्त्रिक आदेश का पूरी तरह से अपमान करते हुए घोर अपराधिक उपेक्षा बरतना शुरू कर देते है? इसमें गलत क्या है जब परिस्थितियों को देखते हुए हम यह सोचने के लिए बाध्य हो जाते हैं कि सरकारी कम्पनियों को 'बीमार' बना देने में कहीं कोई अपराधिक साजिश तो नहीं? कहीं इसका विद्धेषपूर्ण मकसद तो नहीं कि इन्हें 'बीमार' बना देने के बाद किन्हीं नजदीकी निजी समूह के हाथों बेंच दिया जाए?

यह सवाल तो सदैव निरूत्तर ही रहेगा कि आखिर वह कौन सी वजह है कि समान योग्यता तथा इन्फ्रास्ट्रक्चर के साथ ही निजी कारपोरेट बेहतर नतीजे देते हैं और सरकारी कारपोरेट क्यों विफल रहते हैं? 'बीमार' हो जाने की दलील पर सरकारी कारपोरेट को जब निजी हाथों में बेंच दिया जाता है तब व्यापार प्रबन्धन के उन्हीं निदेशक सिद्धान्तों का प्रयोग करते हुए अच्छे प्रबन्धन के बूते पर उक्त कम्पनी 'बीमारी' से उबर जाती है तथा क्रियाशील रहते हुए स्वस्थ हो जाती है। कारपोरेट दायित्व किस पर सुनिश्चित किया जाए? ये कारपोरेट जनता के मेहनत के पैसे से खिलवाड़ क्यों करते हैं? चूँकि यह पैसा उन कारपोरेट प्रबन्धकों का नहीं होता इसलिए इसे व्यर्थ कर दिया जाय और कम्पनी को गम्भीर वित्तीय कुप्रबन्धन के हवाले कर दिया जाय। अन्ततः वित्तीय हेराफेरी करके कम्पनी को 'बीमार' बना दिया जाय? कारपोरेट का मानव संसाधन भी बराबर का जिम्मेदार है। वे पूरी तरह से उपेक्षावान तथा लापरवाह होते हैं जब वे सरकारी कम्पनियों में काम कर रहे होते हैं पर वे अचानक स्मार्ट व क्रियाशील हो जाते हैं जब वही कम्पनी निजी घराने के हाथों में चली जाती है।

क्या कोई है, जो इस बात को सुन रहा हो, जवाब भी दे? हम चीन तथा जापान जैसे देशों से सबक क्यों नहीं लेते? यह कोई प्रबन्धन नीति नहीं बल्कि सम्पूर्ण इच्छा शक्ति का अभाव है जो यह अन्तर स्पष्ट करता है। यह कोई रहस्य नहीं है कि ये देश केवल अपनी ईमानदारी, चरित्र, समर्पण तथा अपना होने के बोध के बूते पर ही बड़ी तेजी से विश्व कारपोरेट की आर्थिक महाशक्ति बन गए। हम भारत के लोग आखिर ऐसा क्यों नहीं कर सकते? अगर नहीं! तो फिर हम कारपोरेट दायित्व की जवाबदेही के लिए आगे क्यों नहीं आते? उम्मीद तो फिर भी बनी रहेगी।

''यह सवाल तो सदैव निरूत्तर ही रहेगा कि आखिर वह कौन सी वजह है कि समान योग्यता तथा इन्फ्रास्ट्रक्चर के साथ ही निजी कारपोरेट बेहतर नतीजे देते हैं और सरकारी कारपोरेट क्यों विफल रहते हैं? 'बीमार' हो जाने की दलील

पर सरकारी कारपोरेट को जब निजी हाथों में बेंच दिया जाता है तब व्यापार प्रबन्धन के उन्हीं निदेशक सिद्धान्तों का प्रयोग करते हुए अच्छे प्रबन्धन के बूते पर उक्त कम्पनी 'बीमारी' से उबर जाती है तथा क्रियाशील रहते हुए स्वस्थ हो जाती है। कारपोरेट दायित्व किस पर सुनिश्चित किया जाए? ये कारपोरेट जनता के मेहनत के पैसे से खिलवाड़ क्यों करते हैं?"

42
परम्परागत भारतीय अर्थव्यवस्था

भारतीय परिप्रेक्ष्य में यदि सामाजिक आर्थिक दशा को देखें, भले ही वह भूतकाल की हो अथवा वर्तमान की, हम परम्परागत अर्थशास्त्र पर अधिक निर्भर रहे जैसे कृषि, पशुपालन, लघु तथा कुटीर उद्योग। जो कि हमारे ग्रामीण हालातों में ज्यादा अनुकूल होते हैं। जहाँ तक हमारे ग्रामीण हालातों का सम्बन्ध है यहाँ तक कि आज के स्वतन्त्र भारत में भी हमारे गाँवों की हालत बहुत अच्छी नहीं है। इस बात में बहस की गुंजाइश बनती तो है कि हम आखिर कब तक पारम्परिक भारतीय अर्थशास्त्र का रोना रोते रहेंगे? परम्पराएँ तो महज प्रतीकात्मक होती हैं और बीते दिनों में प्रचलन में होती हैं। जब प्रचलित व्यवस्थाएं वक्त की मांग तथा आवश्यकताओं को पूरा नहीं कर पातीं तब सदैव इस बात को प्राथमिकता दी जाती है कि देश की विकासपरक आवश्यकताओं को देखते हुए परम्परागत व्यवस्था के स्थान पर कुछ अधिक बेहतर विकल्पों की तरफ बदलाव किया जाए। इस बात में कोई शक नहीं कि वर्तमान की हमारे देश की विकासपरक आवश्यकता यह है कि हम विश्व की तीव्र गति से बढ़ती हुई अर्थव्यवस्था की रफ्तार से तालमेल बिठाए रख सकें। विभिन्न अवसरों पर राष्ट्रीय तथा अन्तर्राष्ट्रीय मंचों पर हमारे व्यवस्था प्रबन्धकों द्वारा यह दावा किया जाता रहा है कि हम अब विकासशील राष्ट्र की श्रेणी में आ गये हैं। इसका अर्थ यह हुआ कि हम आर्थिक विकास की संक्रमण अवस्था से गुजर रहे हैं। यह बड़े ही सामान्य समझ की बात है कि विकास पथ की संक्रमण अवस्था पर होना किसी देश के लिए कोई आसान काम नहीं। संक्रमण अवस्था की पीड़ा उठानी होगी। विकासपरक प्रगतिशील आर्थिक नीतियाँ न सिर्फ तय करनी होंगी बल्कि उनका ईमानदार अनुपालन भी सुनिश्चित कराना होगा और इस भावना से कि हमें विश्व की अग्रणी आर्थिक व्यवस्था के समतुल्य बदलना होगा। यह हमारे नीति नियन्ताओं तथा व्यवस्था प्रबन्धकों के निरन्तर प्रयास करते रहने से सम्भव हो सकेगा और हम विश्व की एक आर्थिक शक्ति भी हो सकेंगे।

आधुनिक अर्थव्यवस्था के क्या अर्थ होने चाहिए? मैं एक साधारण व्यक्ति की भाषा में जैसा कि सामान्यतया इसे समझा जाता है प्रस्तुत कर

सकूँगा। आधुनिक समय की अर्थव्यवस्था ने एक ऐसे वातावरण को जन्म दिया है जो वृहद स्तर पर औद्योगीकरण की बात करता है अर्थात बड़ी मशीनों का पूरा युग। बेशक! इन मशीनों ने समूचे विश्व में उत्पादन की प्रक्रिया में आश्चर्यजनक रूप से बढ़ोत्तरी की है। ऐसे देश जिनके पास सही औद्योगिक कौशल्य है उन्होंने इसे भुनाया भी है तथा आर्थिक महाशक्ति बन गए हैं। क्यों नहीं! ऐसे देशों ने स्वयं को साबित किया है तभी तो आर्थिक महाशक्ति बने। कठोर परिश्रम करना तथा इसके बूते पर अपनी औद्योगिक कौशल्य को अधिक धारदार बना लेना किसी देश का एकाधिकार नहीं हो सकता। हम भी ऐसा कर सकते हैं। यहाँ तक कि छोटा देश जैसे जापान जिसने कठोर परिश्रम, समर्पण तथा ईमानदारी की ताकत के बूते पर स्वयं को आर्थिक महाशक्ति के रूप में स्थापित किया है।

वृहद स्तर पर औद्योगीकरण के लिए बुनियादी आवश्यकता यह होती है कि अबाध रूप से विद्युत आपूर्ति की व्यवस्था हो। यद्यपि हमारा देश आधुनिक आर्थिक व्यवस्था की राह पर अग्रसर संक्रमण की अवस्था में है यह स्वागत योग्य भी है। लेकिन क्या ईमानदारी से हम यह स्वीकार करने की स्थिति में हैं कि आधुनिक अर्थव्यवस्था की ओर अग्रसर होने से पूर्व हमने इस बिन्दु पर विचार किया? कि क्या हमने सतत् औद्योगिक वृद्धि प्राप्त करने के लिए व्यापक रूप से गृह कार्य कर लिया है, योजना बना ली है? मेरा ऐसा मानना है कि हमने ऐसा नहीं किया। इसका नतीजा यह हुआ कि औद्योगिक वृद्धि की हमारी योजना बुरी तरह से बाधित हुई। हम विद्युत आपूर्ति के क्षेत्र में अच्छी तरह से विकसित व प्रभावी कोई ऐसा योजना नहीं बना सके जो समूचे देश को निरन्तर आवश्यक विद्युत आपूर्ति करती रह सके। ऐसे क्षेत्र अथवा राज्य जो सफलतापूर्वक अपने शक्तिशाली विद्युत आपूर्ति केन्द्र स्थापित करने में कामयाब रहे निर्विवाद रूप से वे अग्रणी औद्योगिक क्षेत्र बन कर उभरे जैसे महाराष्ट्र, कर्नाटक, गुजरात। जबकि बिहार, उत्तर प्रदेश जैसे राज्य अभी तक पीछे ही रहे।

चिन्ता का जो बिन्दु है वह यह है कि संक्रमण की खातिर तथा जमीनी स्तर पर बिना किसी ठोस तैयारी के हमने यह निर्णय ले लिया कि हमें आधुनिक अर्थव्यवस्थाओं से होड़ लेनी है। संक्रमण अवस्था की अवधि के

दौरान हमने अपनी पारम्परिक अर्थव्यवस्था को सहारा देकर बनाए रखने की आवश्यकता नहीं समझी। पर्याप्त बुनियादी विद्युत आपूर्ति व्यवस्था तथा मशीनों के बगैर त्रासदी तो यह रही कि हमारे ग्रामीण कुटीर उद्योग तो उजड़ ही गए पर पर्याप्त नई औद्योगिक इकाइयाँ स्थापित नहीं की जा सकीं। हमें यह तथ्य ईमानदारी से स्वीकार कर लेना चाहिए कि हमारे बहुसंख्य गाँवों में यहाँ तक कि आज भी निरन्तर विद्युत आपूर्ति उपलब्ध नहीं है। हम कैसे औद्योगीकरण अथवा आर्थिक विकास की बात सोचें? आध ुनिकता की छाप केवल उन्ही क्षेत्रों में देखी जा सकती है जो विकास के मापदण्डों पर सान्द्रता के बिन्दु के ऊपर आ गए हैं। जबकि हमारे देश के अन्य शेष हिस्से अभी भी औद्योगीकरण के दस्तक की बाट जोह रहे हैं। भारत के व्यवस्था प्रबन्धन में नीतियों के प्रवर्तन तथा विकास की वर्तमान गति को देखते हुए ऐसा प्रतीत होता है कि समूचे देश में अबाध विद्युत आपूर्ति में अभी वर्षों लग जायेंगे। तब तक हमारी पारम्परिक अर्थव्यवस्था की रीढ़ की हड्डी टूटकर दफन हो चुकी होगी। अगर हम विश्व की आर्थिक रफ्तार में ईमानदारी से शामिल रहना चाहते हैं तो हमें जापान जैसे राष्ट्र की उद्यमता से सबक लेना होगा और एक ऐसी कार्य योजना तैयार करनी होगी जो समूचे शहरी–ग्रामीण भारत को वे बुनियादी संसाध ान उपलब्ध कराए जो समावेशी आर्थिक शक्ति की नीति हो। शुक्र है! अभी देर नहीं हुई है।

"चिन्ता का जो बिन्दु है वह यह है कि संक्रमण की खातिर तथा जमीनी स्तर पर बिना किसी ठोस तैयारी के हमने यह निर्णय ले लिया कि हमें आधुनिक अर्थव्यवस्थाओं से होड़ लेनी है। संक्रमण अवस्था की अवधि के दौरान हमने अपनी पारम्परिक अर्थव्यवस्था को सहारा देकर बनाए रखने की आवश्यकता नहीं समझी। पर्याप्त बुनियादी विद्युत आपूर्ति व्यवस्था तथा मशीनों के बगैर त्राासदी तो यह रही कि हमारे ग्रामीण कुटीर उद्योग तो उजड़ ही गए पर पर्याप्त नई औद्योगिक इकाइयाँ स्थापित नहीं की जा सकीं।"

43
अनेकता में एकता की बात

अनेकता में एकता की बात भारतवर्ष के सन्दर्भ में बड़ी ही प्रासंगिक बतायी जाती है। भारतवर्ष में किस्म-किस्म की विविधताएं हैं या फिर विभिन्नताएं हैं। जैसे क्षेत्रीय विभिन्नता होना, जातीय या फिर धार्मिक विभिन्नता होना। प्रकृतिजन्य लैंगिक विभेद को भी हम विभिन्नता की कोटि में ही रख लेते हैं। अनेकता में एकता की बात करना कोई आसान काम नहीं है। अनेकता, विविधता, विभिन्नता जैसे शब्द समानार्थी हैं यह भी कह पाना बड़ा ही दुष्कर है। अनेकता में एकता का बड़ा सामान्य सा अर्थ जो समझ में आता है कि हम अनेक तो हैंचाहे भाषा के नाम पर, क्षेत्र के नाम पर, जाति अथवा धर्म के नाम पर, फिर भी हम एक हैं। हमारे अन्दर विभिन्नताओं के नाम पर कभी कोई मतभेद नहीं होते। हम आपस में लड़ते-झगड़ते नहीं हैं। हम परस्पर अनेकता की भावना का सम्मान करते हैं तभी तो अनेकता में एकता की बात होती है। हमें इस बात पर गर्व होना चाहिए। हमें गर्व होता भी है तभी तो अनेकता में एकता की बातें करते हुए अघाते नहीं हैं। कम से कम बातें बनाने में तो कुछ नहीं जाता, बातें बनाना तो आसान ही है। बुरी बातें कहनी भी नहीं चाहिए बेपर्दा हो जाएंगी तो अच्छी नहीं लगेंगी। भारत के भोले-भाले लोग अच्छी बातों को सुनते रहने के आदी बना दिए गए हैं। इसमें भला अच्छी बातें करने वालों का दोष हो ही क्या सकता है?

विधिशास्त्री रोस्को पाउण्ड समाज में व्यक्तिगत हितों के परस्पर टकराव होते रहने की स्थिति में विधि के निर्माण पर बल देते हैं तथा उनका स्पष्ट मतहै कि समाज में विभेदकारी परिस्थितियों के मौजूद रहने के कारण व्यक्तियों में उनके अपने निहित स्वार्थ उत्पन्न हो जाते हैं। अगर कहीं से उनके निहित स्वार्थों की सम्पूर्ति में किसी प्रकार की बाधा उत्पन्न होती नजर आती है तो फिर समाज में परस्पर एकता जैसी किसी बात का कोई मतलब नहीं रह जाता। परस्पर व्यक्तिगत हित टकराते हैं और फिर कानून तो टूटते हैं, कानून व्यवस्था भंग होती है, लोगों के जान माल

का नुकसान होता है। सामाजिक एकता के साए तले सामाजिक न्याय की बातें महज किताबी बन कर रह जाती हैं।

भारतीय समाज में जातीय अथवा धार्मिक एकता के नाम पर बड़ा ही पीड़ाजनक इतिहास रहा है। अनेक जातियाँ कभी एक नहीं हो पायीं। अनेक धर्म कभी एक नहीं हो पाए। योजनाबद्ध तरीके से खून खराबे की स्थितियाँ या तो बनती रहीं हैं या फिर बनायी जाती रहीं। लोक सेवायोजन में आरक्षण की व्यवस्था को वर्ग आधारित करने के बजाय जातिगत बना दिया गया है। दलील यह दी गयी है कि समाज के विभिन्न वर्ग जातिगत रूप से इस कदर अन्तरमिश्रित हैं कि उन्हें अलग–अलग करना बड़ा ही कठिन है। उन्हें विभिन्न जातिगत चश्में से देखना व्यवस्था की विवशता है। फिर आरक्षण समर्थक होंगे तो आरक्षण विरोधी भी होंगे। करिए न एकता की बात? सम्भवतः नहीं कर पायेंगे। परस्पर निहित स्वार्थों के टकराव साफ–साफ नजर आयेंगे। फिर मार–पीट तो होगी कानून उसे नहीं रोक पाएगा। क्योंकि कानून व्यवस्था में भी जातिगत अनेकता अपनी जड़ें जमाए बैठी है। क्या कर सकते हैं आप? कार्यपालिका हो, विधायिका अथवा न्यायपालिका। ये भी तो इस सामाजिक व्यवस्था के ही अंग हैं। कैसे उन्हें अलग कर पाएंगे आप?

धार्मिक अनेकता में एकता की बात करने की आवश्यकता है क्या? मस्जिदों के गिरने से लेकर मन्दिरों के बनने की बातें होते रहना आखिर किस एकता की ओर संकेत करते हैं? हमें अपनी गिरेहबान मे झांक कर देखना होगा और फिर सोचना होगा कि हम कितने एक हैं? जब भी हमारे समाज में विभिन्न समुदायों के किसी धार्मिक अथवा सामाजिक अनुष्ठानों त्योहारों का अवसर आता है तो समाज के चप्पे–चप्पे पर अर्धसैनिक बल तैनात कर दिए जाते हैं। क्योंकि यह सामान्य पुलिस बल के बूते की बात नहीं होती कि वह संगीनों के साए तले भी धार्मिक या सामाजिक एकता बनाए रख पाएगी? धार्मिक अनेकता तो है। अच्छी बात है! आजादी तो होनी ही चाहिए मनमाफिक धर्म चुनने की। पर वह एकता कहाँ गई? प्रशासन एक लम्बे तनाव के बाद राहत की सांस लेता नजर आता है। हे ईश्वर! चलो अच्छा रहा, कोई खून खराबा नहीं हुआ। सब कुछ शान्तिपूर्वक निपट गया।

भाषायी अनेकता भी बहुत परेशान करने वाली है। सम्भवतः समूचे विश्व में भारतवर्ष हीएक मात्र ऐसा राष्ट्र होगा जहाँ विभिन्न प्रान्तों का गठन ही भाषायी विभिन्नता के आधार पर किया गया है। हिन्दी भाषा महज राजभाषा कहे जाने की औपचारिकता पूरी करती नजर आती है बस! अन्यथा यह कहने की आवश्यकता नहीं कि विभिन्न क्षेत्रीय भाषाओं के हाथों हिन्दी भाषा को अपने ही देश में समय—समय पर अपमानित होते रहना पड़ता है। अपमान तक ही बात सीमित रह पाए तो गनीमत यदि लोगों को लगता है कि कहीं से हिन्दी को थोपने की कोशिश तो नहीं की जा रही हैतो फिर भाषायी एकता तार—तार होते देर नहीं लगती।

जब कभी भी यह सुनने को मिलता है कि फलां व्यक्ति उत्तर भारतीय हैअथवा फलां व्यक्ति दक्षिण भारतीय, क्षेत्रीय एकता तो उसी क्षण खण्डित कर दी जाती है। भारत के संविधान का अनुच्छेद 19 नागरिकों को भारत के किसी भू—भाग, क्षेत्र अथवा प्रान्त में बसने की स्वतन्त्रता बुनियादी अधिकार के रूप में देता है लेकिन क्षेत्रवाद का पागलपन जैसे ही राजनीतिज्ञों के सर चढ़ कर बोलता है तो कहना नहीं होगा कि यह मुद्दा इतना संवेदनशील बना दिया जाता है कि लोग यह कहते हुए भागते नजर आते हैं कि वे अपने 'वतन' वापस जा रहे हैं नहीं तो यहाँ प्रताड़ित किए जाएंगे, मारे जाएंगे। मानों वे भारत नहीं कहीं अन्यत्र बस गये हों जाकर। कार्यपालिका तथा न्यायपालिका पूरी तरह से बेबस नजर आती है और अनेकता की एकता खण्डित होती है।

"भारतीय समाज में जातीय अथवा धार्मिक एकता के नाम पर बड़ा ही पीड़ाजनक इतिहास रहा है। अनेक जातियाँ कभी एक नहीं हो पायीं, अनेक धर्म कभी एक नहीं हो पाए। योजनाबद्ध तरीके से खून खराबे की स्थितियाँ या तो बनती रहीं हैं या फिर बनायी जाती रहीं हैं।"

44
मानवीय गरिमा के साथ रह पाना

मानवीय गरिमा को परिभाषित कर पाना एक बड़ा ही दुष्कर कार्य है। प्रत्येक व्यक्ति एक मनुष्य के रूप में जन्म लेता है। ये तो सामाजिक परिस्थितियाँ हैं जो मनुष्य को जानवर से भी बदतर जीवन जीने के लिए मजबूर करती हैं। मानवीय गरिमा महज किताबों में लिखी बातें हो सकती हैं अथवा व्याख्यानों की मदद से इसकी दलीलें दी जा सकती हैं। लेकिन बात जब व्यवहारिकता के धरातल पर उतर कर आती है तो यकीनन हकीकत बयान करने लायक नहीं रह जाती। मानवीय गरिमा का जिक्र जब–जब भी आएगा मनुष्यता की बात की जाएगी। अगर प्रकृति में जीवन लेने वाले जन्तुओं की बात की जाए तो मुख्य रूप से मनुष्य हैं, जानवर हैं या फिर कीड़े–मकोड़े। मनुष्य अपने मस्तिष्क का उपयोग करने के आधार पर जानवरों से बेहतर स्थिति प्राप्त कर सका। मनुष्य मस्तिष्क का विकास तथा उसकी कल्पना करने की शक्ति तथा उस पर अमल करने की प्रवृत्ति ही मनुष्यों को जानवरों जैसे अस्तित्व से अलग करती है।

विश्व के संविधानों में एक बड़े ही बुनियादी अधिकार का जिक्र किया गया है और वह है जीवन का अधिकार। भारत के संविधान का अनुच्छेद 21 ऐसे ही अधिकार की बात करता है। वैसे तो अन्य तमाम बुनियादी अधिकारों का भी उल्लेख किया गया है जिनकी परिकल्पना अन्तर्राष्ट्रीय स्तर पर मानवाधिकारों की सार्वभौमिक घोषणा के रूप में की गयी है। परिकल्पना एक अच्छी बात होती है जो हमारी ईमानदार सोच की उपज होनी चाहिए और उसमें हमारी चिन्ता भी परिलक्षित होनी चाहिए। खासतौर से इस माएने में कि हमारी परिकल्पनाएं महज अभिलेखीय धरोहर बनकर न रह जाएं बल्कि उन पर अमल भी हो और वह अमल इस प्रकार का हो कि इस धरती के अन्तिम इन्सान तक इन अधिकारों की एक मजबूत पकड़ बने। ये तमाम बुनियादी अधिकार तथा इनका उपभोग महज कुछ मुट्ठी पर लोगों तक सिमट कर न रह जाए। वैसे कहना तो न होगा कटु सत्य तो यह ही है कि हकीकत में ये अधिकार समाज में सही माएने

में मुट्ठी पर लोगों को ही उपलब्ध हैं तथा आबादी की अधिकतम प्रतिशतता मानवीय गरिमा से रह पाना तो दूर की बात जानवरों से भी बदतर जीवन जीने के लिए विवश है। चलो! मानवीय गरिमा के साथ नहीं जी पाए तो कम से कम इन्सानी मौत ही मिल जाती? दुर्भाग्य से वह भी नसीब नहीं हो पाती। ताउम्र भरपेट खाने को तरसता रहा वो इन्सान तथा उसके बाल बच्चे और एक दिन वह अचानक मर खप गया भूख से ऐंठ कर। जीवन भर कुपोषण का शिकार रहा। उसके शरीर में ताकत ही नहीं बची थी। फेंक आए सब उसकी लाश उठाकर पास की नदी में। नदी में भी पानी न बचा था वहीं किनारे ही पड़ी सड़ती रही लाश, दुर्गन्ध आती रही। खा गए चील, कौए, कुत्ते सब नोंच–नोंच कर। नहीं तो वहीं पड़े–पड़े कीड़े पड़ जाते उस सड़ती लाश में। मानवीय गरिमा के साथ रह पाने की तलाश में कुछ इस तरह हुआ इन्सानियत का अन्त। चलो अच्छा हुआ धरती का कुछ बोझ तो कम हुआ। धरती पर बोझ ही होते हैं ऐसे लोग? है ना! इन्सान तो मरा ही मरा उसे कफन तक नसीब न हुआ। यहाँ तो लाशों के कफन तक बेच खाते हैं लोग।

मानवीय गरिमा के साथ जीना अनुच्छेद 21 के जीवन के अधिकार में शामिल है। कहने का मतलब यह हुआ कि मानवीय गरिमा के साथ जीना एक बुनियादी अधिकार बना। भारत जैसे देश में आँकड़े बताते हैं कि कुल आबादी के करीब चालीस प्रतिशत लोग गरीबी की रेखा के नीचे रहते हैं। लगभग इतनी ही प्रतिशत आबादी गरीबी की रेखा पर अथवा उसके आस–पास बनती है। हमें यह कटु सत्य स्वीकार कर लेना चाहिए कि भारत की लगभग सत्तर प्रतिशत आबादी गरीबी की परिस्थितियों से जूझ रही है। जिन्हें सुबह यह पता नहीं होता कि शाम की रोटी नसीब भी होगी अथवा नहीं। रोटी मिल भी जाए तो इतनी पर्याप्त नहीं होती कि परिवार का पेट भर सके, बच्चों की भूख मिटा सके। एक रोटी मिली भी तो बाकी पेट पानी से भर लिया। सिर छुपाने को जगह नहीं, शरीर पर कपड़े नहीं। नंगा तो जानवर होता है। जी नहीं! इन्सान भी नंगा होता है।

कल्याणकारी राज्य की परिकल्पना वैसे तो की गयी है हमारे भारत के संविधान में। अब कितना कल्याण कर पाए भारत के लोगों का यह देखने की बात होगी। एक ऐसा राष्ट्र बनाएंगे जिसमें सामाजिक समानता होगी,

आर्थिक विषमता नहीं होगी। राज्य का यह दायित्व होगा कि वह लोगों के कल्याण के लिए, उसकी प्रगति के लिए एक ऐसी सामाजिक व्यवस्था सुनिश्चित करे कि राष्ट्रीय जीवन में सामाजिक न्याय, आर्थिक न्याय तो कम से कम प्रभाव पूर्ण तरीके से परिलक्षित हो। चलिए! छोड़ देते हैं राजनैतिक न्याय की बात, आदमी को पहले दो वक्त की रोटी तो मिले सुकून से। आप मेरे ऊपर यह आक्षेप लगाने के लिए स्वतंत्र हैं कि यह सब कुछ तो नकारात्मक है। राष्ट्रीय व्यवस्था का सकारात्मक पक्ष क्यों नजर अंदाज कर दिया गया? हमें नसीहत दी जाएगी कि गिलास के आधा खाली होने तथा आधा भरे होने की स्थिति में सकारात्मक रुख अपनाया जाय कि गिलास आधा भरा तो है? जी नहीं! हमें तो व्यवस्थापकों से इस बात का जवाब चाहिए कि आजादी के अड़सठ वर्षों के बाद भी गिलास आधा खाली क्यों है अब तक? यह आधा खाली गिलास हमारी वो सत्तर प्रतिशत आबादी ही है जो ताउम्र गरीबी में जूझती है और गरीबी में ही मर खप जाती है। गिलास खाली का खाली पड़ा रहता है और हमें नसीहत दी जाती है कि सकारात्मक बनिए। गिलास आधा खाली है यह मत देखिए। अगर समाज में गरीबी है तो हमें गरीबी ही तो नजर आयेगी? अगर गरीबी नकारात्मकता है तो वह हमें नकारात्मक ही तो दिखेगी? फिर हम सकारात्मकता की बात कैसे कर पाएंगे? यदि हम ऐसा करेंगे तो हम लोगों को मूर्ख ही बनाते दिखायी पड़ेंगे। हम देखेंगे नकारात्मकता। आखिर नकारात्मकता की बात भी तो कोई करे? तभी तो ऐसी नकारात्मकता को दूर करने की बात समझ में आयेगी। मानवीयता को इन्साफ चाहिए। मानवीय गरिमा का। कोई है! जो सुनता हो मेरी बात?

"ताउम्र भरपेट खाने को तरसता रहा वो इन्सान तथा उसके बाल बच्चे और एक दिन वह अचानक मर खप गया भूख से ऐंठ कर। जीवन भर कुपोषण का शिकार रहा। उसके शरीर में ताकत ही नहीं बची थी। फेंक आए सब उसकी लाश उठाकर पास की नदी में। नदी में भी पानी न बचा था वहीं किनारे ही पड़ी सड़ती रही लाश, दुर्गन्ध आती रही।

खा गए चील, कौए, कुत्ते सब नोंच-नोंच कर। नहीं तो वहीं पड़े-पड़े कीड़े पड़ जाते उस सड़ती लाश में। मानवीय गरिमा के साथ रह पाने की तलाश में कुछ इस तरह हुआ इन्सानियत का अन्त। चलो अच्छा हुआ धरती का कुछ बोझ तो कम हुआ। धरती पर बोझ ही होते हैं ऐसे लोग? है ना! इन्सान तो मरा ही मरा उसे कफन तक नसीब न हुआ। यहाँ तो लाशों के कफन तक बेच खाते हैं लोग।"

45
महिलाओं के प्रति बढ़ते अपराध

महिलाएं किसी भी काल में सभ्यता की आधी आबादी रही हैं। लेकिन सभ्यता कोई भी रही हो हर काल में पुरूषवादी मानसिकता प्रभावी रही है। वैसे तो विश्व की समस्त विधायी संस्थाओं ने मनुष्य होने के नाते महिलाओं को पुरूषों के समकक्ष बराबरी का दर्जा दे रखा है। लेकिन प्रश्न यह उठता है कि क्या आज के वर्तमान समय में भी सही अर्थों में महिलाओं को समाज में बराबरी का स्थान मिल पाया है? हम कानून की बात नहीं करते। कानून में तो बहुत कुछ लिखा हुआ है। लैंगिक न्याय की बात की जाती है। लिंग के आधार पर भेदभाव नहीं किया जाएगा, ऐसा संकल्प लिया जाता है। लेकिन अन्ततः होता क्या है? समाज में महिलाओं के प्रति अपराध तो बढ़ते ही जा रहे हैं। क्या हम महिलाओं को आधी आबादी होने के नाते उनको वह सम्मान दे पा रहे हैं, जिसकी वे हकदार हैं? सम्भवतः नहीं।

अगर हम लैंगिक अपराधों की ही बात करें तो किसी भी महिला के जीवन में बलात्कार से बढ़कर कोई अन्य गम्भीरतम अपराध नहीं हो सकता। समाज में अगर महिलाओं के साथ अपराध होते हैं, वह भी बलात्कार जैसा घृणित अपराध, तो इस अपराध के लिए आखिर दोषी कौन हुआ? इन्सानियत तो तब ही मर चुकी होती है जब हमारे तथाकथित सभ्य होते समाज में अवयस्क बच्चियों को बलात्कार का शिकार बनाया जाता है। आप यह सोच रहे होंगे कि हम किसे दोषी बनाना चाहते हैं? नहीं! यह तो हम आप पर ही छोड़ना चाहते हैं कि आप स्वयं निर्णय लें कि ऐसे हालातों में जहाँ हमारी नादान बच्चियाँ भी सुरक्षित न हों, उन्हें किस तरह से इस बात का यकीन दिलाया जाए कि हम असभ्य नहीं हैं? और उन्हें परेशान होने या चिन्ता करने की जरूरत नहीं है। यह उस बच्ची के परेशान होने अथवा चिन्ता करने की उम्र नहीं है। परेशान होने अथवा चिन्ता करने की जरूरत तो हम सभ्य समाज का दावा करने वालों की है। यह भी कि हम बड़े पढ़े लिखे अग्रणी समाज हैं।

इसी समाज ने सती प्रथा का प्रचलन भी तो देखा है। किसी विवाहिता स्त्री के पति की मृत्यु हो जाने की स्थिति में उस विधवा स्त्री को अपने मृत पति की चिता में जिन्दा जलने की क्रूर प्रथा। आज भी समाज में विधवाओं को अत्यन्त हेय दृष्टि से देखा जाता है। मांगलिक कार्यक्रमों में उनकी उपस्थिति अशुभ मानी जाती है। कानून तो बन जाए, विधवाओं को जीने का हक भी दे दिया जाए लेकिन समाज की सोच कैसे बदले? कानून तो असहाय नजर आता है।

दहेज हत्याएं कोई बीते जमाने की बात नहीं हैं। आज का आधुनिक समाज भी जो चाँद पर पहुँचने की तैयारी कर रहा है, विवाहिता स्त्रियों को दहेज न लाने के जुर्म में उन्हें घोर रूप से प्रताड़ित करने, जिन्दा जला देने, मार डालने से नहीं चूकता। भ्रूण हत्याएं हमारे अत्याधुनिक समाज के विज्ञान एवं तकनीक की देन हैं। कन्या भ्रूण हत्याओं में तो इतनी बढ़ोत्तरी हुई है कि इस अपराध ने समाज के लिंग अनुपात को ही खतरनाक रूप से प्रभावित करके रखा हुआ है। अगर समाज में लगातार लड़कियों की संख्या में कमी आएगी, लिंग अनुपात का प्राकृतिक संतुलन बिगाड़ा जाएगा, तो निश्चित रूप से लड़कियों के प्रति लैंगिक अपराध खतरनाक रूप से बढ़ेंगे जो समाज की संरचना को तहस—नहस करके रख देंगे।

अगर महिलाओं के प्रति होने वाले अपराधों में कमी लानी है तो हम सभ्य समाज को महिलाओं के प्रति हमारी सोच बदलनी होगी। हमें उनका सम्मान करने की आदत डालनी पड़ेगी। उन्हें उनके अधिकार मिलें हमें उस दिशा में पहल करनी पड़ेगी। महिलाओं को उपभोग करने की वस्तु मात्र न माना जाय यह हमें सुनिश्चित करना पड़ेगा। किसी भी देश की विधिक व्यवस्था अपना काम करे इसके लिए उस देश के लोग जब तक सहयोग नहीं करेंगे, हम महिलाओं के प्रति बढ़ते अपराध को रोक नहीं पाएंगे। महिलाओं के लिए न्याय की तलाश में हमें आगे आना होगा।

''अगर महिलाओं के प्रति होने वाले अपराधों में कमी लानी है तो हम सभ्य समाज को महिलाओं के प्रति हमारी सोच बदलनी होगी। हमें उनका सम्मान करने की आदत डालनी

पड़ेगी। उन्हें उनके अधिकार मिलें हमें उस दिशा में पहल करनी पड़ेगी। महिलाओं को उपभोग करने की वस्तु मात्र न माना जाय यह हमें सुनिश्चित करना पड़ेगा।"

46

कानून बना देने की पर्याप्तता?

एक बड़ी ही आलोचनात्मक कहावत कही जाती है जो कई अवसरों पर मेरे मस्तिष्क को परेशान करती है। कहा यह जाता है कि भारत अधिकतम कानूनों के लिए जाना जाता है लेकिन न्यूनतम कानून ही लागू कर पाता है। कानूनों के प्रति ऐसी सामान्य धारणा उस विधायिका के लिए, जो कि एक संवैधानिक संस्था है, वास्तव में अपमानजनक है। एक व्यक्ति कैसा महसूस करेगा जब उसे पता चले कि जो नियम उसने बनाए वे तो लागू ही नहीं किए गए? सही में अच्छा तो नहीं लगेगा। कहने की आवश्यकता नहीं है कि संविधान ने तीन संस्थाओं में संवैधानिक शक्तियों का पृथक्करण किया है। ये हैं विधायिका, कार्यपालिका तथा न्यायपालिका। विधायिका को कानून बनाने का काम करना है जो वह करती है। कानून बना देना मात्र ही पर्याप्त नहीं है बशर्ते कि इस कानून को कार्यपालिका द्वारा सही ढंग से लागू न किया जाए। समाज की आवश्यकताओं के अनुरूप सामाजिक कुरीतियों को नियन्त्रित करने के लिए कानून बनाए जाते हैं। जी हाँ! समाज की आवश्यकताओं के पीछे 'हम भारत के लोग' तथा उनकी ताकत होती है। यह लोकप्रिय शक्ति वस्तुतः बेकार चली जाती है जब ऐसा देखा जाता है कि समाज में सामाजिक कुरीतियाँ बनी रहती हैं और कानून महज किताबी पन्नों में सिमट कर रह जाते हैं। फिर ऐसे कानून बनाने का मतलब क्या है? यदि हम इन कानूनों का इस्तेमाल समाज में होने वाले अपराधों को रोकने में लागू तक नहीं कर पाते?

ऐसे हालात अत्यन्त चिन्ताजनक हैं। हम व्यवस्था की उस विवशता को तो समझ सकते हैं जब सामाजिक बुराइयों को रोकने के लिए हमारे पास कानून ही न हों। लेकिन व्यवस्था की यह लापरवाही समझ में नहीं आती कि हमारे पास कानून तो हैं जिनसे हम समाज में होने वाले अपराधों से निपट सकें लेकिन व्यवस्था इन कानूनों को लागू करने में पूरी तरह से नाकाम रहती है और अपराध निर्बाध गति से होते रहते हैं। उफ! अनावश्यक बहाने मत ढूढ़िये। यह तो गम्भीर अपराध हुआ। आप स्वयं में

एक सम्पूर्ण व्यवस्था हैं। राष्ट्र की विधिक ताकत आपके पीछे खड़ी है फिर भी आप अपनी इच्छाशक्ति के अभाव अथवा दोषपूर्ण निर्णयन क्षमता के लिए निम्न किस्म के बहाने बनाते हैं। आपकी निष्कर्मण्यता तथा बुरे शासन के असल भुक्तभोगी तो हम भारत के लोग हैं जो बड़े मासूम हैं जिन्हें आप व्यवस्था के प्रति करूणा आती है, सहानुभूति आती है।

यह सुनने में तो बड़ा विचित्र लगता है किन्तु सत्य है कि हमारी विधायिका का कार्यपालिका के ऊपर ऐसा कोई नियन्त्रण नहीं होता जिससे किवे संवैधानिक विधि के अन्तर्गत सक्षम विधायिका द्वारा बनाए गए कानूनों का प्रभावी प्रवर्तन सुनिश्चित करा सकें। इसलिए एक बार जो कानून बन गया अबवह कार्यपालिका के कार्यक्षेत्र में आ गया किवह उसे लागू करे। विधियों का सही प्रवर्तन नहीं होने के लिए दायित्व कौन सुनिश्चित करे? क्या यह कानून निर्माताओं की चिन्ता नहीं होनी चाहिए किवे यह देखें कि कानून लागू क्यों नहीं हो रहे हैं? प्रत्येक विधान का अपना एक मकसद होता है जिस उद्देश्य को हासिल करने के आशय से वह कानून बनाया जाता है। उक्त कानून का प्रभावी प्रवर्तन ही ऐसा एक मात्र साधन है जिसके आधार पर व्यवस्था इस बात का दावा कर सकती है कि कानून अपने मकसद को हासिल कर पाने में कामयाब रहा। लेकिन यदि हम उक्त कहावत पर गौर करें जहाँ कानूनों के न्यूनतम लागू होने की बात निकल कर सामने आती हो तो जी हाँ! इसका निष्कर्ष तो यही निकाला जाएगा कि कानूनों के ठीक से लागू न हो पाने की स्थितियों में फिर तो कानून बनाने का मकसद ही पराजित हो गया।

दहेज प्रतिषेध कानून का एक मात्र उदाहरण उक्त कहावत के पक्ष में पर्याप्त होगा। यह पूरी तरह से सही है नजर भी आता है। बावजूद इसके कि दहेज जैसी अपराधिक सामाजिक बुराई से निपटने के लिए संसद द्वारा बनाए गए कठोर कानून हमारे पास हैं लेकिन इन कानूनों के लागू किए जाने का पक्ष इतना खराब रहा है कि ये कानून अपना असर दिखा पाने में पूरी तरह से विफल रहे। दहेज सम्बन्धी अपराध हमारे समाज में पूर्ववत बने हुए हैं तथा नियमित रूप से समाचार पत्रों की सुर्खियों में रहते हैं। ऐसे कानूनों की एक लम्बी सूची बनाई जा सकती है जो विफल साबित हुए क्योंकि उन्हें ठीक से लागू नहींकिया जा रहा। यह भारत की

कानून बना देने की पर्याप्तता?

विधायी व्यवस्था का बड़ा ही दुखद पक्ष है। ऐसे एक कठोर संवैधानिक उपबन्ध की आवश्यकता महसूस होती है जो कि कानून के निर्माताओं तथा कानून के प्रवर्तकों के मध्य एक ऐसा समन्वय स्थापित करे जिससे देश में बनने वाले कानून सही अर्थों में अपना मकसद हासिल कर सकें अन्यथा व्यवस्था में विधिक मशीनरी के विफल होते रहने का युक्तियुक्त भय बना रहेगा और ऐसा होना न्याय प्रशासन के लिए उचित बात नहीं होगी। अगर कोई कानून बना है तो बड़ी सीधी सी बात है कि अमुक कानून सामाजिक अपराधों को रोकने के लिए ही बनाया गया है। लेकिन फिर भी यदि अपराध होते हैं इसलिए कि कानून को लागू करने वाले इसके प्रति बेपरवाह हैं तो अर्थ तो यह हुआ कि विधि का शासन तो नहीं रहा। फिर यह तो एक बड़ा प्रश्न हुआ कि ऐसी स्थिति से निपटने में व्यवस्था की आखिर मदद किस प्रकार हो? हमें यह नहीं भूलना चाहिए कि संसदीय लोकतन्त्र की सम्प्रभुता में यह विचारणीय है जहाँ मंत्री परिषद की जवाबदेही विधायिका के प्रति बने। विधायिका पूछ सके, कानूनों के लागू किए जाने का हिसाब किताब और तय कर सके दायित्व कार्यपालिका का उसको बेपरवाह पाए जाने की स्थिति में।

"क्या यह कानून निर्माताओं की चिन्ता नहीं होनी चाहिए कि वे यह देखें कि कानून लागू क्यों नहीं हो रहे हैं? प्रत्येक विधान का अपना एक मकसद होता है जिस उद्देश्य को हासिल करने के आशय से वह कानून बनाया जाता है। उक्त कानून का प्रभावी प्रवर्तन ही ऐसा एक मात्रा साधन है जिसके आधार पर व्यवस्था इस बात का दावा कर सकती है कि कानून अपने मकसद को हासिल कर पाने में कामयाब रहा।"

47
आपकी भूमिका बनती है

समाज का प्रत्येक व्यक्ति अपनी जिस किसी भूमिका में भी है अगर उस भूमिका के साथ न्याय करे तो फिर समाज में अन्याय की गुजांइश कहाँ बचती है? व्यक्ति के मानसिक सोच का स्तर सामान्य भी हो फिर भी उसकी इतनी सामर्थ्य तो होती है कि वह इस बात में विभेद स्थापित कर सके कि अमुक परिस्थितियों में क्या उचित होगा अथवा क्या अनुचित? मनुष्य का मस्तिष्क बड़ा ही न्यायपूर्ण होता है और वैसे ही वह निर्णय भी लेता है। अपने निर्णय के तर्कपूर्ण समर्थन में मस्तिष्क के पास प्रभावी दलीलें भी होती हैं और अपनी तर्कशक्ति तथा इच्छाशक्ति के बल परवह अपने निर्णय पर टिका भी रहता है। प्रत्येक मनुष्य ऐसा कर सकने में सक्षम होता है बशर्ते उसके मस्तिष्क में विद्धेषपूर्ण भावना अपनी जगह न बना ले। मस्तिष्क में विद्धेषपूर्ण भावना के आते ही मनुष्य की सोच फिर प्रतिकूल रूप से प्रभावित हुए बिना नहीं रह पाती। वह पक्षपातपूर्ण हो ही जाती है। विद्धेषपूर्ण भावना एक नकारात्मक सोच होती है जो मनुष्य के बेईमानीपूर्ण आशय की पृष्ठभूमि में जन्म लेती है। अगर आप मानवीय मस्तिष्क के व्यवहारिक पक्ष का सूक्ष्म परीक्षण करें तो स्पष्ट रूप से आप यह पाएंगे कि मानव मस्तिष्क में सकारात्मक संवेदनाएं तथा नकारात्मक संवेदनाएं निर्धारित केन्द्र बिन्दुओं के रूप में पहले से ही मौजूद हैं।बहुधा यह देखा भी गया है कि नकारात्मक संवेदनाएं सकारात्मक संवदेनाओं की तुलना में अधिक बलवती होती हैंऔर यदि एक बार मानव मस्तिष्क की नकारात्मक संवेदनाओं ने सकारात्मक संवेदनाओं को अपनी गिरफ्त में ले लिया तो फिर मनुष्य के लिए यह बड़ी ही मुश्किल की बात होती है किवह नकारात्मक संवेदनाओं से प्रभावित हुए बिना अपने आप को बचाए रख सके और वह नकारात्मक पक्ष उसके मानवीय व्यवहार में परिलक्षित न हो। मनुष्य मस्तिष्क की नकारात्मक संवदेनाओं का प्रवेश ही उसे अन्याय पूर्ण अनुचित व्यवहार करने के लिए प्रबल इच्छा शक्ति का संचार करती है। यह बड़ी ही अप्राकृतिक सी बात है किन्तु सत्य है कि मनुष्य की

नकारात्मक सोच उसे एक बड़े ही विचित्र प्रकार के नकारात्मक आनन्द की अनुभूति कराती है और फिर मनुष्य उचित अनुचित अथवा न्याय अन्याय की परवाह नहीं करता। वह फिर जो भी करता है, जो भी निर्णय लेता है, वे गलत होते हैं, न्यायसंगत नहीं होते। वर्तमान में यह समाज की व्यापक नकारात्मक सोच का ही नतीजा है कि आज सब कुछ ठीक-ठाक नहीं है। कानून टूटते हैं, अपराध होते हैं, समाज की अन्याय में संलिप्तता होती है, अन्ततः समाज कमजोर होता है और टूटता है।

न्यायपालिका व्यक्ति की अंतिम उम्मीद के रूप में होती है, जहाँ उसे इस बात का पूरा भरोसा होता है कि उसे न्याय मिलेगा। न्यायपालिका के पास विधि सम्मत तरीके से न्याय करने के लिए कोई जादू की छड़ी तो नहीं होती। हमारे न्यायाधीश सकारात्मक संवेदनाओं की प्रतिमूर्ति माने जाते हैं जो निष्पक्ष भाव से मामलों की सुनवाई करके अपना निर्णय देने में समर्थ होते हैं। न्याय करने की यह समर्थता उनमें सकारात्मक संवेदना से उपजी प्रबल इच्छा शक्ति के रूप में आती है। मेरा तो विनम्र निवेदन यह है कि यदि हमारा समाज भी अपनी सोच में सकारात्मकता ले आए तो उसका कोई भी कृत्य अथवा उसका कोई भी निर्णय गलत हो ही नहीं सकता। जब उसका कोई भी निर्णय गलत नहीं होगा तो फिर अन्याय होने की बात कैसी? हमें यह नहीं सोचना चाहिए कि समाज की न्यायिकता में हमारी कोई भूमिका नहीं हो सकती। प्रत्येक व्यक्ति के मस्तिष्क में न्यायिकता की अनुभूति होती है लेकिन जब उसके निहित स्वार्थों में टकराव की स्थिति पैदा होती है तब वह कमजोर हो जाता है और यह जानते हुए भी कि उसका निहित स्वार्थ जायज नहीं है फिर भी वह अपने आपको उससे अलग नहीं कर पाता। उसकी नकारात्मक सोच उसे अपनी गलत बात को भी उचित ठहराने के लिए विवश कर देती है अन्ततः वह अन्याय करता है और फिर न्यायपालिका को हस्तक्षेप करना पड़ता है। अगर हमारे समाज के लोग अपने मस्तिष्क के न्यायिकता के पक्ष को मजबूत तथा अडिग बना लें तो सम्भवतः कानून न टूटें व किसी व्यक्ति के प्रति अन्याय की नौबत ही न आए।

प्रश्न तो यह है कि क्या ऐसा हो पाना सम्भव है? अपने निहित स्वार्थ की बात तो छोड़ दीजिए कुछ हद तक जायज ठहरायी जा सकती है

लेकिन अधिकांशतः यहाँ तो ऐसी परिस्थितियाँ उत्पन्न होती ही हैं जहाँ समाज में लोग अन्य व्यक्ति के हितों पर अपना हक बना बैठते हैं और जबरन व्यक्ति को उसके हक से बेदखल कर देते हैं। यह तो नकारात्मक संवेदना की पराकाष्ठा हो गयी। न्यायिकता की तो बात हीमत कीजिए। अगर बेदखल किया गया व्यक्ति सक्षम हुआ तो न्यायालय की शरण ले सकेगा अन्यथा सड़क पर आ गिरेगा। न्यायपालिका उसकी कोई मदद नहीं कर पाएगी। आप सोच रहे होंगे कि जो कुछ भी मैंने ऊपर कहा क्या वह आज के समाज में व्यवहारिक रूप से सम्भव है? जी हाँ! आप ठीक सोच रहे हैं। मैं आपकी बात से सहमत हूँ। यह बात कठिन तो है पर असम्भव नहीं है। सम्भवतः हम भारतवर्ष में जिस 'रामराज्य' की स्थापना के सपने देखते हैं वे आखिर सम्भवानाओं की बुनियाद पर ही तो टिके हैं। कहावत है न कि 'जियो और जीने दो'। देखिए! सम्भव तो वह सब कुछ है जो मानवीय सामर्थ्य के दायरे में आता है। आवश्यकता है तो बस एक सार्थक और ईमानदार पहल की। न्यायिकता की हमारी भूमिका अत्यन्त ही बलवान है बशर्ते कि हम संकल्प ले लें। चाँद पर पहुँचना अगर असम्भव था तो आज इन्सान चाँद पर पहुँच चुका है। अर्थात मनुष्य संकल्प कर ले तो वह असम्भव सी प्रतीत होने वाली परिस्थितियों को भी सम्भव बना सकता है।

"विद्धेषपूर्ण भावना एक नकारात्मक सोच होती है जो मनुष्य के बेईमानीपूर्ण आशय की पृष्ठभूमि में जन्म लेती है। अगर आप मानवीय मस्तिष्क के व्यवहारिक पक्ष का सूक्ष्म परीक्षण करें तो स्पष्ट रूप से आप यह पाएंगे कि मानव मस्तिष्क में सकारात्मक संवेदनाएं तथा नकारात्मक संवेदनाएं निर्धारित केन्द्र बिन्दुओं के रूप में पहले से ही मौजूद हैं।"

48
स्वरोजगार तथा अवसर

इस बात में सत्यता हो सकती है कि राज्य इस स्थिति में नहीं हो सकता कि वह अपने प्रत्येक नागरिक को सरकारी रोजगार दिला पाए। बेशक! युवाओं में बेरोजगारी की समस्या वैश्विक स्तर पर है। जहाँ बेरोजगारी के कारणों से हमारे युवा अपने रोजमर्रा के खर्चे नहीं निकाल पाते। समाज में सम्पत्ति सम्बन्धी व अन्य अपराध होते हैं इसके लिए हमारे युवा दोषी नहीं हैं। हमें अपने युवाओं को मानसिक विषाद की स्थिति से बचाने के लिए आगे आना होगा। हमारे देश की ऐसी ईमानदार रोजगार नीति होनी चाहिए जो न सिर्फ सरकारी क्षेत्रों में रोजगार के अवसर पैदा करे बल्कि वित्तीय नीतियों, जिले, खण्ड, तथा पंचायत स्तरों पर सामाजिक आर्थिक विकास पहल आधारित ऐसी योजनाओं के माध्यम से एक ऐसा वातावरण तैयार करे जिससे कि हमारे युवाओं के लिए पर्याप्त मात्रा में स्वरोजगार के अवसरों का सृजन किया जा सके।

क्योंकि हमारे देश में सार्वजनिक जीवन में इतने बड़े पैमाने पर भ्रष्टाचार है कि यदि कोई स्वरोजगार के अवसर उत्पन्न किए जाने का दावा भी करे तो वे अत्यन्त विध्वंशकारी सिद्ध हुए हैं और बेरोजगारी की समस्या दिन प्रतिदिन बढ़ी ही है। हमारे रोजगार नीति नियन्ता दोष मढ़ देते हैं कि ऐसा बढ़ती जनसंख्या के कारण हो रहा है जिसका देश में बढ़ती बेरोजगारी की दर से प्रत्यक्ष समानुपातिक सम्बन्ध है।

हम जब तक एक राष्ट्र के रूप में सामाजिक आर्थिक रूप से ताकतवर नहीं होंगे तब तक हम अपने युवाओं के लिए स्वरोजगार के अवसर उत्पन्न कर पाने की स्थिति में नहीं होंगे। श्वेतपोश अपराधियों द्वारा राष्ट्र के सामाजिक आर्थिक मजबूती को बुरी तरह से छिन्न भिन्न किया जा चुका है। हमारा विधिक तन्त्र इस प्रकृति की अपराधिकता को रोक पाने में पूरी तरह से विफल रहा है। चूँकि हमारी सामाजिक आर्थिक व्यवस्था को तोड़-मरोड़ कर रख दिया गया है। नतीजे में बढ़ती बेरोजगारी हमारे सामने है।

हमारी मुक्त बाजार व्यवस्था की जो नीति है उस पर पुर्नविचार की जरूरत है। मुक्त बाजारों ने स्थानीय आर्थिक संरचना को पूरी तरह से नष्ट कर दिया है। हमारे गाँवों में लघु तथा कुटीर उद्योग ग्रामीण युवाओं को पर्याप्त स्वरोजगार उपलब्ध कराने की स्थिति में थे। लेकिन अब मुक्त बाजार व्यवस्था की शुरूआत के बाद लघु एवं कुटीर उद्योग तो बन्द पड़े हैं तथा हमारे युवा रोजगार की तलाश में शहरों की तरफ रूख कर रहे हैं। बढ़ते शहरीकरण के लिए कम से कम हमारे ग्रामीण युवाओं को दोष न दिया जाए। आखिर वे कहाँ जाएं? मेरे मस्तिष्क में इस बात का संशय बना रहता है कि क्या बहुराष्ट्रीय कम्पनियाँ हमारे युवाओं को स्वरोजगार के अवसर उपलब्ध करा पाएंगी? सम्भवतः नहीं। अगर ऐसा हुआ होता तो आज हमारे युवाओं के लिए बेरोजगारी की यह भयावह स्थिति न होती।

"हमारी मुक्त बाजार व्यवस्था की जो नीति है उस पर पुर्नविचार की जरूरत है। मुक्त बाजारों ने स्थानीय आर्थिक संरचना को पूरी तरह से नष्ट कर दिया है। हमारे गाँवों में लघु तथा कुटीर उद्योग ग्रामीण युवाओं को पर्याप्त स्वरोजगार उपलब्ध कराने की स्थिति में थे। लेकिन अब मुक्त बाजार व्यवस्था की शुरूआत के बाद लघु एवं कुटीर उद्योग तो बन्द पड़े है तथा हमारे युवा रोजगार की तलाश में शहरों की तरफ रूख कर रहे हैं।"

49

आर्थिक न्याय–अन्तर्राष्ट्रीय मापदण्ड

आर्थिक न्याय का आप क्या अर्थ निकालते हैं? इसे अन्तर्राष्ट्रीय मापदण्डों के ढांचे में रखकर भी समझना होगा। कुछ धनी राष्ट्रों जैसे संयुक्त राज्य अमेरिका, रूस, फ्रांस, ब्रिटेन, जर्मनी, जापान, चीन, कोरिया, तथा अरब देशों को यदि छोड़ दिया जाए तो समूचे विश्व में बहुत से निर्धन राष्ट्रों की दशा अत्यन्त ही असंतोषजनक है।

इस पृथ्वी पर मनुष्यों के अस्तित्व के लिए अर्थशास्त्र का बड़ा ही प्रत्यक्ष तथा समानुपातिक सम्बन्ध है। इस सम्बन्ध को समझना बड़ा ही सरल है। यदि व्यक्ति के पास पैसा है तो उसे तथा उसके बच्चों को भोजन मिल पाएगा और वे इस पृथ्वी पर जीवित रह पाएंगे। हम तो उनके महज अस्तित्व की बात कर रहे हैं। भोजन की गुणवत्ता, कुपोषण, लाखों लोगों के भूखे रह जाने की तो बात ही मत कीजिए। यह तो वर्तमान के अन्तर्राष्ट्रीय समाज में बड़ी ही सामान्य सी बात बन चुकी है।

भले ही कोई भी अन्तर्राष्ट्रीय पैमाना क्यों न हो विश्व भर में आर्थिक न्याय का सीधा सा मतलब यही होता है कि सामाजिक आर्थिक व्यवस्था में आर्थिक विषमता को दूर किया जाए। उन लोगों के मध्य निर्धनता की खाई पाटने का आखिर अन्तर्राष्ट्रीय पैमाना क्या हो सकता है? वे जो बेइन्तहा धनी हैं तथा वे लोग जो अत्यन्त ही निर्धनता की दशाओं में रह रहे हैं। हम जो भी नई अन्तर्राष्ट्रीय आर्थिक व्यवस्था देख रहे हैं यह वस्तुतः एक ऐसा अन्तर्राष्ट्रीय वातावरण उत्पन्न करने के लिए है जो व्यापार तथा विकास की दशाओं के अनुकूल हो। मेरी विनम्र भावना यह है कि इसे महज एक आलोचना के रूप में न समझा जाए और न ही मेरे प्रस्तुतीकरण का नकारात्मक अर्थ निकाला जाय।

मेरा विनम्र सवाल यह है कि आखिर इस नव अन्तर्राष्ट्रीय आर्थिक व्यवस्था (एन0आई0ई0ओ0) का लाभार्थी कौन होने जा रहा है? क्या यह बड़ी बहुसंख्य आबादी अथवा साधारण सी छोटी आबादी के लोगों के भले के लिए है? क्या व्यवस्था यह सुनिश्चित कर पायी है कि नव अन्तर्राष्ट्रीय

आर्थिक नीति के गणित का लाभ नीचे वर्तमान सभ्यता की अन्तिम पायदान पर खड़े व्यक्ति तक भी पहुँच पाएगा?हमें यह कटु सत्य कबूल करने में हिचक नहीं करनी चाहिए कि इस व्यवस्था के लाभ तो बपौती बन कर कुछ शक्तिशाली आर्थिक भीमकायों की मुट्ठी में ही सिमट कर रह गए हैं। भूल जाइए उन लोगों के बारे में जो बिल्कुल असहाय से भूखे, प्यासे, वर्तमान सभ्यता की तलहटी में पड़े हुए हैं। क्या हम इसे ही आर्थिक न्याय कहेंगे? भूख से होने वाली मौतें तो दिन प्रतिदिन का हिस्सा बन गयी हैं क्योंकि लोगों के पास पैसे नहीं हैं कि वे खाने के लिए रोटी जुटा सकें। यह बड़ा ही सीधा सा अर्थशास्त्र है। नई वैश्विक अर्थ व्यवस्था यह महसूस करे तथा यह सुनिश्चित करे कि विश्व भर में निर्धन व्यक्तियों की मूलभूत न्यूनतम जरूरतें तो पूरी हों। कम से कम ऐसा मानवता के लिए मानवीय मर्यादा के हित में किया जाए। आर्थिक विषमता समाप्त कर पाना तो दूर की बात है इसे कम कर पाना भी अभी दिवास्वप्न ही बना हुआ है।

“मेरा विनम्र सवाल यह है कि आखिर इस नव अन्तर्राष्ट्रीय आर्थिक व्यवस्था (एन०आई०ई०ओ०) का लाभार्थी कौन होने जा रहा है? क्या यह बड़ी बहुसंख्य आबादी अथवा साध ाारण सी छोटी आबादी के लोगों के भले के लिए है? क्या व्यवस्था यह सुनिश्चित कर पायी है कि नव अन्तर्राष्ट्रीय आर्थिक नीति के गणित का लाभ नीचे वर्तमान सभ्यता की अन्तिम पायदान पर खड़े व्यक्ति तक भी पहुँच पायेगा?”

50

महिला घरेलू हिंसा- एक कलंक

यह समाज के लिए बड़ी ही पीड़ाजनक स्थिति है जब महिलाओं के प्रति घरेलू हिंसा के प्रकरण सामने आते हैं खास तौर से जब हमारा समाज शिक्षित, आधुनिक तथा सभ्य होने की बात करता है। घरेलू हिंसा समाज के माथे पर कलंक है। घरेलू हिंसा ने न सिर्फ भारतीय धरती पर अपनी छाप छोड़ी है वरन् विश्व के अन्य हिस्सों में भी यह अभिशाप गम्भीर रूप से समान अनुपात में प्रचलित है। अगर घरेलू हिंसा को विधिक आयामों के दृष्टिकोण से देखा जाय तो समाज में घरेलू रूप से महिला का सामाजिक, आर्थिक, शारीरिक, भावनात्मक तथा लैंगिक शोषण किया जाता है। घरेलू हिंसा विधिक समस्या नहीं है अपितु यह एक सामाजिक समस्या है। अर्थ यह हुआ कि पुरूष प्रधान समाज की जो दिमागी सोच है उसमें बदलाव की आवश्यकता है अन्यथा कानून एवं कानूनी प्रक्रियाएँ अपने आप में व्यर्थ प्रयास ही सिद्ध होंगे।

आज का ज्वलन्त प्रश्न यह है कि क्या वास्तव में हमें ऐसे कानून की आवश्यकता है जो हमारे समाज में महिलाओं को घरेलू हिंसा से संरक्षण प्रदान करे? क्या हम इस बात से सहमत नहीं हैं कि महिलाओं के प्रति होने वाली घरेलू हिंसा के लिए हम स्वयं जिम्मेदार हैं? क्या हम खुद को स्वअनुशासित नहीं कर सकते? क्या हम इसी भावना के साथ जीते हैं कि महिलाओं के प्रति हमारा व्यवहार तभी बदलेगा जब देश का कानून हमारी नकेल कसेगा? क्या यह निन्दनीय नहीं लगता? महिलाओं के प्रति घरेलू हिंसा से संरक्षण के लिए अगर देश को कानून बनाने की आवश्यकता लगने लगे तो यह इस तथ्य का स्पष्ट संकेत है कि महिलाए, यहाँ तक कि अपने घरेलू परिसर में भी सुरक्षित नहीं हैं। भारत की संसद इस बात से संतुष्ट है तथा उसे महिलाओं को घरेलू हिंसा से आवश्यक संरक्षण प्रदान करने के लिए विधायी प्राविधानों के साथ आगे आना ही पड़ा। अगर महिला अपने घर की चारदीवारी के अन्दर सुरक्षित नहीं है फिर समाज की बात करना तो व्यर्थ ही होगा।

प्रश्न यह है कि ऐसी महिला जो घरेलू हिंसा की शिकार है उसे इसके विरूद्ध क्या उपचार उपलब्ध हैं? जैसी भी स्थिति हो, महिला को घरेलू हिंसा के लिए अपने पति, अपने सास-श्वसुर अथवा पति के सम्बन्धियों के विरूद्ध कानून के समक्ष शिकायत दर्ज करानी होगी। ऐसी स्थिति परिवार के सदस्यों के लिए असहनीय होगी तथा बर्दाश्त नहीं की जायेगी। ऐसी परिस्थिति ही महिला के समक्ष वास्तविक परेशानी के रूप में सामने आएगी। आखिर कानून कब तक महिला को संरक्षण प्रदान कराते रहने की स्थिति में होगा? समाज में ऐसी भी महिलाएं हैं जो अपने बच्चों की खातिर तथा पारिवारिक हित में घरेलू हिंसा बर्दाश्त करती रहेंगी तथा उसके विरूद्ध अपनी जुबान नहीं खोल पाएंगी। बावजूद इसके कि महिलाओं को घरेलू हिंसा से बचाने के लिए हमारे पास एक अच्छा कानून उपलब्ध है उक्त कानून अपने आप को ऐसी महिलाओं के प्रति न्याय सुनिश्चित कर पाने की स्थिति में नहीं पाता। आइए! हम महिलाओं के प्रति न्याय करें तथा यह समाज महिलाओं के विरूद्ध घरेलू हिंसा बन्द करे। हमें यह नहीं भूलना चाहिए कि महिलाएं पारिवारिक सम्बन्धों का एक अभिन्न अंग हैं तथा परिवार के व्यापक हित में ऐसे पारिवारिक सम्बन्धों को मजबूती प्रदान करने की आवश्यकता है अन्यथा परिवार टूट कर बिखर जाएंगे और तब तक समय भी हमारे हाथ से निकल चुका होगा। पश्चाताप करते रहना ही मानव जाति की नियति नहीं होनी चाहिए।

"आज का ज्वलन्त प्रश्न यह है कि क्या वास्तव में हमें ऐसे कानून की आवश्यकता है जो हमारे समाज में महिलाओं को घरेलू हिंसा से संरक्षण प्रदान करे? क्या हम इस बात से सहमत नहीं हैं कि महिलाओं के प्रति होने वाली घरेलू हिंसा के लिए हम स्वयं जिम्मेदार हैं? क्या हम खुद को स्वअनुशासित नहीं कर सकते? क्या हम इसी भावना के साथ जीते हैं कि महिलाओं के प्रति हमारा व्यवहार तभी बदलेगा जब देश का कानून हमारी नकेल कसेगा? क्या यह निन्दनीय नहीं लगता?"

51

महिलाएं और क्षतिपूर्ति न्याय?

अपराध के शिकार व्यक्तियों को क्षतिपूर्ति दिलाए जाने की कानून की अवधारणा हमारी अपराधिक न्याय व्यवस्था की असहज स्थिति को प्रदर्षित करती है। अपराध के शिकार व्यक्तियों को क्षतिपूर्ति दिलाए जाने की बात तब आती है जब व्यवस्था को इस बात की अनुभूति होती है कि उक्त परिस्थितियों में व्यवस्था उस व्यक्ति के साथ सही अर्थों में न्याय दिला पाने में असफल रही है। अतः उस व्यक्ति के साथ जो कुछ हुआ उसकी उसे क्षतिपूर्ति करा दी जाए। क्षतिपूर्ति न्याय की अवधारणा वस्तुतः अपराधिक न्याय व्यवस्था की असफलता की ओर इशारा करती है क्योंकि व्यवस्था को इस बात का समाधान हुआ कि वह समाज में अपराधों को रोक पाने में नाकाम रही। पुलिस मशीनरी जो कि उस व्यवस्था का एक अभिन्न अंग है उसे समाज में अपराधों की रोकथाम करने का सांविधिक दायित्व सौंपा गया है। लेकिन जब पुलिस अपने इस दायित्व का विखण्डन करती है और जबवह समाज में अपराधों के नियन्त्रण व रोकथाम में नाकाम रहती है तो उसका खामियाजा परिणामतः अपराध के शिकार निर्दोष लोगों को ही भुगतना पड़ता है। व्यवस्था असहाय रूप से क्षतिपूर्ति की बात करती नजर आती है चूँकि उन सांविधिक दायित्वों का अनुपालन सुनिश्चित करवा पाना व्यवस्था के लिए तुलनात्मक रूप से एक दुष्कर कार्य रहा है।

किसी भी महिला के जीवन में बलात्कार से अधिक गम्भीर कोई अपराध नहीं हो सकता। वे बलात्कार का शिकार होती हैं क्योंकि उन्होंने पुरूष प्रधान मनोवैज्ञानिकता के समाज में एक महिला के रूप में जन्म पाया है। उन्हें एक मनुष्य की व्यक्तिगत पहचान के बजाय भोग की जाने वाली वस्तु के रूप में देखा जाता है। समाज में बलात्कार के अपराध क्योंकर घटित होते हैं? समाज में महिला के साथ बलात्कार होने पर प्रथम सूचना रिपोर्ट दर्ज होते ही विधिक व्यवस्था गतिशील हो जाती है। बलात्कार के मामलों में चश्मदीद गवाहों का उपलब्ध होना एक मुश्किल बात होती है।

जैसी कि हमारी व्यवस्था है, विधि के अर्न्तगत दोष सिद्ध पाए जाने पर बलात्कारी को दण्डित कर दिए जाने से यह मान लिया जाता है कि बलात्कार की शिकार महिला के साथ न्याय कर दिया गया। निवेदन है कि बलात्कारी को दण्डित कर दिए जाने मात्र से ही यह नहीं मान लिया जाना चाहिए कि उक्त महिला के साथ न्याय हो गया। बलात्कार की शिकार उक्त महिला के लिए यह घटना उसके जीवन भर की मानसिक त्रासदी बनने जा रही है और वस्तुतः बलात्कार की शिकार ऐसी महिलाओं को देश की विधिक व्यवस्था की असफलता का दण्ड भुगतना पड़ रहा है। यह ऐसी महिलाओंके प्रति सम्पूर्ण अन्याय है। बलात्कार की शिकार उक्त महिला से समाज में अब कौन विवाह करेगा? क्या इस पृथ्वी पर ऐसा कोई कानून है जो उस महिला की इज्जत वापस लाकर दे दे? जी हाँ! नहीं! अब उस महिला की मर्यादा एवम उसके आत्मसम्मान को पुर्नस्थापित नहीं किया जा सकता।

न्यायिक व्यवस्था भी अपनी असहज स्थिति स्पष्ट समझ रही है कि अबवह उस महिला के साथ न्याय नहीं कर सकती। देश का सर्वोच्च न्यायालय क्षतिपूर्ति न्याय की अवधारणा के साथ आगे आता है कि बलात्कार की शिकार महिला की क्षतिपूर्ति कर दी जाय। यह सर्वोच्च न्यायालय की परम असहाय स्थिति है। व्यवस्था इस बात का भरोसा दिला सकने की स्थिति में नहीं है कि समाज में महिलाओं को संरक्षण मिलेगा तथा उनके साथ बलात्कार नहीं होगा। लेकिन अगर वे बलात्कार का शिकार होती हैं तो उन्हें क्षतिपूर्ति का भरोसा अवश्य दिलाया जाएगा। अपराध न्याय प्रशासन के व्यवस्थापकों से ज्वलन्त प्रश्न यह है कि क्या हम महिलाओं के सम्मान की कीमत लगा रहे हैं? क्या हम महिलाओं की मर्यादा की सौदेबाजी कर उसकी क्षतिपूर्ति कर रहे हैं? आखिरकार हम इतने असहाय क्यों हैं? क्या महिलाएं महिला होने की कीमत चुकाती हैं तथा बलात्कार का शिकार होती हैं?व्यवस्था बलात्कार के लिए क्षतिपूर्ति दिलाने को तो तैयार है लेकिन वह इस बात की कोई घोषणा करती नजर नहीं आती कि अबसे समाज में बलात्कार के अपराध नहीं होंगे। समाज का आधा अंग न्याय मांग रहा है क्षतिपूर्ति नहीं। न्याय सिर्फ किया ही न जाए बल्कि लगना भी चाहिए कि न्याय हुआ है। आइए! हम महिलाओं की

मर्यादा का सम्मान करें। समाज से बलात्कार जैसे घृणित अपराध समाप्त होने चाहिए। महिलाओं की मर्यादा के प्रति न्याय सुनिश्चित करने का यही एक मात्र रास्ता है।

"अपराध न्याय प्रशासन के व्यवस्थापकों से ज्वलन्त प्रश्न यह है कि क्या हम महिलाओं के सम्मान की कीमत लगा रहे हैं? क्या हम महिलाओं की मर्यादा की सौदेबाजी कर उसकी क्षतिपूर्ति कर रहे हैं? आखिरकार हम इतने असहाय क्यों हैं? क्या महिलाएं महिला होने की कीमत चुकाती हैं तथा बलात्कार का शिकार होती हैं? व्यवस्था बलात्कार के लिए क्षतिपूर्ति दिलाने को तो तैयार है लेकिन वह इस बात की कोई घोषणां करती नजर नहीं आती कि अबसे समाज में बलात्कार के अपराध नहीं होंगे।"

52
शिक्षा माफिया–शैक्षणिक न्याय

उचित शिक्षा मानव सभ्यता की रीढ़ की हड्डी है तथा यह किसी राष्ट्र की व्यापक प्रगति में प्रत्यक्ष रूप से जुड़ी हुई है। यदि आप किसी राष्ट्र को एक कमजोर राष्ट्र के रूप में देखना चाहते हैं तो इसके शैक्षणिक संसाधनों को कम कर दीजिए वह राष्ट्र टूट–टूट कर बिखर जाएगा। गुणवत्तापरक शिक्षा के क्षेत्र में निवेश किसी राष्ट्र का प्राथमिक कार्यक्रम होना चाहिए। भारत में हमने शिक्षा नीति बनायी तो है लेकिन प्रचलित शिक्षा नीति शैक्षणिक न्याय की बढ़ोत्तरी के लिए पर्याप्त नहीं है। शैक्षणिक न्याय का अर्थ हुआ शिक्षा सभी को, चाहे वे किसी लिंग के, जाति, धर्म, या क्षेत्र के हों अथवा उनका आर्थिक स्तर जो भी हो। आजादी के अड़सठ वर्षों के बीत जाने के पश्चात भी हम भारत में आज भी सभी को शिक्षा देने के संघर्ष में लगे हुए हैं।हमें प्रायः व्यक्तिगत परिवारों में लिंग के आधार पर पक्षपात नजर आता है जहाँ परिवार में लड़कों को ही बेहतर शिक्षा के लिए वरीयता दी जाती है जबकि परिवार की लड़कियों की शिक्षा के पक्ष में विचार करना महत्वपूर्ण नहीं माना जाता। ऐसा समाज की पुरूष प्रधान पितृसत्तात्मक मानसिकता के कारण होता है। जातिगत धारणाएं भी समाज में प्रचलित हैं जहाँ जाति विशेष के लोगों को शिक्षा से वंचित रखने जैसी सोच होती है यद्यपि देश की विधिक व्यवस्था जातिगत अथवा लिंग आधारित धारणाओं को प्रतिबन्धित करती है।

समय बीतने के साथ हमने पाया कि हमारे तथाकथित आधुनिक समाज की रूझान शैक्षणिक व्यवस्था के व्यवसायीकरण की तरफ बढ़ती गयी। बेशक! व्यवसायीकरण के साथ हम यह महसूस करते हैं कि शिक्षा की गुणवत्ता में उन्नति हुई है। लेकिन व्यवस्था की त्रासदी यह है कि इस गुणवत्तापरक शिक्षा का लाभ ऐसे परिवारों के बच्चों को ही मिला है जो आर्थिक रूप से सम्पन्न हैं तथा इसका बोझ उठा सकने में समर्थ हैं। अचानक ही हमने व्यवस्था में यह महसूस किया कि शिक्षा माफियाओं का उदय हुआ जो पैसे के बदले शिक्षा को बेचने के लिए निकल पड़े हैं। जहाँ

वे छात्रों को परीक्षा में प्रश्नपत्र हल कराने से लेकर परीक्षाफल में उच्च अंक प्राप्त कराने तक की सुविधा दिलाने का करार करते हैं तथा बदले में उसकी मोटी कीमत वसूलते हैं। ऐसा शिक्षा विभाग के जिम्मेदार अधिकारियों की मिलीभगत के बगैर सम्भव नहीं है। क्या कुछ हो रहा है? ऐसा सरकारों के संज्ञान में है। लेकिन सरकारों ने अपनी आँखे मूंद रखी हैं जिससे शिक्षा माफियाओं का मनोबल बढ़ा रहता है। शिक्षा चौपट होती रहती है।

वर्तमान युग में सरकारी स्कूल अपने अस्तित्व के लिए संघर्ष कर रहे हैं तथा वे टूट जाने की कगार पर हैं अथवा लगभग टूट चुके हैं। ऐसी ही स्थिति उच्च शिक्षा के क्षेत्र में भी है। पूरा का पूरा परिदृश्य सरकारी क्षेत्र के शैक्षणिक संस्थान बनाम निजी क्षेत्रों के शैक्षणिक संस्थानों के मध्य एक लड़ाई बन कर रह गया है। भारत के संविधान ने संशोधन के माध्यम से विलम्बतः अनुच्छेद 21–ए के रूप में शिक्षा को बुनियादी अधिकार घोषित किया है। इसमें यह व्यवस्था दी गयी है कि निजी क्षेत्र के स्कूलों में समाज के निर्धन व कमजोर वर्ग के परिवारों के बच्चों के लिए 25 प्रतिशत स्थान आरक्षित रखें जाएंगे। ऐसी व्यवस्था सरकार के खर्चे पर की जाएगी। अर्थात ऐसे वर्ग के बच्चों की शिक्षा का खर्च सरकार वहन करेगी। महज ऐसे प्राविधान बना देना ही अपने आप में पर्याप्त नहीं है। हमारी सरकारी मशीनरी ऐसे प्राविधानों को उसके सही अर्थों तथा भावना के अनुरूप लागू करा पाने में विफल रही है। निर्धन परिवार के बच्चे गुणवत्तापरक शिक्षा प्राप्त कर सकने योग्य नहीं हैं क्योंकि उनके पास पैसे नहीं हैं। वे संख्या में बहुसंख्य हैं। ऐसे बच्चों की इतनी कमजोर रीढ़ के साथ क्या हम ऐसी अपेक्षा कर सकते हैं कि हमारे राष्ट्र का भविष्य कितना शक्तिशाली होगा? हम और कमजोर बने रहेंगे और बनते जाएंगे जब तक हम अपने शिक्षा के क्षेत्र को मजबूत नहीं बना लेते।

“शैक्षणिक न्याय का अर्थ हुआ शिक्षा सभी को, चाहे वे किसी लिंग के, जाति, धर्म, या क्षेत्र के हों अथवा उनका आर्थिक स्तर जो भी हो। आजादी के अड़सठ वर्षों के बीत जाने के पश्चात भी हम भारत में आज भी सभी को शिक्षा देने के संघर्ष में लगे हुए हैं।”

53
उपभोक्ता न्याय

उपभोक्ता न्याय बड़ी ही संवेदनशील अवधारणा है। उपभोक्ता वह है जो कीमत देकर वस्तुओं अथवा सेवाओं का उपभोग करता है। ऐसी वस्तुओं की खरीद के बदले में उपभोक्ता को कोई व्यवसायिक लाभ नहीं होता। बल्कि वह इन वस्तुओं को अपने व्यक्तिगत घरेलू उपयोग के लिए खरीदता है। किसी वस्तु को कीमत देकर खरीदा जाना अथवा कीमत अदा कर सेवाओं का उपभोग करना उपभोक्तावाद की विषय वस्तु है। वस्तुएं दोषयुक्त हो सकती हैं अथवा सेवाओं में कमी हो सकती है जबकि वस्तुओं की अथवा सेवाओं की पूरी कीमत वसूली गई है। इसी को उपभोक्ता के लिए धोखा कहते हैं। उपभोक्ता अपनी मेहनत की कमाई का एक भाग घरेलू वस्तुओं को खरीदने में खर्च करता है लेकिन वस्तुएं दोषपूर्ण होने के कारण वह उनका आनन्द नहीं उठा पाता है। यह अन्यायपूर्ण है। उपभोक्ता सम्बन्धी कानून कल्याणकारी विधायन की श्रेणी में आते हैं। जिससे उपभोक्ता के कल्याण की बात सुनिश्चित की जा सके। उपभोक्ताओं को विभिन्न सांविधिक अधिकार सुनिश्चित किए जाने के साथ ही उपभोक्तावाद अस्तित्व में आ जाता है जिसका उद्देश्य होता है कि राष्ट्र की विधिक व्यवस्था उपभोक्ताओं को संरक्षण प्रदान करे।

उपभोक्ता न्याय की अवधारणा 'क्रेता सावधान' के नियम के अपवाद के रूप में सामने आई। इसी कारण आपने गौर किया होगा कि उपभोक्ता सम्बन्धी वस्तुएं बेचे जाने वाली दुकानों पर यह लिख कर टांग दिया जाता है कि 'बिका हुआ माल वापस नहीं होगा'। यह नियम क्रेता के ऊपर एक भार आरोपित करता है कि बाजार से वस्तुओं को खरीदने से पूर्व वह स्वयं को वस्तु की गुणवत्ता तथा उपयोगिता के बारे में अपने आप को सन्तुष्ट कर ले कि वस्तु उसकी आवश्यकता के अनुरूप है अथवा नहीं। तब वह वस्तु को खरीदे। बाद में अगर क्रेता खरीदी गयी वस्तु वापस करना चाहता है तो विक्रेता अधिकार स्वरूप वस्तु को वापस लेने से मना कर सकता है। यह नियम उसी परिस्थिति में लागू होगा अगर वस्तुओं की

खरीदी के समय क्रेता के लिए इस बात का अवसर था किवह स्वयं क्रय की जाने वाली वस्तु का भौतिक रूप से परीक्षण कर सके।

यह बात समझ से परे है कि आखिर वस्तुओं की गुणवत्ता की परख का भार क्रेता का ही क्यों होना चाहिए? और यह कि 'क्रेता सावधान' का यह नियम विक्रेता पर ऐसा कोई दायित्व आरोपित क्यों नहीं करता किवह गुणवत्ता की वस्तुओं का ही विक्रय करे? यह जोखिम क्रेता के लिए ही क्यों? वैसे यह अलग बात है कि उपभोक्तावाद के इस जमाने में क्रेता सावधान के नियम की कोई अहमियत नहीं रह गयी है फिर भी इस नियम के दुरूपयोग की सम्भावना तो बनी ही रहती है। दलील यह दी जाती है कि वस्तुओं की व्यवसायिक उद्देश्यों की खरीदी के लिए यह नियम अभी भी कानून की किताबों में बना हुआ है। लेकिन यह किसी भी रूप में न्यायोचित नहीं होगा जहाँ जोखिम सदा क्रेता की तरफ बना रहे। आजकल जहाँ बाजारों में निम्न गुणवत्ता की वस्तुएँ धड़ल्ले से बेची जा रही हों क्रेता के लिए यह किस प्रकार सम्भव होगा कि वह उचित गुणवत्ता की वस्तु ही खरीद पाए? जहाँ वस्तुओं की गुणवत्ता सम्बन्धी कोई जिम्मेदारी क्रेता की न हो, बिना उसकी किसी गलती के अन्ततः विधिक व्यवस्था के हाथों खामियाजा उसे ही भुगतना पड़े। आवश्यकता तो इस बात की है कि इस नियम में उचित संशोधन किया जाए जिससे कि क्रेता के अधिकार तथा विक्रेता के दायित्वों की बीच एक न्यायसंगत सन्तुलन स्थापित किया जा सके।

यह बड़ा ही दुखद है कि समाज में बाजारों में मिलावटी खाद्य पदार्थों की बहुतायत हो तथा ऐसे खाद्य पदार्थों की बिक्री खुले आम की जा रही हो। यह तो एक अपराध है जिसमें उपभोक्ताओं के जीवन का जोखिम तथा अन्य स्वास्थ्य सम्बन्धी जोखिम बना रहता है। ऐसे प्रकरण जो मिलावटी खाद्य पदार्थों की बिक्री से सम्बन्धित हैं अथवा यहाँ तक कि यदि ऐसे खाद्य पदार्थों का बिक्री के उद्देश्यों से निर्माण तथा भण्डारण भी किया जाता है विधि के 'कठोर दायित्व' के नियम के दायरे में आते हैं। इस नियम के अर्न्तगत मिलावटी खाद्य पदार्थों का विक्रेता के कब्जे से बरामद होना मात्र ही अपराध होता है। इसके लिए किसी अपराधपूर्ण आशय की आवश्यकता नहीं होती और न ही इसे सिद्ध किया जाना होता

है। यह अपराधिक दायित्व के स्थापित सिद्धान्तों के अपवाद स्वरूप है।

बेशक! उपभोक्ता मामलों के त्वरित निस्तारण हेतु अलग से उपभोक्ता फोरम का गठन किया गया है जिसमें प्रक्रियात्मक औपचारिकताओं को भी बड़ा आसान बना दिया गया है। यहाँ तक कि उपभोक्ता स्वयं ही साधारण आवेदन से परिवाद दाखिल कर उपचार प्राप्त कर सकता है। लेकिन इसका दुखद पक्ष यह है कि इन उपभोक्ता फोरम में बड़ी संख्या में मामले लम्बित पड़े हैं ऐसा सामने आया है। ऐसा होना किसी भी रूप में उपभोक्ता न्याय प्रशासन के हित में ठीक नहीं है।

"यह बात समझ से परे है कि आखिर वस्तुओं की गुणवत्ता की परख का भार क्रेता का ही क्यों होना चाहिए? और यह कि 'क्रेता सावधान' का यह नियम विक्रेता पर ऐसा कोई दायित्व आरोपित क्यों नहीं करता कि वह गुणवत्ता की वस्तुओं का ही विक्रय करे? यह जोखिम क्रेता के लिए ही क्यों?"

54
एक अपराधी का मनोविज्ञान

अपराधिक मनोविज्ञान एक प्रकार की मानसिक बीमारी है। इस बात को लेकर कोई संशय नहीं होना चाहिए कि अपराधिक संलिप्तता व्यक्ति का एक असामान्य व्यवहार होता है। शोध अध्ययनों से भी यह बात सिद्ध हो चुकी है। लेकिन संगठित अपराधिक व्यवहार का बीमार मानसिकता से कोई सम्बन्ध नहीं होता है। यह विशुद्ध रूप से एक पेशेवर मानसिकता है जिसमें निश्चयात्मक मस्तिष्क आशय के साथ अपराध किया जाता है तथा अपराधी को अपराध के परिणाम का सम्पूर्ण ज्ञान होता है। क्या चरम अपराधिक व्यवहार का व्यक्ति की बीमार मानसिकता से कोई लेना देना है? अपवादजनक परिस्थितियों को छोड़कर जब एक व्यक्ति कोई अपराध करता है तब उसके मस्तिष्क में इस तथ्य का ज्ञान होता है कि वह जो अपराध कारित करने जा रहा है उसकी प्रकृति क्या है तथा उसके नतीजे क्या होंगे? वह यह बात भी अच्छी तरह समझता है कि उसका उक्त कृत्य विधि के अर्न्तगत प्रतिबन्धित है तथा यह कि उसके इस विधि विरूद्ध कृत्य के लिए उसे दण्डित भी किया जायेगा। फिर भी वह ऐसा करता है।

अपराधशास्त्र की क्लासिकल विचारधारा के प्रवर्तकों की राय में एक व्यक्ति अपनी 'स्वतन्त्र इच्छा' के कारण अपराध करता है। वह ऐसा करने का आशय रखता है और अपराध कर देता है। वह योजनाबद्ध तरीके से ऐसी परिस्थितियाँ उत्पन्न करता है जो वह जानता है किवे उसके द्वारा अपराध कारित करने में सहायक होंगी। 'संयुक्त दायित्व' की अवधारणा पर आधारित अपराधों में एक से अधिक व्यक्यिों की संलिप्तता होती है। जैसे डकैती, लूट के मामले, आंतकवाद, राज्य के विरूद्ध युद्ध इत्यादि। यहाँ अपराधिक मनोविज्ञान यह कहता है कि ऐसे में अपराध में शामिल प्रत्येक व्यक्ति के मस्तिष्क की सक्रिय सहभागिता होती है तथा वे प्रत्येक के सामान्य आशय के अग्रसरण में अपराध को अंजाम देते हैं। वे सब यह जानते हैं किवे क्या कर रहे हैं तथा यह कि उनका ऐसा करना अपराध की श्रेणी में आता है। वे कानून से भिड़ कर कानून तोड़ने तथा उसका मखौल

उड़ाने के लिए मानसिक रूप से तैयार रहते हैं। कानून उन्हें सजा देगा इस बात की उन्हें तनिक भी परवाह नहीं होती। यह अपराधी की अत्यन्त ही खतरनाक मनोवृत्ति हो जाती है जब उसके दिमाग में एक ऐसी सोच विकसित हो जाय कि कानून उसका क्या बिगाड़ लेगा? उसके मन से कानून का खौफ ही खतम हो जाए। ऐसे भी उदाहरण मिलते हैं कि जब व्यक्ति बदले की भावना से अपराध की दुनिया में उतरते हैं लेकिन वक्त के साथ अपराध करना उनका शौक बन जाता है। जब किसी देश की राजनीतिक व्यवस्था का अपराधीकरण होने लगता है तब उन अपराधियों के लिए राजनीति एक आकर्षण के रूप में उभर कर सामने आती है और वे बाहुबल तथा धनबल के बूते पर समूची राजनैतिक मशीनरी को ही हाइजैक कर लेते हैं। पारम्परिक अपराधों के इतर समाज के आर्थिक रूप से सम्पन्न तथा सामाजिक रसूख रखने वाले लोगों में श्वेतपोश अपराधिकता का चलन हो गया है। इन लोगों में भ्रष्टाचार के तरीकों से कानून की धज्जियाँ उड़ाते हुए रातों–रात दौलत कमाने और दौलत जमा करने की एक हबस होती जाती है। जिसे रोक पाना कानून के लिए एक अत्यन्त मुश्किल बात होती है। श्वेतपोश अपराधी जिनमें राजनेता, उद्योगपति, नौकरशाह व अन्य सम्मानीय व्यक्ति शामिल हैं, इनकी अपराधिक मनोवृत्ति समाज के लिए परम्परागत अपराधों की तुलना में अत्यन्त ही खतरनाक सिद्ध हुई है जो कि सामाजिक आर्थिक ढाँचे को ही खोखला करके रख देती है जिसे कानून के कठोर हाथों से कुचल डालने की आवश्यकता आन पड़ी है।

"वे कानून से भिड़ कर कानून तोड़ने तथा उसका मखौल उड़ाने के लिए मानसिक रूप से तैयार रहते हैं। कानून उन्हें सजा देगा इस बात की उन्हें तनिक भी परवाह नहीं होती। यह अपराधी की अत्यन्त ही खतरनाक मनोवृत्ति हो जाती है जब उसके दिमाग में एक ऐसी सोच विकसित हो जाय कि कानून उसका क्या बिगाड़ लेगा? उसके मन से कानून का खौफ ही खतम हो जाए।"

55
अपराध के शिकार तथा न्याय

न्याय एक ऐसी अवधारणा है जिसे परिभाषित कर पाना इतना आसान नहीं है। विधिक व्यवस्था लोगों को विधिक अधिकार सुनिश्चित करती है तथा विधिक दायित्व भी आरोपित करती है। क्या हम यह मान लें कि विधिक अधिकारों का प्रवर्तन मात्र ही यह कहने के लिए पर्याप्त है कि न्याय कर दिया गया? अथवा जहाँ एक व्यक्ति अपने विधिक दायित्वों को पूरा करने में असफल रहा, ऐसे व्यक्ति को दण्डित कर देने मात्र से क्या व्यवस्था इस बात का दावा कर सकती है कि न्याय करने की औपचारिकता पूरी कर ली गयी? ठीक है! हम मानते हैं कि इन प्रश्नों के उत्तर अत्यन्त कठिन हैं। अत्यन्त संजीदा प्रश्न यह है जहाँ अपराध न्याय व्यवस्था स्वयं अपने सांविधिक दायित्वों तथा कार्यों को पूरा कर पाने में नाकाम रही है? एक व्यक्ति को आप उसकी गलतियों के लिए सजा दे सकते हैं। क्या आप एक व्यवस्था को उसकी रोज-ब-रोज की नाकामियों के लिए दण्डित कर सकते हैं? समाज में कानून व्यवस्था की स्थिति को बनाए रख पाने में व्यवस्था की नाकामी एक बड़ी सामान्य सी घटना हो गयी है। अपराधिक प्रवृत्ति के लोग व्यवस्था की ऐसी नाकामी का अनुचित लाभ उठाने की ताक में रहते हैं और उसका नतीजा यह होता है कि दिन-प्रतिदिन समाज में हिंसा व अपराध के मामले प्रकाश में आते रहते हैं।

व्यवस्था की नाकामी के वास्तविक भुक्तभोगी वे निर्दोष व्यक्ति होते हैं जो इन हिंसक गतिविधियों का शिकार बनते हैं। यदि व्यवस्था सतर्क रही होती तथा उसने अपने सांविधिक कार्यों के सम्पादन के प्रति ईमानदारी बरती होती तो वह इस स्थिति में अवश्य रही होती कि समाज में एक निश्चित सीमा तक अपराधों को रोक पाने में कामयाब रहती। ऐसे में निर्दोष व्यक्ति अपराध का शिकार होने से बचाए जा सकते। समाज में व्यक्तियों को अपराध का शिकार होने से बचाना राज्य के प्राथमिक दायित्व की श्रेणी में आता है। अपराधी को उसके अपराधिक कृत्य के लिए

दण्डित मात्र करवा कर व्यवस्था को इस खुशफहमी में नहीं रहना चाहिए कि वह अपनी जिम्मेदारी से मुक्त हो गयी। यह व्यवस्था की लापरवाही का ही नतीजा था कि अपराधिक सोच रखने वाले व्यक्ति को कानून तोड़ने व अपराध करने का अवसर मिला। इस व्यवस्था को कौन जिम्मेदार ठहरायेगा?

अपराधिक दिमाग बहुत चालाक तथा दोषपूर्ण होता है। प्रसिद्ध अमेरिकी अपराधशास्त्री एडविन सदरलैण्ड ने स्पष्ट तौर पर कहा है कि जब ऐसी परिस्थितियाँ जो कानून तोड़ने के लिए अनुकूल हैं उन परिस्थितियों पर भारी पड़ती हैं जो कानून को तोड़ने के अनुकूल नहीं हैं, समाज में अपराध घटित हो जाता है। अपराधिक दिमाग सदैव तैयार रहता है तथा ऐसी ही परिस्थितियों की फिराक में रहता है जो उनकी सुविधा के अनुसार कानून को तोड़ने में एवं अपराध कारित करने में उन्हें सहूलियत करती हैं और ऐसी अनुकूल सहूलियतें उन्हें हमारी बेपरवाह व्यवस्था प्रदान कर ही देती है। इसका शिकार होता है वह निर्दोष व्यक्ति जिसका अपना कोई कसूर नहीं होता। यह व्यवस्था अपराध के उस शिकार व्यक्ति को यह नसीहत देती है कि देखो ना! गुनाहगार को दण्डित कर तो दिया गया। इसलिए हो तो गया तुम्हारे साथ न्याय? सवाल तो यह है कि आखिर समाज में अपराध की नौबत ही क्यों आयी? क्यों होते हैं निर्दोष व्यक्ति उस अपराध का शिकार? कोई है! जो सुन रहा हो इस बात को? कहाँ है वह न्याय जो इस व्यवस्था को जिम्मेदार ठहराए? वह व्यवस्था जो अपना दायित्व निभाने में नाकाम साबित हुई। ठीक है! सम्पूर्ण रूप से सब कुछ दुरूस्त हो हमें इस बात की अपेक्षा नहीं करनी चाहिए। लेकिन कम से कम हम इस बात की अपेक्षा तो कर ही सकते हैं कि विधिक व्यवस्था का ईमानदार अनुपालन सुनिश्चित किया जाए, कानून ईमानदारी से लागू किए जाएं। यदि विधिक व्यवस्था तथा कानूनों के लचर एवं दोषपूर्ण प्रवर्तन से व्यक्ति उसका शिकार होते हैं और उनके विधिक अधिकारों का हनन होता है तो व्यवस्था को क्यों न दण्डित किया जाए? व्यवस्था को दण्डित करके देश का कानून इस बात का साहस करे कि अपराध के शिकार व्यक्ति को न्याय मिले।

"कहाँ है वह न्याय जो इस व्यवस्था को जिम्मेदार ठहराए? वह व्यवस्था जो अपना दायित्व निभाने में नाकाम साबित हुई। ठीक है! सम्पूर्ण रूप से सब कुछ दुरूस्त हो हमें इस बात की अपेक्षा नहीं करनी चाहिए। लेकिन कम से कम हम इस बात की अपेक्षा तो कर ही सकते हैं कि विधिक व्यवस्था का ईमानदार अनुपालन सुनिश्चित किया जाए, कानून ईमानदारी से लागू किये जाए। यदि विधिक व्यवस्था तथा कानूनों के लचर एवं दोषपूर्ण प्रवर्तन से व्यक्ति उसका शिकार होते हैं और उनके विधिक अधिकारों का हनन होता है तो व्यवस्था को क्यों न दण्डित किया जाए?"

56
अपराध एवम अपराधशास्त्री

अपराधशास्त्री मुख्यतः अपराध तथा अपराधियों से सम्बन्धित अध्ययन की बात करते हैं। जैसे कि अपराधी अपराध क्यों करते हैं? ऐसे कौन से अपराधजनक कारक हैं जो अपराधियों को अपराध करने के लिए प्रेरित करते हैं? सामाजिक वातावरण किस सीमा तक व्यक्तियों में अपराधिक व्यवहार के लिए जिम्मेदार है? उनकी चिन्ता यह है कि जब वे एक बार ऐसे कारक चिन्हित कर लेते हैं जो समाज में अपराध होने के लिए जिम्मेदार हैं ऐसे में प्रशासकों को उन कारकों को समाप्त करने वाली नीतियों पर अमल करना चाहिए जिससे समाज में अपराधों की संख्या में कमी लायी जा सके।

प्रसिद्ध इटालियन अपराधशास्त्री सीजर बेकारिया इस शोध अध्ययन के साथ आगे आए कि अपराधियों में अपराध कारित करने की सुखवादी प्रवृत्ति होती है। वे जानबूझ कर अपराध कारित करते हैं क्योंकि इससे उन्हें आनन्द की अनुभूति होती है। सीजर बेकारिया का 'स्वतन्त्र इच्छा' का सिद्धान्त यह स्पष्ट करता है कि अपराधिक प्रवृत्ति के लोगों को अपराध करने की एक हबस होती है तथा अपराध करके दूसरों को पीड़ा पहुँचा कर इन्हें सुख मिलता है। जब इनके मस्तिष्क में अपराध कारित करने की मनोवैज्ञानिक हबस हावी हो जाती है तब ऐसी प्रवृत्ति के व्यक्त्यिों को अपराध करने से रोका नहीं जा सकता जब तक कि इनके अपराध करने की हबस को सन्तुष्टि नहीं मिल जाती। अन्ततः वे अपराध करते हैं। अपनी पुस्तक 'अपराध और दण्ड' में बेकारिया ने अपराधिक व्यवहार का विस्तृत स्पष्टीकरण दिया है। साथ ही साथ उन्होंने यह भी सुझाव दिया है कि ऐसे अपराधियों को कठोर से कठोर दण्ड दिया जाना ही एक उचित उपचार है जो कि अपराध की गम्भीरता के समकक्ष हो। दण्ड के माध्यम से उनको पीड़ा पहुँचा कर यह एहसास कराया जाना चाहिए कि उन्होंने जो अपराध किया उससे अपराध के शिकार व्यक्तियों को कितनी पीड़ा पहुँची होगी?

अन्य इटालियन अपराधशास्त्रियों में सीजर लोम्ब्रोसो, राफेल गेरोफेलो तथा एनरिको फेरी का नाम आता है। सीजर लोम्ब्रोसो का मानना था कि अपराधी जन्मजात होते हैं। उनकी यह सोच इस दलील पर आधारित थी कि अपराधिकता अनुवांशिक गुणों के कारण होती है तथा यह गुणसूत्रों के माध्यम से एक वंश से दूसरे वंश को स्थानान्तरित होती रहती है। लेकिन अपने कैरियर के पश्चात वर्षों में लोम्ब्रोसो ने स्वयं अपनी इस खोज का खण्डन करते हुए यह स्वीकार किया कि अपराधी जन्मजात नहीं होते हैंबल्कि बनाए जाते हैं। यह समाज उन्हें अपराधी बनाता है। ये तीनों ही अपराधशास्त्री पाजिटिव विचारधारा के प्रवर्तक हैं। व्यक्तियों की शारीरिक बनावट भी अपराधिक प्रवृत्ति को जन्म देती है। ऐसे व्यक्ति जिनके शरीर की बनावट असामान्य होती है वे कुण्ठित मानसिकता से ग्रसित होते हैं और यह कुण्ठित मानसिकता ही उन्हें अपराधिक व्यवहार करने एवम कानून तोड़ने के लिए उकसाती है। ऐसी खोज की गयी कि व्यक्ति सामाजिक परिस्थितियों के टकराव का शिकार बनते हैं जिससे समाज में 'अपराधिक संतृप्तता' की स्थिति बन जाती है। जिस क्षण 'अपराधिक संतृप्तता' का स्तर अपने चरम पर पहुँच जाता है समाज में अपराध घटित हो जाते हैं। हमारी व्यवस्था को इस बात के लिए सदैव सतर्क रहना होगा कि वह प्रतिद्धन्दी समूहों में अपराधिक संतृप्तता की स्थिति पैदा न होने दे जिससे समाज में अपराध रोके जा सकें।

प्रसिद्ध अमेरिकी अपराधशास्त्री एडविन एच0 सदरलैंड ने बिना हिचक इस तथ्य का खुलासा किया है कि किसी व्यक्ति में अपराधिक व्यवहार के लिए हमारा समाज स्वयं जिम्मेदार है। समाज में अनेक विविधताएं हैं तथा निहित स्वार्थों के नाम पर समाज पूरी तरह से असंगठित है। समाज में लोग जाति, भाषा, क्षेत्र, धर्म आदि के नाम पर बंटे हुए हैं। एक तरफ तो बहुतायत में लोग विषम गरीबी का शिकार हैं वहीं दूसरी तरफ ऐसे भी लोग हैं जिनके पास बेहिसाब रूप से अकूत सम्पत्ति है। ऐसी सामाजिक विविधताएं तथा असंगठन समाज की ही देन हैं। जब तक समाज में ऐसी विविधताएं बनी रहेंगी तथा समाज की व्यवस्था इन विविधताओं को समाप्त करने का कोई तरीका नहीं निकालेगी तब तक समाज में अपराध होते रहेंगे। दुनिया का कोई कानून समाज में अपराध होने से नहीं रोक

पाएगा तथा समाज अपराधमुक्त नहीं हो सकेगा। समाज के अपराधिक समूह 'विभेद साहचर्य' के माध्यम से समाज में ही रहकर अपराध सीखते रहेंगे। इन सामाजिक विविधताओं के परिणामस्वरूप ही समाज में अपराध एक व्यवसाय बन गया है। व्यवस्था इन शोधों का लाभ ले पाने में सम्पूर्ण रूप से असफल रही है तथा समाज में अपराध निर्बाध गति से बढ़ते जा रहे हैं।

"ऐसी खोज की गयी कि व्यक्ति सामाजिक परिस्थितियों के टकराव का शिकार बनते हैं जिससे समाज में 'अपराधिक संतृप्तता' की स्थिति बन जाती है। जिस क्षण 'अपराधिक संतृप्तता' का स्तर अपने चरम पर पहुँच जाता है समाज में अपराध घटित हो जाते हैं। हमारी व्यवस्था को इस बात के लिए सदैव सतर्क रहना होगा कि वह प्रतिद्धन्दी समूहों में अपराधिक संतृप्तता की स्थिति पैदा न होने दे जिससे समाज में अपराध रोके जा सकें।"

57

समाज का अपराध मुक्त होना

विधि का शासन किसी भी विधिक व्यवस्था का प्राथमिक उद्देश्य है। समाज में शांति तथा कानून व्यवस्था बनी रहनी चाहिए। अपराध रहित समाज हमारा अंतिम लक्ष्य है। क्या समाज अपराधमुक्त नहीं हो सकता? अपराध तथा अपराधियों से निपटने के लिए अपराधिक विधियाँ हैं फिर भी समाज अपराध मुक्त नहीं हो पाया। समाज में अपराध प्राचीन काल से होते आए हैं। जबसे सभ्यताएं अस्तित्व में आईं तथा आधुनिक समय में भी अपराध यथावत बने हुए हैं। अपराध अब एक सामान्य घटना बन गए हैं। समाचार पत्रों की रिपोर्ट के मुताबिक सामाचार पत्र रोजाना अपराध सम्बन्धी खबरों से पटे पड़े रहते हैं। लोगों की हत्याएं की जाती हैं। अपहरण के मामले प्रकाश में आते रहते हैं। महिलाओं के साथ बलात्कार होता है। बैंक लूटे जाते हैं। सामाजिक–आर्थिक अपराध कारित किए जाते हैं। साम्प्रदायिक हिंसा के रूप में दंगे तथा अन्तर्राष्ट्रीय स्तर पर सीमा पार से आतंकवादी गतिविधियाँ अत्यन्त खतरनाक अपराध के रूप में सामने आयी हैं। साइबर अपराधों के रूप में अत्याधुनिक अपराधों ने सारी अन्तर्राष्ट्रीय सीमाओं को तोड़ दिया है। इसका अर्थ यह निकला कि तकनीकी विकास के साथ–साथ अपराध तकनीकी में भी कई गुना वृद्धि हुई है।

क्या सामाजिक सभ्यता के विकास से अपराधिक व्यवहार का कुछ लेना देना है? अथवा फिर हम 'आँख के बदले आँख' तथा 'दांत के बदले दांत' जैसे युग में ही रह रहे हैं? हाँ! हम आज बड़े गर्व के साथ दावा करते हैं कि, नहीं! हम असभ्य नहीं हैं। हम आज सामाजिक आर्थिक विकास के युग में रह रहे हैं। लेकिन हम पूरे आत्मविश्वास से यह स्वीकार नहीं कर पाते कि हम अपराध रहित समाज के रूप में भी विकसित हो गए हैं। शिक्षा का विकास व्यक्तियों में बेहतर समझ तथा गम्भीरता उत्पन्न करता है। समझ मानवीय सोच प्रक्रिया का वह स्तर है जिससे व्यक्ति युक्तियुक्त रूप से यह विभेद कर पाने में समर्थ होता है कि उसे क्या करना चाहिए

अथवा उसे क्या नहीं करना चाहिए? यह बड़ी ही स्पष्ट सी बात है कि एक शिक्षित सभ्य समाज की सोच का स्तर यह होगा कि क्या सही है? अथवा क्या गलत है? जैसे कि कौन सा कृत्य विधि सम्मत नहीं है? कौन से कृत्य विधि के अर्न्तगत प्रतिबन्धित हैं? यह कि समाज में विधि का शासन होना चाहिए।

क्या हम इतने सभ्य हो चुके हैं कि हम यह सुनिश्चित कर सकें कि समाज में अपराध न हों? क्या हम इतने शिक्षित हो चुके हैं कि हम यह देख पाएं कि समाज में विधि का शासन स्थापित हो? क्या हमने इसके लिए आवश्यक समझ तथा गम्भीरता विकसित कर ली है? अगर आज समाज में गम्भीर अपराधों की बढ़ती दर को कोई संकेत माना जाय तो यह बात इस तथ्य की पुष्टि करती है कि एक सभ्य समाज होने का हमारा दावा कितना खोखला है? तथा हम समाज में अपराधों को रोक पाने में पूरी तरह से नाकाम रहे हैं। हम समाज में जाति, धर्म, भाषा, लिंग, क्षेत्र, अमीर–गरीब के रूप में खण्ड–खण्डमें बंटे हुए हैं। क्या इसे समाज में सभ्यता तथा शिक्षा का अभाव माना जाए? इसका उत्तर दे पाना अत्यन्त कठिन है। उपरोक्त आधारों पर विभाजित लोग व्यक्तिगत हित अर्जित कर लेने की बात करते हैं। हम जातिगत, धार्मिक, भाषायी, क्षेत्रीय दुर्भावानाओं से ग्रसित हैं। लैंगिक तथा आर्थिक आधारों पर विभेद करते हैं। ये विभिन्न दुर्भावानाएं तथा व्यक्तियों व समुदायों के मध्य 'हितों' के टकराव की यह स्थिति ही समाज में अपराध के लिए जिम्मेदार है। भले ही हम कितने भी सभ्य अथवा शिक्षित क्यों न हो जाएं जब तक हम उपरोक्त आधारों पर समाज में विभाजित रहेंगे किसी भी विधि का शासन समाज में अपराध होने से नहीं रोक सकता। उपरोक्त आधारों पर समाज विभाजित रहेगा तथा 'हितों के टकराव' होते रहेंगे। ऐसे में हमें अपराध मुक्त समाज की कल्पना करना छोड़ देना चाहिए।

"समझ मानवीय सोच प्रक्रिया का वह स्तर है जिससे व्यक्ति युक्तियुक्त रूप से यह विभेद कर पाने में समर्थ होता है कि उसे क्या करना चाहिए अथवा उसे क्या नहीं करना चाहिए?

यह बड़ी ही स्पष्ट सी बात है कि एक शिक्षित सभ्य समाज की सोच का स्तर यह होगा कि क्या सही है? अथवा क्या गलत है? जैसे कि कौन सा कृत्य विधि सम्मत नहीं है? कौन से कृत्य विधि के अर्न्तगत प्रतिबन्धित हैं? यह कि समाज में विधि का शासन होना चाहिए।"

58
मौत के सौदागर

भारत में गरीबी से ग्रसित लोगों की स्वास्थ्य सम्बन्धी दुर्दशा अत्यन्त चिन्ताजनक है। स्वास्थ्य आवश्यकताओं की उचित देखभाल हेतु प्रचुर मात्रा में आर्थिक निवेश की आवश्यकता होती है। आप ऐसे लोगों की कल्पनाकर सकते हैं जो गरीबी की रेखा के नीचे जीवन यापन करने के लिए विवश हैं। वे जानवरों से बदतर जीवन जी रहे हैं वह भी ऐसे युग में जिसे मानवाधिकारों के लिए संवेदनशील माना जाता है। स्वास्थ्य सम्बन्धी आपदाएं सिर्फ गरीबों के लिए नहीं हैं। इसकी चपेट में समान रूप से धनी व मध्यम आय वर्ग के व्यक्ति भी आते हैं।

स्वास्थ्य के क्षेत्र में दवा एवं औषधि उद्योगों ने भारी पैमाने पर प्रगति की है। वर्तमान समय में चिकित्सीय उपचार इतना खर्चीला हो गया है कि गरीब व्यक्तियों के लिए यह लगभग असम्भव सी बात है कि वे अपना तथा अपने परिवार के सदस्यों के जीवन को बचाने हेतु उचित चिकित्सा सुविधा प्राप्त कर पाएं। स्वास्थ्य के क्षेत्र में भारी पैमाने पर दवाओं की मांग को देखते हुए बाजार में नकली दवाएं बहुतायत से बेची जा रही हैं। असली तथा नकली दवाओं में इतनी सदृशता है कि उनमें अन्तर कर पाना अत्यन्त कठिन है। ऐसे व्यक्ति जो अशिक्षित हैं असली व नकली दवाओं में विभेद स्थापित नहीं कर पाते तथा इन नकली दवाओं का बड़ी आसानी से शिकार बन जाते हैं।इस तरह इन दवाओं के सौदागर बाजार में नकली दवाएं खपाने में कामयाब हो जाते हैं।

नकली दवाओं के निर्माता, पूर्तिकर्ता तथा विक्रेता वस्तुतः मौत के सौदागर हैं। वे नकली दवाएं गरीब, निर्दोष, बीमार व अशिक्षित लोगों को बेच डालते हैं। दवाओं के बाजार में बाकायदा कीमत वसूल कर बिना किसी भय के खुलेआम नकली दवाओं के रूप में मौत बेची जा रही है। जीवनदायिनी दवाओं के बजाय ये बड़ी खामोशी से लोगों को मार रही हैं। बिना किसी मानवीय संवेदना के ये मौत के सौदागर लोगों के जीवन की कीमत पर अपनी तिजोरी भरने में लगे हुए हैं। देश के दाण्डिक प्राविधानों

के अर्न्तगत यह सदोष मानव वध की परिधि में रखा गया है। याद आता है, संसद में एक प्रस्ताव आया कि नकली दवाओं के निर्माताओं, पूर्तिकर्ताओं तथा विक्रेताओं को मृत्यु दण्ड की सजा दी जाय लेकिन दुर्भाग्यवश यह प्रस्ताव अमल में नहीं लिया जा सका तथा कानून नहीं बन पाया। मौत के सौदागर यथावत इस पाप व अपराधिक गतिविधि में संलिप्त हैं तथा कानून की पकड़ से बाहर हैं।

देश के विधिक प्रशासन के लिए यह बड़े ही शर्म की बात है कि हमारे देश की व्यवस्था मौत के इन सौदागरों को कोई सजा नहीं दे पाती तथा वे इसके स्थान पर मासूम व्यक्ति के जीवन की कीमत पर अनानुपातिक आर्थिक लाभ कमाने में व्यस्त हैं। व्यवस्था को कठोरता से पेश आना होगा जिससे कि मासूमों के जीवन को बचाया जा सके। व्यवस्था को यह समझना चाहिए कि व्यक्ति बाजार में कीमत देकर मौत खरीदने के लिए अभिशप्त है तथा हमारी विधिक व्यवस्था इन मौत के सौदागरों का कुछ नहीं बिगाड़ पाती।

> "देश के विधिक प्रशासन के लिए यह बड़े ही शर्म की बात है कि हमारे देश की व्यवस्था मौत के इन सौदागरों को कोई सजा नहीं दे पाती तथा वे इसके स्थान पर मासूम व्यक्ति के जीवन की कीमत पर अनानुपातिक आर्थिक लाभ कमाने मे व्यस्त हैं। व्यवस्था को कठोरता से पेश आना होगा जिससे कि मासूमों के जीवन को बचाया जा सके। व्यवस्था को यह समझना चाहिए कि व्यक्ति बाजार में कीमत देकर मौत खरीदने के लिए अभिशप्त है तथा हमारी विधिक व्यवस्था इन मौत के सौदागरों का कुछ नहीं बिगाड़ पाती।"

59
मृत्युदण्ड समाप्त किया जाना?

इसमें कोई शक नहीं कि मृत्युदण्ड व्यवस्था एक कलंक है। किसी व्यक्ति को मृत्युदण्ड से दण्डित किए जाने का निर्णय विधिक व्यवस्था के लिए इतना कष्टप्रद होता है कि ऐसा कहा जाता है, वह न्यायाधीश जिसने अपनी कलम से मृत्युदण्ड का आदेश दिया है, कलम की निब को तोड़ देता है तथा अपनी अन्तरआत्मा से यह प्रार्थना करता है कि उसके समक्ष पुनः कोई ऐसा अवसर न आए जब उसे किसी व्यक्ति को मृत्युदण्ड से दण्डित करना पड़े। हम ऐसे न्यायाधीश की मानसिक वेदना को समझ सकते हैं।

समस्त विश्व की विधिक व्यवस्था प्रत्येक व्यक्ति को जीने का मूलभूत अधिकार देती है जिसे संवैधानिक गारण्टी के रूप में माना जाता है। यह सिर्फ व्यवस्था का ही काम नहीं है बल्कि यह प्रत्येक व्यक्ति का दायित्व है कि वह यह सुनिश्चित करे कि किसी व्यक्ति को उसके जीने के अधिकार से वंचित न किया जाए। अगर इसे दूसरे परिप्रेक्ष्य में देखा जाए तो ऐसा कहा जायेगा कि यह प्रत्येक व्यक्ति का विधिक दायित्व है कि वह किसी अन्य व्यक्ति को उसके जीवन के अधिकार से वंचित न करे अर्थात किसी की हत्या न करे। लेकिन कड़वा सच यह है कि हम ऐसे समाज की परिकल्पना नहीं कर सकते जो पूरी तरह से अपराधरहित समाज हो। रोजाना के समाचार पत्र ऐसी खबरों से भरे रहते हैं जहाँ लोग अन्य व्यक्तियों को निर्मम नृशंष तरीके से मार डालते हैं। विधिक प्रशासन के लिए कानून व्यवस्था सुनिश्चित कर पाना खासतौर से वैसी परिस्थितियों में एक बड़ी चुनौती बन जाता है जब लोग साशय जानबूझकर कानून तोड़ना शुरू कर देते हैं और अपराध करते हैं।

कानून के ऐसे गम्भीर उल्लंघनों को रोकने के लिए विधिक व्यवस्था को सक्रिय होकर आगे आना ही होगा तथा ऐसे अपराधियों की धर पकड़ कर विधि के अर्न्तगत दण्डित कराना होगा। दण्ड न सिर्फ अपराधी बल्कि समाज के मस्तिष्क में भी एक भय का माहौल पैदा करता है। यह गम्भीर

174 ☞ मृत्युदण्ड समाप्त किया जाना?

चिन्ता की बात है कि कठोर अपराधियों के मस्तिष्क से दण्ड का भय समाप्त होता जा रहा है। कानून की किताबों में गम्भीर अपराध जैसे हत्या, राज्य के विरूद्ध युद्ध छेड़ना एवं अन्य सम्बन्धित अपराधों के लिए मृत्युदण्ड की व्यवस्था है। मृत्युदण्ड, दण्ड के प्रतिरोधात्मक सिद्धान्त का प्रतिनिधित्व करता है। जहाँ समाज में किसी अन्य व्यक्ति की मृत्यु कारित करने के आरोप में अपराधिक न्याय व्यवस्था दोष सिद्ध अपराधी को फाँसी पर चढ़ा कर मार डालती है।

मानवाधिकारों के विधिशास्त्र के उदय के पश्चात मानवाधिकारों की वकालत करने वाले दलीलें देते हैं कि एक विकसित सभ्य समाज में मृत्युदण्ड देना अमानवीय कृत्य है। अतः उनका मानना है कि मृत्युदण्ड की व्यवस्था को कानून की किताबों से समाप्त कर दिया जाना चाहिए। वे अपनी दलीलों के समर्थन में विभिन्न आधार बताते हुए मृत्युदण्ड के खिलाफ मुहिम चलाते हैं। मृत्युदण्ड की व्यवस्था को बनाए रखने के पक्ष में भी इसके समर्थक समूह हैं जो इस बात की आवाज उठाते हैं कि कानून में मृत्युदण्ड की व्यवस्था को समाप्त नहीं किया जाना चाहिए। क्योंकि यदि एक बार मृत्युदण्ड को समाप्त कर दिया गया तो अपराधियों के मन से दाण्डिक व्यवस्था का डर एकदम से खत्म हो जायेगा और समाज में अपराध की दरें बढ़ती ही जायेंगी।

उपरोक्त दावों तथा प्रतिदावों को देखते हुए ऐसा स्पष्ट परिलक्षित होता है कि उक्त समस्या का समाधान इतना आसान नहीं है। अपराधों की रोकथाम करके कानून व्यवस्था बनाए रखना विधि के शासन की पहली प्राथमिकता है। मानवाधिकारों के पक्षधरों के लिए यह आवश्यक है कि वे अपराध के शिकार व्यक्तियों के समान अधिकारों के प्रति भी उतनी ही चिन्ता जताएं जितनी फिक्र उन्हें अभियुक्तों के अधिकारों के प्रति होती है। समाज में बेधड़क लोगों के मारे जाने की प्रतिदिन की घटनाओं को देखते हुए, वह भी तब जबकि ऐसे में दाण्डिक व्यवस्था मृत्युदण्ड की बात करती है, समाज में ऐसी घटनाओं का क्या हश्र होगा यदि मृत्युदण्ड की व्यवस्था को समाप्त कर दिया जायेगा? ऐसे में कानून व्यवस्था की स्थिति का अन्दाजा सहज ही लगाया जा सकता है। सम्भवतः व्यवस्था ऐसा जोखिम नहीं लेना चाहेगी जब समाज में अपराध बेलगाम होते जाएं। ऐसी

नौबत आ जाए इसकी इजाजत नहीं होनी चाहिए। इस बात की आवश्यकता है कि हम यह सुनिश्चित करें कि समाज में सामाजिक सुरक्षा की भावना को कोई खतरा न पहुँचे।

"अगर इसे दूसरे परिप्रेक्ष्य में देखा जाए तो ऐसा कहा जायेगा कि यह प्रत्येक व्यक्ति का विधिक दायित्व है कि वह किसी अन्य व्यक्ति को उसके जीवन के अधिकार से वंचित न करे अर्थात किसी की हत्या न करे। लेकिन कड़वा सच यह है कि हम ऐसे समाज की परिकल्पना नहीं कर सकते जो पूरी तरह से अपराधरहित समाज हो। रोजाना के समाचार पत्र ऐसी खबरों से भरे रहते हैं जहाँ लोग अन्य व्यक्तियों को निर्मम नृशंष तरीके से मार डालते हैं।"

60
न्यायालय-लम्बे खिंचते विचारण

हम अक्सर एक पीड़ादायक मुहावरा सुनते आए हैं 'न्याय में देरी का मतलब न्याय से वंचित करना'। यह मुहावरा प्रत्यक्ष रूप से देश की न्याय प्रशासन व्यवस्था तथा न्यायालयों की कार्यप्रणाली की ओर इशारा करता है। एक बड़ा ही सुसंगत सवाल है कि आखिर न्याय में देरी क्यों होती है? वे कौन हैं जो ऐसी स्थिति का शिकार होते हैं तथा न्याय से वंचित रह जाते हैं? न्याय प्रशासन कोई व्यक्तिगत दायित्व नहीं है, यह एक सामूहिक जिम्मेदारी है। न्याय प्रदायी व्यवस्था को विचारण की एक अत्यन्त पेचीदी प्रक्रिया से गुजरना पड़ता है तथा विचारण मामलों के पक्षकार इस प्रक्रिया के अभिन्न अंग होते हैं। भले ही मामले में न्यायालय द्वारा न्याय कर दिया गया हो लेकिन यदि न्याय करने में अच्छी खासी देरी की गयी है तो ऐसे न्याय का कोई मतलब नहीं है। एक व्यक्ति अपने विधिक अधिकारों को हासिल करने के लिए तीस वर्ष की उम्र में न्यायालय का दरवाजा खटखटाता है। मामले के विचारण तथा अपीलीय न्यायालयों की सुनवाई की प्रक्रिया से गुजरते हुए मामले में अंतिम निर्णय आने तक सामान्यतया औसतन बीस से तीस वर्ष लग ही जाते हैं। अब वह व्यक्ति पचास से साठ वर्ष की उम्र में यदि मामला जीत भी जाता है तो क्या अबवह अपने इन विधिक अधिकारों का उपभोग कर पाएगा? निश्चित तौर पर नहीं। बेशक! न्याय से वंचित किया जाना दोष पूर्ण है खासतौर से तब जब व्यवस्था द्वारा न्याय में होने वाली देरी के कारण ऐसा होने दिया जा रहा हो। न्यायालयों में मामलों के लम्बे खिंचते विचारण के लिए मामलों के पक्षकार दोषी हैं। कोई न कोई बहाना बनाकर अकारण पक्षकारों द्वारा मामलों में तारीखों पर तारीखें ली जाती हैं। न्यायालयों को ऐसे में सतर्कता पूर्वक नजर रखते हुए कठोर रूख अख्तियार करना चाहिए तथा सम्पूर्ण न्यायहित में मामलों के त्वरित निस्तारण हेतु ऐसी प्रवृत्ति पर युक्तियुक्त रोक लगानी चाहिए। लेकिन ऐसा नहीं होता। मामलों की सुनवाई तथा निस्तारण में लम्बी खिंचती देरी न्याय के उद्देश्य को अन्ततः परास्त

करती है। न्याय व्यवस्था महज प्रक्रियात्मक औपचारिकता बन कर रह जाती है।

यह एक ईमानदार और सद्भावपूर्ण स्वीकारोक्ति होनी चाहिए कि हमारी न्यायिक व्यवस्था न्यायालयों में विभिन्न प्रकार के लम्बित मामलों के बोझ तले दबी पड़ी है। ऐसी दुखद स्थिति के लिए न्यायालयों को अकेले दोषी नहीं ठहराया जा सकता। लेकिन न्यायालय भी व्यक्तियों को उचित तथा त्वरित न्याय सुनिश्चित कराने के अपने पुनीत कर्तव्य से बच नहीं सकते। वस्तुतः तब जब न्यायालय इस बात को महसूस करते हैं कि मामले के पक्षकार ही न्यायालय की कार्यवाही की प्रक्रिया को जानबूझ कर देरी करने की नीयत से तारीख पर तारीख की अर्जियां देते हैं और न्यायालय उनकी अर्जियां मंजूर कर लेते हैं। न्यायालयों में न्यायाधीशों के बहुत से पद भी रिक्त हैं जिसे न्यायालयों में बढ़ते जाते कार्य बोझ का महत्वपूर्ण कारण माना जाना चाहिए। यदि न्यायालयों पर अयुक्तियुक्त कार्यबोझ हो और व्यवस्था द्वारा उन पर मामलों के निश्चित निस्तारण हेतु कोटा तय कर दिया जाय जिससे न्यायालय मामलों के निस्तारण में जल्दीबाजी करें, तो ऐसे में क्या होगा? तब ध्यान रखिए हमें यह नहीं भूलना चाहिए कि ऐसे में मामलों में निर्णय तो दिए जाते रहेंगे लेकिन न्याय नहीं दिया जा सकेगा। मामलों में 'निर्णय' दिया जाना तथा मामलों में 'न्याय' दिया जाना न्याय प्रशासन की व्यवस्था के दो विभिन्न लेकिन बड़े ही संवेदनशील आयाम हैं। हमारे पीछे फास्ट ट्रैक न्यायालयों का ताजातरीन अनुभव है। यह कह पाना बड़ा कठिन होगा कि ये न्यायालय किस सीमा तक मामलों को त्वरित सुनवाई की प्रक्रिया की पटरी पर ले आए तथा वे किस सीमा तक अपने उस पुनीत उद्देश्य पर खरे उतरे, जिन्हें लेकर इन न्यायालयों की स्थापना की गयी?

मानवाधिकारों के आधुनिक युग में अभियुक्तों को उचित तथा त्वरित विचारण के लिए संवैधानिक व्यवस्था की गयी है। न्यायालयों में लम्बे खिंचते विचारण सम्बन्धी मामले वर्तमान व्यवस्था की कड़वी सच्चाई हैं। ये न सिर्फ अनुचित हैं बल्कि असंवैधानिक भी हैं। यदि विचारण के मामले दशकों तक लम्बे खिंचते हैं तथा अन्त में निष्कर्ष यह निकलता है कि अभियुक्त दोषी नहीं पाया गया तो इसे इस सन्दर्भ में घोर अन्याय माना

जायेगा कि उक्त अभियुक्त ने व्यवस्था द्वारा मात्र यह घोषित किये जाने के लिए वर्षों तक प्रताड़ना सही कि वह निर्दोष पाया गया। उसके जीवन का बहुमूल्य समय मात्र यह जानने में पूरी तरह नष्ट हो गया कि उसके विरूद्ध लगाये गए आरोप आधारहीन थे, सिद्ध नहीं हो पाए अतः उसे बरी किया जाता है। क्या व्यवस्था इस बात के लिए पूरी तरह से सक्षम है कि वह उसके उस कीमती वक्त की क्षतिपूर्ति कर सके जो मानसिक वेदना को झेलते हुए उसने व्यर्थ गवांए? अन्ततः उसे यह बताया गया कि वह निर्दोष है। कृपया उसके कीमती वक्त की क्षतिपूर्ति रूपयों से मत कीजिए। इससे व्यवस्था का मखौल उड़ता है। जो यह स्पष्ट करता है कि हम व्यवस्था पर अपना नियन्त्रण खो चुके हैं। इससे यह स्पष्ट संदेश जाता है कि हम व्यवस्था को नियन्त्रित तो न कर सके पर क्षतिपूर्ति अवश्य करने की कोशिश करेंगे। आपको इस तरह के तमाम मामले मिल जाएंगे जहाँ जेलों में बन्दी बिना विचारण के वर्षों से बन्द पड़े हैं। क्या इस पृथ्वी पर ऐसा कोई कानून है जो उस बन्दी की युवावस्था वापस ला के दे? हमें इस बहस में नहीं पड़ना चाहिए कि व्यवस्था को ऐसे व्यक्ति के प्रति सहानुभूति है तथा उसे क्षतिपूर्ति दिये जाने के प्रति हम सतर्क हैं। प्रश्न यह है कि आखिर ऐसी नौबत ही क्यों आती है? यह बिल्कुल ही न्यायोचित नहीं है। क्षतिपूर्ति न्याय की अवधारणा हमें याद दिलाती है कि हमारी न्यायिक व्यवस्था कितनी असहाय हो चुकी है? क्या व्यवस्था की नाकामी के कारण व्यक्ति ने जो कुछ खोया इस बात के लिए उसकी क्षतिपूर्ति की जाए? लेकिन हमने न्याय कहाँ किया? उचित तथा त्वरित न्याय के लिए एक बात स्पष्ट कर दी जानी चाहिए। यदि उचित, त्वरित तथा युक्तियुक्त विचारण की प्रक्रिया से गुजरने के पश्चात व्यक्ति का गुनाह सिद्ध पाया जाता है तो बेशक! उसे फाँसी चढ़ा दीजिए अन्यथा सिर्फ यह जानने के लिए कि व्यक्ति निर्दोष पाया गया, प्रक्रिया को अयुक्तियुक्त रूप से लम्बा न खींचा जाय।

यह एक स्वीकार्य तथ्य है कि विचारण कार्यवाही के संचालन के लिए न्यायालयों को विधि द्वारा स्थापित प्रक्रिया के अनुसार चलना पड़ता है। लेकिन प्रक्रिया विचारण में अनावश्यक देरी की बात नहीं करती। ऊपरी न्यायालयों से अधीनस्थ न्यायालयों को इस बात के दिशा निर्देश आते

रहते हैं कि मामले के पक्षकारों को न सिर्फ सुनवाई का अवसर दिया जाए बल्कि यह सुनवाई का अवसर युक्तियुक्त तथा पर्याप्त भी होना चाहिए। मामलों को पुनः विचारण न्यायालयोंको वापस भेज दिया जाता है। 'सुनवाई के पर्याप्त अवसर' को परिभाषित कर पाना एक अत्यन्त जटिल प्रश्न है। वस्तुतः इसे अधीनस्थ न्यायालयों की निर्णायक सन्तुष्टि पर छोड़ दिया जाना चाहिए जिसे वे कारण बताते हुए अपने निर्णयों में स्पष्ट करें। पक्षकारों द्वारा मामलों में नियमित रूप से तारीखें लिया जाना सम्भव नहीं हो सकता यदि न्यायालय उनके आवेदनों का विधिक परीक्षण करते हुए उन्हें निरस्त कर दें, यदि न्यायालयों को ऐसा लगता है कि पक्षकारों के ये आवेदन कार्यवाही में विलम्ब करने तथा न्याय के उद्देश्य को पराजित करने की नीयत से लाए गए हैं। न्यायालयों को पक्षकारों द्वारा मामलों को विलम्बित करने के उद्देश्य से अपनाए जाने वाले ऐसे तरीकों में भागीदार होने से बचना चाहिए। इस बात को न्यायालयों द्वारा संज्ञान में लिया जाना चाहिए कि अनावश्यक विलम्ब तथा समय बीतने के साथ मामलों के गवाहों की याददाश्त कमजोर हो जाती है अथवा समय आने पर उनकी मृत्यु भी हो सकती है। ऐसा भी देखने में आता है कि मामलों के गवाहों को धनबल तथा बाहुबल के बूते पर तोड़ लिया जाता है। यहाँ तक कि गवाहों की हत्या कर दिये जाने के प्रकरण भी प्रकाश में आते रहते हैं यदि ये गवाह अन्यथा नहीं टूटते। ऐसी परिस्थिति में निःसन्देह प्रश्न खडा होता है कि न्याय प्रशासन व्यवस्था का क्या होगा? यदि मामले विलम्बित होते रहेंगे तो निश्चित रूप से पर्याप्त सबूतों के अभाव में मुजरिम भी बाइज्जत बरी होते रहेंगे। परिणामतः जब कानून तोड़ने वाले कानून से बरी होकर समाज में स्वछन्द होंगे तो हमें व्यवस्था से यह उम्मीद नहीं रखनी चाहिए कि समाज में विधि का शासन स्थापित रह पाएगा। न्यायपूर्ण शासन तो दूर की बात।

"यह एक ईमानदार और सद्भावपूर्ण स्वीकारोक्ति होनी चाहिए कि हमारी न्यायिक व्यवस्था न्यायालयों में विभिन्न प्रकार के लम्बित मामलों के बोझ तले दबी पड़ी है। ऐसी

दुखद स्थिति के लिए न्यायालयों को अकेले दोषी नहीं ठहराया जा सकता। लेकिन न्यायालय भी व्यक्तियों को उचित तथा त्वरित न्याय सुनिश्चित कराने के अपने पुनीत कर्तव्य से बच नहीं सकते। वस्तुतः तब जब न्यायालय इस बात को महसूस करते हैं कि मामले के पक्षकार ही न्यायालय की कार्यवाही की प्रक्रिया को जानबूझ कर देरी करने की नीयत से तारीख पर तारीख की अर्जियां देते हैं और न्यायालय उनकी अर्जियां मंजूर कर लेते हैं।''

61
अभियोजन- सिद्ध किये जाने का भार

अपराधिक न्याय प्रशासन में न्यायालयों की सहायता करने के उद्देश्य से अभियोजन तथा बचाव पक्ष की भूमिका अत्यन्त महत्वपूर्ण होती है। इन्हें न्यायालय के अधिकारी के रूप में समझा जाता है। लोक अभियोजकों को अभियोजन का पक्ष रखने का दायित्व निभाना पड़ता है। जबकि बचाव पक्ष के अधिवक्ता अभियुक्त के बचाव में अपनी दलीलें पेश करते हैं। मुख्यतः अधिवक्ता अधिनियम 1961 के अर्न्तगत इन अधिवक्ताओं के वृत्तिक आचार को नियन्त्रित किया जाता है। न्यायिक व्यवस्था की बुनियादी आवश्यकता यह होती है कि दोनों ही पक्षों के अधिवक्ता न्यायालय के समक्ष मामले का प्रस्तुतीकरण इस प्रकार करें कि अन्याय न हो तथा वे न्याय निर्णयन में न्यायालय की मदद करें।

न्यायालयों में मामलों का अम्बार लगा होता है तथा लम्बित मामलों की संख्या भी अधिक होती है। दोष सिद्धि के मामलों में लगातार गिरावट आने से ऐसा विश्वास करने के पर्याप्त आधार बन जाते हैंकि न्यायिक व्यवस्था में सब कुछ ठीक नहीं चल रहा है। दोष मुक्ति के मामलों की संख्या में लगातार वृद्धि होते जाने का यह अर्थ नहीं मान लिया जाना चाहिए कि रातोंरात बचाव पक्ष के अधिवक्ताओं की प्रतिभा में असाधारण पैनापन आ गया। असफल होती इस न्यायिक व्यवस्था में अभियोजन पक्ष द्वारा मामले के कमजोर प्रस्तुतीकरण का भी उल्लेखनीय योगदान है।यह एक अत्यन्त कष्टप्रद स्थिति होती है जब यह पता चलता है कि मामले के दोषपूर्ण एवं कमजोर अभियोजन प्रस्तुतीकरण के कारण कानून मुजरिमों को सजा नहीं दे पाया और मुजरिम कानून की गिरफ्त से बच निकलेएवम न्यायिक व्यवस्था बुरी तरह अवरूद्ध हुई। हमें इस महत्वपूर्ण तथ्य की अनदेखी नहीं करनी चाहिए कि न्यायालयों में अपराधिक मामलों के विचारण के दौरान अभियोजन पक्ष सम्पूर्ण रूप से पुलिस द्वारा किये गए मामलों के अन्वेषण की गुणवत्ता पर निर्भर रहता है। आरोपों को सिद्ध करने में साक्ष्य अहम

होते हैं। यदि पुलिस द्वारा एकत्र किये गए साक्ष्यों के आधार ठोस नहीं हैं तथा ऐसे सबूतों की गुणवत्ता भी यदि प्रतिकूल है तब हमें लोक अभियोजक से चमत्कार की उम्मीद नहीं की जानी चाहिए।यह अन्तत: न्याय सम्पादन प्रक्रिया का हनन है। एक के बाद एक बरी होते मामलों से गुनाहगारों का हौसला बढ़ता है। वे पेशेवर अपराधी बनते जाते हैं। गुनाह करना एवम कानून तोड़ना उनके लिए एक आम बात बन जाती है तथा हमारी न्याय व्यवस्था निराश लाचार नजर आती है। इस 'न्याय हनन' के लिए आखिरकार किसे दोषी ठहराया जाय? हम ऐसे बहाने ढूढ़ने लग जाएंगे कि पुलिस तथा अभियोजकों का प्रशिक्षण बड़ा स्तरहीन था जिसने न्याय प्रदायन व्यवस्था को प्रतिकूल रूप से प्रभावित किया। मेरा ऐसा सोचना है कि व्यवस्था के मापदण्डों को बेहतर बनाने में ऐसी कोई प्रशासनिक अड़चन नहीं आनी चाहिए। लेकिन ऐसा तभी सम्भव हो पाएगा जब लोगों में व्यवस्था के प्रति अपनेपन की भावना हो तथा इस बात की इच्छा शक्ति हो कि न्यायिक व्यवस्था के सतत् विकास के लिए ठोस शुरूआत की जाय।

जो आरोप लगाए पहले वही आरोप सिद्ध करे। सिद्धान्त है कि मामले के सिद्ध करने का भार अभियोजन पक्ष पर होता है। व्यवस्था अभियुक्त से यह नहीं पूछेगी कि पहले वह अपने आपको निर्दोष साबित करे। निर्दोष होने की अवधारणा का सिद्धान्त यह है कि प्रत्येक अभियुक्त को कानून की नजर में तब तक निर्दोष समझा जायेगा जब तक कि उसका गुनाह सिद्ध नहीं हो जाता। जबकि अभियोजन की तरफ से आरोप लगाए जा रहे हों और अभियोजन ही उन्हें साबित न कर पाएतो वैसे में कानून अभियुक्त से क्या पूछे? ऐसे में अभियोजन द्वारा लगाए गए आरोपों को आधारहीन मानते हुए कानून अभियुक्त को उन्मोचित कर देता है। बेशक! ऐसा कहा जा सकता है कि अपराधिक विधि शास्त्र के ये सिद्धान्त बेहद कठोर हैं जो कुछ न कुछ अभियुक्त के पक्ष में झुके दिखायी पड़ते हैं। लेकिन यहाँ यह भी स्पष्ट कर दिया जाना प्रासंगिक होगा कि कानूनों के अन्तर्गत पुलिस-अभियोजन को वृहद सांविधिक शक्ति प्रदान की गयी है किवे मामलों का अन्वेषण करके पर्याप्त सबूत जुटाएं तथा अभियुक्त को

कानून के अन्तर्गत अभियोजित करें। उन्हें सम्पूर्ण गुणवत्तापरक अन्वेषण करने तथा सम्पूर्ण गुणवत्तापरक अभियोजन करने से कौन रोकता है? जिससे वे विधि के मापदण्डों के अनुकूल अभियुक्तों के विरूद्ध दोष सिद्ध कर सकें तथा उन्हें दण्डित करा सकें। ऐसे भी सांविधिक प्राविधान हैं जिनमें सबूत का भार बजाय अभियोजन के अभियुक्त की तरफ स्थानान्तरित हो जाता है जहाँ विधि की अवधारणा अभियुक्त के विरूद्ध होती है, जैसे कि दहेज मृत्यु के मामले। क्या फिर भी हमें कानून की भावना के अनुरूप वांछित परिणाम मिल पा रहे हैं? प्रायः हमें ऐसी अनेक शिकायतें मिलती रहती हैं जहाँ विधि की स्थापित प्रक्रिया का दुरूपयोग होता है तथा विधि की अवधारणा की आड़ में व्यवस्था के लिए 'जिम्मेदार अधिकारियों' द्वारा निर्दोष लोगों को ऐसी कानूनी व्यवस्था का शिकार बनाया जाता है। यह एक आदर्श विधिक परिस्थिति नहीं है तथा ऐसी परिस्थिति में अन्याय की पूरी सम्भावनाएं बनी रहती हैं।

"न्यायालयों में मामलों का अम्बार लगा होता है तथा लम्बित मामलों की संख्या भी अधिक होती है। दोष सिद्धि के मामलों में लगातार गिरावट आने से ऐसा विश्वास करने के पर्याप्त आधार बन जाते हैं कि न्यायिक व्यवस्था में सब कुछ ठीक नहीं चल रहा है। दोष मुक्ति के मामलों की संख्या में लगातार वृद्धि होते जाने का यह अर्थ नहीं मान लिया जाना चाहिए कि रातों रात बचाव पक्ष के अधिवक्ताओं की प्रतिभा में असाधारण पैनापन आ गया। असफल होती इस न्यायिक व्यवस्था में अभियोजन पक्ष द्वारा मामले के कमजोर प्रस्तुतीकरण का भी उल्लेखनीय योगदान है।"

62
पुलिस-अन्वेषणकर्ता

अपराधिक विधिशास्त्र के अर्न्तगत पुलिस अन्वेषण एक अत्यन्त ही महत्वपूर्ण प्रक्रियात्मक पहलू है। समाज में अपराधों की रोकथाम के अतिरिक्त राज्य का यह भी दायित्व है किवह समाज में कानून व्यवस्था बनाए रखे, अपराधों की रोकथाम हो तथा अपराध होने की स्थिति में राज्य अपराधियों को कानूनन दण्डित कराए। कोई भी अपराधिक व्यवहार ऐसा नहीं माना जाता कि वह किसी व्यक्ति के विरूद्ध है। वह अपराध सम्पूर्ण समाज के विरूद्ध है, राज्य के विरूद्ध है। पुलिस व्यवस्था की स्थापना राज्य का एक महत्वपूर्ण संविधिक कार्य है। पुलिस मशीनरी की मदद से राज्य समाज में अपराध नियन्त्रण, कानून व्यवस्था की स्थापना, अपराधों के अन्वेषण इत्यादि जैसे महत्वपूर्ण दायित्वों का निर्वहन करता है। आदिकाल से जबसे सामाजिक सभ्यता अस्तित्व में आयी अपराधिक न्याय प्रशासन एक अपराधरहित समाज की परिकल्पना करता आया है। व्यवस्था की इस प्रतिबद्धता के बावजूद समाज में अपराधों को रोक पाना एक अत्यन्त दुष्कर कार्य हो गया है। समाज में व्यक्तियों के व्यक्तिगत हितों का टकराव अपराधिक व्यवहार का मुख्य कारण प्रतीत होता है।

जैसे ही समाज में कोई अपराध घटित होता है तो प्रथम सूचना रिपोर्ट (एफ.आई.आर.) के दर्ज होते ही अपराधिक विधि गतिशील हो जाती है। प्रथम सूचना रिपोर्ट दर्ज होते ही मामले का अन्वेषण करना तथा सबूत एकत्र करना पुलिस व्यवस्था का संविधिक दायित्व बन जाता है। जब तक अभियुक्तों को प्रथम सूचना रिपोर्ट मेंनामजद न किया गया हो प्रायः अभियुक्तों, संदिग्धों को चिन्हित कर पाना पुलिस के लिए व्यवहारिक रूप से कठिन कार्य हो जाता है। जिसके लिए उसे या तो फरियादी पर, अपराध के शिकार व्यक्ति अथवा किसी अन्य ऐसे व्यक्ति पर निर्भर रहना पड़ता है जिसको मामले के तथ्यों एवं परिस्थितियों की जानकारी हो। इस बात की पूरी सम्भावना होती है कि ऐसे व्यक्ति किसी अन्य से विद्वेषपूर्ण भावना होने के कारण उसे मामले में मिथ्या फँसा दें अथवा झूठी प्रथम

सूचना रिपोर्ट लिखा दें। पुलिस व्यवस्था को ऐसी परिस्थितियों से निपटने के लिए अतिरिक्त सावधानी बरतनी होती है तथा उसे यह देखना होता है कि किन्हीं ऐसे निर्दोष व्यक्तियों को अनावश्यक प्रताड़ित न किया जाय तथा व्यक्ति पुलिस व्यवस्था को अपने हाथों में हथियार के रूप में इस्तेमाल न करने पाएं। प्रथम सूचना रिपोर्ट वैसे तो कानून को लागू करने के उद्देश्य से एक अत्यन्त आवश्यक विधिक अभिलेख है लेकिन उपरोक्त वर्णित सम्भावनाओं के कारण ही इसे मामलों के न्यायालयों मे विचारण के दौरान कोई साक्षियक महत्व नहीं दिया जाता है। अगर इसे सबूत माना जाने लगे तो इसका दुरूपयोग बढ़ जायेगा। इसे मात्र पुष्टिकारक साक्ष्य के रूप में महत्व दिया जाता है। हाँ! मिथ्या सूचना दिया जाना अथवा विद्धेषपूर्ण भावना से किसी व्यक्ति को गलत फँसा देना विधि की प्रक्रिया का गम्भीर दुरूपयोग है तथा ऐसे मामलों में पुलिस प्रशासन को अत्यन्त कड़ाई से निपटने की आवश्यकता है।

बेशक! मामलों के अन्वेषण के दौरान पुलिस द्वारा साक्ष्य एकत्र करना कोई आसान काम नहीं है। अपराध के दौरान अपराधियों का दिमाग भी बेहद पेशेवर तरीके से काम करता है तथा वे घटनास्थल से प्रत्येक सम्भव सबूत को नष्ट करने के लिए हर तरीके अपनाते हैं। कुछ अपराधी इस हद तक भी पेशेवर हो जाते हैं किवे घटनास्थल पर पुलिस को एकत्र करने के लिए कोई सबूत नहीं छोड़ते। यह किसी भी न्यायिक व्यवस्था के लिए बड़ी पीड़ादायक स्थिति हो जाती है जहाँ सबूतों की अनुपलब्धता के कारण अपराधियों का या तो कोई सुराग नहीं मिल पाता या फिर कानून उन्हें कोई सजा नहीं दे पाता। क्योंकि कानून को सबूत चाहिए। सनसनीखेज आरूषि हत्याकाण्ड ऐसी ही विषम परिस्थिति का एक ज्वलन्त दृष्टान्त है।

सिक्के का दूसरा पहलू भी अत्यन्त उत्साहवर्धक नहीं है। व्यवस्था की यह बिडम्बना है कि जो असली मुजरिम होते हैं वे सामाजिक, आर्थिक तथा राजनीतिक रूप से इतने प्रभावशाली होते हैं कि कानून उनका कुछ नहीं बिगाड़ पाता और वे आजाद घूमते हैं। जबकि निर्दोष लोगों को कानून व्यवस्था के नाम पर कानून की चपेट मे ले लिया जाता है तथा प्रताड़ित किया जाता है। इस बात के उदाहरण भी मिलते हैं जहाँ व्यवस्था मुजरिमों

को संरक्षण प्रदान करती नजर आती है। पुलिस अन्वेषण के दौरान मिथ्या साक्ष्य गढ़ना तथा पेशेवर गवाहों को सिखा पढ़ा कर झूठी गवाही के लिए तैयार करना कोई असामान्य बात नहीं है। 'क्राइम फिक्सिंग' के मामले व्यवस्था द्वारा पोषित नजर आते हैं जो न्याय प्रदायी व्यवस्था की जड़ पर सीधा प्रहार करते हैं। जिससे न्याय-हनन का होना तय है और ऐसे में व्यवस्था से न्याय की आशा रखना अपने आप में बेमानी होगा।

"अपराध के दौरान अपराधियों का दिमाग भी बेहद पेशेवर तरीके से काम करता है तथा वे घटनास्थल से प्रत्येक सम्भव सबूत को नष्ट करने के लिए हर तरीके अपनाते हैं। कुछ अपराधी इस हद तक भी पेशेवर हो जाते हैं कि वे घटनास्थल पर पुलिस को एकत्र करने के लिए कोई सबूत नहीं छोड़ते। यह किसी भी न्यायिक व्यवस्था के लिए बड़ी पीड़ादायक स्थिति हो जाती है जहाँ सबूतों की अनुपलब्धता के कारण अपराधियों का या तो कोई सुराग नहीं मिल पाता या फिर कानून उन्हें कोई सजा नहीं दे पाता।"

63

अपराध न्याय प्रशासन

अपराध किसी भी समाज के लिए कलंक है। व्यवस्था अपराध रहित समाज की परिकल्पना करती है। लेकिन सदियों से बावजूद इस तथ्य के कि समाज में अपराधिक विधि रही अपराधों को परिभाषित किया गया तथा दण्ड की व्यवस्था की गयी, हम एक ऐसा समाज हासिल नहीं कर सके जिसको अपराध रहित समाज की संज्ञा दी जा सके। अतः सुरक्षित निष्कर्ष निकाला जा सकता है कि अपराध समाज में एक नियमित घटना के रूप में बना रहा। समाज में जब–जब व्यक्तिगत हितों के टकराव की स्थिति बनेगी समाज में अपराध घटित होते रहेंगे। यह एक बुनियादी कानून है कि समाज में प्रत्येक व्यक्ति को उसके जीवन तथा उसके जीवन की व्यक्तिगत स्वतन्त्रता का मूलभूत अधिकार है। देश की विधिक व्यवस्था का यह दायित्व बनता है किवह व्यक्तियों के जीवन, उनकी स्वतन्त्रता तथा उनकी सम्पत्ति को संरक्षण प्रदान करे। अपराधिक न्याय प्रशासन व्यवस्था समाज में एक ऐसी मशीनरी स्थापित करती है जिससे समाज में कानून और व्यवस्था बनी रहे। इन सबके बावजूद समाज में अपराध नहीं रूक पाते और अंपराध मुक्त समाज का उद्देश्य पराजित होता है। अपराधिक न्याय सुनिश्चित करने हेतु अपराधिक न्याय व्यवस्था कठिन संघर्ष करती नजर आती है।

पुलिस, अभियोजन, न्यायपालिका तथा कारागार अपराधिक न्याय प्रशासन के चार संस्थागत स्तम्भ हैं। अपराधिक न्याय का शाब्दिक अर्थ यह होता है कि दोषी मुजरिम को सजा मिले तथा निर्दोष को कानून का संरक्षण प्राप्त हो। प्रत्येक वो व्यक्ति जो किसी अपराध का आरोपी हो कानून की नजरों में तब तक निर्दोष माना जाता है जब तक उसका अपराध सिद्ध न हो जाय। संवैधानिक विधि में भी इस बात का स्पष्ट उल्लेख किया गया है कि ऐसे किसी भी व्यक्ति को जो किसी अपराध का आरोपी हो, उसे अपने ही विरूद्ध साक्ष्य देने के लिए विवश नहीं किया जा

सकता। पुलिस अन्वेषण मशीनरी ही एक ऐसा साधन है जिसकी मदद से कानून गुनाहगारों को अपनी गिरफ्त में लेता है। विशेष अन्वेषण संस्था के रूप में केन्द्रीय स्तर पर देश में केन्द्रीय अन्वेषण ब्यूरो (सी0बी0आई0) तथा राज्य स्तर पर अपराधिक अन्वेषण विभाग (सी0आई0डी0) का गठन किया गया है। मुजरिमों को जेल के सीखचों तक पहुँचाने के लिए ये संस्थाएं दिन रात कठिन परिश्रम करके विज्ञान तथा तकनीक की मदद से प्रत्येक सम्भव सबूत एकत्र करने में लगी रहती हैं। पुलिस को कानून के अर्न्तगत मुजरिमों को दण्डित करने की कोई सत्ता नहीं है। पुलिस द्वारा अन्वेषण के दौरान निर्दोषों को प्रताड़ित करने तथा संदिग्धों के प्रति ज्यादती करने के समाचार छपते रहते हैं। पुलिस द्वारा थर्ड डिग्री के तरीके अख्तियार करके अभियुक्तों से बलपूर्वक अपराध कबूल करवा लेना भी कोई असामान्य बात नहीं है बावजूद इसके कि पुलिस साक्ष्य के इस कानून से भलीभाँति परिचित है कि पुलिस के समक्ष अभियुक्त द्वारा की गई संस्वीकृति का कानून की नजरों में कोई भी साक्ष्यिक महत्व नहीं होता तथा मामलों के विचारण के दौरान विचारण न्यायालय द्वारा ऐसे साक्ष्य का कदापि संज्ञान नहीं लिया जाता। पुलिस भी व्यवहारिक रूप से कभी–कभी तब असहाय नजर आती है जब उसका किसी दृढ एवं खतरनाक अपराधी से पाला पड़ता है लेकिन ऐसी परिस्थिति में भी पुलिस के थर्ड डिग्री के तरीकों को खासतौर पर तब न्यायोचित नहीं ठहराया जा सकता जबकि पुलिस पर पुलिस अभिरक्षा में अभियुक्तों की मृत्यु के आरोप लगते रहते हैं। पुलिस को ऐसी परिस्थितियों से बचना चाहिए।

अभियोजकों को अभियुक्तों के विरूद्ध सक्षम न्यायालय में अभियोजन की कार्यवाही चलाने के लिए पुलिस द्वारा किये गए अन्वेषण की गुणवत्ता पर निर्भर रहना पड़ता है। इस तथ्य को ईमानदारी पूर्वक स्वीकार किया जाना चाहिए कि अपराधिक मामलों की सुनवाई के दौरान अभियुक्तों के विरूद्ध आरोपों को सिद्ध करने में पुलिस अन्वेषण की गुणवत्ता अपना अहम स्थान रखती है। साथ ही साथ यह भी आने आप में एक तथ्य है कि पुलिस के पास अत्याधुनिक तकनीकी संसाधनों तथा प्रशिक्षण की कमी है जिसके कारण पुलिस अन्वेषण की गुणवत्ता प्रतिकूल रूप से प्रभावित होती है। इसके लिए अकेले पुलिस को दोषी नहीं ठहराया जा सकता।

व्यवस्था के अन्तर्गत मामलों की सुनवाई करके न्याय करने का पुनीत दायित्व न्यायालयों को सौपा गया है। वैसे तो कहा यह जाता है कि कानून अन्धा होता है लेकिन फिर भी कानून को यह बात अत्यन्त बारीकी से देखनी पड़ती है कि अभियुक्त व्यक्ति दोषी है अथवा वह दोषी नहीं है। साक्ष्यों के मूल्याकंन की जिम्मेदारी न्यायालयों की है।न्याय व्यवस्था की यह मान्यता है कि आरोपों को सिद्ध किये जाने का मापदण्ड किसी भी शक की सम्भावना के परे होना चाहिए और यदि आरोपों को सिद्ध कर पाने में शक का साया भी पड़ रहा हो तो उसका सीधा लाभ अभियुक्त के पक्ष में दिया जाना चाहिए। सिद्ध किए जाने के मापदण्ड अत्यन्त कठोर हैं। कठोर होने भी चाहिए जिससे किसी निर्दोष व्यक्ति को कानून दण्डित न कर बैठे। क्योंकि अगर ऐसा होता है तो यह कानून के माथे पर बड़ा कलंक होगा। परन्तु यह भी स्वीकार किया जाना चाहिए कि पेशेवर किस्म के अपराधी 'शक के लाभ' के सिद्धान्त का अनुचित फायदा उठाते हुए कानून की गिरफ्त से बच निकलते हैं और कानून उन्हें बाइज्जत बरी कर देता है। मामलों की सुनवाई के दौरान विशेषज्ञ पेशेवर अधिवक्ता भी अभियोजन पक्ष के गवाहों की प्रतिपरीक्षा की प्रक्रिया के दौरान उन्हें तोड़ कर न्यायालय के मस्तिष्क में शक पैदा करने में कामयाब हो जाते हैं। अपराधिक मामलों में जैसे ही शक उत्पन्न हो जाता है कानून को यह मानने के लिए बाध्य होना पड़ता है कि मामला शक की सम्भावना के परे सिद्ध नहीं हो पाया और न्यायालयों द्वारा अभियुक्तों को दोषमुक्त करार देना पड़ता है। हमारी न्यायिक व्यवस्था को अपराधिक न्याय प्रणाली के पुराने पड़ चुके इन सैद्धान्तिक आयामों को पुर्नपरिभाषित करना होगा जिससे कि अपराध के शिकार व्यक्तियों को किसी भी 'शक की सम्भावना के परे' न्याय सुनिश्चित किया जा सके।

"व्यवस्था के अन्तर्गत मामलों की सुनवाई करके न्याय करने का पुनीत दायित्व न्यायालयों को सौपा गया है। वैसे तो कहा यह जाता है कि कानून अन्धा होता है लेकिन फिर भी कानून को यह बात अत्यन्त बारीकी से देखनी पड़ती है कि अभियुक्त व्यक्ति दोषी है अथवा वह दोषी नहीं है। साक्ष्यों के मूल्याकंन की जिम्मेदारी न्यायालयों की है।"

64
कारागार न्याय प्रशासन

कारागार ऐसी संस्थाएं हैं जहाँ दोष सिद्ध तथा विचाराधीन मुजरिमों को दण्डस्वरूप अथवा विचारण के लम्बित रहने के दौरान रक्खा जाता है। कारागार मुख्यतः दो उद्‌देश्य सिद्ध करते हैं। प्रथमतः यहाँ दोषसिद्ध मुजरिमों को सजा के दौरान रक्खा जाता है। द्वितीयतः जब तक मुजरिम कारागार में रहते हैं तब तक उन्हें अपराध करने से रोकने में मदद मिलती है। अतः कारागार दण्ड के निवारात्मक सिद्धान्त का प्रतिनिधित्व करते हैं। सुधारात्मक न्याय के युग के आने के साथ कारागार के निवारात्मक प्रभाव को देखते हुए मुजरिम जब तक कारागार में रहा व्यवस्था उसे कानून तोड़ने से रोक पाने में कामयाब रही। लेकिन अपनी सजा की अवधि पूरी करने के बाद जब मुजरिम कारागार से छूटता है तब इस बात की कोई गारण्टी नहीं होती कि मुजरिम पुनः अपराध नहीं करेगा?

अपराध का मनोविज्ञान बड़ा ही विचित्र होता है। एक बार जब मुजरिम पेशेवर बन जाता है अपराध उसके लिए व्यसन बन जाता है और वह सुसंगठित कठोर अपराधिक व्यवहार शुरू कर देता है। सभी अपराधी मनोवैज्ञानिक रूप से कठोर नहीं होते। वे अपनी इच्छा से अपराधी नहीं बनते बल्कि परिस्थितियाँ उन्हें अपराधी बना देती हैं। ऐसे भी अपराधी हैं जो अपने बच्चों तथा परिवार के प्रति भावनात्मक रूप से संवेदनशील होते हैं तथा उन्होंने जो अपराध किया है उसके लिए उन्हें पछतावा होता है। यह सोच कर उनके दिमाग में उबाल आता है किवे ही अपने परिवार व बच्चों की रोजी रोटी कमाते थे। अब जब कि वे जेल में हैं, उनके बच्चों की देखभाल कौन करता होगा? वे इधर–उधर ठोकरें खाते होंगे। उनकी गलती के कारण उनके परिवार एवम बच्चों को कितनी आर्थिक परेशानियाँ तथा जीवनयापन की कठिनाइयाँ उठानी पड़ती होंगी? यहीवह अवस्था है जब जेल अधिकारियों को ऐसे कैदियों की उचित तथा मार्मिक रूप से उनकी भावनाओं को स्पर्श करती हुई काउन्सिलिंग के साथ आगे आना होगा। अगर उन्हें अभी अवसर दिया जाता है तो वे मानसिक रूप से जेल

प्रशासन की किसी सुधारात्मक पहल के लिए सकारात्मक रूप से तैयार होते हैं। अगर हम इस बात का परीक्षण करें तो हम पाएंगे कि ऐसे व्यक्ति होते हैं जो परिस्थितियों का शिकार होते हैं तथा विवश होकर अपराध कर बैठते हैं। ऐसे कैदी सुधारात्मक प्रक्रिया के प्रति अत्यन्त संवेदनशील होते हैं। जेल प्रशासन को ऐसे अवसर नहीं खोने चाहिए। उन्हें चाहिए कि प्रत्येक मामले की पृष्ठभूमि तथा कुशल काउन्सिलिंग की मदद से वैयक्तिकरण विधियों का इस्तेमाल करते हुए ऐसे कैदियों को चिन्हित करें। सही वक्त पर कैदियों का उपचार तथा सुधार एक अत्यन्त महत्वपूर्ण कारक होता है। जेल अधिकारियों के लिए यह बड़ा ही पुनीत कार्य होगा कि कारागार न्याय सुनिश्चित करने के उद्देश्य से कैदियों के जेल में रहने की अवधि का सदुपयोग करें। यदि अपराधिक न्याय व्यवस्था कैदी को इस बात का एहसास कराती है कि उसके परिवार तथा बच्चों के हित में व्यवस्था उन्हें सुधरने का अवसर देने को तैयार है तो वह न सिर्फ व्यवस्था के प्रति एहसानमन्द व वफादार होगा बल्कि समाज के लिए वरदान भी साबित हो सकता है। आइए! हम उनके मन में ऐसा विश्वास पैदा करें कि व्यवस्था उन्हें दण्डित करके ही छोड़ेगी, ऐसा नहीं है। व्यवस्था भी उनके प्रति उतनी ही संवेदनशील है तथा तथ्यों के परीक्षण से व्यवस्था को इस बात का आभास है कि यदि विवशकारी परिस्थितियाँ न हुई होतीं तो कैदी ने कानून न तोड़ा होता तथा अपराध न किया होता।

कालान्तर में कारागारों के अपराधीकरण के मामले प्रकाश में आ रहे हैं। यह एक अत्यन्त कष्टप्रद स्थिति है। कठोर और संगठित अपराधियों ने जेलों को कमोवेश अपने अड्डों के रूप में तब्दील कर दिया है। वे जेलों को शरणागार के रूप में इस्तेमाल करते हैं तथा सुरक्षित रूप से जेल के अन्दर से ही समाज में अपराधिक गतिविधियों को नियन्त्रित एवं संचालित करते हैं। ऐसे क्रियाकलापों के लिए जेल प्रशासन अपनी जवाबदेही से नहीं बच सकते। प्रथमतः तथा कमतर अपराधी जेलों में एक बार जब ऐसे संगठित अपराधियों के सम्पर्क में आते हैं तो वे इनके ग्लैमर के आकर्षण से नहीं बच पाते तथा अपराध की दुनिया में जाने के लोभ का आसानी से शिकार बन जाते हैं। कारागार प्रशासन को इस बात के लिए सतर्क रहना चाहिए किवे जेलों में यदाकदा कमतर परिस्थितिजन्य अपराधियों को

कठोर तथा संगठित अपराधियों से पृथक रखें अन्यथा कारागार कमतर एवम परिस्थितिवश अपराधियों को आदतन एवम कठोर अपराधियों में तब्दील करने के परिवर्तन केन्द्र बन जाएंगे तथा कारागारों की सुधारात्मक न्याय व्यवस्था टुकड़ों-टुकड़ों में टूटकर बिखरती नजर आयेगी।

"कालान्तर में कारागारों के अपराधीकरण के मामले प्रकाश में आ रहे हैं। यह एक अत्यन्त कष्टप्रद स्थिति है। कठोर और संगठित अपराधियों ने जेलों को कमोवेश अपने अड्डों के रूप में तब्दील कर दिया है। वे जेलों को शरणागार के रूप में इस्तेमाल करते हैं तथा सुरक्षित रूप से जेल के अन्दर से ही समाज में अपराधिक गतिविधियों को नियन्त्रित एवं संचालित करते हैं। ऐसे क्रियाकलापों के लिए जेल प्रशासन अपनी जवाबदेही से नहीं बच सकते। प्रथमतः तथा कमतर अपराधी जेलों में एक बार जब ऐसे संगठित अपराधियों के सम्पर्क में आते हैं तो इनके ग्लैमर के आकर्षण से नहीं बच पाते तथा अपराध की दुनिया में जाने के लोभ का आसानी से शिकार बन जाते हैं।"

65
आत्मघाती दस्ते- दाण्डिकशास्त्र

वर्तमान विकसित तथा सभ्य समाज में आत्मघाती दस्ते सम्पूर्ण विश्व में अपराधिक न्याय प्रशासन की व्यवस्था को तार-तार करने में एक खतरनाक चुनौती के रूप में सामने आए हैं। ये आत्मघाती दस्ते दुनियाभर के किसी भी कानून की किताब में मौजूद किसी भी प्रकार के कड़े से कड़े दण्ड की तनिक भी परवाह नहीं करते। प्रश्न यह है कि व्यवस्था उन्हें किस कानून का डर दिखाकर अपराध करने से रोकेगी? किसी भी कानून में मृत्युदण्ड से बढ़कर कोई सजा नहीं हो सकती, जहाँ कानून मुजरिमों को फाँसी चढ़ाकर उन्हें उनके जीवन से वंचित कर देता है। क्योंकि ऐसे मुजरिमों को समाज में ऐसे अपराध का दोषी पाया गया है जो मृत्युदण्ड से दण्डनीय हैं। सदोष मानव वध (हत्या), जहाँ एक व्यक्ति द्वारा दूसरे व्यक्ति को जान से मारा गया है ऐसे ही गम्भीर अपराध की परिभाषा में आता है जहाँ हत्यारे को दोषी पाए जाने पर कानून की किताबों में मृत्युदण्ड (अपराधी की मृत्यु होने तक उसे फाँसी पर गले से लटका कर रखना) की व्यवस्था प्राविधानित है।

जरा आत्मघाती दस्ते के सदस्यों के अपराधिक मनोविज्ञान को महसूस कीजिए। वे हर पल खून खराबे की मनोवृत्ति से भरे होते हैं। अपराध करना उनका व्यसन बन जाता है। उनका अपराधिक मनोविज्ञान कुछ इस तरह का हो जाता है किवे खून खराबा करने, लोगों को मारने तथा अन्ततः कानून की गिरफ्त से बचने के लिए खुद भी मर जाने के लिए ही पैदा हुए हों। उनके मस्तिष्क में मृत्युदण्ड का भय लेषमात्र भी नहीं होता। क्या वर्तमान व्यवस्था ऐसे व्यक्तियों को मृत्युदण्ड का भय दिखा कर समाज में अपराध करने से रोक पाएगी? आधुनिक आतंकवाद अपराधिक व्यवहार की खतरनाक अवधारणा है जहाँ अपराधिक मनोविज्ञान अपराध कारित करने की अन्धाधुन्ध प्रवृत्ति की पराकाष्ठा है जिसके आत्मघाती दस्ते उसकी चरम परिणति हैं। उन्हें न तो अपने जीवन का डर है और न ही कानून द्वारा उन्हें सजा दिए जाने का कोई खौफ। उनका एक मात्र

मकसद है लोगों की निर्दयतापूर्वक निर्मम हत्या, हर तरफ खून और खून। और जब उन्हें इस बात का आभास होता है किवे कानून की गिरफ्त में आ जाएंगे तो वे निर्मम रूप से खुद को भी मार डालते हैं। आसपास अगर पुलिस न भी हो फिर भी उन्हें परवाह नहीं। वे अपने खून खराबे के मकसद को अंजाम देंगे और खुद को भी खत्म कर देंगे।

दाण्डिक विधिशास्त्र के अन्तर्गत न्यायालयों द्वारा मुजरिमों को अपराध के लिए दोषी पाए जाने पर दण्डित किए जाने के अपने तर्क हैं। दाण्डिक विधिशास्त्र का यह मानना है कि अपराध के लिए दण्डित किए जाने से व्यक्तियों के मस्तिष्क पर उसका प्रतिरोधात्मक प्रभाव पड़ता है तथा उसकी अपनी एक दहशत होती है। हमारी व्यवस्था में दण्ड के विभिन्न सि़द्धान्त हैं जो बताते हैं कि दण्डित करने का उद्‌देश्य यह होता है कि जिससे लोगों के मस्तिष्क में सजा का आतंक पैदा हो तथा लोग समाज में अपराध करने से बाज आएं। दण्ड के निवारात्मक सिद्धान्त का मानना है कि इससे अपराधिक न्याय व्यवस्था में अपराधों की रोकथाम में मदद मिलती है। व्यवस्था इसे न्यायोचित ठहराते हुए यह मानती है कि पर्याप्त दाण्डिक व्यवस्था न होने पर समाज में अपराधों पर अंकुश लगाना एक मुश्किल काम हो जाएगा। न सिर्फ इससे अपराधी दण्डित होता है बल्कि समाज में अन्य लोगों को भी इससे संदेश जाता है कि कानून तोड़ने पर व्यवस्था उन्हें भी इसी प्रकार दण्डित करेगी।

लेकिन दाण्डिक व्यवस्था के ये सारे मकसद बुरी तरह से नाकाम रहे हैं तथा कानून आदतन व दृढ़ अपराधियों को अपराध करने से रोक पाने में असफल रहा है। आज की तारीख में अपराध की दुनियाँ एवं अपराधियों ने दाण्डिक व्यवस्था की कोई परवाह किए बगैर पेशेवर रूख अख्तियार कर लिया है। इस दुनिया की अपराधिक न्याय व्यवस्था का कोई भी कानून अथवा दण्ड उन्हें अपराध करने से नहीं रोक पा रहा है। वे जब चाहें अपनी इच्छानुसार अपराध करते हैं। दुनियाँ की विधिक व्यवस्था पूरी तरह से असहाय तथा भयभीत नजर आती है। अमेरिका के वर्ल्ड ट्रेड सेन्टर पर आत्मघाती दस्तों द्वारा हमला, मुम्बई बम धमाकों में निर्दोषों की हत्या, होटल ताज पर हुए हमले तो महज एक मिसाल हैं। अमेरिका जैसा देश इस बात से बुरी तरह चिन्तित रहा है कि ऐसे अपराधि

ायों के लिए किस प्रकार की दाण्डिक व्यवस्था अमल में लायी जाए? हम व्यवस्था की असहायता तथा उसकी मानसिक व्यथा को समझ सकते हैं। व्यवस्था की पीड़ा यह है कि व्यवस्था यह समझती है कि ऐसी घटनाओं के वक्त व्यवस्था न्याय सुनिश्चित कर पाने में नाकाम रहती आयी है। ऐसे पीड़ादायक मौके आगे भी आ सकते हैं। अपराध अबाध गति से होते रहते हैं एवम निर्दोष ऐसी अपराधिक गतिविधियों का शिकार होते रहते हैं तथा व्यवस्था अपराधियों के मन में सजा का कोई डर पैदा नहीं कर पायी है। ऐसी विषम परिस्थिति में विनती है कि ईश्वर व्यवस्था की मदद करें!!!

"जरा आत्मघाती दस्ते के सदस्यों के अपराधिक मनोविज्ञान को महसूस कीजिए। वे हर पल खून खराबे की मनोवृत्ति से भरे होते हैं। अपराध करना उनका व्यसन बन जाता है। उनका अपराधिक मनोविज्ञान कुछ इस तरह का हो जाता है कि वे खून खराबा करने, लोगों को मारने तथा अन्ततः कानून की गिरफ्त से बचने के लिए खुद भी मर जाने के लिए ही पैदा हुए हों। उनके मस्तिष्क में मृत्युदण्ड का भय लेशमात्र भी नहीं होता। क्या वर्तमान व्यवस्था ऐसे व्यक्तियों को मृत्युदण्ड का भय दिखा कर समाज में अपराध करने से रोक पायेगी? आधुनिक आतंकवाद अपराधिक व्यवहार की खतरनाक अवधारणा है जहाँ अपराधिक मनोविज्ञान अपराध कारित करने की अन्धाधुन्ध प्रवृति की पराकाष्ठा है जिसके आत्मघाती दस्ते उसकी चरम परिणति हैं।"

66

अल्पसंख्यक सम्मानीय नागरिक हैं

अल्पसंख्यक कौन हैं? अर्थात जिनकी संख्या कम हो, यदि देश की सम्पूर्ण जनसंख्या की बात की जाए। लेकिन संख्या में कम अथवा अधिक होने की बात तब की जाएगी जब हम ऐसे लोगों को विभिन्न वर्गों के आधार पर देखेंगे। कुछ वर्ग के लोग संख्या में अधिक होंगे, कहीं कुछ अन्य वर्गों के लोग संख्या में कम होंगे। प्रचलित सामाजिक व्यवस्थाएं लोगों को वर्गों में विभाजित करती हैं। इन सामाजिक व्यवस्थाओं में धार्मिक मान्यताएं, संस्कृति, बोलचाल की भाषा, लिपि इत्यादि अपना अहम स्थान रखती हैं। 'अल्पसंख्यक' शब्द की वैसे तो कोई अधिकारिक कही जाने वाली परिभाषा नहीं मिलती फिर भी न्याय प्रशासन की दृष्टि से संविधान में इस बात की स्पष्ट व्यवस्था की गयी है जिससे कि अल्पसंख्यकों को समुचित संवैधानिक संरक्षण प्राप्त हो।

किसी देश की लोकतान्त्रिक व्यवस्था में बहुसंख्यक वर्ग तथा अल्पसंख्यक वर्गों का महत्व हो जाता है। अगर कोई राजनीतिक दल देश के बहुसंख्यक वर्ग पर लगातार अपनी पकड़ बनाए रखने में सफल रहता है तो फिर देश की सरकार ऐसे ही राजनीतिक दल के हाथ में बनी रहेगी। सम्भवतः एक ऐसी मानसिक सोच जन्म लेले कि अमुक राजनीतिक दलों को अल्पसंख्यक मतों की तो आवश्यकता ही नहीं है। उनके बहुसंख्यक मत ही देश में उनकी सत्ता के लिए पर्याप्त बने रहेंगे। ऐसी राजनीतिक सोच में यदि अल्पसंख्यक वर्ग स्वयं को असुरक्षित महसूस करें तो इसमें हैरत की बात नहीं होनी चाहिए। जब राजनीति ही होनी हो तो फिर न्याय–अन्याय की बात तो करिए मत। ऐसे भी राजनीतिक दल उभर कर आएंगे जो अल्पसंख्यक वर्गों को वोट बैंक के रूप में इस्तेमाल करते रहेंगे। उन्हें बहुसंख्यकों से असुरक्षा का भय दिखाकर संरक्षण का यकीन दिलाएंगे और अपनी राजनीति की रोटियाँ सेंकते रहेंगे। समाज के विभिन्न वर्गों के प्रति न्यायसंगत रूख अपनाना उनकी राजनीति की परिभाषा में नहीं आता। 'फूट डालो और राज करो'

का एक बड़ा सीधा सा राजनीतिक फंडा है। राज चलता रहे और इसके लिए किसी सामाजिक वर्ग की बलि देने की नौबत आ जाए तो राजनीति तो यही कहती है कि ऐसे राजनीतिक दल इन सामाजिक वर्गों की बलि देने से भी बाज नहीं आएंगे।

भारत के राजनीतिक परिदृश्य में धर्म आधारित बहुसंख्यक अथवा अल्पसंख्यक सोच ज्यादा ही मुखर है और अधिसंख्य लोग इस सोच के ऊपर उठ भी नहीं पाते। बहुसंख्यक अथवा अल्पसंख्यक होने से अधिक महत्वपूर्ण और संवेदनशील बात है इन दोनों वर्गों का भारत का नागरिक होना। जब हम सभी भारत के सम्मानीय नागरिक हैं तो फिर उन्हें अलग-अलग चश्मों से देखे जाने की कैसी बात? भारत में या तो राजनीति होती है जो राजनीतिक दलों के लिए उनका व्यवसाय है या फिर कुछ है तो 'बहुसंख्यक' आमजनों का रोजमर्रा का जीवन संघर्ष। गरीबी न तो जाति पूछती है और न ही धर्म। अगर भारत में गरीब बहुसंख्य हैं तो फिर बहुसंख्यक कौन हुए? लेकिन भारत के राजनीतिज्ञों को इससे भला क्या लेना देना?

अगर भारत के संविधान की बात की जाए तो इसके अनुच्छेद 29 तथा अनुच्छेद 30 में अल्पसंख्यकों के हितों के संरक्षण सम्बन्धी संवैधानिक उपबन्ध दिए गए हैं। इन उपबन्धों में केवल धर्म आधारित अल्पसंख्यकों की बात नहीं की गई है। बल्कि ऐसे किसी भाग के नागरिकों की बात की गई है जो भाषा, लिपि, संस्कृति के आधार पर अल्पसंख्यक हों। उन्हें इस बात का बुनियादी अधिकार होगा किवे अपनी बोलचाल की भाषा, लिपि तथा सांस्कृतिक धरोहरों को संरक्षित रख सकें। देश का कानून उन्हें ऐसा करने में उनकी मदद करेगा। अनुच्छेद 30 तो यहाँ तक कहता है कि देश के धार्मिक अथवा भाषायी अल्पसंख्यकों को इस बात का भी बुनियादी अधिकार होगा कि ऐसे संरक्षण के लिए वे अपने शैक्षणिक संस्थान भी खोल सकेंगे। भारत तो विविधताओं का देश है। लोगों की विविध धार्मिक आस्थाएं हैं, लोग विविध प्रकार की भाषाएं बोलते हैं जो किसी न किसी रूप में उनकी सांस्कृतिक धरोहर का प्रतिबिम्ब होती हैं।उनका पहनावा, खानपान, रहन-सहन भी विविध है फिर भी भारत एक है। ये विविधताएं लोगों की अस्मिता एवम उनकी पहचान से जुड़ी हुयी हैं। ऐसा भी देखा

जाता है कि एक स्थान के राष्ट्रीय स्वरूप के बहुसंख्यक किसी अन्य स्थान विशेष पर अल्पसंख्यक हो जाते हैं। लेकिन वे कम से कम लोकतान्त्रिक देश में अपनी पहचान से कभी समझौता नहीं करते। विनम्र निवेदन है कि देश के विविध अल्पसंख्यकों को 'राजनीतिक अल्पसंख्यकों' के रूप में कोई पहचान न दी जाए। वे भारत के सम्मानीय नागरिक हैं जिन्हें भारत के संविधान ने बड़ी ही संजीदगी से संवैधानिक उपबन्धों के अर्न्तगत पिरोया है जिसके वे हकदार हैं। उनके प्रति न्याय तो तभी होगा जब वे महज वोट बैंक ही नहीं समझे जाएंगे तथा बिना किसी राजनीतिक खेमेबाजी के भयमुक्त नागरिक के रूप में रह सकेंगे।

"भारत के राजनीतिक परिदृश्य में धर्म आधारित बहुसंख्यक अथवा अल्पसंख्यक सोच ज्यादा ही मुखर है और अधिसंख्य लोग इस सोच के ऊपर उठ भी नहीं पाते। बहुसंख्यक अथवा अल्पसंख्यक होने से अधिक महत्वपूर्ण और संवेदनशील बात है इन दोनों वर्गों का भारत का नागरिक होना। जब हम सभी भारत के सम्मानीय नागरिक हैं तो फिर उन्हें अलग-अलग चश्मों से देखे जाने की कैसी बात? भारत में या तो राजनीति होती है जो राजनीतिक दलों के लिए उनका व्यवसाय है या फिर कुछ है तो 'बहुसंख्यक' आमजनों का रोजमर्रा का जीवन संघर्ष। गरीबी न तो जाति पूछती है और न ही धर्म। अगर भारत में गरीब बहुसंख्य हैं तो फिर बहुसंख्यक कौन हुए? लेकिन भारत के राजनीतिज्ञों को इससे भला क्या लेना देना?"

67

हिन्दू वर्ण व्यवस्था तथा अछूत

अछूत कौन हैं? क्या अछूतों की कोई अधिकारिक परिभाषा दी जा सकती है? अगर कोई जानवर किसी को छू ले तो सम्भवतः व्यक्ति को बुरा न लगे। लेकिन अगर कोई अछूत श्रेणी का कहा जाने वाला व्यक्ति उसे छू दे तो सब गडबड़ हो जाता है। व्यक्ति को चिढ़ हो जाती है। अछूत भी मानव ही होते हैं लेकिन समाज उनके साथ इतना भेदभाव करता है कि लोग उन्हें जानवरों से भी बदतर मानने लगते हैं। मानवीय सभ्यता का यह चलन आघात पहुँचाने वाला है। भारतीय समाज में इसका प्रचलन रहा है। हिन्दू वर्ण व्यवस्था समूचे विश्व में अनूठी रही है। अछूत उस श्रेणी के लोग माने गए जिन्हें हिन्दू व्यवस्था में प्रचलित चारों वर्णों में से किसी भी वर्ण में रखने लायक नहीं समझा गया। चूँकि ये लोग अछूत माने जाते थे तो धारणा यह थी कि ये लोग समाज के अन्य लोगों से दूरी बनाकर रखें। कहीं ये अन्य लोगों से छू न जाएं इसलिए उन्हें समाज की मुख्य धारा से काट कर अलग रखा गया। यह एक सामान्य व्यक्ति की समझ के बाहर की बात है कि आखिर समाज की वह कौन सी मानसिक सोच थी जिसने लोगों को इतना अमानवीय बना दिया तथा समाज अपने ही लोगों से अमानवीय बर्ताव करने लगा?

वर्ण व्यवस्था जैसी प्रथा भारत में ही प्रचलित है। विश्व के किसी अन्य देश में वर्ण व्यवस्था जैसी प्रथा अस्तित्व में हो ऐसा नहीं जाना जाता। बेशक! कुछ देशों में रंगभेद प्रथा के मामले सामने आते हैं जिसमें मनुष्य की चमड़ी के रंग के आधार पर घृणा की भावनाएं उत्पन्न की जाती हैं। वे जिनकी चमड़ी के रंग साफ हैं अर्थात गोरी चमड़ी के लोग, काली चमड़ी के लोगों पर अपना प्रभुत्व स्थापित करते हैं। रंगभेद नीति की एक लम्बी कहानी रही है तथा अफ्रीकी देश इस प्रथा से बुरी तरह प्रभावित रहे हैं। वर्ण व्यवस्था के साथ–साथ जाति व्यवस्था की स्थापना के पीछे भी यही भावना रही है किवे लोग जो स्वयं को ऊँची जाति का होने का दावा करते हैं तथाकथित निचली जाति के लोगों पर अपना प्रभुत्व बनाए रख सकें।

निचली जाति के लोग नीच स्तर के माने जाते हैं तथा सामाजिक आयोजनों के दौरान उन्हें ऐसे आयोजनों से दूर रखा जाता है। अछूतों को उनके व्यवसाय से भी जोड़कर देखा जाता है जो उनकी रोजी रोटी के लिए होता है। लेकिन समाज ऐसे व्यवसाय को निम्न मानता है व निम्न जातियों के लिए ही मानता है। वे समाज की गन्दगी की साफ सफाई का काम करेंगे। लोगों के मल–मूत्र को साफ कर अपने सिर पर ढोते हुए दूर कहीं फेकेंगे।सम्भवतः इसीलिए समाज उन्हें अछूत मानता हो? क्यों कि वे गन्दा काम करते हैं। पर वे समाज की गन्दगी को साफ करने का काम करते हैं समाज इसे भूल जाता है और वे अछूत बन जाते हैं। ठीक है! भारत में शहरीकरण तो बढ़ा है लेकिन आज भी ऐसे शहर हैं, तालुके हैं, जहाँ शौचालयों तथा साफ सफाई की उचित व्यवस्था नहीं है तथा मानव सफाईकार ही लोगों के मल–मूत्र की सफाई करते हैं। वर्तमान समय का समाज जो कि एक बड़ा ही विकसित, शिक्षित एवं जानकार समाज है यदि अछूत प्रथा प्रचलन में हो या फिर अछूत होने जैसी भावनाएं ही हों तो यह तो सामाजिक सभ्यता की अवनति का संकेत है।

एक बड़ा सवाल जो कि अनुत्तरित ही रहेगा। मैं पूरे विश्वास के साथ कह सकता हूँ कि आखिर वे ऐसे कौन से कारण रहे होंगे कि अछूतों को समाज से अलग–थलग कर दिया गया तथा उन्हें वर्ण व्यवस्था की किसी भी श्रेणी में नहीं रखा गया? ऐसा कोई कारण जो मानवीय अस्तित्व से अलग हो? ऐसी कोई श्रेणी जो वर्ण व्यवस्था श्रेणियों से निम्न हो तथा जानवरों के अस्तित्व से थोड़ा ऊपर हो? कोई बताए? इस तथ्य के बावजूद कि अछूत व्यवस्था का किसी स्वरूप में प्रचलन संवैधानिक तथा अन्य सांविधिक प्राविधानों द्वारा पूरी तरह से प्रतिबन्धित है। खुले रूप में तो यह प्रथा नजर नहीं आती लेकिन अगर हम सामाजिक ताने बाने की अन्दरूनी गहराइयों में जाएं तो हम पाएंगे कि आज भी ऊँची जाति के लोगों के मस्तिष्क में अछूतों के विरूद्ध एक सोच पाई जाती है। कानून लोगों की दिमागी सोच नहीं बदल सकता। यह मात्र एक डर का भाव पैदा कर सकता है इससे अधिक और कुछ नहीं। मानवाधिकारों के विधिशास्त्र के युग में अब समाज को यह साहस दिखाना चाहिए कि वह मानव सभ्यता की बेहतरी के लिए अपनी दिमागी सोच को पूरी तरह से बदल

डाले। चूँकि अछूत प्रथा को संवैधानिक रूप से समाप्त कर दिया गया है अब आवश्यकता इस बात की है कि ऐसे लोगों के सामाजिक स्वीकार्यता का एक ईमानदार परावर्तन हो तथा उन्हें मानवीय स्पर्श की शीतल अनुभूति का एहसास समाज इन्हें दे। हमें प्रत्येक रूप में सामाजिक सुदृढ़ता की जरूरत है। हमें मजबूत राष्ट्र बनना है।

"एक बड़ा सवाल जो कि अनुत्तरित ही रहेगा। मैं पूरे विश्वास के साथ कह सकता हूँ कि आखिर वे ऐसे कौन से कारण रहे होंगे कि अछूतों को समाज से अलग-थलग कर दिया गया तथा उन्हें वर्ण व्यवस्था की किसी भी श्रेणी में नहीं रखा गया? ऐसा कोई कारण जो मानवीय अस्तित्व से अलग हो? ऐसी कोई श्रेणी जो वर्ण व्यवस्था श्रेणियों से निम्न हो तथा जानवरों के अस्तित्व से थोड़ा ऊपर हो? कोई बताए?"

68
क्राइम फिक्सिंग

अन्तर्राष्ट्रीय क्रिकेट में मैच फिक्सिंग एक सामान्य घटना बन चुकी है। इसमें खिलाड़ी यहाँ तक कि अपने राष्ट्रहित की कीमत पर बाजी लगाने वाले सट्टेबाजों के हाथों में मैच फिक्स कर देते हैं जिसके बदले में वे सट्टेबाजों से मोटी रकम वसूलते हैं। खिलाड़ी अपने देश की खातिर खेलते हैं जिसके एवज में उन्हें पर्याप्त मानदेय भी दिया जाता है, फिर भी वे पैसों के लिए अपने राष्ट्रहित की बलि चढ़ा देते हैं। जिन खिलाड़ियों को 'फिक्स' किया जाता है वे अपना नैसर्गिक खेल नहीं खेलते। वे ऐसा जानबूझ कर करते हैं जिससे कि सट्टेबाजों के गुणा-भाग के मुताबिक उनके राष्ट्रीय टीम की 'हार' सुनिश्चित हो जाए। मैच फिक्सिंग एक गुनाह है, लेकिन यह एकदम अलग बात हो जाती है कि अन्तर्राष्ट्रीय क्रिकेट के प्रबन्धक ऐसे गुनाहगारों को पर्याप्त सबूत के अभाव में कानूनन सजा नहीं दिला पाते।

किसी भी विधिक व्यवस्था में 'क्राइम फिक्सिंग' भी ऐसा ही मामला है जहाँ कानून लागू करने वाली संस्थाएं संगठित अपराधी गैंग के हाथों 'फिक्स' हो जाती हैं। अपराधी गैंग ठीक अपने ही इरादों के मुताबिक जहाँ भी, जब कभी भी तथा जिस किसी तरह से भी, गुनाह करना चाहते हैं बेखौफ गुनाह करते हैं तथा वे यह सुनिश्चित कर लेते हैं कि पुलिस घटनास्थल पर तभी पहुँचती है जब वे अपराधी, अपराध कर लेने के पश्चात इत्मीनान से घटनास्थल से भाग चुके होते हैं। अपराधी गैंगस्टरों द्वारा कानून लागू करने वाली संस्थाओं के साथ पूरी तरह से साँठ-गाँठ करके समाज में अपराध फिक्स किए जाते हैं। यह न सिर्फ अपराधिक आचरण है एवं किसी भी देश के व्यापक लोक हित के लिए खतरनाक है बल्कि यह एक राष्ट्र विरोधी गतिविधि भी है।

बड़ा सवाल यह है कि क्या यह सब अपराध न्याय प्रशासन के प्रशासकों की जानकारी के बगैर हो रहा है? ऐसा सम्भव नहीं है कि ये प्रशासक ऐसी घटनाओं से सम्पूर्ण रूप से अनभिज्ञ हों। ऐसी घटनाओं ने

व्यवस्था में, व्यवस्था के अन्दर से ही बड़ा ही खतरनाक स्वरूप अख्तियार कर लिया है। 'क्राइम फिक्सिंग'की मदद से सफलतापूर्वक अपराध करने में सुविधा प्रदान करने की कीमत के रूप में इन संगठित अपराधी गैंग द्वारा कानून लागू करने वाली संस्थाओं को एक मोटी रकम बतौर इनाम दी जाती है। आजकल अपराध एक व्यवसाय बन गया है। ठेके पर हत्याएं करवाना, अपहरण करना, प्रचलन में आ गया है जिसे लोकप्रिय भाषा में 'सुपारी' देना भी कहा जाता है। हत्याएं, बैंक लूट एवं डकैती इत्यादि में लुटेरे पूरे आत्मविश्वास के साथ अपराध करेंगे और सुरक्षित निकल जाएंगे। पुलिस जब तक घटना स्थल पर पहुँचेगी तब तक लुटेरे कानून की गिरफ्त से बहुत दूर निकल चुके होंगे। यह सब पहले से ही फिक्स होगा।

तहकीकात के दौरान पुलिस अपराधी मिलीभगत के मामलेभी प्रकाश में आते हैं जो कि समाज की कानून व्यवस्था के लिए अत्यन्त आपत्तिजनक हैं। प्रशासकों के लिए यह आवश्यक है कि वे ऐसी आपत्तिजनक स्थितियों को चिन्हित करके उनसे कड़ाई से निपटें तथा ऐसी मिलीभगत को समय रहते तोड़े जिससे कि अपराध न्याय प्रशासन की व्यवस्था संरक्षित हो तथा अपराधी कानून के शिकंजे में आ सकें।हमारी चिन्ता यह होनी चाहिए कि समाज में विधि का शासन अपनी मजबूत पकड़ बना सके।

"बड़ा सवाल यह है कि क्या यह सब अपराध न्याय प्रशासन के प्रशासकों की जानकारी के बगैर हो रहा है। ऐसा सम्भव नहीं है कि ये प्रशासक ऐसी घटनाओं से सम्पूर्ण रूप से अनभिज्ञ हों। ऐसी घटनाओं ने व्यवस्था में, व्यवस्था के अन्दर से ही बड़ा ही खतरनाक स्वरूप अख्तियार कर लिया है।"

69
मौत की सजा (सजा-ए-मौत)

किसी व्यक्ति को मौत की सजा देना किसी भी अपराध न्याय व्यवस्था की कठोरतम सजा है। मृत्युदण्ड एक व्यक्ति के ऐसे अपराधिक व्यवहार के लिए दिया जाता है जहाँ उसने साशय किसी अन्य व्यक्ति को जान से मार देने का जघन्य अपराध किया है। ऐसी सजा के पीछे तर्क यह है कि किसी भी सभ्य समाज में प्रत्येक व्यक्ति को संवैधानिक गारण्टी के रूप में जीवन का अधिकार है तथा यदि अभियुक्त व्यक्ति किसी व्यक्ति की हत्या करके उसको उसके जीवन से वंचित कर देता है तब राष्ट्रों की विधिक व्यवस्था ऐसे व्यक्ति को भी जीने की इजाजत नहीं देगी तथा उसे फाँसी पर चढ़ा कर उसका जीवन खत्म कर दिया जाएगा। इस बात के पर्याप्त आधार हैं कि जहाँ एक व्यक्ति ने किसी अन्य व्यक्ति की निर्ममतापूर्वक हत्या की है तो उसे मत्युदण्ड दिया जाना न्यायोचित है। मृत्युदण्ड का न सिर्फ दोषी अपराधी पर प्रतिरोधात्मक प्रभाव पड़े बल्कि इसकी दहशत का व्यापक असर समाज में भी लोगों पर पड़े जिससे कानून व्यवस्था स्थापित हो सकेएवं विधि का शासन सुनिश्चित हो। मकसद यह भी है कि ऐसे अपराधों की संख्या में कमी लायी जा सके। मानवाधिकारों के जमाने में इस बात की आवाज भी उठायी जाती है कि सजा-ए-मौत न सिर्फ अमानवीय है बल्कि यह असंवैधानिक भी है।

अगर मृत्युदण्ड के ऐतिहासिक पक्ष पर नजर डालें तो हम पाएंगे कि मुजरिमों को मौत की सजा बड़ी ही बर्बरता पूर्वक दी जाती थी। दोषी व्यक्ति को जंगली घोड़ों तथा हाथियों के पाँवों तले कुचल-कुचल कर मार दिया जाता था। उन्हें खतरनाक कुत्तों के सामने फेंक दियाजाता जो उन्हें नोंच-नोंच कर टुकड़े-टुकड़े कर देते। उन्हें खौलते तेल के कड़ाहे में जिन्दा डुबो कर मार दिया जाता। ऊँची पहाड़ी से पहाड़ी की तलहटी मे फेंक दिया जाता। गरम लाल लोहे के खम्भे से उन्हें लोहे की जंजीरों मे बाँधकर जलती सलाखों से दाग-दाग कर उनकी चमड़ी उधेड़ दी जाती और उन्हें खत्म कर दिया जाता। उनके शरीर को चार टुकड़ों में

काट कर शहर के चारों कोनों में लटकवा दिया जाता। लोगों के सामने सरेआम फाँसी पर चढ़ा दिया जाना बड़ी सामान्य सी बात हुआ करती थी। मुजरिमों को जिन्दा दीवाल में चुनवा दिये जाने के मामले भी प्रकाश में आए।

अगर मानवाधिकारों के परिप्रेक्ष्य में देखा जाय तो बेशक! एक सभ्य समाज में मृत्युदण्ड को अमानवीय कहा जाएगा। भारतीय अपराधशास्त्र में दोषी को गरदन से फाँसी पर लटकाकर मार देने की वर्तमान विधिसम्मत प्रक्रिया है। लेकिन उसे भी अमानवीय मानते हुए आपत्तिजनक ठहराया जाता है। दलील यह दी जाती है कि यह उस व्यक्ति के लिए बड़ी ही कष्टप्रद प्रक्रिया है जिसे व्यवस्था तब तक फाँसी पर लटकाकर रखती है जब तक डाक्टर उसे मृत घोषित नहीं कर देता। इसके स्थान पर वे ऐसे तरीकों से मृत्युदण्ड देने की बात करते हैं जो अपेक्षाकृत कम कष्टप्रद हैं। जैसे, व्यक्ति को घातक इन्जेक्शन लगा दिया जाय जिससे उसे नींद आने लगे और वह बिना किसी पीड़ा के मृत्यु को प्राप्त हो जाय। मानवाधिकारों की आवाज उठाने वाले मुजरिमों के अधिकारों के प्रति तो अधिक संवेदनशील नजर आते हैं परन्तु अपराध के शिकार व्यक्तियों तथा उनके परिजनों की पीड़ा उन्हें नजर नहीं आती। उन्हें अपराध के शिकार व्यक्तियों तथा उनके परिवार के सदस्यों के मानवाधिकारों की फिक्र भी करनी चाहिए। मानवाधिकार तो सबके लिए समान होते हैं। यह तो विधि का नियम नहीं हुआ। हमें यह नहीं भूलना चाहिए किवह व्यक्ति जिसे क्रूर और निर्मम तरीके से मारा गया है, उसे भी इस दुनियाँ में जीने का बुनियादी मानवाधिकार था। राज्य समाज में अपराध रोक पाने के अपने सांविधिक दायित्व में नाकाम रहा और राज्य की इस नाकामी की कीमत व्यक्ति को अपनी जान देकर चुकानी पड़ी। यह तो कोई न्याय नहीं हुआ? यह बात ठीक है कि हमें समाज में मानवाधिकारों के प्रोन्नति की लड़ाई लड़नी चाहिए लेकिन निर्मम अपराधों के शिकार व्यक्तियों के अधिकारों की कीमत पर कत्तई नहीं। वर्णित परिस्थितियों में राज्य आगे आएंऔर यह स्वीकार करें कि समस्त व्यक्तियों के मानवाधिकारों का समान संरक्षण उनका संवैधानिक दायित्व बनता है और वे अपने इस दायित्व को पूरा करने में बुरी तरह नाकाम रहे हैं।

"राज्य समाज में अपराध रोक पाने के अपने सांविधिक दायित्व में नाकाम रहा और राज्य की इस नाकामी की कीमत व्यक्ति को अपनी जान देकर चुकानी पड़ी। यह तो कोई न्याय नहीं हुआ? यह बात ठीक है कि हमें समाज में मानवाधिकारों के प्रोन्नति की लड़ाई लड़नी चाहिए लेकिन निर्मम अपराधों के शिकार व्यक्तियों के अधिकारों की कीमत पर कतई नहीं।"

70

निर्दोषिता की अवधारणा

अपराध न्याय व्यवस्था का यह बड़ा ही महत्वपूर्ण सिद्धान्त है कि प्रत्येक व्यक्ति जो अपराध कारित करने का अभियुक्त है वह कानून की नजरों में निर्दोष माना जाएगा जब तक कि अभियोजन पक्ष द्वारा उसे दोषी साबित नहीं कर दिया जाता। निर्दोषिता की अवधारणा के पीछे तर्क यह है कि चूँकि अपराध राज्य के विरूद्ध हुआ माना जाता है अतः अभियोजन को इस बात के तमाम सांविधिक प्राधिकार दिए गए हैं कि पुलिस मामले का अन्वेषण कर ले तथा अभियुक्त के विरूद्ध उपलब्ध प्रत्येक सम्भव साक्ष्य को एकत्र करे। तब जाकर सक्षम विचारण न्यायालय के समक्ष आरोप पत्र दाखिल करे जिससे विधि के अर्न्तगत विचारण की कार्यवाही प्रारम्भ हो सके। साक्ष्य का नियम यह कहता है कि अगर कुछ अपवादों को छोड दें तो अपराधिक मामलों में सबूत का भार सदैव अभियोजन पक्ष पर होता है कि पहले मामले को अभियोजन पक्ष सिद्ध करे। विधिक व्यवस्था इस बात के लिए बाध्य नहीं है कि वह अभियोजन पक्ष द्वारा दाखिल आरोप पत्र को वैसे का वैसा ही संज्ञान ले ले या फिर आरोप पत्र में उल्लिखित तथ्यों को सत्य मानते हुए अभियुक्त पक्ष से यह कहे कि वह अपने आपको निर्दोष सिद्ध करे। जब अभियोजन अभियुक्त व्यक्ति के विरूद्ध आरोप पत्र तैयार करता है तबवह आरोपों के समर्थन में अन्वेषण के दौरान पुलिस द्वारा एकत्र किए गए समस्त साक्ष्यों को सूचीबद्ध करता है जिससे कि न्यायालय उसका संज्ञान ले।

न्यायिक व्यवस्था अभियोजन पक्ष द्वारा एकत्र किए गए सबूतों का परीक्षण अभियोजन द्वारा सबूतों के अंकित मूल्य के आधार पर नहीं करती। हो सकता है कि अन्वेषण के समय एकत्र किया गया साक्ष्य अभियोजन के दृष्टिकोण से साक्ष्य हों लेकिन जब तक न्यायालय ऐसे सबूतों को साक्ष्य सम्बन्धी विधि के मापदण्डों के आधार पर ग्राहय नहीं मानता तब तक ऐसे सबूतों को अभिलेखों में साक्ष्य के रूप में ग्रहण नहीं किया जाएगा। अभियोजन को न्यायालय की सन्तुष्टि के मुताबिक यह

सिद्ध करना पड़ेगा कि आरोपी अभियुक्त के विरूद्ध लगाए गए आरोप स्थापित हुए पाए गए। निर्दोषिता की अवधारणा इस आधार पर आगे बढ़ती है कि जब अभियोजन पक्ष ने अभियुक्त के विरूद्ध आरोप लगाए हैं तब अभियोजन ही पहले आरोपों को सिद्ध करे। अभियुक्त को इन कारणों से निर्दोष माना जाएगा कि जहाँ अभियोजन ने आरोप तो लगाए लेकिन वह उन आरोपों को अभियुक्त के विरूद्ध सिद्ध करने में असफल रहा तब इस बात की कोई वैधानिक प्रक्रियात्मक आवश्यकता नहीं होगी कि बचाव पक्ष से यह कहा जाए कि वह स्वयं को निर्दोष साबित करे। ऐसा इस कारण होगा क्योंकि जब अभियोजन ही आरोपों को सिद्ध करने में असफल रहा, मतलब कि अभियोजन के पास आरोपों को साबित करने के कोई साक्ष्य उपलब्ध नहीं हैं। अतः बड़े ही सुरक्षित रूप से यह निष्कर्ष निकाला जा सकेगा कि अभियोजन ने अभियुक्त के विरूद्ध जो आरोप लगाए हैं वे निराधार प्रतीत होते हैं। ऐसा तभी होगा जब अभियोजन के पास न्यायालय की सन्तुष्टि के मुताबिक आरोपों के समर्थन में ऐसे पर्याप्त साक्ष्य होंगे तभी न्यायालय अभियुक्त से कहेगा कि तुम अपने बचाव में तथा अपने आप को निर्दोष साबित करने के लिए क्या कहना चाहते हो?

अगर निर्दोषिता की अवधारणा के नियम का सूक्ष्म परीक्षण किया जाए तब यह बात निकल कर सामने आएगी कि न्याय प्रशासन के उद्देश्य से यह नियम अभियोजन पक्ष पर एक प्रकार का वैधानिक दायित्व आरोपित करता है कि किसी व्यक्ति के विरूद्ध मात्र आरोप लगा देने से काम नहीं चलेगा। अभियोजन को मामले के अन्वेषण के दौरान साक्ष्य एकत्र करने के ईमानदार तथा निष्कपट प्रयास करने पडेंगे। साक्ष्य एकत्र करते वक्त अन्वेषण संस्था द्वारा बरती गयी किसी प्रकार की लापरवाही अभियोजन पक्ष के लिए घातक साबित होगी। निर्दोषिता की अवधारणा का लाभ लेते हुए अभियुक्त स्वयं को निर्दोष सिद्ध करने के किसी भी भार से मुक्त हो जाएंगे। न्याय का तकाजा तो यह ही है कि दोषी व्यक्ति को दण्ड मिले। लेकिन ऐसे मामलों में जहाँ अभियुक्त को महज इस कारण दण्डित नहीं किया जा सका क्योंकि साक्ष्यों का अभाव था और वह भी इस कारण कि अभियोजन ने सबूत इकट्ठे करने में लापरवाही बरती, ऐसे में तो न्याय का उद्देश्य पराजित हो रहा है? इससे बचा जाना चाहिए।

"निर्दोषिता की अवधारणा का लाभ लेते हुए अभियुक्त स्वयं को निर्दोष सिद्ध करने के किसी भी भार से मुक्त हो जाएगा। न्याय का तकाजा तो यह ही है कि दोषी व्यक्ति को दण्ड मिले। लेकिन ऐसे मामलों में जहाँ अभियुक्त को महज इस कारण दण्डित नहीं किया जा सका क्योंकि साक्ष्यों का अभाव था और वह भी इस कारण कि अभियोजन ने सबूत इकट्ठे करने में लापरवाही बरती, ऐसे में तो न्याय का उद्देश्य पराजित हो रहा है?''

71

सामाजिक तथा शैक्षणिक पिछड़ापन

सामाजिक दशाओं के कारण लोग सामाजिक तथा शैक्षणिक रूप से पिछड़े रह जाते हैं। सामाजिक हैसियत बढ़ाने में पैसे की महत्वपूर्ण भूमिका होती है।लेकिन व्यक्ति जो पैसे वाले हों, सामाजिक रूप से अग्रणी भी हों, यह आवश्यक नहीं है। हम ऐसे लोगों के सम्पर्क में आते रहते हैं जिन्होंने जैसे–तैसे गलत ढंग से पैसे तो कमा लिए हैं पर सामाजिक पिछड़ापन उनमें कूट–कूट कर भरा हुआ है। अनेक ऐसे व्यक्तियों के उदाहरण मिलते हैं जो जीवनभर निर्धनता की स्थिति में रहे लेकिन उनकी सोच ने उन्हें सदा सामाजिक रूप से अग्रणी रखा। आप कह सकते हैं कि ऐसे व्यक्तियों को अपवाद स्वरूप माना जाए। शैक्षणिक पिछड़ेपन के लिए भी कुछ ऐसी ही दलीलें दी जा सकती हैं। ऐसे महान चिन्तक भी इस धरती पर रहे जिन्होंने कभी स्कूली शिक्षा नहीं पायी। शैक्षणिक पिछड़ेपन का अर्थ क्या स्कूली डिग्रियों के न होने से है? क्या हम लोगों ने ऐसा समाज नहीं देखा जिसके पास स्कूली डिग्रियों की तो भरमार है फिर भी वह शैक्षणिक पिछड़ेपन का शिकार है?

भारत के सामाजिक तथा शैक्षणिक पिछड़ेपन को इसकी परम्परागत पृष्ठभूमि से जोड़कर देखा जाता है। परम्परा ऐसी जो सामाजिक और शैक्षणिक गैर बराबरी की बात करती हो। समाज का एक ऐसा वर्ग जो समाज के अन्य वर्गों को शिक्षित न होने देना चाहता हो, सामाजिक रूप से आगे न बढ़ने देना चाहता हो। अपवादों की बात अगर हम छोड़ देंतो इस तथ्य को स्वीकार करने में कोई संशय नहीं होना चाहिए कि समाज को आगे बढ़ाने में शिक्षा का बहुमूल्य योगदान होता है। हाँ! अगर समाज के कुछ वर्गों को शिक्षित होने में रूकावटें पैदा की जाती रही हों तब तो यह बड़ी ही गलत एवं आपत्तिजनक बात हुई। ऐसे में तो हमें कहीं दूर जाकर कोई कारण ढूँढ़ने की जरूरत नहीं है कि आखिर हम सामाजिक रूप से इतने पिछड़े क्यों बने रहे? क्यों भारत के संविधान को ऐसे वर्गों को आगे लाने की नीयत से आरक्षण की व्यवस्था लागू करनी पड़ी? अगर

आज की तारीख में भी संवैधानिक प्राविधानों के अर्न्तगत आरक्षण व्यवस्था यथावत लागू बनी हुयी है तो यह इस तथ्य का स्पष्ट संकेत है कि भारत में आज की तारीख में भी सामाजिक तथा शैक्षणिक पिछड़ापन दूर नहीं हो पाया है। कोई ऐसी निश्चित समय सीमा निर्धारित कर दी जाती, ईमानदारी से संवैधानिक प्राविधानों का लागू होना सुनिश्चित किया जाता तथा समाज में मनमुटाव की स्थिति भी खत्म होती।

यह तो तय है कि समाज के वर्गों का सामाजिक, आर्थिक एवं शैक्षणिक पिछड़ापन यदि भारतीय समाज की ही देन है तो फिर इसे खत्म करने के लिए कोई और नहीं, भारतीय समाज को ही आगे आना होगा। आरक्षण के संवैधानिक उपबन्धों को 'संरक्षणात्मक भेदभाव' की संज्ञा दी जाती है। हम जैसे ही 'भेदभाव' शब्द को प्रयोग में लाएंगे हमारी भावना थोड़ी कलुषित तो जरूर हो जाएगी और ऐसा होने से हमें रोकना होगा। संवैधानिक उपबन्ध समाज के वर्गों में भेदभाव उत्पन्न करने के बजाय उक्त वर्गों को संवैधानिक संरक्षण प्रदान करने की बात पर अधिक जोर देते हैं। जिससे ऐसे पिछड़े वर्ग भी अवसर की समानता के आधार पर आगे बढ़ सकें और उनका सामाजिक तथा शैक्षणिक पिछड़ापन दूर हो सके। इससे अन्ततः समाज मजबूत होगा, राष्ट्र मजबूत होगा, सामाजिक समरसता बढ़ेगी। यह बड़ी ही अच्छी बात है कि ऐसी संवैधानिक पहल को सामाजिक समावेश की अवधारणा के रूप में देखा जा रहा है जिसमें इस बात के ईमानदार प्रयास हों कि प्रत्येक वर्ग के व्यक्ति को समाज की मुख्य धारा से जोड़ा जा सके। फिर गर्व से कह सकें 'हम भारत के लोग' कि इसे कहते हैं 'समाजवाद'। सामाजिक समरसता की भावना तो हमारे संविधान की बुनियाद में है। समरसता सही मायनों में तभी आयेगी जब लोगों में सामाजिक गैर बराबरी दूर होगी। ईमानदारी से वह दिन आए कि सामाजिक तथा शैक्षणिक रूप से पिछड़े वर्ग के लोग यह महसूस कर पाएं किवे भी अब समाज की मुख्य धारा में हैं तो फिर सम्भवतः संवैधानिक संरक्षणात्मक भेदभाव की आवश्यकता ही न रह जाए!!!

''सामाजिक समरसता की भावना तो हमारे संविधान की बुनियाद में है। समरसता सही मायनों में तभी आयेगी जब

लोगों में सामाजिक गैर बराबरी दूर होगी। ईमानदारी से वह दिन आए कि सामाजिक तथा शैक्षणिक रूप से पिछड़े वर्ग के लोग यह महसूस कर पाएं कि वे भी अब समाज की मुख्य धारा में हैं तो फिर सम्भवतः संवैधानिक संरक्षणात्मक भेदभाव की आवश्यकता ही न रह जाए!!!"

72
उदारीकरण, निजीकरण तथा वैश्वीकरण

इस आर्थिक नीति को विश्व के बाजार में लोकप्रिय रूप में एल0पी0जी0 के नाम से जाना जाने लगा है। निश्चित रूप से मुक्त बाजार व्यवस्था किसी भी देश की आर्थिक प्रगति की सूचक है, जहाँ विश्व के तमाम देश परस्पर आर्थिक नीतियों को साझा करेंगे, गुणवत्ता के क्षेत्र में प्रतिस्पर्धा बढ़ेगी तथा उपभोक्ता को खरीददारी के बेहतर विकल्प मिलने के साथ-साथ उनके धन की वाजिब कीमत भी प्राप्त होगी। ऐसा स्पष्ट रूप से देखने में आया है कि अन्तर्राष्ट्रीय स्तर पर व्यापार विकास के क्षेत्र में आर्थिक तथा व्यापारिक तकनीकी रूप से सम्पन्न राष्ट्रों की अगुवाई में विश्व व्यापार प्रगति की दिशा में सार्थक पहल हुई है तथा ऐसे देश जो आर्थिक प्रगति की दौड़ में काफी पिछड़ गए उन्हें इन व्यापारिक नीतियों का सहारा मिला है तथा वे तुलनात्मक रूप से अपनी आर्थिक मजबूती बना पाए हैं।

व्यापारिक वैश्वीकरण का अर्थ इसी सन्दर्भ में समझा जाना चाहिए कि विश्व के आर्थिक रूप से सम्पन्न राष्ट्रों की प्रगतिशील व्यापारिक तकनीकी का लाभ वैश्विक रूप से उन छोटे तथा आर्थिक रूप से पिछड़े राष्ट्रों को भी मिल पाए जो परिस्थितियों से जूझने का माद्दा तो रखते हैं, संघर्षशील भी हैं, लेकिन उचित आर्थिक नीतियों तथा तकनीकी के स्पष्ट अभाव में वे अपनी आर्थिक मजबूती नहीं बना पाते। वैश्वीकरण की अवधारणा यह है कि विश्व के सम्पन्न राष्ट्र, आर्थिक रूप से कमजोर राष्ट्रों के बड़े भ्राता की भूमिका में हैं। व्यापारिक रूप से प्रगतिशील तकनीकी का लाभ कमजोर राष्ट्रों को भी मिले। गलत बात तब होती है जब सम्पन्न राष्ट्र, कमजोर छोटे राष्ट्रों के शोषण पर उतर आते हैं तथा अपने व्यापारिक लाभ के लिए अपनी तकनीकों का इस्तेमाल करके उन राष्ट्रों की प्राकृतिक सम्पदा का दोहन शुरू कर देते हैं। वे कमजोर छोटे राष्ट्र अपनी उस प्राकृतिक सम्पदा का अपने आर्थिक हित में उपयोग इसलिए

नहीं कर पाते क्योंकि वे वैसा कर पाने के लिए तकनीकी रूप से सक्षम नहीं हैं। प्रकृति में अपार सम्पदा निहित है, बशर्ते कि हम मानव हित में इसका उचित उपयोग कर पाएं।

आर्थिक नीतियों के उदारीकरण से मुक्त बाजार व्यवस्था को बढ़ावा मिलता है। विश्व व्यापार संगठन (डब्ल्यू0 टी0 ओ0) के गठन के उद्देश्यों पर अगर एक नजर डाली जाए तो बड़ा स्पष्ट सा उद्देश्य नजर आता है कि विश्व के राष्ट्रों की आर्थिक मजबूती विश्व समुदाय के रूप में एक बैनर के तले हो तथा अन्य छोटे राष्ट्रों को भी व्यापार की मुख्य धारा से जोड़ कर रखा जाए। यह एक अच्छी बात है। जब बाजार में प्रतिस्पर्धा बढ़ती है तो उपभोक्ता की सन्तुष्टि के मुताबिक बाजार में टिके रहने के लिए निर्माताओं को वस्तुओं की गुणवत्ता बनाए रखने पर बल देना उनकी मजबूरी हो जाती है। साथ ही साथ वस्तुओं की कीमतों में भी प्रतिस्पर्धा देखने को मिलती है जिससे बहुसंख्य उपभोक्ताओं के हित में वस्तुओं की कीमतें भी काफी युक्तियुक्त हो जाती हैं। लेकिन ऐसा तब ही सम्भव हो पाता है जब तक हमारा बाजार तथा व्यापार प्रबन्धन नेक नीयती से उपभोक्ताओं के हितों को प्राथमिकता देता है। लेकिन जैसे ही वह विशुद्ध व्यवसायिक दृष्टिकोण अपनाता नजर आता है, हमारी 'उदारीकरण' की नीति 'निजीकरण' की गिरफ्त में उलझती चली जाती है। अगर राष्ट्रों की उदारवादी आर्थिक नीतियाँ निजीकरण की प्रवृत्तियों को बढ़ावा देने लगें, यह तो ठीक बात नहीं है। वह भी तब, जब कुछ मुट्ठी भर बड़े औद्योगिक घराने ही मिल बैठकर उदारीकरण तथा वैश्वीकरण के नाम पर निजी व्यवसायिक लाभ के लिए राष्ट्रों की तथाकथित आर्थिक उदारीकरण की नीतियाँ स्वयं तय करने लग जाएं। ऐसे में छोटे-छोटे संघर्षशील उद्यमियों के हक में क्या मिलेगा? उनका तो अहित हो जाएगा। ऐसे बड़े उद्यमी तो मजबूत होंगे लेकिन राष्ट्र आर्थिक रूप से कमजोर बने रहेंगे।

"वैश्वीकरण की अवधारणा यह है कि विश्व के सम्पन्न राष्ट्र, आर्थिक रूप से कमजोर राष्ट्रों के बड़े भ्राता की भूमिका में हैं। व्यापारिक रूप से प्रगतिशील तकनीकी का

लाभ कमजोर राष्ट्रों को भी मिले। गलत बात तब होती है जब सम्पन्न राष्ट्र, कमजोर छोटे राष्ट्रों के शोषण पर उतर आते हैं तथा अपने व्यापारिक लाभ के लिए अपनी तकनीकों का इस्तेमाल करके उन राष्ट्रों की प्राकृतिक सम्पदा का दोहन शुरू कर देते हैं।"

73
चिकित्सीय नैतिकता के काले धब्बे

चिकित्सीय उपेक्षा के मामले भारत के लोगों के लिए कोई अन्जान बात नहीं हैं। प्रत्येक वृत्तिका की अपनी एक नैतिकता होती है और ऐसा ही चिकित्सीय वृत्तिका के साथ भी है। चिकित्सा विज्ञान मानव शरीर की शरीर क्रिया विज्ञान, मानव अंगो की रचना, उनके कार्यों के बारे में विशेषज्ञ ज्ञान उपलब्ध कराता है। चिकित्सा विज्ञान की मदद से उन रोगों की पहचान भी होती है जिनसे मानव अंग प्रभावित हो सकते हैं। जिससे रोगों को चिन्हित करके उचित औषधीय इलाज उपलब्ध कराया जा सके और मानव अंग का रोग ठीक हो जाए। इस धरती पर चिकित्सकों को भगवान स्वरूप का दर्जा दिया जाता है और लोगों के मस्तिष्क में चिकित्सकों के प्रति जिस प्रकार का आदरभाव और विश्वसनीयता होती है उसका कोई सानी नहीं। चिकित्सीय वृत्तिका मानव जाति के प्रति एक बड़ी सेवा है और निश्चित रूप से उच्चतम श्रेणी के नमन की हकदार है।

जब से चिकित्सीय वृत्तिका के अन्दर सेवा भाव पीछे छूटता जा रहा है, इसने व्यवसायिक स्वरूप अख्तियार कर लिए जिससे इस वृत्तिका के अन्दर काले धब्बे विकसित होने लगे हैं। विगत वर्षों की तुलना में अब चिकित्सीय जगत में समर्पण भाव की कमी महसूस की जा रही है। जी हाँ! हमने इस क्षरण के पीछे कारकों का विश्लेषण किया है लेकिन तकलीफ की बात तो यह है कि लोगों के पास फिर और विकल्प क्या है? हमें लोगों का वह रूदन क्या सुनाई पड़ता है कि आज के दौर में तो चिकित्सीय उपचार बड़ा ही मंहगा हो गया है? लेकिन क्या कर सकते हैं? जिनके पास संसाधन हैं चिकित्सीय सुविधाओं की उन्हें दरकार नहीं होती तथा उनके पास जिन्दगी जीने के अवसर होते हैं। अन्यथा अधिकांश तो उचित इलाज के अभाव में ही मर जाते हैं। जी हाँ! ऐसी दयनीय अवस्था के लिए चिकित्सीय जगत को दोषी नहीं ठहराया जा सकता।वस्तुतः जमीनी स्तर पर बुनियादी चिकित्सीय इन्फ्रास्ट्रक्चर व अन्य सुविधाएं सुनिश्चित

कराना व्यवस्था प्रबन्धकों का काम है जिससे कि निर्धन व्यक्ति भी इन सुविधाओं का लाभ पा सकें। दुःख होता है यह कहते हुए कि व्यवस्थागत स्वास्थ्य पहल में उच्च स्तर पर व्याप्त भ्रष्टाचार के कारण हमारी व्यवस्था पूरी तरह से विफल रही है। ग्रामीण स्वास्थ्य के प्रति फिक्र के रूप में राष्ट्रीय ग्रामीण स्वास्थ्य मिशन को सकारात्मक नीतिगत पहल के परिप्रेक्ष्य में देखा जा सकता है। इन नीतियों की सुविधा अधिकांश क्षेत्रों में ग्रामीण निर्धन व्यक्तियों के स्तर तक नहीं पहुँच पायीं और यह स्वास्थ्य मिशन धराशायी होता गया। क्योंकि राजनीतिक प्रबन्धकों, प्रशासनिक अधिकारियों, चिकित्सकों तथा दवाओं की आपूर्ति करने वाले ठेकेदारों के मध्य बड़े पैमाने पर भ्रष्टाचार व्याप्त था। व्यवस्था प्रबन्धकों ने समूचे धन की बन्दरबाँट कर ली तथा व्यवस्था को एक मूक दर्शक के रूप में असहाय पड़े रहने के लिए लिए छोड़ दिया। व्यवस्था आँखों में आँसू भरे लिए हुए इस बात का इन्तजार करती रही कि शायद कोई मदद के लिए आगे आए? कोई भी मदद के लिए आगे नहीं आया। संदेश स्पष्ट था 'व्यवस्थाएं बस ऐसे ही चलती हैं।'

चिकित्सीय वृत्तिका में अपवाद जनक रूप से कुशल और विशेषज्ञ चिकित्सक हैं तथा वे अपने हृदय की गहराइयों तक अपने रोगियों के प्रति समर्पण का भाव रखते हैं। ईमानदारी से कहा जाए तो वे रोगी से पैथालॉजिकल जाँच तथा दवाओं के केवल वे ही जरूरी खर्चे लेते हैं जो रोगी के उचित उपचार के लिए नितान्त आवश्यक हैं। ऐसे डाक्टर जिन्होंने स्वयं अपने खर्चे पर अथवा बैंक इत्यादि से कर्ज लेकर चिकित्सीय इन्फ्रास्ट्रक्चरल सुविधाएं विकसित की हैं तो फिर उनकी अपनी वृत्तिक बन्दिशें भी हो जाती हैं। इलाज खर्चीला हो जाना उनकी विवशता हो जाती है। जी हाँ! उनकी सतत वृत्तिका के संचालन के लिए एक ईमानदार अनुपात में वृत्तिकागत लाभ लेना उनकी आवश्यकता हो जाती है।

चिकित्सीय वृत्तिका में स्थायी काले धब्बे केवल कुछ ही चिकित्सीय वृत्तिकों के गलत कृत्यों की वजह से विकसित हो जाते हैं, जिससे समूचा चिकित्सीय समुदाय बदनाम हो जाता है। इसे रोकने की आवश्यकता है। इसे रोक पाना तभी सम्भव हो पाएगा जब चिकित्सीय वृत्तक ही इसके

विरोध में मजबूती से आगे आएंगे। डाक्टरों की मदद से मानव अंगों की तस्करी तथा व्यापार न सिर्फ एक गम्भीर मामला है बल्कि यह पूर्ण रूप से जघन्य अपराध भी है। आपरेशन की मेज पर रोगी के पेट से किडनी निकाल लेना किसी भी माएने में बेहद शर्मनाक है। ऐसे अपराधिक कृत्यों का चिकित्सीय वृत्तिका से कोई लेना देना नहीं। जहाँ रोगी रोग के उपचार के लिए अपना शरीर डाक्टर को सौंप दे तथा डाक्टर आपरेशन की आड़ में विश्वासघात करते हुए चुपके से रोगी की एक किडनी चुरा ले? ऐसे ही घृणित कृत्यों ने डाक्टरों की भगवान स्वरूप छवि को बुरी तरह से झकझोर दिया है। इस बात की महती आवश्यकता है कि डाक्टरों तथा रोगियों के मध्य परस्पर विश्वास को पुर्नस्थापित किया जाए अन्यथा मानवता भगवान स्वरूपों पर यकीन करना छोड़ देगी।

"जिनके पास संसाधन हैं चिकित्सीय सुविधाओं की उन्हें दरकार नहीं होती तथा उनके पास जिन्दगी जीने के अवसर होते हैं। अन्यथा अधिकांश तो उचित इलाज के अभाव में ही मर जाते हैं। जी हाँ! ऐसी दयनीय अवस्था के लिए चिकित्सीय जगत को दोषी नहीं ठहराया जा सकता।"

74
शांति और भाई–चारे का समाज

हमें यह बात मान लेने में कोई हिचक नहीं होनी चाहिए कि समाज में भाई–चारे की कमी तो है। अगर समाज में भाई–चारे की भावना व्याप्त होती तो इतनी सी बात ही पर्याप्त होती और शांति की खोज में समाज की भटकन न होती। 'जियो और जीने दो' का एक बड़ा सामान्य सा लगने वाला दर्शन है लेकिन इसे गूढ़ अर्थों में समझने की आवश्यकता है। समाज में अगर भाई–चारा है तो फिर समाज में बिखराव क्यों है? समाज में मार–पीट, लूट–खसोट, खून–खराबा क्यों है? हमें समाज में हमारे सामाजिक हितों के अच्छे बुरे का बोध आखिर कौन कराएगा? हम तो नहीं समझते हैं कि ऐसा कोई देवदूत किसी ग्रह से अथवा आसमान से उतरकर इस धरती पर आएगा और वक्त–वक्त पर हमें हमारे अच्छे बुरे का बोध कराएगा? कि हम समाज मे शांति, अमन चैन बनाए रखने के लिए अमुक–अमुक बातों को अमल में लाएं तथा अमुक–अमुक बातें न करें जिससे समाज में शांति बने रहने में रूकावट आती हो। हम समाज के उन तथाकथित कहने सुनने वाले नेतृत्व से भी इस बात की कभी कोई ऐसी उम्मीद न रक्खें किवे समाज में शांति व भाई–चारे की बात करके हमें हमारी समस्याओं से मुक्ति दिला देंगे। अगर समस्याएं न रहीं तो फिर उनका काम क्या रहा? समाज में उनकी फिर पूछ क्या रही? ये कारोबारी, समाज में समस्याएं बनाए रखने, अशांति पैदा करते रहने, भाई–चारे का माहौल बिगाड़ते रहने के सौदागर हैं। समाज को शांति और भाई–चारे की खोज करते–करते इन कारोबारियों का मुँह ताकते रहना होगा। ये कारोबारी समाज में भाई–चारे की कोई गारण्टी तो नहीं ले बैठेंगे? हाँ! कोशिश करते रहने का यकीन दिलाते रहेंगे और बदले में समाज के लोगों से इसकी कीमत वसूलते रहेंगे। कहीं कभी मनमाफिक कीमत मिल पाने में कोई कमी रह गई तो फिर देखेंगे।

शिक्षा अच्छे बुरे का बेहतर बोध कराती है। दुःख की बात है कि भारत की अधिसंख्य जनता अभी तक अशिक्षित ही बनी हुयी है। यह व्यवस्था

का दोष है जो समाज की सेहत के लिए अच्छी बात नहीं है। लेकिन अगर निरे अनपढ़ व्यक्ति की बात भी की जाए तो उसे इस बात का नैसर्गिक बोध तो होता ही है कि उसके हित-अहित की बात कौन सी है? इसके लिए स्कूली शिक्षा की आवश्यकता नहीं होती। समाज अगर अशिक्षित भी हो तो अशांति, मारा-मारी, खून-खराबे की बात किस समाज को पसंद होगी? हर ऐसा समाज ऐसी किसी बात का विरोध करेगा। भाई-चारे की बात किसे नहीं अच्छी लगेगी? भाई-चारे का बोध एक कुदरती बोध होता है। इसके लिए हमारे समाज को किसी स्कूली प्रमाण-पत्र की जरूरत नहीं है। समाज जिस दिन यह ठान लेगा कि शांति और भाई-चारा उनका अपना व्यक्तिगत मामला है और उन्हें शांति व भाई-चारे की भावना से समाज में रहना है तथा इसी में उनका व्यापक हित निहित है। ऐसे में समाज का यह संदेश ही उन कारोबारियों के लिए पर्याप्त होगा और उनकी कुत्सित भावना पर चोट करेगा। संगठित और मजबूत समाज वक्त की आवश्कता है। इससे हमारे समाज के अमन चैन भंग करने के कारोबारी अपने मंसूबों में कामयाब नहीं हो पाएंगे। हमारा दुर्भाग्य है कि हमारे समाज की गरीबी तथा अशिक्षा हमारे समाज के संगठन की प्रक्रिया को कमजोर बनाती है। यही वह कमजोर कड़ी है जिससे अशांति के इन कारोबारियों को हमारे सामाजिक ताने-बाने में घुसपैठ बना लेने का अवसर मिल जाता है फिर वे अपने कुत्सित मन्सूबों को अन्जाम देने में कामयाब हो जाते हैं। हमारे समाज के लोग कितने भी सतर्क क्यों न हों कि वे अपने अच्छे-बुरे की फिक्र खुद करेंगे। ठीक है! थोड़ा वंचित रह कर भी शांति तथा भाई-चारे की प्राथमिकता तय करेंगे तथा कारोबारियों का हस्तक्षेप उन्हें स्वीकार न होगा। लेकिन अन्ततः उनकी गरीबी तो अपना रंग दिखाएगी। शांति तथा भाई-चारे के बोध को ध्वस्त होते फिर देर न लगेगी। बस यहीं मात खा जाती है मानवता और चल निकलता है उनका कारोबार।

सर्वशक्तिमान ईश्वर से हमारी प्रार्थना होनी चाहिए कि हमारा समाज गरीबी के अभिशाप से जल्द निजात पाए। गरीबी समाज को कमजोर करती है, खोखला बना कर रख देती है फिर भी समाज अमन पसन्द ही होता है। ये जो कारोबारी हैं समाज के अमन चैन को तीली दिखाते हैं,

आग लगाते हैं तथा आग में घी डालते रहने का इन्तजाम करते हैं और राजनीति की रोटियाँ सेंक कर भविष्य के लिए रख लेते हैं। ठीक है! गरीबी दूर करने की कोई मशीन किसी व्यवस्था के पास नहीं हो सकती। मेहनत करना ही एक मात्र विकल्प हो सकता है। लेकिन उस मशीन की बात समझ में नहीं आती जो भ्रष्ट व्यवस्था के भ्रष्ट व्यवस्थापकों की अपनी मिल्कियत रातों-रात अरबों-खरबों में तब्दील करके रख देती है? समाज को गरीब बनाकर रखना है, कमजोर बनाकर छोड़ देना है, यह ही एक बडी स्पष्ट सी कुटिल नीति समझ में आती है। लोगों को शांति सुरक्षा की दरकार रहेगी तो उनका कारोबार फले फूलेगा। समाज की गरीबी दूर हो, समाज इसके लिए खुद जतन करे। समाज में इसके लिए अनुकूल अवसर प्राप्त करने की ईमानदार और ठोस पहल हो। समाज में सगे भाइयों में भी भाई-चारा देखने को नहीं मिलता। यह समाज का नैतिक संकट है। ऐसे संकटो को दूर करने के लिए खुद-ब-खुद समाज को आगे आना पड़ेगा। समाज इस तथाकथित नेतृत्व का मुँह न ताके क्योंकि नेतृत्व से अन्ततः उसे मायूसी ही मिलेगी। संगठित व मजबूत समाज शांति व भाई-चारा अपने आप स्थापित कर लेगा। यह तय है।

"ठीक है! गरीबी दूर करने की कोई मशीन किसी व्यवस्था के पास नहीं हो सकती। मेहनत करना ही एक मात्र विकल्प हो सकता है। लेकिन उस मशीन की बात समझ में नहीं आती जो भ्रष्ट व्यवस्था के भ्रष्ट व्यवस्थापकों की अपनी मिल्कियत रातों-रात अरबों-खरबों में तब्दील करके रख देती है? समाज को गरीब बनाकर रखना है, कमजोर बनाकर छोड़ देना है, यह ही एक बडी स्पष्ट सी कुटिल नीति समझ में आती है।"

75
निरोधात्मक न्याय-बेहतर रोकथाम

निरोधात्मक न्याय तथा रोकथाम दो अलग बातें हो सकती हैं। अगर समाज में न्याय प्रशासन के नजरिए से लोकप्रिय कहावत 'उपचार से बेहतर रोकथाम' का परीक्षण किया जाए तो हम यह पाते हैं कि समाज में शांति तथा कानून व्यवस्था स्थापित करने के लिए रोकथाम के तरीके अत्यन्त प्रभावशाली होते हैं। निरोधात्मक कानूनों को लागू करने का कार्य कानून लागू करने वाली संस्थाओं को दिया गया है। पुलिस व्यवस्था अगर अपने सांविधिक दायित्वों को ईमानदारी तथा निष्ठा से निभाती है तब इस बात का कोई कारण नहीं कि समाज में कानून व्यवस्था की स्थिति बिगड़े। यह बात कभी भी पोषणीय नहीं होनी चाहिए कि पुलिस समाज में अपराध के घटित होने की प्रतीक्षा करे तत्पश्चात विधिक प्रशासन के तहत दण्डात्मक कार्यवाही की तरफ बढ़े। उपरोक्त कहावत को बड़े ही सही अर्थों में कहा गया है कि हमारे शरीर की भी एक प्रणाली होती है। अगर हम इसकी उचित देखभाल नहीं करते अथवा इसके विभिन्न अंगों की मरम्मत नहीं करते तो इन अंगों में विकार उत्पन्न हो जाएंगे। जिससे अन्ततः हमारा सम्पूर्ण शरीर प्रतिकूल रूप से प्रभावित होगा। ऐसा हो जाने पर फिर हम रोग का इलाज शुरू करते हैं। विकार की गम्भीरता के हिसाब से यह एक लम्बी प्रक्रिया हो सकती है। अगर लापरवाही अधिक बरती गई होगी तो विकार की प्रकृति अत्यन्त गम्भीर भी हो सकती है। यह हमेशा खतरनाक होता है अगर रोग को लाइलाज बना दिया जाए। चूँकि अब यह विकार एक स्थान पर केन्द्रित नहीं रहेगा, पूरे सिस्टम में फैल जाएगा और उसे आसन्न रूप से ध्वस्त करेगा। अगर इसे सामाजिक परिप्रेक्ष्य में देखा जाए तो व्यवस्था का ध्वस्त होना मतलब न्याय के उद्देश्यों का पराजित हो जाना। रोकथाम एक बड़ी ही कठोर तथा सतत् प्रक्रिया है। इसका अभ्यास टुकड़ों में अथवा अन्तरालों में नहीं किया जा सकता। इसके लिए चाहिए एक सतर्क मस्तिष्क, बारीक दृष्टिगोचर क्षमता तथा प्रहार कर सकने की गतिशीलता। घटनाओं की श्रृंखला का सावधानी पूर्वक प्रेक्षण

करने से हमारे व्यवस्था प्रबन्धक यह बात समझ पाने में समर्थ हो सकेंगे कि यथार्थ रोकथाम के वे कौन–कौन से कदम उठाए जाएं जिससे कि विकार को व्यवस्था में घुसने से रोक लिया जाए।

यह कहने की आवश्यकता नहीं है कि रोकथाम के उपायों को अमल में लाना एक मस्तिष्क की स्थिति होती है। एक सतर्क मस्तिष्क हमेशा एक त्वरित तथा शक्तिशाली क्रिया सुनिश्चित करता है जिससे कि आने वाली किसी समस्या को रोक दिया जाए। यह एक गम्भीर चिन्ता की बात होनी चाहिए कि हमारी कानून लागू करने वाली संस्थाएं कितनी सतर्क हैं? हम कितनी सतर्कता पूर्वक अपनी कार्य योजना बनाते हैं, जब कभी भी ऐसे घटनाचक्र हमारे सामने आते हैं जहाँ एक तत्काल प्रहार की आवश्यकता होती है? हमारी व्यवस्था में एक अच्छी अभिसूचना प्रणाली है लेकिन फिर भी कानून लागू करने वाली व्यवस्थाएं समय रहते प्रहार करने में चूक जाती हैं और समाज में अपराध रूक नहीं पाते। ऐसे में हम क्या निष्कर्ष निकालें? वह भी खास तौर से तब, जब समाज में साम्प्रदायिक दंगे, राज्य के विरूद्ध युद्ध,एवं नपे तुले आतंकी हमलों जैसे अति गम्भीर अपराध हो जाते हैं। हमारी अभिसूचना इकाईयां या तो समाज में होने वाले घटनाक्रमों पर सतर्क निगाह नहीं रखतीं, या फिर जब तक वे उन परिस्थितियों की सूचना दे पाती हैं तब तक इतनी देर हो चुकी होती है कि कानून लागू करने वाली संस्थाएं सही समय व सही स्थान पर प्रहार नहीं कर पातीं और असामाजिक तत्व अपराध कर निकल जाते हैं। बावजूद इसके कि अभिसूचना इकाईयों द्वारा समय रहते सूचना मिल भी जाए तो कानून लागू करने वाली संस्थाओं की बेपरवाही तथा निष्क्रियता एक निर्णायक घटक बन जाती है। अन्ततः व्यवस्था विफल रहती है और रोकथाम का उद्‌देश्य पराजित होता है। फिर भी हमें इस दिशा में उपचार की पहल तो करनी ही पड़ेगी। एक ऐसी व्यवस्था जो अपनी निरोधात्मक प्रणाली विकसित न कर पायी हो और उसे समय–समय पर इलाज की आवश्यकता महसूस होती रहे तो ऐसी व्यवस्था कमजोर व्यवस्था होगी और माना यह जाएगा कि ऐसा समाज के स्वास्थ्य के लिए अच्छा नहीं होगा।

ईमानदारी से बोला जाए तो हम कभी एक ऐसे समाज का दावा नहीं कर सकते जो सम्पूर्ण रूप से अपराध रहित हो। लेकिन जब हिंसा अथवा सामूहिक हिंसा के रूप में अपराध की दर में वृद्धि दर्ज की जाती रहे तब हम यह सोचने के लिए विवश तो होते हैं कि कहीं न कहीं हमारी व्यवस्था के अभिसूचना तन्त्र तथा निरोधात्मक तन्त्र के बीच संवाद की कमी तथा समन्वय का अभाव तो है। हमें इस परिस्थिति को गम्भीरता से लेने की आवश्यकता है अन्यथा हमारी निरोधात्मक प्रणाली विनष्ट हो जाएगी और उपचार पर टिके रहना व्यवस्था के लिए ठीक नहीं होगा। अपराधों में कमी लाने के लिए कानून लागू करने वाली संस्थाओं को अपने किस्म की एक आन्तरिक अभिसूचना प्रणाली भी विकसित करनी होगी जो हो सकता है कि उतनी पेशेवर न हो पर तुलनात्मक रूप से अधिक प्रभावशाली सिद्ध हो सकती है।

"एक सतर्क मस्तिष्क हमेशा एक त्वरित तथा शक्तिशाली क्रिया सुनिश्चित करता है जिससे कि आने वाली किसी समस्या को रोक दिया जाए। यह एक गम्भीर चिन्ता की बात होनी चाहिए कि हमारी कानून लागू करने वाली संस्थाएं कितनी सतर्क हैं? हम कितनी सतर्कता पूर्वक अपनी कार्य योजना बनाते हैं, जब कभी भी ऐसे घटनाचक्र हमारे सामने आते हैं जहाँ एक तत्काल प्रहार की आवश्यकता होती है?"

76

लोकपाल–भारत का ओमबड्समैन

भारतवर्ष में भ्रष्टाचार की गम्भीरता को देखते हुए लोकपाल जैसी संस्था का गठन एक आवश्यकता हो सकती है। भारतीय समाज के लिए भ्रष्टाचार जैसी समस्या भी उतनी ही पुरानी है जितनी कि अंग्रेजों की गुलामी से भारत को आजादी। हमारी राजनीतिक व्यवस्था ने भ्रष्टाचार को एक वैश्विक घटना के रूपमें स्वीकार कर लिया है। मतलब कि अगर विश्व के अन्य भ्रष्टाचार युक्त देश इसका मुकाबला नहीं कर पाए तो भारत भला इससे कैसे लड़ पाएगा? ऐसी दलीलें दी जाती रही हैं। वर्तमान में लोकपाल के मुद्दे पर जो सामाजिक–राजनीतिक उछाल आया उससे विगत 2014 के लोकसभा के आम चुनावभी प्रभावित हुये बिना नहीं रह पाए तथा देश की राजनीतिक प्रतिद्धन्दिता एवं बयानबाजी के रूप में इसे एक हथियार बना दिया गया।

ओमबड्समैन की पहचान पश्चिमी देशों में स्थापित हुई तथा भ्रष्टाचार जैसी बुराई से निपटने में ओमबड्समैन ने काफी हद तक अपनी छाप छोड़ी। हम भारतीयों में अक्सर यह देखा जाता है कि हम अपनी कोई स्वतन्त्र राह बनाने के बजाय पश्चिम द्वारा बताए गए रास्तों का अनुकरण करने में अधिक सुविधाजनक तथा सुरक्षित महसूस करते हैं। हम सदियों से ब्रितानी हुकूमत के अधीन रहे वे ब्रिटेन की संसद में कानून बनाकर हम पर शासन चलाते रहे। जब हमको उन ब्रितानियों से आजादी मिली तो हमने उन कानूनों को वैसे का वैसा ही अंगीकार कर लेने में जरा भी हिचक नहीं दिखायी। जिन कानूनों के प्रति हम आपत्ति जताते थे जब उनके द्वारा वे कानून हमारे विरूद्ध लागू किये जाते थे, अब वे ही कानून हमारे अपने बन गए। अब जबकि भारतवर्ष में भारतीयों का शासन है लेकिन हम उसी ब्रिटिश विधिक व्यवस्था का ही अनुकरण कर रहे हैं। ओमबड्समैन भी इसका अपवाद नहीं हो सकता। यहाँ लोकपाल–लोकायुक्तों के रूप में भारत के ओमबड्समैन पहले से ही अपने काम में लगे हुए हैं लेकिन ऐसा कोई महत्वपूर्ण दृष्टान्त नजर नहीं आता

जहाँ भ्रष्टाचार से कड़ाई से लड़ पाने में इन्होंने अपनी कोई विशिष्ट छाप छोड़ी हो। ये संस्थाएं भ्रष्टाचार जैसे किसी गम्भीर एवं ज्वलन्त मुद्दे को सुलझाने की दिशा में सार्थक पहल करने के बजाय राजनीतिक सहूलियतों की संस्थाएं अधिक सिद्ध हुई हैं।

किसी पूर्वी अथवा पश्चिमी माड्ल को अंगीकार करने तथा उसका अनुकरण करते वक्त हम यह भूल जाते हैं कि उनमें ईमानदारी है, परिश्रम है, समर्पण तथा अपने राष्ट्र के प्रति अपनत्व की भावना है। वे व्यक्तिगत और सामूहिक रूप से अपने राष्ट्र के लिये जीते हैं तथा मरते हैं। हिरोशिमा तथा नागासाकी (1945) के पश्चात जापान पूरी तरह से तहस-नहस हो गया था लेकिन आज वह हमसे कहीं आगे है। आजादी (1947) मिलने के पश्चात आज हम तुलनात्मक रूप से कहाँ तक पहुँचे हैं? हाँ! हमें यह कड़वी सच्चाई स्वीकार कर लेनी चाहिए कि इन तमाम वर्षों के दौरान अपने राष्ट्र की वृद्धि के प्रति हम ईमानदार नहीं रहे। जिसका नतीजा यह रहा कि राष्ट्र ने भ्रष्टाचार की चौतरफा मारझेली और हम पिछड़ते ही चले गए। जैसे कि संकेत मिल रहे हैं निकट भविष्य में भी स्थिति कोई बेहतर होती नजर नहींआती। क्या राष्ट्र की वृद्धि को सम्पूर्णता में हासिल करने की बात हमें भूल जानी चाहिए यह भारत के प्रत्येक नागरिक के लिये बड़ी ही कष्टप्रद बात होगी?

लोकपाल बनाम जन लोकपाल का मुद्दा एक बड़े राजनीतिक विवाद के रूप में सामने आया। इस मुद्दे को विवादित बना देने के बजाय दोनों ही पक्षों के एजेण्डे में राष्ट्रहित सर्वोपरि होना चाहिए। वह चाहे लोकपाल हो अथवा जन लोकपाल, इससे क्या फर्क पड़ने वाला? वस्तुतः व्यवस्थापकों तथा लोगों की सोच बदलने की आवश्यकता है। क्या लोकपाल अथवा जन लोकपाल सारे मर्ज की एक दवा सिद्ध होंगे? निश्चित रूप से नहीं। आखिर वे भी तो इन्सान ही होंगेतथा उनके मस्तिष्क में भी एक इन्सानी सोच ही होगी। वे किसी परा-प्राकृतिक देवदूत शक्ति के रूप में कार्य करेंगे हमेंउनसे ऐसी अपेक्षा नहीं रखनी चाहिए। वे भी ऐसी संस्थाजनक 'त्रुटियां' करने के लिए बाध्य होते जाएंगे कि ऐसी संस्थाएं भी ध्वस्त होती नजर आयेंगी। हमें सामूहिक रूप से यह सिद्ध करने के लिए आगे आना चाहिए कि भ्रष्टाचार युक्त व्यवस्था में बने

रहना हम भारतीयों की नियति नहीं है। हम भी कुछ कर सकते हैं। यह कि हम भारतीयों का यह संकल्प हो जिससे हमारा राष्ट्र भ्रष्टाचार से मुक्ति पाए तथा भारत के अन्तिम नागरिक को भी सामाजिक, आर्थिक न्यायिक व्यवस्था का लाभ सुनिश्चित हो। हम मानसिक रूप से कमजोर होते जाएंगे यदि हम ऐसी ओछी दलीलें देते नजर आएंगे कि भ्रष्टाचार तो एक वैश्विक घटना है तथा इसे खत्म कर पाना मुश्किल है। यह तो एक नकारात्मक सोच हुयी जो ठीक नहीं है।

"अब जबकि भारतवर्ष में भारतीयों का शासन है लेकिन हम उसी ब्रिटिश विधिक व्यवस्था का ही अनुकरण कर रहे हैं। ओमबड्समैन भी इसका अपवाद नहीं हो सकता। यहाँ लोकपाल-लोकायुक्तों के रूप में भारत के ओमबड्समैन पहले से ही अपने काम में लगे हुए हैं लेकिन ऐसा कोई महत्वपूर्ण दृष्टान्त नजर नहीं आता जहाँ भ्रष्टाचार से कड़ाई से लड़ पाने में इन्होंने अपनी कोई विशिष्ट छाप छोड़ी हो।"

77
समाज शांति कानून व्यवस्था

प्रत्येक समाज की यह एक बुनियादी चिन्ता होती है कि समाज में अमन चैन कायम रहे। विधि के शासन की मदद से शांति व्यवस्था बनी रहे इस बात का संकल्प तो हम समाज वालों को भी लेना पड़ेगा। समाज में शांति व्यवस्था भंग होगी और अगर कानून टूटेंगे तो फिर आखिर भुगतेगा कौन? बेशक! समाज ही भुगतेगा। समाज के अधिकांश वे लोग भुगतेंगे जिनकी व्यवस्था पर कोई पकड़ नहीं है अथवा जिनकी व्यवस्था तक आसान पहुँच नहीं है। अगर कुछ की व्यवस्था तक पहुँच जैसे तैसे बन भी जाती है तो फिर कोई सुनवाई नहीं है और तब तक समाज के लोगों का काफी नुकसान हो चुका होता है।

देखिए! हम समाज के लोगों को यह बात बड़ी अच्छी तरह से समझ लेनी चाहिए कि समाज में अमन चैन और कानून व्यवस्था बनाए रखने की जिम्मेदारी हमारी भी बनती है। भारतवर्ष में यह एक आम धारणा बन चुकी है और जो सच भी है कि यहाँ दंगे होते नहीं हैं, दंगे तो यहाँ करवाए जाते हैं। जब भी व्यवस्था में प्रबन्धन न हो और उसमें राजनीति प्रवेश कर जाए और हर राजनीतिक के अपने–अपने निहित स्वार्थ विकसित हो जाएं और वोट बैंक के नफा नुकसान की गणित शुरू हो जाए तो फिर तो समाज के अमन चैन को राजनीति की भेंट चढ़ना ही होगा। हम भारत के समाज की ही बात क्यों करें? अन्यत्र भी असामाजिक तत्वों की कमी नहीं है। हमारे राजनीतिकों को ये असामाजिक तत्व आसानी से उपलब्ध रहते हैं।ये उनका काम करते हैं और बदले में उसकी कीमत वसूलते हैं। इनका समाज के अमन चैन से क्या लेनादेना? अगर समाज खुद में अमन चैन बनाए रखने की ठान ले तो फिर इनकी तो कमाई बन्द हो जाएगी? अगर अशांति की आग नहीं होगी, दंगों की आग नहीं होगी तो ये राजनीतिक अपनी राजनीति की रोटियाँ किस प्रकार सेंक पाएंगे? और सम्भवतः राजनीतिक तथा समाज में फैले असामाजिक तत्व ऐसा कभी नहीं चाहेंगे कि उनकी दुकानें बन्द हो जाएं। सबूत तो व्यवस्था के पास इस बात के

भी हैं कि ये असामाजिक तत्व इन राजनीतिकों के पेशेवर सक्रिय कार्यकर्ता ही होते हैं। तकलीफ तो इस बात की होती है कि इन तमाम सबूतों के बावजूद व्यवस्था हाथ पर हाथ धरे बैठी रहती है। क्योंकि हमारी व्यवस्था किसी न किसी रूप में इन राजनीतिकों के प्रभाव में रहती है तथा उनकी गुलाम बन चुकी होती है। आप किसी गुलाम से किस बात की उम्मीद करेंगे? क्या वह पूरी ताकत से अपना कार्य करने के लिए स्वतन्त्र होगा? इतना ही ताकतवर होता तो फिर गुलाम ही क्यों होता?

ये असामाजिक तत्व शांति व्यवस्था बिगाड़ दें, या फिर दंगे करवा ही दें, यह जरूरी नहीं है। उनका तो काम इस बात से भी चल जाता है अगर इन्होंने समाज में शांति के बिगड़ने अथवा दंगों के हो जाने का डर भी लोगों के दिमाग में बिठा कर रखा हुआ है। इतना ही इनकी दुकानें चलाते रहने के लिए पर्याप्त है क्योंकि राजनीतिकों की फसल तो इसी व्याप्त भय के बूते पर लहलहाती रहेगी। समाज में लोगों के मस्तिष्क में बैठा डर कोई बेवजह नहीं होता। क्योंकि उन्हें यह मालूम होता है कि देश के कानून ने जिन हाथों में उनकी सुरक्षा का जिम्मा सौंपा हुआ है वे तो कानून व्यवस्था से दूर राजनीतिकों की गुलामी कर रहे हैं। गुलामी से फुरसत मिले तो फिर शायद वे समाज के लोगों की फिक्र कर पायें। लेकिन ऐसा हो नहीं पाता।

भारतवर्ष में अगर आज की तारीख में सबकुछ ठीक–ठाक नहीं है तो उसकी अपनी ठोस वजहें हैं। हम इसे व्यवस्था की अपनी कोई विवशता मानने को तैयार नहीं हैं। अगर हमारे इरादे मजबूत हों तथा जरा सी भी इच्छा शक्ति हो तो फिर हमें करना क्या है? कानून का राज ही तो हमें स्थापित करना है? और कानून की हमें बात करनी है? विश्व की ऐसी कौन सी व्यवस्था होगी जो कानून के राज की पहल करने वालों को हतोस्ताहित करेगी अथवा उनसे सवाल जवाब करेगी? सम्भवतः कोई नहीं? तो फिर गुलामी किस बात की? कानून हमारे देश की विधायी संस्थाओं ने बनाए हैं और कानून के राज में वे ही हमारी ताकत हैं। कौन रोक पाएगा हमें कानून का राज स्थापित करने से? समाज में शांति और कानून व्यवस्था बनाए रखने से? सम्भवत कोई नहीं। लेकिन शर्त यह होगी कि उसके लिए जो दृढ़ संकल्प और इच्छा शक्ति की जरूरत होगी

उसे हमें अपने ही अन्दर से पैदा करना होगा। समाज के लोग भी अमन चैन बनाए रखने की अपनी जिम्मेदारी से बच नहीं सकते। कानून की बात तो तब आए जब समाज में शांति व्यवस्था बिगड़ने की नौबत आए। यह समाज को ही सुनिश्चित करना होगा कि लोगों में परस्पर भाई-चारा हो और अमन चैन बिगड़ने की नौबत ही न आए। असामाजिक तत्व तथा बेईमान राजनीतिक समाज के सहयोग से बेनकाब हों और कानून ईमानदारी से अपना काम करे। अगर समाज के लोग व्यापक सामाजिक हितों की सुरक्षा के प्रति स्वयं ही सतर्क हों तो कोई भी असामाजिक ताकत समाज में शांति तथा कानून व्यवस्था बिगाड़ने का साहस नहीं कर सकती। इस डर पर विजय पाकर समाज को स्वस्थ और आन्तरिक ताकत मिलेगी। समाज को इस डर पर विजय पाने के लिए सामूहिक रूप से आगे आना ही पड़ेगा। अन्य कोई विकल्प नहीं।

"समाज के लोग भी अमन चैन बनाए रखने की अपनी जिम्मेदारी से बच नहीं सकते। कानून की बात तो तब आए जब समाज में शांति व्यवस्था बिगड़ने की नौबत आए। यह समाज को ही सुनिश्चित करना होगा कि लोगों में परस्पर भाई-चारा हो और अमन चैन बिगड़ने की नौबत ही न आए। असामाजिक तत्व तथा बेईमान राजनीतिक समाज के सहयोग से बेनकाब हों और कानून ईमानदारी से अपना काम करे। अगर समाज के लोग व्यापक सामाजिक हितों की सुरक्षा के प्रति स्वयं ही सतर्क हों तो कोई भी असामाजिक ताकत समाज में शांति तथा कानून व्यवस्था बिगाड़ने का साहस नहीं कर सकती।"

78
हर तरफ आंतकवाद

आतंकवाद का आखिर हम क्या अर्थ निकालते हैं? अगर हम इसका शाब्दिक अर्थ निकालें तो हम इसे एक अतिवादी व्यवहार के रूप में देखते हैं जो व्यक्तियों के मन में आतंक की स्थिति उत्पन्न करता हो। आतंक से भय व्याप्त होता है। भय की अतिरेक भावना व्यक्तियों, उनके बच्चों, सम्बन्धियों के जीवन की सुरक्षा से जुड़ जाती है। ऐसा अतिरेक भय व्यक्तियों की सम्पत्ति की सुरक्षा को लेकर भी होता है। वो सम्पत्ति जो उनके जीवन के कठिन परिश्रम की कमाई है। आतंकवाद तब और भी अधिक घातक हो जाता है जब इसे राजनीतिक मन्तव्यों के हथियार के रूप में इस्तेमाल किया जाना लगे। आधुनिक विश्व में इस अतिवादी व्यवहार को कतिपय कट्टरपंथी समूहों के अन्तर्राष्ट्रीय प्रभाव के रूप में देखा जा सकता है। इन समूहों का अपना खुद का एजेण्डा होता है जिससे वे अन्तर्राष्ट्रीय राजनीतिक जगत में पैठ करना चाहते हैं। वे अपने एजेण्डे को हासिल करने के तौर पर सामूहिक हिंसा के रूप में सर्वत्र खूनखराबे की रणनीति अपनाते हैं जिसमें निर्दोष व्यक्तियों के जीवन और सम्पत्ति को भारी क्षति पहुँचती है। इसके पीछे मकसद यह होता है कि राष्ट्रीय व अन्तर्राष्ट्रीय मंचो को अत्यन्त दबाव में लाया जाए जिससे कि वे अपने 'मंसूबों' को मनवाने में कामयाब रहें। ऐसा भी देखा गया है कि उनकी आंतकित करने वाली गतिविधि के पीछे कोई मांग न हो फिर भी वे लोगों को आंतकित करने की गतिविधियाँ महज आंतकवाद के नाम पर अंजाम देते रहते हैं। कारण स्पष्ट है ऐसे तौर तरीके अब उनकी कार्यप्रणाली बन जाते हैं।

वर्तमान युग में आतंकित करने वाली गतिविधियाँ पेशेवर स्वरूप लेती जा रही हैं। राजनीतिक तथा प्रशासनिक मुखिया विशुद्ध रूप से अपने निहित हितों की पूर्ति में कार्य सम्पादित करा लेने के तरीकों में मातहतों या सम्बन्धित व्यक्ति को आतंकित करते हैं। कार्य सम्पादन का यह एक क्रान्तिकारी तरीका हो सकता है अगर ऐसी आतंककारी विधि इन व्यवस्था

प्रबन्धकों द्वारा वृहद लोक हित में अमल में लायी जाए। नजरिया यह हो कि लोक हित में कार्य सम्पादित हों। लोक कार्यों में पारदर्शिता, प्रवर्तन तथा निस्तारण की अवस्थाओं में ऐसे आतंक का प्रभाव नजर आए। आजादी से लेकर अब तक भारत ने गरीबी उन्मूलन की योजनाओं को लगातार असफल होते रहना देखा है। अगर सरकारों की इन नीतियों के प्रवर्तन में, उन कार्यकारी प्राधिकारियों के मस्तिष्क में, जिन्हें इन नीतियों के ईमानदार व समयबद्ध प्रवर्तन का दायित्व है, 'आतंकित' कर देने वाला भय होता तो गरीबी उन्मूलन के मकसद में भारत ने, न जाने कब का अत्यन्त ही सन्तोषजनक प्रगति हासिल कर चुका होता। कहने की आवश्यकता नहीं है कि गरीबी उन्मूलन के अतिरिक्त मानव विकास सम्बन्धी अन्य नीतियाँ जैसे बेसिक शिक्षा,प्राथमिक स्वास्थ्य, दोषपूर्ण नीति निर्धारण अत्यन्त उदासीन प्रवर्तनीयता के भारी बोझ तले सिमटती रही हैं। यहाँ भारतवर्ष में वास्तविक अर्थों में आतंकवाद की जरूरत है जो यहाँ के शासकों को अमल में लाना पड़ेगा जिससे कि मानव विकास सम्बन्धी नीतियों का ईमानदार प्रवर्तन सुनिश्चित हो तथा यह बात दिखायी पड़नी चाहिए कि भारत के वे लोग जिनके हित के लिए ये नीतियाँ हैं, जिन्हें जरूरत भी है, वे वास्तविक रूप में इन नीतियों से लाभान्वित भी हुए हैं।यह परोक्ष रूप से आतंक के भय के अभाव का ही नतीजा है कि लोक सेवकों में बड़े पैमाने पर व्याप्त भ्रष्टाचार ने लोक कल्याणकारी नीतियों के प्रवर्तन को बड़ा ही नुकसान पहुँचाया है और तथाकथित विकास की नीतियों ने प्रशासनिक तथा राजनैतिक निष्क्रियता के कारण दम तोड़ दिया है। लोगों को वर्ष 1975–76 के दौरान के वे दिन याद आते हैं जब भारत में आपातकाल लागू किया गया था। लोग आज भी यह नहीं भूलते किवह आपातकाल के 'आतंक' का ही भय था कि अचानक प्रशासनिक अमला चुस्त दुरूस्त क्रियाशील अवस्था में आ गया और व्यवस्था पटरी पर आते देर न लगी। उसके तत्काल बाद ही हालात फिर से बदतर होते गए चूँकि लोकतान्त्रिक भारत का जनादेश आपातकाल के खिलाफ रहा। भले ही बाद के वर्षों में पछतावे की स्थिति बनी रही।

भारत की न्यायपालिका को न्यायोचित तरीके से प्रशासनिक निष्क्रियताओं की स्थिति में हस्तक्षेप करना पड़ता है, जहाँ न्यायपालिका

के संज्ञान में यह आता है कि विधि के शासन का उल्लघंन हुआ है। बेशक! इस प्रकार का हस्तक्षेप कार्यपालिका को अच्छा न लगता हो। आलोचक तो यहाँ तक कि ऐसी सक्रिय न्यायपालिका को 'न्यायिक आतंक' का नाम दे डालते हैं। फिर आखिरकार रास्ता क्या बचता है? वे वस्तुओं को तब तक ठीक ढंग से सम्पादित नहीं करेंगे जब तक उन्हें आतंकित नहीं कर दिया जाता। और अगर जरा सी आजादी दे दी जाती है तो वे चीजों से घालमेल कर ही डालते हैं। यह भारत की नियति के लिए कोई अच्छी बात नहीं है। काम को अच्छेढंग से सम्पादित करने की भावना तो हमारे मन के अन्दर से आनी चाहिए। हमें यह बात दुनिया को पता नहीं लगने देनी चाहिए कि ऐसी निष्क्रियता हमारी आदतों में शुमार हो गयी है। यह कि हम अपने काम अच्छे ढंग से तभी कर पाते हैं जब हमें आतंकित कर दिया जाता है अथवा भयग्रस्त करके रखा जाता है। सम्भवतः हमारी यही मनोवृत्ति हमारे भारत राष्ट्र को आगे बढ़ने से रोक कर रखती है। यही वक्त है कि हम पहले खुद के साथ न्याय करें, अपना कर्तव्य समझें व स्वयं के प्रति ईमानदारी बरतें। आतंक तब हमें डरा नहीं पाएगा और राष्ट्र की समृद्धि तथा खुशहाली सुनिश्चित होती जाएगी।

"कहने की आवश्यकता नहीं है कि गरीबी उन्मूलन के अतिरिक्त मानव विकास सम्बन्धी अन्य नीतियाँ जैसे बेसिक शिक्षा, प्राथमिक स्वास्थ्य, दोषपूर्ण नीति निर्धारण तथा अत्यन्त उदासीन प्रवर्तनीयता के भारी बोझ तले दम तोड़ती रही हैं। यहाँ भारतवर्ष में वास्तविक अर्थों में आतंकवाद की जरूरत है जो यहाँ के शासकों को अमल में लाना पड़ेगा जिससे कि मानव विकास सम्बन्धी नीतियों का ईमानदार प्रवर्तन सुनिश्चित हो तथा यह बात दिखायी पड़नी चाहिए कि भारत के वे लोग जिनके हित के लिए ये नीतियाँ हैं, जिन्हें जरूरत भी है, वे वास्तविक रूप में इन नीतियों से लाभान्वित भी हुए हैं।"

79
न्याय का गर्भपतन नहीं

गर्भअस्थ न्याय? अगर सब ठीक निपट गया तो न्यायको होना चाहिए? न्याय का होना बड़ी ही नाजुक और संवेदनशील अवस्था है। व्यवस्था बड़ी ही सतर्क होगी तथा इस बात का पूरा ख्याल रख रही होगी कि सुरक्षित एवं सफलता पूर्वक न्याय हो? लोगों में बड़ा ही उल्लास तथा उत्सव जैसा भाव होगा जब वे न्याय के बारे में सोचते होंगे। यह कि न्याय कैसा होगा? वह बड़ा ही भला चंगा, स्वस्थ और प्रफुल्लित होगा। वे झूम उठते हैं। उन्हें जिस क्षण का इन्तजार था वह आखिर आ पहुँचा, चूँकि आज के दिन तो न्याय को होना है। वे सोचते हैं कि पुराने जमाने में तो न्याय का होना बड़ा ही सहज हुआ करता था। लेकिन आज वे उलझन से भरे हुए हैं तथा सुरक्षित रूप से न्याय के होने को लेकर घबराए हुए से लगते हैं। उनकी चिन्ता बड़ी ही जायज है। उन्हें यह बताया गया है कि आज के जमाने में विधिक विज्ञान व्यवस्था में जो अग्रणी शोध तथा विकास हुआ है उससे विधिक व्यवस्था बडी ही सुसज्जित हो चली है। विधिक विज्ञान ने ऐसी तकनीकें विकसित कर ली हैं कि 'गर्भस्थ न्याय' की विभिन्न अवस्थाओं के दौरान वे गड़बड़ियों का पता लगा लेते हैं। जिससे कि समय रहते ही उचित उपचार की मदद से उन गड़बड़ियों को दूर कर लिया जाए तथा व्यवस्था न्याय के गर्भपतन की किसी भी सम्भावना को सफलतापूर्वक रोक ले। उन्हें यह भी बताया गया जिससे वे विस्मित हैं कि व्यवस्था ने चौबीसों घण्टे चलने वाले 'विधि क्लीनिक' बना रक्खे हैं जहाँ गम्भीर प्रकृति की गड़बड़ियों के मामले सघन क्लीनिकल परख में सन्दर्भित कर दिए जाते हैं जिससे कि न्याय के होने को सुरक्षित रूप से सुनिश्चित किया जा सके।

वे याद करते हैं कि पुराने जमाने में तो न्याय के होने में इस तरह की गड़बड़ियों की कोई बात नहीं होती थी। विधिक विज्ञान के क्षेत्र में आधुनिक शोधों तथा विकास ने तो उन्हें 'गर्भस्थ न्याय' की अवस्थाओं की

'गड़बड़ियों' को लेकर उन्हें अत्याधिक भयभीत बना दिया है। वे डर गए हैं कि क्या होगा अगर गड़बड़ी गम्भीर प्रकृति की हुई तो? न्याय का गर्भपतन भी हो सकता है? न्याय के गर्भपतन जैसी महज परिकल्पना ही उन्हें अन्दर से झकझोर कर रख देती है। आखिर क्या करती रहती है यह व्यवस्था? किस लिए है यह व्यवस्था? भय तथा क्रोध से भरे वे चीख पड़ते हैं। न्याय प्रदायी व्यवस्था में गड़बड़ियाँ घुस कैसे गईं? किसने इन्हें व्यवस्था में आने दिया और अपने लिए जगह बना लेने दी? न्याय प्रदायी व्यवस्था में गड़बड़ियों के लिए कोई स्थान नहीं होना चाहिए। आखिर सही तो सही है और गलत, गलत है। किसी तथ्य का एक बार सही होना, यानी सदा सही होना। गड़बड़ी है कहाँ? सही तथ्य को स्वीकार किया जाए तथा न्याय को होने दिया जाए। इस बात की तो कोई जरूरत ही नहीं है कि मसलों में गड़बड़ियों का भार गम्भीर रूप से बढ़ने दिया जाए फिर उन्हें उपचार के लिए 'विधि क्लीनिक्स' को सन्दर्भित कर दिया जाए वह भी महज एक ऐसे निराशपूर्ण प्रयास के लिए कि न्याय का गर्भपतन रोका जाए। न्याय के गर्भपतन की नौबत ही क्यों आए? स्वस्थ एवम पारदर्शी व्यवस्था की अनुकूलता में न्याय हो।

उपरोक्त कहानी प्रस्तुतीकरण बड़ा ही काल्पनिक, विचित्र और अविश्वसनीय सा लग रहा होगा। बचपन से ही सुनता आया हूँ न्याय के बारे में कि न्याय के होने की स्थिति। अगर व्यवस्था न्याय से गर्भस्थ है, तभी तो न्याय के होने की स्थिति बनेगी? अन्य कोई स्थिति तो नहीं बनती? न्याय का होना विधि की एक नैसर्गिक प्रक्रिया होनी चाहिए। जब हम न्याय के होने की नैसर्गिक प्रक्रिया की बात करते हैं तो 'न्याय की विकास प्रक्रियावस्था' तत्काल हमारे मस्तिष्क में आती है। यह एक प्रकृतिजन्य अवस्था है। न्याय की विकास प्रक्रियावस्था के दौरान वह अपनी 'शक्ल' अख्तियार करती है तथा विकास प्रक्रियाकाल के पूर्ण होने के पश्चात न्याय उत्पत्ति की प्रक्रिया सम्पन्न होती है। वस्तुएं तब विशेषज्ञों के नियन्त्रण में नहीं रह जाती हैं यदि विकास प्रक्रिया के नियमों का अतिक्रमण किया गया है। ऐसे अतिक्रमणों का नतीजा तो गर्भपतन ही होगा और यदि गर्भावस्था विकास प्रक्रिया की अवस्था से कहीं ज्यादा

लम्बी खिंचती चली गयी है तो यह सम्पूर्ण व्यवस्था के लिए घातक बात सिद्ध होगी।

अगर हम प्रकृति से दूर जाएंगे तो हम इस धरती पर अपना अस्तित्व बनाकर नहीं रख पाएंगे। यही बात न्याय प्रदायी व्यवस्था के लिए भी लागू होती है। हमें इस तरफ गम्भीरता से सोचना होगा और कुछ ऐसे निश्चयात्मक उपाय निकालने होंगे जिससे न्याय के गर्भपतन की स्थिति से हम बचें। न्याय के होने की प्रक्रिया अगर वर्षों–वर्षों तक लम्बी खिंचती रहे और भले ही इसके न्यायोचित कारण भी क्यों न रहे हों, पर यह तो प्रकृति के विरूद्ध बात होगी और न्याय का पतन होगा। हमने कानूनों में मामलों की सुनवायी एक सांविधिक समय सीमा में पूरी कर लेने के लिए मियाद तय तो की है पर ऐसे बड़े बिरले ही मौके आते होंगे जब अदालतें कानून द्वारा निर्धारित 'विकास की प्रक्रियावस्था' की मियाद में ही मामलों का निपटारा कर देती हों। यह प्रश्न कानून का तो नहीं है पर यह प्रश्न व्यवस्था का तो है? कानून ने पर्याप्त प्राविधान बना रक्खे हैं अब उन्हें अमल में लाने की प्रबल इच्छा शक्ति की जरूरत होगी। यह अत्यन्त तकलीफदेह बात हुई। न्याय प्रदायी व्यवस्था न्याय से गर्भित प्रतीत तो हो सकती है लेकिन विकास प्रक्रिया के अतिक्रमणों की वजह से न्याय का गर्भपतन होना तो तय है। अगर ऐसे अतिक्रमण संख्या में और अधिक बढ़ते जाएंगे और जिनकी जानकारी व्यवस्था को है तब ऐसे में तो बात व्यवस्था पर ही आकर रूकती है किवह अपनी अर्न्तआत्मा से संवाद स्थापित करे और यह देखे की न्याय हो। अतिक्रमणों की वजह से न्याय के गर्भपतन की स्थिति न बने यह हमारी न्याय प्रदायी व्यवस्था का परमदायित्व बनता है। व्यवस्था अपने इस दायित्व से बच नहीं सकेगी।

"हमें इस तरफ गम्भीरता से सोचना होगा और कुछ ऐसे निश्चयात्मक उपाय निकालने होंगे जिससे न्याय के गर्भपतन की स्थिति से हम बचें। न्याय के होने की प्रक्रिया अगर वर्षों–वर्षों तक लम्बी खिंचती रहे और भले ही इसके न्यायोचित कारण भी क्यों न रहे हों, पर यह तो प्रकृति के विरूद्ध बात होगी और न्याय का पतन होगा।"

80

अपराध न्याय व आत्मघाती दस्ते

विश्व की अपराधिक न्याय व्यवस्था के इतिहास में आत्मघाती दस्ते एक बड़ी चुनौती के रूप में सामने आए हैं। जहाँ किसी व्यक्ति के ऊपर कोई अपराध कारित करने का आरोप लगा हो तथा विधि द्वारा स्थापित प्रक्रिया के अर्न्तगत उक्त आरोप सिद्ध पाया गया हो तो विधिक व्यवस्था अपराध की गम्भीरता के अनुरूप अभियुक्त को दोषसिद्ध पाते हुए दण्डित करती है। युक्तियुक्त शक के परे आरोपों के सिद्ध पाए जाने की दशा में अभियुक्त को दण्डित किया जाना ही न्याय प्रशासन की एक विधि मान्य प्रक्रिया है। अपराध विधि के अर्न्तगत 'सदोष मानव वध' अर्थात हत्या गम्भीरतम अपराध माना जाता है यानि कि किसी व्यक्ति द्वारा किसी अन्य व्यक्ति को दोषपूर्ण आशय से मार डालना। इस गम्भीरतम अपराध के लिए विधि के अन्तर्गत गम्भीरतम सजा मृत्युदण्ड प्राविधानित है।

अपराध न्याय व्यवस्था की अवधारणा यह है कि जब कोई व्यक्ति कानून को तोड़ता है तथा अपराध करता है तो उसके इस विधि विरूद्ध कृत्य के लिए उसे दण्डित किया जाय। दण्डित किया जाना समाज में अन्य व्यक्तियों के लिए यह एक संदेश भी है कि देखो! यदि कोई अपराध करेगा तो उसे भी इसी प्रकार दण्डित किया जाएगा। व्यवस्था की यह परिकल्पना है कि व्यक्तियों के मस्तिष्क में दण्डित किए जाने का डर होना चाहिए तथा कानून द्वारा दण्डित किए जाने के डर के कारण लोग अपराध करने से बाज आएंगे। अतः दण्ड, अपराधिक व्यवहार पर अपना निरोधात्मक प्रभाव डालता है जिससे समाज में अपराध की दर में कमी लायी जा सकेगी। लेकिन शोध अध्ययनों से ऐसा देखने में आ रहा है कि दाण्डिक व्यवस्था के वांछित परिणाम सामने नहीं आ रहे हैं। आंकड़ों के विश्लेषण से ऐसे तथ्य पता चले हैं कि समाज में अपराध की दर में कोई कमी नहीं आयी है।

चूँकि हत्या एक ऐसा अपराध है जो मृत्युदण्ड से दण्डनीय है, जिसमें दोषसिद्ध अभियुक्त को गले से लटका कर उसकी मृत्यु होने तक फाँसी

दी जाती है।क्या ऐसा देखने में आ रहा है कि मारे इस भय से कि उन्हें फाँसी पर लटका दिया जाएगा, अपराधियों ने डर कर समाज के लोगों की हत्याएं करना बन्द कर दिया है? तथा इसी डर से समाज में अपराध ाों की संख्या में कमी आ गयी है? निश्चित रूप से नहीं!!! हमेशा की तरह आज भी समाज में हत्याएं हो रही हैं। हत्यारों के मस्तिष्क में फाँसी पर चढ़ा दिए जाने का लेशमात्र भी डर नहीं है। जिससे भय पैदा करने का दण्ड प्रशासन का उद्देश्य बुरी तरह से असफल साबित हो रहा है।

वर्तमान समय में तुलनात्मक रूप से हम एक अत्यन्त खतरनाक अपराधिक व्यवहार देख रहे हैं जो खासतौर से आतंकवादी गतिविधियों में सामने आया है। यह हैं आत्मघाती दस्ते। यह अपने आप में इस मायने में एक चरम अपराधिक व्यवहार है कि वे अपने जीवन की जरा भी परवाह नहीं करते। वे एक निश्चित खून खराबे के लिए आगे बढते हैं तथा अपराध कारित करने के पश्चात खुद को भी मार डालते हैं। कानून उन्हें क्या सजा दे पाएगा? उनकी विधि प्रवर्तन तथा कानून के प्रशासकों से सीधी टक्कर होती है। ऐसे अपराधियों का यह विधिक व्यवस्था के विरूद्ध एक प्रकार का युद्ध है। उनके मन में कानून व्यवस्था अथवा न्याय के प्रति न तो कोई फिक्र है और न ही कोई संवेदना। अगर हम पूर्व में घटित घटनाओं, जैसे 9/11 (अमेरिका) तथा 26/11 (भारत) पर नजर डालें तो हमारे सामने ऐसे ही खतरनाक अपराधिक व्यवहार सामने आते हैं। आत्मघाती दस्तेअपराध न्याय व्यवस्था के लिए एक बड़ी चुनौती हैं। आत्मघाती दस्तों के सदस्य खुद को कहीं भी, कभी भी मार डालने के लिए मानसिक रूप से तैयार रहते हैं। ऐसे में कानून उनका क्या बिगाड़ पाएगा? एक बार जब वे अपराध करने का अपना कोई लक्ष्य निर्धारित कर लेते हैं अथवा किसी व्यक्ति या स्थान को निशाने पर लेलेते हैं, उन्हें अब कोई कानून अथवा कोई दण्ड रोक नहीं सकता। खासतौर से 9/11 जैसे हादसे के बाद अमेरिका जैसा देश भी इस बात से बेचैन है कि ऐसे आत्मघाती दस्तों को किस कानून का डर दिखा कर रोका जाए? वे इस बात को लेकर चिन्तित रहते हैं कि कहीं ऐसे हादसों की पुनरावृत्ति हुई तो? अपराध न्याय प्रशासकों को इस चुनौती को अत्यन्त गम्भीरता से लेना होगा अन्यथा बहुत देर हो चुकी होगी।

"उनकी विधि प्रवर्तन तथा कानून के प्रशासकों से सीधी टक्कर होती है। ऐसे अपराधियों का यह विधिक व्यवस्था के विरूद्ध एक प्रकार का युद्ध है। उनके मन में कानून व्यवस्था अथवा न्याय के प्रति न तो कोई फिक्र है और न ही कोई संवेदना।"

81
न्याय में देरी, न्याय से वंचित

न्यायालयों में लम्बित प्रकरणों के त्वरित निस्तारण की बातें तो बहुत की जाती हैं लेकिन व्यवहारिकता में ऐसा कुछ होता नजर नहीं आता। न्याय में होने वाली देरी न्याय के उद्देश्य को पराजित करती है। जब न्याय का उद्देश्य ही पराजित हो जाए तो न्याय करने की महज प्रक्रियात्मक औपचारिकता न निभायी जाए। ऐसा देखने में आता है कि निचली अदालतों तथा उच्च न्यायालयों में मामले लम्बी अवधि तक लम्बित रहते हैं। समस्त प्रक्रियात्मक औपचारिकताएं पूरी किए बगैर ही अगर सुनवाई कर ली जाए तो उसकी वैधता पर ही प्रश्न चिन्ह लगा दिया जाता है। न्यायिक प्रक्रिया में देरी होने का एक प्रमुख कारण यह बताया जाता है कि प्रक्रियात्मक कानून अत्यन्त ही जटिल हैं। लेकिन इस दलील में ऐसा कोई बहुत दम नजर नहीं आता। अगर हम प्रक्रियात्मक कानूनों की गहराई में जाएं तो हम पाएंगे कि ये कानून विशुद्ध रूप से नैसर्गिक न्याय के सिद्धान्तों पर ही आधारित हैं। मामले के प्रत्येक पक्ष को सुनवाई का अवसर तो देना ही पड़ेगा। चाहे वह अर्धन्यायिक प्रक्रिया हो अथवा पूर्ण न्यायिक। सुनवाई के अवसर की स्पष्ट परिभाषा दे पाना अत्यन्त ही कठिन है। ऐसा कोई सुस्पष्ट मापदण्ड निर्धारित कर लिया जाए और इस पैमाने से माप कर इस बात से सन्तुष्ट हो लिया जाए कि पक्षकारों को सुनवाई का अवसर दिया जा चुका है, अतः मामले को अब और अधिक लम्बित न रखा जाए और सुनवाई पूरी कर ली जाए।

कानून जटिल नहीं होते, जटिलता तो हमारे मस्तिष्क में होती है। अगर कानून सरल बनाने की बात भी की जाए जैसी कि दलीलें दी जाती हैं, लेकिन मस्तिष्क की जटिलता कैसे दूर हो पाएगी? कानूनों की कोई दैवीय उत्पत्ति तो होती नहीं। हम आप ही तो बनाते हैं मिल बैठकर कानून। जब हमारे मस्तिष्क ही जटिल होंगे तो कानून तो स्वतः जटिल होते जाएंगे।ऐसी जटिलताओं को जब तक सरल करने के ईमानदार प्रयास नहीं किए जाएंगे न्याय प्रशासन में देरी तो होगी। ऐसी बात नहीं है कि

हमारे प्रक्रियात्मक कानूनों में मामलो के समयबद्ध निस्तारण पर बल नहीं दिया गया है। लेकिन फिर भी मामलों की सुनवाई में देर होती चली जाती है। ऐसा सिर्फ विचारण न्यायालयों में ही नहीं होता। हमारे अपीलीय न्यायालयों में भी मामलों के निस्तारण में अनावश्यक देरी होती है। मामलों में सुनवाई की तारीखें बढ़ते रहना तो बड़ी ही सामान्य प्रक्रिया हो गयी है। ऐसे भी लम्बित मामले प्रकाश में आते रहते हैं जहाँ विचारण न्यायालय अथवा किसी अर्ध न्यायिक प्राधिकारी ने प्रकरण में सुनवाई पूर्ण करके अपना निर्णय दे दिया। अपीलीय न्यायालय भी इस बात से सन्तुष्ट तो होती है कि व्यक्ति को सुनवाई का अवसर दिया गया लेकिन चूँकि अपीलीय न्यायालय के विचार से व्यक्ति को 'पर्याप्त' सुनवाई का अवसर नहीं दिया गया, विचारण न्यायालय अथवा अर्ध न्यायिक प्राधिकारी के आदेश के विरूद्ध स्थगन आदेश पारित कर दिया जाता है तथा प्रकरण को आगे आने वाले कई वर्षों के लिए लम्बित छोड़ दिया जाता है। ऐसे में न्याय का उद्‌देश्य पराजित तो होता ही है।

अधिकांश मामलों में तो पक्षकार ही किसी न किसी रूप में मामले को लम्बित पड़े रहने देने में अपना हित समझते हैं। कानून तो कहता है कि इस प्रकार की विद्धेषपूर्ण देरी को कदापि न होने दिया जाए। दशकों तक मामले लम्बित पड़े रहते हैं। चश्मदीद गवाहों की उम्र के साथ या तो उनकी मृत्यु हो जाती है अथवा उनकी याददाश्त इतनी कमजोर हो चुकी होती है कि कानून के समक्ष उनकी गवाही का कोई मतलब नहीं रह जाता। विरोधाभाषी परिस्थितियों का सीधा लाभ अभियुक्त ले जाते हैं तथा न्याय प्रशासन की प्रक्रिया पर एक बड़ा प्रश्न चिन्ह लग जाता है। आखिर हमारी न्यायिक व्यवस्था को ही इस दिशा में पहल करनी होगी कि न्याय में देरी की वजह से लोग न्याय से वंचित न रह जाएं।

"कानून जटिल नहीं होते, जटिलता तो हमारे मस्तिष्क में होती है। अगर कानून सरल बनाने की बात भी की जाए जैसी कि दलीलें दी जाती हैं, लेकिन मस्तिष्क की जटिलता कैसे दूर हो पाएगी? कानूनों की कोई दैवीय उत्पत्ति तो होती नहीं। हम आप ही तो बनाते हैं मिल बैठकर कानून। जब हमारे मस्तिष्क ही जटिल होंगे तो कानून तो स्वतः जटिल होते जाएंगे।"

82
व्यक्ति का निर्दोष होना?

कम से कम आप तो जानते ही हैं कि सच्चाई क्या है? आप जानते हैं कि आप निर्दोष हैं? ऐसा बड़ा ही कम होता है कि एक अभियुक्त व्यक्ति अथवा एक व्यक्ति जिसने गलत कृत्य किया है, अपनी गलती मान ले। यहाँ तक कि एक हत्यारा भी जिसने दिन–दहाड़े हत्या की हो, वह यह जानता है, फिर भी विधिक कार्यवाही के दौरान वह स्वयं को निर्दोष होने का दावा ही करता है। अगर अभियुक्त ने अपने विधि विरूद्ध कृत्य के लिए विधिक सलाह भी लेनी चाही है तो उसे यही सलाह मिली है कि अपने आपको निर्दोष ही बताना है। बाकी सब मुकदमें की कार्यवाही के दौरान देखा जाएगा। आखिर अभियुक्त भी तो गुनाह करने के बाद अधिवक्ता से यही मिन्नतें करता है कि उसे बचा लिया जाए।

विधिक प्रक्रिया प्रत्येक अभियुक्त को अपना बचाव पक्ष रखने का अवसर देती है। उक्त प्रक्रिया का एक बड़ा ही ईमानदार तथा पुनीत उद्देश्य यह है कि बचाव का अवसर इसलिए कि कहीं किसी निर्दोष व्यक्ति को अभियुक्त बताते हुए सजा न दे दी जाय। निश्चित रूप से इसलिए नहीं कि वह व्यक्ति जो कि यह जानता है कि उसने आशयित रूप से कानून तोड़ा है, अपराध किया है, वह अपने को निर्दोष साबित करने के लिए बचाव के अवसर की इस प्रक्रिया का उपयोग अपने पक्ष में करे। क्या इसे विधिक प्रक्रिया का दुरूपयोग न माना जाए? कौन जानता है कि अभियुक्त निर्दोष है? बेशक! अभियुक्त स्वयं। लेकिन वह तो अपना दोष मानने को तैयार नहीं है? उसे विधिक सलाह भी तो ऐसी ही दी गई है। देखिए! हमारी अथवा विश्व की किसी विधिक व्यवस्था के पास कोई जादू की छड़ी तो है नहीं कि जादू की छड़ी घुमाई और सच्चाई सामने आ गयी कि अमुक व्यक्ति दोषी है अथवा निर्दोष। विधिक व्यवस्था को भी उन्हीं तथ्यों पर पूरी तरह से निर्भर रहना पड़ता है जो तथ्य सुनवाई केदौरान मामले के पक्षकारों द्वारा उसके समक्ष प्रस्तुत किए जाते हैं। इन्हीं तथ्यों को विधिक व्यवस्था साक्ष्यों के रूप में मान्यता प्रदान करती है। यह

कोई नई बात नहीं है कि पक्षकार सबूत नहीं गढ़ते अथवा सबूतों से कोई छेड़छाड़ नहीं करते। खूब करते हैं। मिथ्या साक्ष्य बनाए जाते हैं, गवाहों को झूठी गवाही देने के लिए सिखाया जाता है। विधिक प्रक्रिया को अनावश्यक रूप से लम्बा खींचा जाता है महज इसलिए कि अमुक अभियुक्त व्यक्ति को निर्दोष साबित किया जा सके तथा वह कानून की पकड़ से छूट निकले। इससे तो विधिक प्रक्रिया का उद्देश्य पराजित हुआ।

हमारी विधिक व्यवस्था भी पूरी तरह से इस बात का दावा तो नहीं कर सकती किवह मामलों की सुनवाई के दौरान इस बात से पूरी तरह अनभिज्ञ रही कि विधिक प्रक्रिया को अनावश्यक रूप से लम्बा खींचा गया। अभियुक्तों द्वारा अपने आपको निर्दोष साबित करने के अवसर दिए जाने की प्रक्रिया का घोर दुरूपयोग किया गया इसका उसे आभास तक न हो सका जिससे अन्ततः न्याय ही पराजित हुआ। इस बात के स्पष्ट साक्ष्य होना कि अभियुक्त निर्दोष है अथवा साक्ष्यों के अभाव में यह मान लिया जाना कि अभियुक्त निर्दोष है, ये दोनों अलग–अलग बातें हैं। व्यापक न्याय हित में न्यायिक व्यवस्था का यह दायित्व बनता है कि वह दोनों ही परिस्थितियों का सूक्ष्म परीक्षण करे। अभियुक्त के निर्दोष होने के स्पष्ट साक्ष्य होना अर्थात न्यायिक व्यवस्था का पूरी तरह से सन्तुष्ट होना कि अभियुक्त निर्दोष है, एक बड़ा ही निश्चित सा निर्णय है। लेकिन दुविध ाा की स्थिति होना, यह न साबित हो पाना कि अभियुक्त दोषी है। इस बात के भी पुष्टिकारक साक्ष्य न होना कि अभियुक्त निर्दोष ही है। ऐसे में दुविधा की स्थिति का लाभ अभियुक्त को दे दिया जाना और उसे निर्दोष मानते हुए छोड़ दिया जाना। विधिक प्रक्रिया के दुरूपयोग की गुंजाइश बनती तो है। सबूतों के अभाव की एक कृत्रिम स्थिति बना दिया जाना, सबूतों का ईमानदारी से एकत्र न किया जाना तो बड़ी आसान सी बात है। पक्षकारों के मिलीभगत की बात विधिक व्यवस्था के लिए कोई अनहोनी बात नहीं है। विधिक व्यवस्था को इस मिलीभगत की जानकारी हो भी तो वह क्या करे? उसके आँखो पर तो पट्टी बाँध दी गयी है? उसे कैसे कुछ भी नजर आए? कौन जानता है कि अभियुक्त निर्दोष है? अभियुक्त को खुद को निर्दोष साबित करने के लिए कोई खास सबूत लाने

की मशक्कत नहीं करनी होती। उसे तो बस कुछ ऐसे तथ्य उठाने होते हैं जो मामले की सुनवाई के दौरान कानून के दिमाग में दुविधा की स्थिति उत्पन्न कर दें। ऐसी विधिक सलाह विधिगत पेशे में तो उपलब्ध ही है। सच्चाई सामने लाने की आवश्यकता क्या है? दुविधा की स्थिति बना देनी है और अभियुक्त को छूट जाना है। न्यायिक व्यवस्था में दुविधा की स्थिति प्रभावशाली रूप से अपनी जगह बना ले तो शायद न्याय प्रशासन की बातें करना बेमानी होगा।

''विधिक प्रक्रिया के दुरूपयोग की गुंजाइश बनती तो है। सबूतों के अभाव की एक कृत्रिम स्थिति बना दिया जाना, सबूतों का ईमानदारी से एकत्र न किया जाना, तो बड़ी आसान सी बात है। पक्षकारों के मिलीभगत की बात विधिक व्यवस्था के लिए कोई अनहोनी बात नहीं है। विधिक व्यवस्था को इस मिलीभगत की जानकारी हो भी तो वह क्या करे? उसके आँखो पर तो पट्टी बाँध दी गयी है? उसे कैसे कुछ भी नजर आए? कौन जानता है कि अभियुक्त निर्दोष है?''

83

विधिक व्यवस्था को दोष क्यों?

सरकारी लोकपाल तथा जनलोकपाल के परस्पर दावों के बीच समूचे भारतवर्ष में संघर्ष की स्थिति रही। इसे एक शुभ संकेत माना जाना चाहिए कि 'हम भारत के लोग' भारतीय समाज की गम्भीर समस्याओं के प्रति उदासीन नहीं हैं। लोगों ने मानना शुरू कर दिया है कि भ्रष्टाचार अब कैंसर बन गया है। चिकित्सा विज्ञान की ऐसी मान्यता है कि अगर समय रहते प्रभावी उपचार नहीं किया गया तो कैंसर लाइलाज होता जाता है। अगर भारतीय लोकतन्त्र को बचाना है तो इसके पहले कि यह कैंसर सम्पूर्ण तन्त्र को अपनी चपेट में लेले प्रभावित हिस्सों को काट कर अलग कर देना होगा अन्यथा यह समूचे भारतीय लोकतन्त्र को ले डूबेगा। ऐसा नहीं है कि भारत में भ्रष्टाचार से निपटने के लिए कानून नहीं बने। भ्रष्टाचार निवारण अधिनियम 1947 एक प्रमुख कानून था जिसे वर्ष 1988 में व्यापक रूप से संशोधित कर एक प्रभावी कानून बनाने का दावा किया गया। भ्रष्टाचार के मामलों की त्वरित एवम ठोस विवेचना के लिए दिल्ली विशेष पुलिस स्थापना अधिनियम 1946 के अन्तर्गत विशेष पुलिस बल की स्थापना की गयी। इस पुलिस बल को भ्रष्टाचार सम्बन्धी मामलों की विवेचना हेतु वैज्ञानिक एवं तकनीकी विशेषज्ञता स्तर के प्रशिक्षण दिए जाने की व्यवस्था की गयी। मकसद साफ था कि भ्रष्टाचारियों के विरूद्ध सम्यक विवेचना के उपरान्त ठोस सबूत एकत्र किया जाए। कालान्तर में इसी दिल्ली विशेष पुलिस स्थापना बल को अमेरिका के संघीय जांच ब्यूरो (एफ0बी0आई0) की तर्ज पर केन्द्रीय जाँच ब्यूरो (सी0बी0आई0) के नाम से जाना जाने लगा। याद आता है पत्रकारों के पूछे जाने पर भारत के जिम्मेदार जनप्रतिनिधि कहते सुने जाते थे कि 'भ्रष्टाचार तो एक वैश्विक समस्या है'। क्या इसका अर्थ यह निकाला जाए कि ऐसा मान लिया गया है कि भ्रष्टाचार को समाज से समाप्त नहीं किया जा सकता? और यह कि क्या भ्रष्टाचार की प्रवृत्ति को सामाजिक स्वीकार्यता मिलती जा रही है? व्यवहारिक रूप से तो ऐसा ही होता नजर आ रहा है। तमाम भ्रष्टाचार

निरोधी कानूनों और पुलिस दस्तों के बावजूद भ्रष्टाचार बढ़ता ही गया, बढ़ता ही गया।सरकारें नाकाम होती रहीं, कानून नाकाफी साबित हुए। नतीजा भारत की आम जनता को भुगतना पड़ा। जिसकी चरम परिणति आज सरकारी लोकपाल तथा जन लोकपाल के बीच चल रहे द्धन्द में दिखायी पड़ रही है। हम यह नहीं जानते कि इन दोनों दावेदारों में से कौन ईमानदारी से भ्रष्टाचार के विरूद्ध लड़ना चाहता है? अभी यह तो भविष्य के गर्भ में है। भारत की जनता को उनकी ईमानदार नीयत का अभी और इन्तजार करना पड़ेगा यह सिद्ध हो पाने के लिए कि भ्रष्टाचार एक वैश्विक समस्या भले ही हो लेकिन सम्भवतः भारतवर्ष के लोग उससे निपट सकने में कामयाब हों?

कानून मात्र बना देने से ही समस्या का समाधान नहीं हो जाता। भारत के बारे में यह माना जाता है कि कानून तो यहाँ बहुतायत से बनते हैं लेकिन उन कानूनों को सही ढंग से लागू करने के मामले में हमारा तन्त्र फिसड्डी साबित हुआ है। देश के कानून अपना काम ठीक से नहीं कर पाते अथवा अपराधियों को दण्डित नहीं किया जा पाता। उसके लिए हमारा तन्त्र जितना दोषी है, उससे कम दोषी हमारा समाज भी नहीं है। प्रस्तावित लोकपालों के मन्थन सेएक सशक्त लोकपाल निकल कर सामने आएगा ऐसी उम्मीद की जानी चाहिए। इस बात के भी ईमानदार सुझाव आ रहे हैं कि जो कानून बनें वे सख्त हों तथा अपराधियों के लिए कड़े से कड़े दण्ड की व्यवस्था की जाए। आधुनिक भारत में 'टाडा' एवम 'पोटा' जैसे सख्त कानून संसद से निकल कर आए लेकिन देश में आतंकवाद की समस्या तो आज भी अपनी जगह बनी हुई है।फिर इन सख्त कानूनों का जो हश्र हुआ यह तथ्य किसी से छुपा नहीं है। भारतीय दण्ड विधान में हत्या जैसे गम्भीरतम अपराध के लिए मृत्युदण्ड जैसी गम्भीरतम सजा का प्राविधान है। बचन सिंह नामक वाद में उच्चतम न्यायालय ने यह निर्णीत किया है कि हत्या के अपराध में भी मृत्युदण्ड 'बिरले से बिरले' मामलों में ही दिया जाएगा। बिरले से बिरला मामला पाए जाने के उपरान्त भी यदि सक्षम विचारण न्यायालय आरोपी को मृत्युदण्ड दे भी देती है तो सम्बन्धित उच्च न्यायालय द्वारा अपराध प्रक्रिया संहिता

की धारा 366 के अर्न्तगत उसकी सम्पुष्टि आवश्यक है। सम्पुष्टि के पीछे अवधारणा यह ही है कि मृत्युदण्ड आरोपित किए जाने से पूर्व उसका सूक्ष्म विधिक परीक्षण करा लिया जाए।

भ्रष्टाचारी के लिए कड़े से कड़े दण्ड की व्यवस्था के क्या वैधानिक अर्थ निकाले जाएं? मृत्युदण्ड से बढ़कर कोई दाण्डिक व्यवस्था हो नहीं सकती। वैधानिक अड़चन यह है कि हमारी दाण्डिक न्याय व्यवस्था कड़े से कड़े मृत्युदण्ड की इजाजत नहीं देती। जैसे कि भ्रष्टाचारी के जिस्म पर सिर से पाँव तक ब्लेड से चीरे लगा–लगाकर, उस पर नमक मिर्च मसल–मसल कर, बर्फ की सिल्लियों पर लिटा कर, तड़पा–तड़पा कर, दाण्डित किया जाए। यानि कि मार डाला जाए। मृत्युदण्ड दे दिया जाए। क्या आज की सुधारात्मक दण्डात्मक प्रणाली में यह सम्भव है? मानवाधिकारों के युग में मानवाधिकार संगठन आ धमकेंगे कि क्यों तड़पाया जा रहा है बेचारे! भ्रष्टाचारी को? ऐसा कौन सा गुनाह कर दिया इसने? वर्तमान अपराधिक न्याय व्यवस्था में दाण्डिक प्रणाली अपराधी को दण्डित किए जाने के बजाए उसे सुधारे जाने पर अधिक जोर देती है। भ्रष्टाचारी, भ्रष्टाचार करते रहें और हमारी दाण्डिक व्यवस्था उन्हें सुधारने की फिक्र करती रहे। एक वक्त संसद में प्रस्ताव लाए जाने की बात की गयी कि चूँकि समाज में महिलाओं के प्रति बलात्कार जैसे अपराध बड़े ही घृणित तथा जघन्य अपराध हैं। भारत के दण्ड विधान में दण्ड की व्यवस्था होने के बावजूद इन अपराधों की संख्या में कमी नहीं देखी गयी। सुझाव दिए गये कि ऐसे अपराधों को नियन्त्रित करने के लिए तथा समाज में महिलाओं को सुरक्षा प्रदान कराए जाने की दृष्टि से भारतीय दण्ड संहिता की धारा 376 में संशोधन करके कठोर दण्ड की व्यवस्था की जाए तथा बलात्कार के अपराध को मृत्युदण्ड से दण्डनीय बना दिया जाए। क्या आप जानते हैं? इसके पहले कि इस कानून का यह प्रस्ताव संसद में पारित हो पाता महिला संगठनों ने ही आगे आकर इसका विरोध किया। महिला संगठनों का तर्क था कि इस कानून के आ जाने से महिलाओं की जान पर बन आएगी। अब गुनाहगार एक नहीं दो अपराध करेगा। पहले तो वह महिला के साथ बलात्कार करेगा फिर साक्ष्य नष्ट करने के आशय से उस महिला की हत्या भी करने से नहीं हिचकेगा। क्योंकि अगर बलात्कार की

सजा भी मृत्युदण्ड कर दी गई तथा हत्या के अपराध के लिए मृत्युदण्ड की व्यवस्था पहले से ही है तो अपराधी के मस्तिष्क में यह बात तो आएगी ही कि बलात्कार के लिए भी मृत्युदण्ड की व्यवस्था है तो फिर पीड़िता की हत्या भी कर दो, सबूत भी नष्ट कर दो। बलात्कारी अपराध तो दो करेगा लेकिन उसे दण्ड मिल सकेगा केवल एक अपराध के लिए। वह भी तब जब अपराध संशय से परे सिद्ध हो पाएगा। अन्यथा पर्याप्त साक्ष्य के अभाव में अपराधी बाइज्जत बरी किया जाएगा।

आशय यह है कि मात्र कानून बना देने तथा मृत्युदण्ड का भय दिखा देने से समाज में अपराध खत्म नहीं हो जाते। अगर ऐसा होता तो कानून की डर से समाज में हत्या अथवा बलात्कार जैसे जघन्य अपराध कब के ही खत्म हो चुके होते। प्रसिद्ध अमेरिकी अपराध शास्त्री एडविन सद्रलैण्ड जो अपराध शास्त्र की समाजशास्त्रीय विचार धारा के प्रवर्तक हैं उनका शोध अध्ययन यह बताता है कि समाज में जो अपराध होते हैं उसके लिए समाज स्वयं दोषी है और जब तक समाज की सोच में बदलाव नहीं आता तब तक कोई भी कानून समाज में अपराध होने से रोक नहीं सकता। आज लोकपालों की सहायता से जिस भ्रष्टाचार को रोकने की बात की जा रही है इस अपराधिक व्यवहार पर भी व्यापक शोध अध्ययन एडविन सद्रलैण्ड द्वारा ही किया गया जो समाज के उच्च पदों पर आसीन व्यक्तियों द्वारा अपने व्यवसाय के अनुक्रम में कारित किया जाता है। ऐसे अपराध पूरी व्यवस्था को खतरनाक तरीके से सामाजिक एवम आर्थिक रूप से खोखला कर डालते हैं।सद्रलैण्ड ने इन्हें श्वेतपोश अपराध नाम दिया तथा ऐसे अपराधी श्वेतपोश अपराधी कहे गए। वे अपराधी जिन्हें पागलपन की हद तक गैरकानूनी माध्यमों से धन कमाने की हवस होती है। सद्रलैण्ड का मानना है कि चूँकि ये श्वेतपोश अपराधी इतने प्रतिष्ठित एवम पहुँच वाले लोग होते हैं कि कानून इनका कुछ भी नहीं बिगाड़ पाता और मामले अगर दर्ज हो भी गए तो कानून की प्रक्रियात्मक औपचारिकताओं मे उलझ कर दम तोड़ देते हैं।

मान लीजिए कि सशक्त लोकपाल अस्तित्व में आ भी जाता है और संसद द्वारा एक सख्त कानून बना भी दियाजाता है जिसका उद्देश्य होगा किवह कानून मजबूती से अपराधी एवम भ्रष्टाचार से लड़े। लेकिन

शर्त यह होगी कि कानून की इस लड़ाई में समाज भी कानून का साथ दे। ऐसे भी अवसर आते रहे हैं और आते रहेंगे कि सख्त कानून (लोकपाल) की नाक के नीचे रिश्वत दी जाती रहेगी तथा रिश्वत ली जाती रहेगी और कानून कुछ भी देख न सकेगा, क्योंकि कानून तो अन्ध ा होता है। मसलन एतराज किसे होना चाहिए? रिश्वत देने वाले को? जब रिश्वत देने वाले को कोई एतराज नहीं तो भला रिश्वत लेने वाले को क्या एतराज हो सकता है? कानून के समक्ष न तो कोई एतराज आएगा और न ही कोई शिकायत लायी जाएगी। कानून अपना काम नहीं कर पाएगा। कानून को तो सबूत चाहिए? सबूत के बिना पर ही तो कानून आगे बढ़ पाएगा तथा विधि द्वारा स्थापित प्रक्रिया के अर्न्तगत भ्रष्टाचार के आरोपी को कानून दण्डित कर सकेगा। लोकभ्रष्टाचार के मामलों में रिश्वत देने वाले व्यक्ति का बयान एक महत्वपूर्ण साक्ष्य होता है और अगर वह व्यक्ति कानून के समक्ष ऐसा बयान देता है कि उसने तो रिश्वत दी ही नहीं, तब तो उड़ गयीं सख्त कानून की धज्जियाँ? क्या कर लेगा कानून? खत्म हो चुका भ्रष्टाचार ऐसे तो? मत दोष दीजिएगा कानून को। कानून सख्त तो है लेकिन उसे सबूत भी तो चाहिए। रिश्वत देने वाले तथा भ्रष्टाचार को निहित स्वार्थों के लिए बढ़ावा देने वाले लोग इसी समाज के है। ये लोग ही सख्त कानून का गला घोंट कर रख देंगे और भ्रष्टाचारी स्वछन्द कानून की छाती पर मूंग दलते नजर आयेंगे।

जब तक समाज की सोच व मानसिकता में व्यापक बदलाव नहीं आता तब तक मात्र सख्त कानून बना लेने भर से भ्रष्टाचार की कोढ़ से नहीं लड़ा जा सकता। यह मान लेना कि सख्त कानून बना लेने से भ्रष्टाचारी मारे डर के दुबक जायेंगे और रिश्वत लेना बन्द कर देंगे, एक बड़ी भूल होगी। अपराध विधि के अर्न्तगत मृत्युदण्ड की सजा दिया जाना सख्त कानून के रूप में देखा जाता है। हत्या जैसे गम्भीर अपराध के लिए सख्त कानून के रूप में मृत्युदण्ड की व्यवस्था की गई है। प्रश्न तो यह उठता है कि क्या फाँसी चढ़ा दिए जाने के डर से समाज में हत्याएं होनी बंद हो गईं? फाँसी की सजा से अपराधी डर गए? क्या अपराधियों ने समाज में हत्याएं करनी बन्द कर दीं? अगर नहीं! तो सख्त कानून अथवा लोकपाल से ही भ्रष्टाचारी डर जाएंगे और भ्रष्टाचार करना बन्द कर देंगे

यह तो एक गम्भीर गैरजिम्मेदारी भरी सोच होगी जिससे भारत की सामाजिक–आर्थिक व्यवस्था को नुकसान ही पहुँचेगा। फिर भी यदि एक ईमानदार सामूहिक सामाजिक पहल से स्वास्थ्यप्रद नतीजे सामने आ पाते हैं तो उस सार्थक प्रयास का आगे बढ़कर स्वागत किया जाना चाहिए। भारत देश सामाजिक–आर्थिक रूप से और अधिक कमजोर न होता जाए। भ्रष्टाचार पर प्रभावी रूप से अंकुश लग सके, इसके लिए देश की विधिक व्यवस्था तथा देश के कानून को अपना काम करने दिया जाए। समाज में कानून टूटते हैं, अपराध होते हैं, भ्रष्टाचार होते हैं, इसमें दोष समाज का है, हमारी कलुषित मानसिकता का है। समाज से भ्रष्टाचार को खत्म करने के लिए जब तक हम खुद आगे नहीं आएंगे, जब तक हम सभी मिलकर देश के कानून की मदद नहीं करेंगे, तब तक देश का कानून अपना काम नहीं कर पाएगा। हमें अपनी नाकामी छुपाने के लिए देश के कानून को दोष देना बन्द करना होगा। अन्यथा भ्रष्टाचार तो होंगे और राष्ट्र सामाजिक–आर्थिक अन्याय के संकट से उबर नहीं पाएगा और खोखला होता जाएगा, कमजोर होता जाएगा। हमें आगे आकर अपने राष्ट्र को बचाना होगा अन्यथा और कौन आएगा?

"समाज में जो अपराध होते हैं उसके लिए समाज स्वयं दोषी है और जब तक समाज की सोच में बदलाव नहीं आता तब तक कोई भी कानून समाज में अपराध होने से रोक नहीं सकता। आज लोकपालों की सहायता से जिस भ्रष्टाचार को रोकने की बात की जा रही है इस अपराधिक व्यवहार पर भी व्यापक शोध अध्ययन एडविन सद्रलैण्ड द्वारा ही किया गया जो समाज के उच्च पदों पर आसीन व्यक्तियों द्वारा अपने व्यवसाय के अनुक्रम में कारित किया जाता है। ऐसे अपराध पूरी व्यवस्था को खतरनाक तरीके से सामाजिक एवम आर्थिक रूप से खोखला कर डालते हैं। सद्रलैण्ड ने इन्हें श्वेतपोश अपराध नाम दिया तथा ऐसे अपराधी श्वेतपोश अपराधी कहे गए। वे अपराधी जिन्हें पागलपन की हद तक गैरकानूनी माध्यमों से धन कमाने की हवस होती है।"

84
पुलिस सुधार-नंगी सच्चाईयाँ

पुलिस व्यवस्था अपराध न्याय प्रशासन का अत्यन्त महत्वपूर्ण स्तम्भ है। व्यवस्थित समाज तथा कानून व्यवस्था बनाए रखने के लिए पुलिस व्यवस्था आवश्यक है। पुलिस समाज में अपराधों की रोकथाम तो करती ही है साथ ही साथ अपराधों के घटित होने की दशा में मामलों की तहकीकात कर के उपलब्ध सबूतों के आधार पर अपराधियों को दण्डित कराने का काम भी करती है।

भारत में पुलिस व्यवस्था की स्थापना को देखें तो पुलिस अधिनियम 1861 सामने आता है जो आज भी भारत के पुलिस तन्त्र को नियन्त्रित करता है। पुलिस अधिनियम 1861 को ब्रितानी संसद ने पारित किया था और ब्रिटिश शासन के दौरान ब्रितानियों ने यह कानून भारतवर्ष पर लागू किया। तकनीकी रूप से यह कानून ब्रितानी चार्टर के रूप में अधिक नजर आता है जिसकी मदद से वे अपने हिसाब से भारत पर शासन चलाना चाहते थे बजाए इसके किवे भारत के लोगों का अथवा पुलिस व्यवस्था का हित साधना चाहते हों। वर्ष 1861 के दौरान हालात पूरी तरह से भिन्न थे जब ब्रिटेन ने एक शासक देश की दिमागी सोच से भारत में यह कानून लागू किया। यह कानून सरकारी दिशा-निर्देशों तथा वरिष्ठों के आदेशों को अमल में लाने पर अधिक जोर देता है। यह लोगों के अधिकारों के संरक्षण की उतनी बात नहीं करता। हमें जब अंग्रेजों से आजादी मिली उसकेबाद हमने पुलिस अधिनियम 1861 को जैसे का तैसा अंगीकार कर लिया। तब हम यह तथ्य भूल गए कि इस कानून को जैसे का तैसा अंगीकर कर लेने पर तकनीकी तौर से अब लोकतान्त्रिक स्वतन्त्र भारत में यह कानून लागू होगा बजाए इसके कि उस भारत पर जो ब्रिटिश राज के अधीन था। आजाद भारत में इस कानून का प्रवर्तन रोजाना की पुलिसिया कार्यवाही में ब्रितानी मानसिकता परिलक्षित करता रहेगा और एक दीर्घकालीन अवधि के बाद पुलिस-पब्लिक सम्बन्धों को क्षतिग्रस्त करेगा। राष्ट्र के सामाजिक ताने-बाने को प्रतिकूल रूप से प्रभावित

करेगा। हम नियमित तौर पर पुलिस तथा पब्लिक के बीच बिगड़ते जाते सम्बन्धों को देखते आ रहे हैं। क्या हमने कभी ऐसा सोचा कि इसके पीछे आखिर क्या वजहें हो सकती हैं? क्या कोई पुलिस व्यवस्था पब्लिक के ईमानदार तथा सक्रिय सहयोग के बगैर न्यायोचित रूप से अपना काम कर सकती है? निश्चित रूप से नहीं। पुलिस-पब्लिक सम्बन्धों में तल्खी से सामाजिक दुर्भावना उत्पन्न होती है जिससे समाज व्यवस्थित नहीं रह पाता। भारत में कोई सरकारी कर्मचारी जिसे लोग अच्छी निगाहों से नहीं देखते वह होता है पुलिस का कांस्टेबल। अपने विभाग के उच्च अधिकारियों के सामने भी उसे इसी परिस्थिति से गुजरना पड़ता है।

पुलिस अधिकारी चौबीसों घण्टे काम पर माने जाते हैं। उनके ऊपर आरोप लगता है कि वे भ्रष्टाचार में लिप्त होते हैं। अपराधियों से उनकी साँठ-गाँठ होती है इसीलिए वे समाज में अपराध नहीं रोक पाते। सामुदायिक हिंसा के दौरान उनकी भूमिका पर प्रश्न चिन्ह लगा दिया जाता है। पुलिस अभिरक्षा के दौरान हिंसा तथा बलात्कार जैसे मामले भी कोई असामान्य बात नहीं होती। हो सकता है उनके विरूद्ध कुछ आरोप सही भी हों, पर क्या हमने कभी निष्ठापूर्वक ऐसा सोचा कि इसके पीछे क्या कारण हो सकते हैं? क्या हम अपने उन पुलिस वालों को याद करते हैं जो संसद भवन की रक्षा करते मार दिए जाते हैं? वे अपराधियों, नक्सलियों, आतंकवादियों से लड़ते अपनी जान गंवा देते हैं। वे जब समाज में गश्त लगा रहे होते हैं तब हम तो सुरक्षित सो रहे होते हैं लेकिन उनका जीवन सुरक्षित नहीं होता। कारण कि अपराधी गैंग हमारी पुलिस फोर्स की तुलना में हथियारों से बेहतर सुसज्जित होते हैं। पुलिस के लोग जब काम पर होते हैं लम्बी-लम्बी अवधि के लिए उन्हें अपने परिवारिक सदस्यों से दूर रहना पड़ता है। किसी भी राज्य की पुलिस में अस्सी प्रतिशत से अधिक की पुलिस बल संख्या पुलिस कान्सटेबल की ही होती है जो पूर्ण रूप से समाज में कानून व्यवस्था बनाए रखने तथा राष्ट्र की आंतरिक सुरक्षा के लिए उत्तरदायी होते हैं। पुलिस वालों की दशा बहुत कष्टप्रद है। अनुशासन बनाए रखने के नाम पर उनका अत्याधिक शोषण किया जाता है। वेतन के रूप में उन्हें कोई अच्छा भुगतान नहीं मिलता तथा उनके विभाग में उनकी प्रोन्नति के कोई उत्साहवर्धक मौके भी नहीं

होते। हमारी पुलिस के एक अच्छी संख्या में सदस्य पुलिस उच्चाधिकारियों के घरेलू सहायकों के रूप में काम करते हैं। यह उनके सरकारी काम–काज का हिस्सा नहीं होता लेकिन वे ऐसा करने से मना इसलिए नहीं कर पाते कि उच्चाधिकारियों की नाराजगी मोल लेनी पड़ेगी जो उनके भविष्य के विभागीय कैरियर के लिए घातक बात होगी। ऐसी निराशाजनक प्रचलित परिस्थितियों में हम पुलिस वालों से उनके काम के प्रति कैसी मुस्तैदी की उम्मीद करें? हमारी उनसे क्या अपेक्षांए हों? उनकी परिस्थितियाँ बदलने की दिशा में हम कोई सार्थक प्रयास क्यों नहींकरते?

पुलिस सुधार के मसले पर व्यवस्था ने पुलिस आयोग, गोरे समिति, रिबेरो समिति इत्यादि का गठन तो किया पर कोई ठोस बात निकल कर सामने नहीं आयी। जब तक व्यवस्था हमारे पुलिस बल को मनोवैज्ञानिक रूप से सुरक्षित तथा मजबूत नहीं बना देती पुलिस व्यवस्था को दुरूस्त कर पाना व्यवहारिक रूप से बड़ा ही कठिन प्रतीत होता है। पुलिस बल के लोग भी आखिर मनुष्य ही हैं कोई मशीन तो नहीं? उनके लिए सबसे जरूरी बात यह है कि उनकी सेवा शर्तों में सकारात्मक सुधार किए जाएं और यह भी कि उनके प्रति सामाजिक आदरभाव की संवेदना का मानवीय स्पर्श भी!!!

''आजाद भारत में इस कानून का प्रवर्तन रोजाना की पुलिसिया कार्यवाही में ब्रितानी मानसिकता परिलक्षित करता रहेगा और एक दीर्घकालीन अवधि के बाद पुलिस–पब्लिक सम्बन्धों को क्षतिग्रस्त करेगा, राष्ट्र के सामाजिक ताने–बाने को प्रतिकूल रूप से प्रभावित करेगा। हम नियमित तौर पर पुलिस तथा पब्लिक के बीच बिगड़ते जाते सम्बन्धों को देखते आ रहे हैं।''

85

न्यायिक सक्रियता–इसके आगे

न्यायपालिका सदा सक्रिय होती है। न्यायिक सक्रियता को इस रूप में नहीं समझा जाना चाहिए कि न्यायिक सक्रियता केवल चुनिन्दा अवसरों पर ही नजर आती है। किसी न किसी रूप में मुकदमेबाजों द्वारा मामलों की कार्यवाही में देरी कराते रहने के तौर तरीकों से सक्रिय न्यायपालिका प्रतिकूल रूप से प्रभावित होती रही है। विधिक प्रक्रिया में इस प्रकार के चतुराई भरे तौर तरीकों से न्यायिक कार्यवाही एक अनिश्चित सी अवधि ा के लिए इतनी ज्यादा खिंच जाती है कि अगर अन्ततः न्याय कर दिए जाने की बात देर–सबेर कर भी दी जाए तो तब तक इतनी देर हो चुकी होती है कि ऐसे न्याय का फिर कोई मतलब नहीं रह जाता। न्यायिक प्राधिकरण इस बात का दावा तो नहीं कर सकते कि वे समूची न्यायिक कार्यवाही के दौरान मुकदमेबाजों के इन तौर तरीकों से पूरी तरह अनभिज्ञ रहे या फिर मामलों में देर कराते रहने के उनके मंसूबो को समझ नहीं पाए, स्थितियाँ उनके नियन्त्रण से बाहर होती गयीं और वे प्रक्रिया को दुरूस्त नहीं कर पाये। न्याय में होने वाली देरी अब एक कहावत सी बन गई है इस सीमा तक किवह सब कुछ बयां कर जाती है कि भारत की न्यायिक व्यवस्था में कैसे हालात व्याप्त हैं? मामलों के त्वरित निस्तारण के लिए न्यायिक क्रियाशीलता में तेजी लाए जाने की आवश्यकता है जिससे कि अगर न्याय न भी हो पा रहा हो तो कम से कम मामलों की सुनवाई खत्म हो और निर्णय सामने आएं।

भारतीय न्यायपालिका तथा न्याय प्रदायी व्यवस्था में न्यायिक सक्रियता एक महत्वपूर्ण घटना के रूप में आयी और स्थापित हुई। कानून की दुनियाँ न्यायमूर्ति पी0 एन0 भगवती, न्यायमूर्ति कृष्णा अय्यर तथा न्यायमूर्ति रंग नाथ मिश्र के महान योगदान को कभी नहीं भूल पाएगी जिन्होंने स्थापित विधिक प्रक्रियाओं के चलन के उस पार निकल जाने का दुस्साहस दिखाया इसलिए कि वे आमजन तक को न्याय दिलाना सुनिश्चित कराना चाहते थे। इन क्रान्तिकारी सोच के न्यायाधीशों ने

कानून की दुनियाँ को यह बता दिया कि स्थापित 'लोकस स्टेण्डी के नियम' को जाना होगा। अगर ऐसा प्रतीत होता है कि यह नियम लोक हित में आम जन के प्रति न्याय प्रशासन सुनिश्चित कराने के पुनीत कार्य में अवरोध उत्पन्न करता है। अब यह हमारी अगली पीढ़ी के लिए अनुकरणीय करने वाली बात होगी कि अगर न्याय दिया जाए तो लगना भी चाहिए कि न्याय किया गया। लेकिन आप क्या करें? कुछ नहीं कर पाएंगे। ऐसे न्याय करने वाले दिमाग जन्म लेने में पीढ़ियां गुजर जाती हैं जो कि इतिहास बनाते हैं और उनके न्यायिक दुस्साहस जो कि न्याय करते दिखायी पड़ते हैं सदा के लिए स्वर्णाक्षरों में दर्ज हो जाते हैं, इतिहास जिनका साक्षी बनता है।

यदि न्यायिक सक्रियता को परिभाषित करें तो इसके शाब्दिक अर्थ के रूप में न्याय प्रशासन की एक ऐसी अवस्था जिसमें न्यायपालिका असाधारण रूप से सक्रिय होकर प्रक्रियात्मक बन्दिशों को तोड़ते हुए खासतौर से उन प्रशासनिक प्राधिकारों का सतर्कता पूर्वक आंकलन करती है जिनमें प्रशासनिक प्राधिकार का छदम प्रयोग प्रतीत होता नजर आता है। इतना ही नहीं वैसे जहाँ प्रशासनिक निष्क्रियता के मामले भी प्रकाश में आते हैं तो न्यायपालिका ऐसे मामलों का स्वतः संज्ञान लेती है। क्योंकि निष्क्रियता के उन हालातों में न्याय प्रशासन की यह मान्यता होती है कि अगर इन हालातों को आगे और बने रहने दिया गया, समय रहते हस्तक्षेप नहीं किया गया, तो इससे अनेकलोगों के विधिक अधिकारों को क्षति पहुँचेगी। ऐसी किसी प्रास्थिति की अनुमति नहीं दी जानी चाहिए जहाँ प्रशासनिक निष्क्रियता के कारण वृहद पैमाने पर लोगों के विधिक अधिकार लागू न किए जा सकते हों तथा उनका उल्घंघन होता हो। कारण यह भी है कि भारत में प्रत्येक नागरिक की आर्थिक स्थिति उतनी अच्छी नहीं है कि वह न्यायपालिका से अपने विधिक अधिकारों को संरक्षण ले सकने में सक्षम हो। न्यायिक सक्रियता वर्तमान न्यायिक अधिकारियों की अगली पीढ़ी के लिए दिशा निर्देशक सिद्धान्त के रूप में हो सकती है। लेकिन इसकी गहराई में जाने पर यह स्पष्ट होता है कि यह एक न्यायाधीश की नितांत व्यक्तिगत मनोअवस्था ही होती है जहाँ न्याय प्रदायन के हित में अमुक न्यायाधीश संकल्पबद्ध हो जाता है। एक संवेदनशील न्यायाधीश का मस्तिष्क तब बेचैन हो उठता है जब वह अपने आपको न्यायिक व्यवस्था की प्रक्रियात्मक बन्दिशों में उलझा हुआ पाता है और वह भी तब, जबवह यह देखता है कि प्रशासनिक व्यवस्था उन

बन्दिशों का अनुचित लाभ लेते हुए लोगों को न्याय से वंचित करने लगती है। जब एक संवेदनशील न्यायिक मस्तिष्क ऐसे प्रचलित हालातों को देखता है तबवह बेचैन होकर चीख उठता है और उसकी यह चीख न्यायिक सक्रियता के रूप में सामने आती है।

न्यायिक निष्क्रियता, न्यायिक सक्रियता के विरोधाभास में चली जाती है। न्यायिक निष्क्रियता कोई असामान्य बात नहीं है और इसके अपने वैज्ञानिक कारण भी हैं। क्योंकि प्रत्येक न्यायिक मस्तिष्क जीनियस ही हो यह जरूरी नहीं है? लेकिन प्रत्येक व्यक्ति के प्रति उचित न्याय प्रशासन के हित में कम से कम ईमानदार प्रयास तो किए ही जा सकते हैं। कई अवसरों पर सर्वोच्च न्यायपालिका ने अत्याधिक न्यायिक सक्रियता के विरूद्ध सचेत भी किया है। इससे कहीं उच्चतर न्यायपालिका के स्तर पर विधि की प्रक्रिया के दुरूपयोग के संकेत तो नहीं मिलते? अगर ऐसा पाया गया तो यह 'विधि तथा न्याय' के लिए स्वास्थ्यप्रद बात नहीं होगी। हमें ऐसी परिस्थितियों की अनुमति नहीं देनी चाहिए जहाँ उक्त वजहों से न्यायिक सक्रियता की छवि धूमिल सी होती जाए तथा लोग इसे न्यायिक आतंकवाद के रूप में सन्दर्भित करने लग जाएं। अगर लोग इस तरह महान न्यायिक सक्रियता जैसी घटना को हतोस्ताहित करने के अपने मंसूबो में कामयाब हो जाते हैं तो फिर हमें यह याद रखना होगा कि अन्ततः क्षति 'न्याय प्रशासन' को ही उठानी पड़ेगी और आम जन के लिए न्याय से वंचित रहना एक बिडम्बना होगी।

"एक संवेदनशील न्यायाधीश का मस्तिष्क तब बेचैन हो उठता है जब वह अपने आपको न्यायिक व्यवस्था की प्रक्रियात्मक बन्दिशों में उलझा हुआ पाता है और वह भी तब, जब वह यह देखता है कि प्रशासनिक व्यवस्था उन बन्दिशों का अनुचित लाभ लेते हुए लोगों को न्याय से वंचित करने लगती है। जब एक संवेदनशील न्यायिक मस्तिष्क ऐसे प्रचलित हालातों को देखता है तब वह बेचैन होकर चीख उठता है और उसकी यह चीख न्यायिक सक्रियता के रूप में सामने आती है।"

86
पर्यावरण को छेड़िए मत?

हम पर्यावरण संरक्षण के लिए वैश्विक चिन्ता की बात समझ सकते हैं। पर्यावरण से सम्बन्धित मुद्दों के लिए समूची दुनिया में एक सम्पूर्ण पर्यावरण का विधिशास्त्र बना दिया गया है। पर्यावरण की रफ्तार से तालमेल बैठाकर ही दुनिया की रफ्तार बनायी रखी जा सकेगी। प्रकृति को नियन्त्रित करने के लिए पर्यावरण के अपने अलग कायदे नियम होते हैं। पर्यावरण अपनी रफ्तार के हर कदम को खुद तय करता है। पर्यावरणीय व्यवस्था में संतुलन बनाए रखने के लिए जो पर्यावरण के नियम होते हैं वे बड़े ही सधे हुए होते हैं। बढ़ते वक्त के साथ जैसा कि सबूतों से पता चलता है, यह मानवीय संस्था ही है जो पर्यावरण की संतुलन प्रणाली के साथ विध्वंसक खेल खेलती है, उसे आए दिन छेड़ती रहती है। यदि मानवीय संस्था ही पर्यावरण की प्राकृतिक संतुलन प्रणाली को खण्डित करेगी तो इस बात की चेतावनी दी जाती है कि मानवीय संस्था को फिर एक असंतुलित पर्यावरण के लिए तैयार रहना चाहिए। इस धरती पर मानव जीवन का अस्तित्व एक स्वस्थ पर्यावरण के प्रत्यक्ष अनुपातिक है। न सिर्फ मानव जाति बल्कि 'पारिस्थितिकी संतुलन' बनाए रखने के लिए इस पृथ्वी पर जीव-जन्तुओं तथा वनस्पतियों का अस्तित्व भी उतना ही आवश्यक है।

आज हमारे सामने जो बड़ी चुनौती है वह है प्रदूषण से पर्यावरण का रक्षण तथा प्राकृतिक सम्पदा का संरक्षण। अन्धाधुन्ध तथा अनियोजित आधुनिकीकरण की वजह से पर्यावरण को प्रतिकूल रूप से भुगतना पड़ा है। पर्यावरणीय संसाधनों की अपनी प्राकृतिक सीमाएं है जबकि हमारी विकास की आकांक्षाएं असीमित होती जा रही हैं। विकास के नाम पर हमने अपने प्राकृतिक जंगलों को निर्ममता से काटा है तथा तेजी से कांक्रीट जंगलों का निर्माण कर डाला है। सड़कों पर भारी यातायात तथा तेजी से होते अनियन्त्रित औद्योगीकरण ने हमारे वातावरण को जहरीली गैसों से भर दिया है। मेट्रो तथा अन्य बड़े शहरों में रहने वाले लोग एक

कठोर संघर्ष में रत हैं कि काश! वातावरण में ताजी हवा होती और वे साँस ले पाते? पर्यावरण वैज्ञानिक उन कारकों को चिन्हित कर पाए हैं जिनकी वजह से वातावरण में ओजोन स्तर घटता जा रहा है तथा उन्होंने इसके भविष्य मेंहोने वाले परिणामों से चेतावनी भी दे दी है। लेकिन ऐसा प्रतीत होता है कि वर्तमान की सभ्यताओं ने उनकी इस चेतावनी को गम्भीरता से नहीं लिया है। अन्यथा ऐसा सम्भव कैसे हो पाता कि 'ग्लोबल वार्मिंग' हमारे इतनी नजदीक आ जाए और हमारे दरवाजे पर खड़ी विनाशकारी दस्तक देती रहे? अब और कितना चुप रखेंगी हमारी सभ्यताएं तथा ऐसी दस्तकों को नजरअन्दाज करती रहेंगी?

मेरे दोस्तों! यह बात तो गाँठ बाँध कर रख ही लीजिए। भले ही राष्ट्रीय अथवा अन्तर्राष्ट्रीय स्तर पर कितने ही विधायी प्राविधान क्यों न बना डाले जाएं, कानून बनाकर पर्यावरण को नियन्त्रित कर लेना आपके वश में नहीं है। पर्यावरण के इंसानी छेड़छाड़ की तबाही तो होगी। सुनामी को अगर आना है, तो फिर आना है। तबाही होनी है तो होनी है। आप अथवा आपका कानून इसे रोक नहीं सकते। आप क्या कर सकते हैं? यह कि उस तबाही से बच पाने के लिए सतर्कता बरतने के संकेत मात्र जारी कर सकते हैं? कुछ एहतियाती कदम उठा सकते हैं, बस इतना ही। सौभाग्य से वे लोग जिनके पास ऐसे संसाधन हैंकिवे समय रहते आपके द्वारा जारी चेतावनी तथा सतर्कता संकेत को पकड़ लें वे अपने जीवन व अर्जित सम्पत्ति को बचा पाने में कुछ जतन कर लेंगे, अन्यथा जिन्हें सतर्कता के ये संकेत नहीं मिल पाएंगे वे प्राकृतिक विभीषिका के चपेट में आ जाएंगे और उसके पश्चात बर्बाद होकर दफन हो जाएंगे। बीते वक्त में हुई ऐसी पर्यावरणीय विभीषिकाओं में विश्व बिल्कुल असहाय सा मूक दर्शक बना नजर आया है। महाविनाश के पश्चात जो कुछ बचा खुचा रहा उसी में पुनर्वास की सम्भावनाएं खोजता सर्वशक्तिमान से प्रार्थना करता है एक सुरक्षित विश्व की। भारत के उत्तराखण्ड में हुई पर्यावरणीय विभीषिका दिल दहला देने वाली रही जिसमे प्रशासन मात्र मूकदर्शक बना विभीषिका के जाने की प्रतीक्षा करता रहा। भविष्य में इस प्रकार की प्राकृतिक विभीषिकाओं की पुनरावृत्ति नहीं होगी सम्भवतः इसकी गारण्टी पर्यावरणीय वैज्ञानिक भी दे सकने की स्थिति में नहीं होते।

सर्वशक्तिमान निश्चित रूप से हमारी विनतियों को सुनेंगे लेकिन शर्त यह होगी कि क्या हमने भी अपने आप को पर्यावरण की बात सुनते रहने के लिए तैयार कर लिया है? अगर हम पर्यावरण के संरक्षण के लिए पर्यावरण की पुकार को अनसुनी करते रहेंगे तो माफ कीजिएगा!!! सर्वशक्तिमान हमारी किसी भी विनती को सुनने के लिए तैयार नहीं होंगे। फिर ऐसी दशा में हमें अपने अप्राकृतिक एवम पर्यावरण के विरूद्ध क्रियाकलापों का खामियाजा भुगतने के लिए तैयार रहना चाहिए। प्रकृति से खिलवाड़ करते रहना पूरी तरह से अप्राकृतिक है।उत्तराखण्ड में घटित विनाशकारी पर्यावरणीय त्रासदी जिसमें हजारों लोगों को अपने जीवन से हाथ धोना पड़ा अब तो न सिर्फ पर्यावरण प्रबन्धकों बल्कि लोगों की आँखे भी खुल जानी चाहिए कि ऐसी भयावह त्रासदी उन्हीं वजहों से हुई जो वे पर्यावरण से छेड़खानी करते आए हैं।

अगर बारीकी से परीक्षण करें तो हम यह पाते हैं कि मुख्य ऋतुओं के आगमन के काल में सूक्ष्म परिवर्तन होते नजर आते हैं। जाड़े के मौसम में कड़ाके की ठंडक पड़ना तथा गर्मी के मौसम में भीषण गर्मी पर्यावरण वैज्ञानिकों के लिए बड़ी विचित्र बात होती जा रही है। वे ऐसा महसूस कर रहे हैं कि इन अतिरेक घटनाओं का होना आने वाले वर्षों में एक बड़े पर्यावरण उथल–पुथल का संकेत है। ऐसा होना मानव जाति व अन्य जीव–जन्तुओं, वनस्पतियों के लिए घातक बात होगी, अगर हम पर्यावरण के साथ खिलवाड़ करना बन्द नहीं करते। जब तक लोग खुद–ब–खुद इस पक्के संकल्प के साथ आगे नहीं आते कि किसी भी कीमत पर पर्यावरण संरक्षण सुनिश्चित करना है, तमाम विधायी प्राविधान हमारी मदद नहीं कर पायेंगे। आइए! हम पर्यावरण के साथ न्याय करें तब ही जाकर हम यह सोच सकते हैं कि पर्यावरण भी हमारे साथ न्याय कर पाएगा।

"सर्वशक्तिमान निश्चित रूप से हमारी विनतियों को सुनेंगे लेकिन शर्त यह होगी कि क्या हमने भी अपने आप को पर्यावरण की बात सुनते रहने के लिए तैयार कर लिया है? अगर हम

पर्यावरण के संरक्षण के लिए पर्यावरण की पुकार को अनसुनी कर देंगे तो माफ कीजिएगा! सर्वशक्तिमान हमारी किसी भी विनती को सुनने के लिए तैयार नहीं होंगे। फिर ऐसी दशा में हमें अपने अप्राकृतिक एवम पर्यावरण के विरूद्ध क्रियाकलापों का खामियाजा भुगतने के लिए तैयार रहना चाहिए। प्रकृति से खिलवाड़ करते रहना पूरी तरह से अप्राकृतिक है।"

87
लगना भी कि न्याय हुआ?

न्याय को परिभाषित करना बड़ा सहज है। न्याय प्रदान करने के लिए किसी व्यक्ति को किसी शैक्षणिक योग्यता की आवश्यकता नहीं होती। न्याय का बड़ा ही सीधा सा अर्थ है कि दी गयी परिस्थितियों में जो भी बात न्यायसंगत, उचित लगती हो तथा युक्तियुक्त प्रतीत होती हो। जो भी निर्णय लिया जाना व किया जाना ठीक हो तथा विधि द्वारा प्रतिबन्धित न हो। साधारण व्यक्ति के दृष्टिकोण से भी न्याय होना बड़ा ही संवादयुक्त तथा आसानी से समझ में आने वाला होता है। सुनवाई का अवसर उपलब्ध कराया जाना न्याय प्रशासन का एक नैसर्गिक मापदण्ड होता है। एक ऐसा सतर्क दिमाग जो सम्पूर्ण रूप से निष्पक्ष है, जिसकी आँखे बन्द हैं तथा कान खुले हुए हैं, न्याय करने के श्रोत स्वरूप होगा, ऐसी शर्त होनी चाहिए। कोई अपनी आँखे कब तक मूंद कर रखने की स्थिति में होगा, यह कह पाना बड़ा ही दुष्कर कार्य है? बड़ा सवाल यह है कि एक अनवरत सतर्क दिमाग कोई कैसे सुनिश्चित कर पायेगा? वह भी पूरी तरह से निष्पक्ष रहते हुए? इस बड़े सवाल का बड़ा सहज सा जवाब है कि ऐसे अनवरत सतर्क दिमाग वाले लोग बड़े दुर्लभ ही होते हैं। तब तो हमें यह तथ्य स्वीकार कर लेना चाहिए कि न्याय हो पाना भी बडा दुर्लभ ही हुआ। अन्यथा यह बात लोकोक्ति के रूप में प्रचलित न हो जाती कि 'न्याय सिर्फ होना ही नहीं चाहिए बल्कि लोगों को लगना भी चाहिए कि न्याय हुआ'। लोग बड़े ही निष्पक्ष दिमाग से न्यायालयों द्वारा दिये गए निर्णयों का अनुमापन कर लेते हैं। वे उन प्रक्रियात्मक तकनीकियों को नहीं समझते जिनसे न्यायालयों को लगातार मामलों की सुनवाई के दौरान जूझना पड़ता है। वे यह समझते हैं कि प्रक्रियात्मक जटिलताओं को समझने की जरूरत क्या है? वे तो वह निर्णय देखते हैं जो कि सम्पूर्ण कष्टसाध्य विधिक प्रक्रिया का अंतिम परिणाम होता है। वह विधिक प्रक्रिया जो दशकों चलती रही सिर्फ यह जानने के लिए कि न्याय तो नहीं किया जा सका अलबत्ता निर्णय तो आखीर में दे ही दिया गया।

आज का सबसे ज्वलन्त प्रश्न यह हुआ कि कानून की प्रक्रियात्मक जटिलताओं के कारण न्याय को भुगतने क्यों दिया जाए? क्या हम

प्रक्रियाओं को इतना सरल सहज नहीं बना सकते, जितना सहज न्याय का होना अपने आप में है? यह ही वे कारण हैं जिनकी वजह से आजकल कहावत के रूप में प्रचलित हो गया है कि न्यायालयों में तो निर्णय दिए जाएंगे लेकिन न्याय कब दिए जाएंगे? यह स्वीकार तो किया जाना चाहिए कि कानून की प्रक्रियात्मक जटिलताओं ने मुकदमेबाजों के लिए प्रक्रिया का दुरूपयोग कर घपले की गुंजाइश बना दी है। अगर ईमानदारी से कहा जाए तो भारत की विधिक व्यवस्था में ऐसे घपले होना कोई अनजानी बात नहीं है। जब इस तरह के प्रक्रियात्मक दुरूपयोग व्यवस्था में अपनी घुसपैठ कर लें और वह भी जब व्यवस्था को इसकी पूरी जानकारी हो तब आप यह समझ सकते हैं कि व्यवस्था के लिए इन्हें दूर कर पाना व्यवहारिक रूप से कितना कठिन होगा? एक बार व्यवस्था में गड़बड़ियों ने प्रवेश किया तो न्याय तो गया। इस बात का अन्दाजा तो एक साधारण व्यक्ति भी लगा सकता है जिसके लिए किसी खास शैक्षणिक योग्यता की आवश्यकता नहीं होती। व्यवस्था बड़े ही भारी हृदय से आकर 'निर्णय' देने के रूप में 'न्याय' कर देती है सिर्फ यह जानने के लिए कि प्रचलित परिस्थितियों में जो 'न्याय' किया गया है वह कभी 'न्याय' के रूप में होना प्रतीत नहीं होगा। यह 'न्याय' अब न्यायालयों के अभिलेखों का हिस्सा बनकर फाइलों में शांत पड़ा रहेगा। प्रक्रिया अब जो आगे बढ़नी है वह मुकदमेबाजों को अपीलीय न्यायालयों की तरफ ले जाएगी। अभी भी कम से कम न्यायालयों में अपील के दो चरण पक्षकारों की प्रतीक्षा करते नजर आएंगे, बशर्ते कि वे वास्तविक न्याय की तलाश में हों। बहुत से पक्षकारों के लिए यह कभी न खत्म होने वाला सिलसिला सिद्ध होता है। इसी बीच वे परलोक सिधार जाते हैं। फिर एक अन्य कहावत निकल कर सामने आती है कि अंतिम न्याय तो भगवान के पास ही मिलेगा।

अब समय आ गया है कि व्यवस्था की फिक्र करने वाले, वर्तमान न्याय प्रदायी व्यवस्था के बारे में गम्भीरता से विचार करें जिससे कि यह सुनिश्चित हो कि 'न्याय' होना प्रतीत हो सके। हम इस तथ्य से मना नहीं कर सकते कि हमारी जो न्याय प्रदायी व्यवस्था है वह पूरी तरह से अंग्रेजों से उधार ली गयी व्यवस्था पर ही निर्भर है। वे ब्रिटिश संसद में कानून बनाकर हम भारतीयों पर लागू करते थे जिससे कि वे भारत पर अपने

शासन की मजबूत पकड़ बनाए रख सकें। यह कहने की आवश्यकता नहीं है कि उन्होंने जो विधिक प्रणाली भारत में लागू की वह शासकों के हितों के संरक्षण के लिए थी न कि उनके लिए जिन पर वे शासन करते थे। हमने बिना किसी झिझक के बाद में उन कानूनों को अंगीकार कर लिया। ब्रितानियों ने भारत में प्रक्रियात्मक रूप से जटिल कानून इसलिए लागू किए जिससे कि बिना किसी अधिक विरोध के वे भारत पर शासन करते रहें और शासित भारतीयों को विधिक जटिलताओं में उलझा कर अदालतों में लड़ाते रखें। अगर ब्रिटेन अपने देश में अपने नागरिकों को बिना किसी लिखित संविधान के संवैधानिक न्याय प्रदान कर सकता है तो फिर भारत के लिए यह उधार ली गई प्रक्रियात्मक जटिलताएं आखिर क्यों? हम न्याय करने के ऐसे प्रयास कर तो सकते हैं जिससे लगे कि न्याय किया गया। हमें जरूरत है हमारे अपने स्थानीय विधिक तन्त्र को विकसित करने की, जिससे कि न्याय हुआ ऐसा लोगों को भी लगे। क्योंकि लोग न्याय प्रदायन की प्रक्रियात्मक जटिलताओं की तकनीकी समझ भले ही न रखते हों लेकिन इतनी नैसर्गिक परख तो रखते हैं जो उन्हें बताए कि न्याय तो हुआ।

"हम इस तथ्य से मना नहीं कर सकते कि हमारी जो न्याय प्रदायी व्यवस्था है वह पूरी तरह से अंग्रेजों से उधार ली गयी व्यवस्था पर ही निर्भर है। वे ब्रिटिश संसद में कानून बनाकर हम भारतीयों पर लागू करते थे जिससे कि वे भारत पर अपने शासन की मजबूत पकड़ बनाए रख सकें। यह कहने की आवश्यकता नहीं है कि उन्होंने जो विधिक प्रणाली भारत में लागू की वह शासकों के हितों के संरक्षण के लिए थी न कि उनके लिए जिन पर वे शासन करते थे। हमने बिना किसी झिझक के बाद में उन कानूनों को अंगीकार कर लिया। ब्रितानियों ने भारत में प्रक्रियात्मक रूप से जटिल कानून इसलिए लागू किए जिससे कि बिना किसी अधिक विरोध के वे भारत पर शासन करें और शासित भारतीयों को विधिक जटिलताओं में उलझा कर अदालतों में लड़ाते रखें।"

88
कृषि अर्थशास्त्र

कृषि के अर्थशास्त्र से हमारा तात्पर्य यह है कि कृषि आधारित व्यवसायों को भारतवर्ष की बहुसंख्य जनता द्वारा जीवनयापन का साधन बनाया जाना। भारत एक कृषि प्रधान देश है। एक अर्थशास्त्री के नजरिए से अर्थशास्त्र की परिभाषा दे सकने की स्थिति में तो नहीं हूँ लेकिन साधारण बोलचाल की भाषा में इतनी बात तो जरूर समझ में आती है जहाँ समाज का प्रत्येक व्यक्ति अपने जीवनयापन की दृष्टि से कम से कम इतनी आय तो अर्जित कर लेने की स्थिति में हो कि वह दिनप्रतिदिन की न्यूनतम आवश्यकताओं की प्रतिपूर्ति हेतु उसकी क्रय क्षमता हो और साथ ही साथ भविष्य की व अन्य आवश्यकताओं की प्रतिपूर्ति हेतु वह अपनी उक्त आमदनी में से आवश्यक बचत कर सकने की स्थिति में भी हो।

भारतवर्ष में अधिकृत आंकड़ों के मुताबिक लगभग 70 प्रतिशत से 75 प्रतिशत की आबादी की आमदनी विशुद्ध रूप से कृषि अथवा कृषि आधारित व्यवसायों पर निर्भर है। इस 70 प्रतिशत से 75 प्रतिशत की आबादी के लोग सारे वैसे नहीं हैं जिनके पास उनकी कृषि योग्य भूमि हो जिस पर वे खेती करते हों और कृषि उत्पादों का विक्रय करते हों। अगर ऐसी बात होती तो इससे बेहतर कुछ नहीं होता और मात्र कृषि आधारित अर्थशास्त्र के आधार पर ही भारत राष्ट्र के कृषकों की सम्पन्नता नजर आती। जमींदारी व्यवस्था के उन्मूलन के कानून तो हमने बनाए पर न तो हम उन कानूनों को ईमानदारी से लागू करा पाए और न ही अपने भूमिहीन वर्ग के लोगों को उनके जीवनयापन की आवश्यकता के अनुरूप उन्हें कृषि योग्य भूमि ही दिला पाए। जमींदारी व्यवस्था के उन्मूलन का उद्देश्य ही यही रहा कि जिनके पास गैरअनुपातिक मात्रा में कृषि योग्य भूमि है उन पर सीलिंग लगाकर अतिरिक्त भूमि जरूरतमंद भूमिहीनों के नाम की जाए। क्या हम ऐसा कर पाए? अगर हम ऐसा नहीं कर पाए तो कृषि आधारित अर्थशास्त्र का लाभ केवल मुट्ठी भर जमींदारों तक ही सिमट कर रह गया और भूमिहीन आज भी ऐसे जमींदारों के खेतों में मजदूरी

करते ही रह गए, शोषित होते रहे।

हम कृषि आधारित अर्थशास्त्र के अनुरूप कृषि उत्पादों के क्षेत्र में सम्पन्न होते जाने की बात करते हैं। आत्मनिर्भर हो जाने की बात भी करते हैं। कृषि उत्पाद अन्य राष्ट्रों को निर्यात करने की स्थिति में भी होते हैं परन्तु अपने ही देश के बहुसंख्य संसाधनहीन वर्गों की जरूरतें पूरी कर पाने की स्थिति में नहीं होते। कृषि उत्पादकता बहुत कुछ प्रकृति के संरक्षण पर निर्भर करती है। वर्षा का समय से न होना या फिर सूखा पड़ जाना कृषि की उत्पादकता को नष्ट करता है। अतिवृष्टि हो जाए तो अच्छी खड़ी फसल भी चौपट हो जाती है, शीत ऋतु में पाला फसलों को बरबाद करता है। बाढ़ग्रस्त इलाकों में व्यवस्था के प्रबन्ध पर्याप्त नहीं होते हैं। आधुनिक तकनीकी जगत में भी हम बाढ़ को रोकने के प्रभावी तरीके नहीं खोज पाए हैं जिससे बाढ़ की आपदा से हमें स्थायी रूप से मुक्ति नहीं मिल पायी है। प्राकृतिक प्रास्थितियाँ कृषि तन्त्र के नियन्त्रण के परे होती हैं, ऐसी बात नहीं है। हम तात्कालिक आपदा प्रबन्धन की बात करते नजर तो आते हैं लेकिन तब तक काफी क्षति हो चुकी होती है, फसलें नष्ट हो चुकती हैं तथा किसान को नुकसान उठाना पड़ता है। आपदा के स्थिर होते ही हमारा आपदा प्रबन्धन विश्राम की अवस्था में आ जाता है जैसे कि अब अगली आपदा की प्रतीक्षा में हो। लेकिन प्रतीक्षा भी अगर सतर्क होती तो सम्भवतः हम आपदा से निपट भी लेते लेकिन हमारा 'प्रबन्धन' जब शुरू होता है तब तक 'आपदा' विनाश कर के निकल चुकी होती है।

इन प्राकृतिक अनिश्चितताओं के साए तले बड़े किसान शायद अपनी लागत निकाल भी लेते हों लेकिन छोटे और मझोले किसान तो यही कहते सुने जाते हैं कि खेती तो अब एक ऐसा व्यवसाय बन कर रह गया है जहाँ किसान को अपनी लागत निकाल पाना भी बड़ी मुश्किल बात हो जाती है। ऐसे में तो यह विस्मयकारी बात नहीं होनी चाहिए कि किसान मुनाफे की अनिश्चितता के कारण खेती से विमुख होते जाएं। इसकी परिणति हमें शहरीकरण के रूप में नजर भी आने लगी है या फिर हमारे किसान आत्महत्या करते नजर आयें। कृषि अर्थशास्त्र में मध्यस्थों की सक्रियता हमारे कृषि प्रबन्धन व्यवस्था की विफलता का द्योतक है। कृषि उत्पादों के

सरकारी क्रय केन्द्र निष्क्रिय बने रहते हैं वही मध्यस्थ अति सक्रिय। छोटे तथा मझोले किसानों के पास सरकारी क्रय केन्द्रों तक अपना अनाज पहुँचाने का कोई साधन नहीं होता जबकि ये बिचौलिए उन्हें यह सुविधा उनके दरवाजे तक उपलब्ध करा देते हैं। नहीं समझ में आता कि सरकारी तन्त्र अधिक सुविधा सम्पन्न होने की स्थिति में होते हैं या फिर ये बिचौलिए? लेकिन सच्चाई तो यही सामने आती है। कृषि अर्थशास्त्र के मूल में जो बात निकल कर आती है वह यह है कि किसानों की गाढ़ी कमाई का एक मोटा भाग बिचौलिए ले जाते हैं जबकि कृषि कार्य से उनका दूर–दूर तक कोई लेना–देना नहीं होता। यह एक बड़ी ही अनुचित तथा अटपटी सी बात है। कृषि बाजार में बिचौलियों के सक्रिय उपस्थिति की जानकारी कृषि प्रबन्धन व्यवस्था को न हो ऐसी बात नहीं लेकिन उनके सामने सरकारी तन्त्र का असहाय हो जाना किसानों के आर्थिक हितों के विरूद्ध है। बड़ी ही नैसर्गिक सी बात है कि किसानों को उनके मेहनत की वाजिब कीमत मिले। बिचौलिओं की समानान्तर व्यवस्था सरकारी प्रबन्धन के लिए अच्छा संकेत नहीं होती। ऐसे में ही अव्यवस्था अपनी पैठ बना लेती है और अन्याय के अवसर उत्पन्न होते हैं।

"कृषि उत्पादों के सरकारी क्रय केन्द्र निष्क्रिय बने रहते हैं वही मध्यस्थ अति सक्रिय। छोटे तथा मझोले किसानों के पास सरकारी क्रय केन्द्रों तक अपना अनाज पहुँचाने का कोई साधन नहीं होता जबकि ये बिचौलिए उन्हें यह सुविधा उनके दरवाजे तक उपलब्ध करा देते हैं। नहीं समझ में आता कि सरकारी तन्त्र अधिक सुविधा सम्पन्न होने की स्थिति में होते हैं या फिर ये बिचौलिए?"

89

अपराध का समाजशास्त्र

व्यक्ति के अन्दर अपराधिक व्यवहार के लिए समाज का दायित्व बनता है। व्यक्ति अपराधिक व्यवहार समाज में रहकर ही सीखता है। प्रसिद्ध अमेरिकी अपराध शास्त्री एडविन सद्रलैण्ड ने अपराधिक व्यवहार पर शोध कर के यह बताया कि व्यक्ति के अन्दर अपराधिक व्यवहार को समझने के लिए हमें कहीं अन्यत्र जाने की जरूरत नहीं है। बल्कि हम इन कारकों की तलाश अपने इर्द गिर्द ही करें तो हमें वे तमाम अपराधजनक कारक समाज में पहले से ही मौजूद मिल जाएंगे। सद्रलैण्ड के अनुसार ऐसा अपराधिक अन्तरंग समूहों के विभेद साहचर्य के कारण होता है जिससे व्यक्ति अपराधिक व्यवहार सीख लेता है। ऐसे व्यक्ति जिनकी अपराधिक प्रवृत्ति होती है वे बड़ी आसानी से अपराधिक समूहों के सम्पर्क में आ जाते हैं। कोई व्यक्ति जन्म से ही अपराधिक प्रवृत्ति विकसित नहीं कर लेता। वह कुछ ऐसी सामाजिक परिस्थितियों का शिकार बन जाता है जो उसके नियन्त्रण में नहीं होतीं और वह अपराध कर बैठता है। ऐसे अपराधियों को परिस्थितिजन्य अपराधी कहा जाता है। अगर समाज में अपराधजनक हालात मौजूद हैं तो उसके लिए उन्हें दोष नहीं दिया जाना चाहिए। समाज की अपराधजन्य परिस्थितियाँ वे होती हैं जिनकी वजह से समाज में अपराध घटित होते हैं। यह सदैव ही एक सुसंगत बात होगी कि अगर समाज इस बात के प्रयास करे कि समाज में अपराधजन्य कारकों को घटा कर न्यूनतम कर दिया जाए तो हम उस स्थिति में होंगे कि समाज में अपराध की दर को कम कर सकें। यह एक बड़ा ही सर्वसम्मत निष्कर्ष है कि अगर समाज में अपराधजन्य परिस्थितियाँ मौजूद न हों तो फिर समाज में अपराध हों ही न। क्योंकि ऐसा अपराधजन्य कारकों की मौजूदगी की वजह से ही था कि लोग उन परिस्थितियों की चपेट में आकर अपराध करने को विवश हुए।

समाज में उचित शिक्षा का अभाव एक अत्यन्त महत्वपूर्ण कारक है जो कि समाज में बढ़ते अपराधों की एक वजह हो सकता है। एक व्यक्ति

जिसको समाज द्वारा उचित शिक्षा दी गयी है उसके रोजाना के व्यक्तिगत व्यवहार में उसकी उचित शिक्षा के सकारात्मक पक्ष परिलक्षित होंगे। किसी व्यक्ति का अपराधिक व्यवहार उसके मस्तिष्क की नकारात्मक सोच का परिचायक है क्योंकि उसे समाज में उचित शिक्षा का अभाव रहा। वह अपने आपको तार्किक रूप से इस स्थिति में नहीं पाता किवह इस बात में विभेद कर सके कि कौन सी बात उसके लिए अच्छी होगी अथवा कौन सी बात उसके लिए बुरी होगी। एक बार जब अपराधिक प्रवृत्ति व्यक्ति के मस्तिष्क को अपनी गिरफ्त में ले लेती है तो उसकी तार्किक क्षमता विनष्ट हो जाती है। अपराधिकता में अपराधिक विधियों को तोड़ने का एक किस्म का प्रलोभन होता है क्योंकि इससे कहीं न कहीं समाज के लोगों में शक्ति सत्ता का यह प्रदर्शन उन्हें प्रत्यावर्तित अपराधी बना देता है फिर बार–बार अपराध करना उनकी आदत बन जाती है। इसी में उन्हें फिर अपनी सामाजिक प्रतिष्ठा का बोध भी होने लगता है।

यहाँ तक कि उचित शिक्षा भी बेरोजगारी को कम करने में कोई मदद नहीं कर पाती। शोध अध्ययनों से यह बात निकल कर सामने आयी है कि हमारे युवकों में भारी पैमाने पर बेरोजगारी एक महत्वपूर्ण अपराधजनक कारक के रूप में सिद्ध हुई है। हमारी सामाजिक, आर्थिक व्यवस्था रोजगार के पर्याप्त अवसर पैदा कर पाने में असफल रही है जिसकी वजह से बड़ी संख्या में युवक आर्थिक अपराधों की तरफ आकर्षित हो जाते हैं जिससे किवे अपनी आर्थिक जरूरतों की पूर्ति कर सकें। अब बड़ा प्रश्न यह उठता है कि आखिर अपने अपराधिक व्यवहार के लिए ऐसे युवक किस सीमा तक जिम्मेदार हैं जहाँ यह समाज उनके लिए उचित काम उपलबध कराने की व्यवस्था कर पाने में नाकाम रहता है?ऐसे युवक जो संवेदनशील हैं, जब अपराधिक समूहों के सम्पर्क में आते हैं, कहने की आवश्यकता नहीं है कि अपराध की दुनियाँ के ग्लैमर से अपने आप को वे बचा नहीं पाते और आसानी से उस तरफ आकर्षित हो जाते हैं। अपराधियों की अपनी एक अलग दुनियाँ होती है जिसका वे आनन्द उठाते हैं। यह हमारे व्यवस्था प्रबन्धकों के लिए बड़ी ही असफलता की बात सिद्ध होती है किवे अपराधिक सामाजिकता को फलने–फूलने देते हैं। यही कारण है कि

समाज के वर्गों में अपराधों की कुछ ऐसी श्रेणियाँ जिन्हें अपराधी अपने व्यवसाय के रूप में अपना लेते हैं और इसे समाज के सदस्यों में वे अपनी सामाजिक प्रतिष्ठा से जोड़कर देखते हैं। एक बार जब इन अपराधिक गैंगो की कानून लागू करने वाली संस्थाओं से सांठगांठ बन जाती है तब इनके लिए अपराधिक सामाजिकता और भी आसान बात बन जाती है।

"हमारी सामाजिक, आर्थिक व्यवस्था रोजगार के पर्याप्त अवसर पैदा कर पाने में असफल रही है जिसकी वजह से बड़ी संख्या में युवक आर्थिक अपराधों की तरफ आकर्षित हो जाते हैं जिससे कि वे अपनी आर्थिक जरूरतों की पूर्ति कर सकें। अब बड़ा प्रश्न यह उठता है कि आखिर अपने अपराधिक व्यवहार के लिए ऐसे युवक किस सीमा तक जिम्मेदार हैं जहाँ यह समाज उनके लिए उचित काम उपलबध कराने की व्यवस्था कर पाने में नाकाम रहता है?"

90
उपभोक्ता के कानून

मिलावटी खाद्य पदार्थों की बाजार में बिना किसी भय के बिक्री एक सामान्य सी बात हो गयी है। चिन्ता का विषय यह है कि लोगों के पास कोई विकल्प नहीं है सिवाए इसके कि जानते हुए भी वे ऐसे मिलावटी खाद्य पदार्थों का उपभोग करते रहें और मृत्यु के निकट पहुँचते जाएं। दार्शनिक होते लोग हालातों की विवशता पर ऐसा कहते सुने जाते हैं, एक न एक दिन तो मरना ही है। ऐसा कौन सा अमर होकर आए हैं? दूसरा और रास्ता क्या है? ऐसे विक्रेताओं के मन में कानून का कोई खौफ नहीं है और व्यवस्था बिल्कुल लाचार सी पड़ी है। विस्मय होता है यह सब देखकर और तकलीफ भी।

मिलावटी खाद्य पदार्थ वे हैं जिनकी गुणवत्ता तथा उनकी पोषण क्षमता को मिलावट के द्वारा प्रतिकूल रूप से नष्ट कर दिया जाता है। ऐसा खाद्य पदार्थों के निर्माताओं तथा विक्रेताओं द्वारा विधि विरूद्ध तरीके से नाजायज लाभ कमाने के बेईमानीपूर्ण आशय से किया जाता है। अमुक खाद्य पदार्थों की बिक्री के नाम पर बाजार भाव के मुताबिक विक्रेता उपभोक्ता से उसकी पूरी कीमत वसूलेंगे लेकिन उक्त खाद्य पदार्थ की गुणवत्ता अशुद्धि के कारण निम्नतर होगी और यहाँ तक कि स्वास्थ्य के लिए हानिकारक भी होगी। कानून की किताबों में एक बड़ा अटपटा सा कानून है 'क्रेता सावधान'। मानो विक्रेता को बाजार में कुछ भी बेचने की छूट है। अब यह क्रेता का सिरदर्द है कि वह सावधानी बरते और यह देखे कि अमुक वस्तु उसे खरीदनी है अथवा नहीं। क्या हम इसका यह अर्थ निकालें कि क्रेता से कानून द्वारा ऐसी अपेक्षा की जाती है कि वह तमाम मापदण्ड लेकर बाजार में खरीददारी करने निकले। कदम—कदम पर वस्तुओं की गुणवत्ता का परीक्षण करे, परखे तथा सन्तुष्ट होने के पश्चात ही वह अमुक वस्तु खरीदे, अन्यथा उसे यह बात भी समझा दी जाएगी कि बिका हुआ माल वापस नहीं होगा। ऐसे कितने क्रेता होते होंगे बाजार में

जिनमें मिलावटी खाद्य पदार्थों की गुणवत्ता जाँच लेने की कुशल विशेषज्ञता हासिल होती है? हमारा खाद्य निरीक्षक भी मिलावटी खाद्य पदार्थों के तमाम नमूने लेने के पश्चात उनकी गुणवत्ता व अशुद्धि के रासायनिक परीक्षण हेतु उन्हें खाद्य प्रयोगशाला ही भेजता है। तब जाकर मिलावटी खाद्य पदार्थों की गुणवत्ता अथवा उनमें मिलावट की गयी अशुद्धि की प्रतिशतता का निर्धारण हो पाता है। सावधानी बरतने का भार क्रेता के ऊपर हो कानून का यह सिद्धान्त समझ में नहीं आता। समझने की कोशिश करने का मतलब अनावश्यक समय व्यर्थ करना व निरर्थक माथापच्ची में दिमाग को थका देना। बात जो सरलता से समझ में आ जाने वाली है वह यह है कि अगर उपभोक्ता ने सावधानी नहीं बरती तो भुगते। नाहक व्यवस्था को परेशान न करे। व्यवस्था ने तो पहले ही आगाह कर दिया था कि क्रेता सावधान!

आज के नए जमाने में आदमी विचित्र-विचित्र किस्म के शारीरिक व मानसिक रोगों से मरता है। चिकित्सा विज्ञान भी ऐसे नवीन रोगों से बहुधा अनभिज्ञ ही रहता है। चिकित्सक भी बस लक्षणों पर इलाज करते रहते हैं रोग की जड़ तक नहीं पहुँच पाते और व्यक्ति चल बसता है। जब हर तरफ खाद्य पदार्थों में मिलावट ही हो, कहीं थोड़ा कम, कहीं थोड़ा अधिक, तो उपभोक्ता के समक्ष ये ही दो विकल्प हैं। इन्हीं में से कोई एक विकल्प चुन लेने की उसकी विवशता है। कहने का मतलब मिलावट तय है उसे खरीदनी है। यहाँ तक कि कुदरती फल एवम सब्जियाँ भी मिलावट से सुरक्षित नहीं हैं। बाजार में जो माल उपलब्ध है उपभोक्ता वह ही खरीदने के लिए तथा उपभोग करने के लिए बाध्य है। मिलावटी खाद्य पदार्थों ने उपभोक्ताओं में नई-नई शारीरिक तथा मानसिक व्याधियों को जन्म दिया है। आपने आजकल दवा की दुकानों पर सुबह से शाम तक कभी न खत्म होने वाली लोगों की भीड़ जरूर देखी होगी। आदमी खत्म होते जाते हैं लेकिन भीड़ बढ़ती जाती है। चौंकिएगा मत!!! बाजार में दवा की दुकानों पर भी मिलावटी दवाएं बहुतायत में उपलब्ध है। आप जाएंगे कहाँ? विकल्प क्या हैं आपके पास? या तो फिर जीवन! या फिर मौत! उपभोक्ताओं के जीवन से लेकर मरने तक मिलावट से मुक्ति नहीं मिलने वाली।आखिर निष्कर्ष तो यही निकला और कोई व्यक्ति यह दावा भी नहीं

कर सकता कि वह तो उपभोक्ता नहीं है, इसलिए वह तो सुरक्षित है।

मिलावटी खाद्य पदार्थों की बिक्री की स्थिति बड़ी ही भयावह होती जा रही है और बड़ी ही अन्यायपूर्ण भी। आप बाजार से कीमत अदा करके अपनी मौत खरीदेंगे। मिलावटी खाद्य पदार्थ मीठे जहर तमाम हैं। आपके शरीर और दिमाग पर अशुद्धि के विष का धीरे–धीरे प्रभाव बनाएंगे। आप मिलावटी खाद्य पदार्थ खाकर आमतौर पर अचानक ही तो नहीं मरेंगे। लेकिन अशुद्धि के कारण आपका शरीर अन्दरूनी रूप से रूग्णता का शिकार होता जायेगा। आपके मस्तिष्क की तन्त्रिका कोशिकांए कमजोर होती जाएंगी। आपके शरीर में जीवन तो होगा लेकिन आपका शरीर स्वस्थ नहीं होगा। आपके मस्तिष्क में हलचल तो होती रहेगी लेकिन आप मानसिक रूप से मजबूत नहीं महसूस करेंगे। चिकित्सक आपकी रूग्णता का इलाज तो करेगा लेकिन उपभोक्ता बाजार में मिलावटी खाद्य पदार्थोंतथा नकली दवाओं की बिक्री बन्द करवा पाने में आपकी कोई मदद नहीं कर पाएगा।आप शारीरिक तथा मानसिक रूप से बीमार पड़ते रहेंगे। क्या जाने कब किस मिलावटी अशुद्धि से आपको अन्य किसी प्रकार का रोग हो जाए? चिकित्सक अभी एक इलाज तो कर ही रहा था कि आपने अब उसको एक नयी परेशानी बता दी। यह बड़ी सामान्य सी बात होती जा रही है आजकल। बड़ा गम्भीर और चिन्ताजनक परिवर्तन देखा जा रहा है। ये परिवर्तन मानवीय स्वास्थ्य के लिए अत्यन्त खतरनाक हैं। चिकित्सक अब यह सलाह देने के लिए बाध्य होते जा रहे हैं कि अमुक इलाज तो अब ताउम्र चलेगा, अमुक दवा तो अब जीवनभर खानी पड़ेगी। इधर विगत वर्षों में व्यक्तियों की दवाओं पर निर्भरता की प्रतिशतता में बहुत तेजी से वृद्धि हुई है। भले ही हम इस बात का दावा भी करते रहते हों कि व्यक्तियों की औसत आयु बढ़ी है। निसन्देह ऐसा चिकित्सा विज्ञान के सतत् शोधों के कारण सम्भव हो सका है। लेकिन जीवन में दवाओं पर अत्याधिक निर्भरता भी कोई अच्छे संकेत तो नहीं देती जहाँ तक मानव स्वास्थ्य का प्रश्न है।

विधिक व्यवस्था के अर्न्तगत मिलावटी खाद्य पदार्थों सम्बन्धी बिक्री कठोर अपराधिक दायित्व की श्रेणी में रखी गयी है जहाँ विक्रेता का ऐसे अपराध के करने का आशय होना सिद्ध करना विधि की आवश्यकता नहीं

है। अफसोस यह है कि मिलावटी खाद्य पदार्थों की खुलेआम होती बिक्री ने हमारी बाजार व्यवस्था पर मजबूत पकड़ बना रखी है। हमारी प्रशासनिक तथा विधिक संस्थाएं कमजोर नजर आती हैं। हमें सामूहिक रूप से आगे आना होगा तथा इस बात के ठोस कारण देखने होंगे तथा ऐसे उपाय तलाशने होंगे कि उपभोक्ताओं को कीमत के बदले में गुणवत्ता मिले, न कि मीठा जहर। यह चेतावनी होगी कि इन उपरोक्त वर्णित हालातों में अगर समाज बीमार होता जाएगा, तो खोखला होता जाएगा और अन्ततः कमजोर होता जाएगा। हमें अपने राष्ट्र को कमजोर होने से बचाना है, राष्ट्र के प्रति न्याय करना है।

"ऐसे कितने क्रेता होते होंगे बाजार में जिनमे मिलावटी खाद्य पदार्थो की गुणवत्ता जाँच लेने की कुशल विशेषज्ञता हासिल होती है। हमारा खाद्य निरीक्षक भी मिलावटी खाद्य पदार्थों के तमाम नमूने लेने के पश्चात उनकी गुणवत्ता व अशुद्धि के रासायनिक परीक्षण हेतु उन्हें खाद्य प्रयोगशाला ही भेजता है तब जाकर मिलावटी खाद्य पदार्थों की गुणवत्ता अथवा उनमें मिलावट की गयी अशुद्धि की प्रतिशतता का निर्धारण हो पाता है। सावधानी बरतने का भार क्रेता के ऊपर हो कानून का यह सिद्धान्त समझ में नहीं आता।"

91
दण्ड की भयावहता

अपराध न्याय व्यवस्था के अर्न्तगत दाण्डिक व्यवस्था ही मात्र एक ऐसा तरीका है जिसकी मदद से अपराधियों को अपराध कारित करने के विरूद्ध भय पैदा किया जा सकता है। दण्ड के जो विभिन्न सिद्धान्त हैं सबका अंतिम निष्कर्ष यह ही है कि अपराधियों को दण्डित किया जाना चाहिए। इस बारे में कोई दो राय नहीं है। लेकिन दण्ड दिए जाने के पीछे जो उद्देश्य है वह अलग–अलग हो सकता है। दण्डित किए जाने तथा इसका एक प्रकार का भय अपराधी के मस्तिष्क में उत्पन्न करना ही दाण्डिक व्यवस्था का मुख्य मकसद है। ऐसा न सिर्फ अपराधियों के लिए, बल्कि व्यापक तौर पर लोगों के लिए भी, यह एक प्रकार से भय उत्पन्न करने वाला संदेश होता है जिसका अपराधियों के अपराधिक व्यवहार पर एक निरोधात्मक प्रभाव पड़ता है। यदि हम कानून की किताबों में स्वीकृत विभिन्न प्रकार के दण्ड के तरीकों का परीक्षण करें तो हम पाएंगे कि दण्ड के इन विभिन्न तरीकों पर किसी न किसी रूप में दण्ड के प्रतिरोधात्मक सिद्धान्त का प्रभाव दिखायी पड़ता है तथा इनमें दण्ड के सैद्धान्तिक पक्षों का भी प्रतिनिधित्व मिलता है। लेकिन यह अपराध न्याय प्रशासकों के लिए गम्भीर चिन्ता की बात हो जाती है जब ऐसा देखा जाता है कि इनतमाम दण्डों के बावजूद इनका कोई निरोधात्मक असर होता दिखायी नहीं पड़ता। अपराधिक गतिविधियाँ अबाध तरीके से घटित होती रहती हैं तथा व्यवस्था समाज में अपराधों को घटित होने से रोक पाने में नाकाम रहती है। अपराधों की दर में होती वृद्धि तथा अपराधियों द्वारा रोज–ब–रोज बिना किसी भय के अपराधों के तरीके निकालना इस तथ्य की ओर संकेत करता है कि अपराधियों के मस्तिष्क से दण्ड के भय का प्रभाव खत्म होता जा रहा है।

व्यवस्था के लिए चिन्ता का प्रश्न यह होना चाहिए कि आखिर ऐसा कौन सा उपाय किया जाए कि अपराधियों को अपराध करने के विरूद्ध

डराया जा सके, हतोत्साहित किया जा सके? समाज की कानून व्यवस्था बनाए रखने की परिस्थितियों का क्या होगा जब एक बार अपराधियों के दिमाग से दण्ड का भय खत्म ही हो जाएगा? व्यवस्था अपराधियों को कोई ऐसा अन्य दण्ड दे नहीं सकती जो दाण्डिक कानूनों में उपबन्धित दण्ड के तरीकों के अलावा हो। अगर दाण्डिक कानूनों में उपबन्धित दण्ड के तरीके अपना मकसद हासिल करने में असफल रहे तब फिर अपराध न्याय प्रशासकों के लिए अब वह कौन सा विकल्प बचेगा जिससे किवे ऐसे हालातों में कठोरता से पेश आ सकें? दण्ड की भयावहता का अर्थ फिर क्या हुआ? अपराधिक विधिशास्त्र के अर्न्तगत दण्ड की प्रकृति मुख्य रूप से शारीरिक होती है। किसी एक अपराधी द्वारा किए गए अपराध की बढ़ती गम्भीरता के अनुरूप दण्ड की मात्रा भी बढ़ती जाती है। क्या दण्ड की भयावहता शारीरिक अधिक हो अथवा मनोवैज्ञानिक? दाण्डिक कानून इस बात की इजाजत नहीं देते कि किसी दोषसिद्ध मुजरिम को शारीरिक रूप से प्रताड़ित किया जाए। वह जेल की सलाखों के पीछे केवल उतनी कारावास की अवधि तक ही रखा जा सकेगा जो अदालत द्वारा निर्धारित की जाएगी तथा एक मुजरिम कैदी के रूप में उसके सारे मानवाधिकार संरक्षित रहेंगे। अगर उसे अंतिम रूप से फाँसी पर चढ़ाया जाना है, वह भी बिरले से बिरले मामलों में, तब वैसे भी मानवाधिकारों के विधिशास्त्र के बुनियादी तत्वों का कठोरता से अमल किया जाएगा। मुजरिमों के प्रति मानवाधिकारों के अमल की चिन्ता में पूरी तरह से कोई विवाद नहीं हो सकता। व्यक्ति को इस बात से पूर्ण रूप से सहमत होना चाहिए कि कानूनों के दायरे के अर्न्तगत प्रत्येक अपराधी के बुनियादी मानवाधिकार संरक्षित किए जाने हैं। परिस्थितियाँ बिगड़नी तो तब शुरू हो जाती हैं जब हम विधि की इस प्रक्रिया के पीछे की भावना का दुरूपयोग करने लग जाते हैं। हम यह भूल जाते हैं कि वह व्यक्ति जो अपराध का शिकार हुआ उसके भी कुछ बुनियादी मानवाधिकार थे। जिन्हें बड़ी निर्ममता से अपराधियों के हाथों कुचल दिया गया और तत्पश्चात व्यवस्था मूकदर्शक बनी असहाय सी नजर आयी। जो एक मात्र विकल्प बचा व्यवस्था के पास वो यह कि जितनी जल्दी हो सके अपराध के शिकार व्यक्ति के अंतिम संस्कार करवा देना। इसके पर्याप्त कारण सम्भवतः व्यवस्था की ही बेहतर

जानकारी में होंगे। यह प्रश्न हमेशा से निरूत्तर ही रहा है कि आखिर किस सीमा तक हमारी व्यवस्था अपराध के शिकार व्यक्तियों के मानवाधिकारों के प्रति लापरवाह बनी रहेगी?

अपराधियों के मस्तिष्क के सूक्ष्म अध्ययन से यह बात सामने आएगी कि दण्ड की भयावहता शारीरिक होने के बजाए मनोवैज्ञानिक अधिक होनी चाहिए। जब तक कि दण्ड की कठोरता का प्रभाव उनके मस्तिष्क पर नही पड़ता, दण्ड की भयावहता असफल ही रहेगी। हमारी अदालतों में अपराधिक मामलों के जो लम्बे विचारण चलते रहते हैं वे भी एक ऐसे महत्वपूर्ण कारक होते हैं जिनकी वजह से अपराधियों के मस्तिष्क से दण्ड की भयावहता खत्म होती जाती है। लम्बे चलते रहते विचारण कहीं न कहीं अपराधी को इस बात का आभास दिला जाते हैं कि अब उनका वकील तो उन्हें कानून के चंगुल से बचा ही लेगा। एक बार कानून के चंगुल से बच निकले तो फिर अपराधी के मन से दण्ड की भयावहता हमेशा के लिए खत्म हो जाती है। अब उसके लिए अपराध को दोहराना तुलनात्मक रूप से आसान बात हो जाती है और अन्ततः वह पेशेवर अपराधी बन जाता है। हमें इस बात की जरूरत है कि अपराधियों के त्वरित विचारण के माध्यम से दोषी पाये जाने पर उन्हें तत्काल दण्डित करवा कर ही हम उनकी अपराधिक गतिविधियों पर काबू पा सकते हैं। तभी उनके मन में दण्ड के प्रति भयावहता होपायेगी और वे अपराध करने से डरेंगे।

"हम यह भूल जाते हैं कि वह व्यक्ति जो अपराध का शिकार हुआ उसके भी कुछ बुनियादी मानवाधिकार थे। जिन्हें बड़ी निर्ममता से अपराधियों के हाथों कुचल दिया गया और तत्पश्चात व्यवस्था मूकदर्शक बनी असहाय सी नजर आयी। जो एक मात्र विकल्प बचा व्यवस्था के पास वो यह कि जितनी जल्दी हो सके अपराध के शिकार व्यक्ति के अंतिम संस्कार करवा देना। इसके पर्याप्त कारण सम्भवतः व्यवस्था की ही बेहतर जानकारी में होंगे।"

92

उचित विचारण और त्वरित न्याय

विधि के अन्तर्गत न्यायालय के मामलों में ऐसे सक्षम न्यायालय जिनका मामलों की सुनवाई का क्षेत्राधिकार बनता है, मामलों में विचारण की प्रक्रिया की विधि बतायी गई है। अपराधिक मामलों के विचारण में प्रमुखतः विधिक दृष्टिकोण से प्रक्रियात्मक विधि अत्यन्त ही महत्वपूर्ण हो जाती है। विचारण की परिभाषा के रूप में यह एक ऐसी प्रक्रिया है जिसका अनुकरण न्यायालयों द्वारा किसी अदालती मामले में उभय पक्षों को सुनवाई का अवसर प्रदान किए जाने के रूप में किया जाता है। अपराधिक मामलों में अभियोजन पक्ष को इस बात का अवसर उपलब्ध कराया जाएगा किवह इस प्रकार के साक्ष्य लाए जो अभियुक्त व्यक्ति के विरूद्ध लगाए गए आरोपों की पुष्टि में हों जिससे कि यह सिद्ध हो सके कि अमुक तथ्य अस्तित्व में था। अभियोजन पक्ष के दृष्टिकोण से किसी तथ्य के अस्तित्व में होने का अर्थ यह होता है कि यह साबित करने के साक्ष्य हैं कि अभियुक्त ने अपराध किया। अब जब अभियुक्त व्यक्ति को सुनवाई का अवसर दिया जाएगा तब वह अपने बचाव में साक्ष्य प्रस्तुत करेगा यह सिद्ध करने के लिए कि अमुक तथ्य अस्तितव में नहीं था। बचाव पक्ष के दृष्टिकोण से इसका अर्थ यह हुआ कि अभियोजन ने जो साक्ष्य प्रस्तुत किए हैं वे आधारहीन हैं तथा यह सिद्ध करने के साक्ष्य हैं कि अभियुक्त ने अपराध नहीं किया, वह बेगुनाह है।

उचित विचारण का अर्थ यह हुआ कि यह सुनिश्चित करना न्यायालय की जिम्मेदारी बन जाती है कि जो विचारण किया जा रहा हो वह सम्पूर्ण रूप से उचित व न्यायसंगत हो। विचारण प्रक्रिया को कठोरता से विधि ा के अनुकूल अमल में लाया जाना चाहिए। दुनिया की किसी भी विधिक व्यवस्था के अन्तर्गत 'जीवन का अधिकार' तथा 'जीवन की स्वतन्त्रता का अधिकार' अत्यन्त महत्वपूर्ण मूलभूत अधिकार होते हैं। अपराधिक मामलों

में विचारण के दौरान अगर अभियुक्त व्यक्ति को दोषी पाया जाता है तो उसे शारीरिक दण्ड से दण्डित किया जाएगा। उसे मृत्युदण्ड दिया जाए अथवा कारावास का दण्ड, यह अपराध की गम्भीरता पर निर्भर करेगा। जीवन का अधिकार तथा जीवन की स्वतन्त्रता के मूलभूत अधिकार के रूप में यह स्पष्ट किया गया है कि 'किसी व्यक्ति को उसके जीवन अथवा उसके जीवन की स्वतन्त्रता से विधि द्वारा स्थापित प्रक्रिया के सिवाय वंचित नहीं किया जा सकता।' अतः यदि कोई अभियुक्त व्यक्ति को मृत्युदण्ड अथवा कारावास के दण्ड से दण्डित किया जाना है तो उसे उसके जीवन तथा उसके जीवन की स्वतन्त्रता से वंचित किया जाएगा। ऐसा केवल विधि द्वारा स्थापित प्रक्रिया के अनुपालन में ही किया जा सकता है।

अभियुक्त व्यक्ति पर किसी प्रकार का शारीरिक दण्ड आरोपित करने से पूर्व न्यायालय के लिए यह आवश्यक है किवह स्वयं को इस बात से सन्तुष्ट कर ले कि उक्त मामले का विचारण सम्पूर्ण रूप से उचित पारदर्शी प्रक्रिया के अनुरूप हुआ है तथा दोनों ही पक्षों को पर्याप्त सुनवाई का अवसर दिया गया है। विचारण की प्रक्रिया प्रारम्भ होने के समय न्यायालय से यह अपेक्षा नहीं की जाती कि वह विचारण की कार्यवाही प्रारम्भ कर दे जब तक कि न्यायालय प्रथम दृष्टया इस बात से सन्तुष्ट न हो जाए कि मामला बनता है। वह भी गम्भीर मामलों में न्यायालय पुलिस, अभियोजन द्वारा दाखिल आरोप–पत्र मात्र के आधार पर ही आगे नहीं बढ़ जाएगी बल्कि न्यायालयों को अभियुक्त के विरूद्ध आरोप स्वयं विरचित करने पड़ते हैं। जब विचारण न्यायालय को ऐसा प्रतीत होता है कि आरोप–पत्र, साक्ष्यों तथा अभियोजन व बचाव पक्ष को सुनने के पश्चात प्रथम दृष्टया मामला बनता दिखायी पड़ता है। अन्यथा मामले का विचारण शुरू किए बिना पर्याप्त साक्ष्यों के अभाव में न्यायालय अभियुक्त को उन्मुक्त कर देगी। उचित विचारण के पक्ष में विधि का आशय यह ही है कि विचारण किए जाने की प्रारम्भिक अवस्था में ही यह देख लिया जाना चाहिए कि अभियुक्त को अनावश्यक रूप से परेशान न किया जाए तथा लम्बे विचारणों की कठोरता से बचा जाए। जब विचारण न्यायालय अभियुक्त के विरूद्ध आरोपों को विरचित करती है तब उसका यह दायित्व

बनता है कि न्यायालय न सिर्फ अभियुक्त को आरोप पढ़कर सुनाए बल्कि वह उसे आरोपों को स्पष्ट भी करे तथा समझाए जिससे कि न्यायालय इस बात से सन्तुष्ट हो ले कि अभियुक्त अपने विरूद्ध लगे आरोपों को उचित रूप से समझ सका जिससे कि वह उचित रूप से अपना बचाव कर सके। अभियुक्त के उन्मुक्ति की प्रक्रिया न्याय की प्रक्रिया का ही एक प्रमुख अंग है तथा त्वरित विचारण भी इसी मकसद को लेकर चला कि इसके पूर्व गवाहों की याददाश्त धुंधली पड़ने लगे न्यायिक विचारण की कार्यवाही पूर्ण कर ली जाए। विचारण की न्यायिकता तथा उचितता इस तथ्य में है कि किसी भी निर्दोष व्यक्ति को अनावश्यक विचारण की प्रक्रिया से नहीं गुजारा जाना चाहिए। विचारण प्रारम्भ करने के समय ही इस बात का निर्धारण कर लेना कि अभियुक्त का मामला उन्मुक्त होने योग्य है एक बड़ा ही कठिन न्यायिक कार्य है। किसी अभियुक्त को उन्मुक्त किए जाने तथा दोषमुक्त किए जाने में फर्क है। दोषमुक्त किए जाने की दशा में मामले में अन्तिम निर्णय गुण-दोष के आधार पर दिया गया जबकि अभियुक्त के उन्मुक्त होने की दशा में पुलिस मामले में दोबारा अन्वेषण कर सकती है, अतिरिक्त साक्ष्य एकत्र कर सकती है तथा मामले को विचारण के लिए पुनः न्यायालय में ला सकती है। लेकिन एक बार सक्षम न्यायालय द्वारा दोषमुक्त कर दिए जाने पर पुलिस मामले में दोबारा अभियोजन नहीं कर सकती।

"अभियुक्त के उन्मुक्ति की प्रक्रिया न्याय की प्रक्रिया का ही एक प्रमुख अंग है तथा त्वरित विचारण भी इसी मकसद को लेकर चला कि इसके पूर्व गवाहों की याददाश्त धुंधली पड़ने लगे न्यायिक विचारण की कार्यवाही पूर्ण कर ली जाए। विचारण की न्यायिकता तथा उचितता इस तथ्य में है कि किसी भी निर्दोष व्यक्ति को अनावश्यक विचारण की प्रक्रिया से नहीं गुजारा जाना चाहिए। विचारण प्रारम्भ करने के समय ही इस बात का निर्धारण कर लेना कि अभियुक्त का मामला उन्मुक्त होने योग्य है एक बड़ा ही कठिन न्यायिक कार्य है।"

93

पेशेवर होती आचारिकता

पेशेगत आचारिकता तथा पेशेवर होती आचारिकता में फर्क समझने की आवश्यकता है। हर पेशे की अपनी एक आचार संहिता होती है। न सिर्फ नैतिकता बल्कि वैधानिकता का भी यह ही तकाजा होता है कि अमुक व्यक्ति पेशे की आचार संहिता का अनुकरण करें। आचार संहिता के अनुपालन को विधि की नैतिकता से जोड़कर नहीं देखा जाना चाहिए। अक्सर यह प्रश्न उठाया जाता है कि आचार संहिता क्या मात्र नैतिक दायित्व की परिधि में ही आती है या फिर इसका कोई वैधानिक दायित्व भी बनता है? व्यक्ति का अमुक किस्म का आचरण होना चाहिए ऐसी उसकी नैतिक जिम्मेदारी बनती है। अगर व्यक्ति द्वारा अमुक आचरण अपने व्यवहार में नहीं लाया गया तो क्या विधि के अर्न्तगत उसे वैसा आचरण करने के लिए विवश किया जा सकता है? क्या आचरण की नैतिकता विधि के अर्न्तगत प्रवर्तनीय है? विधि के सिद्धान्तों में इस बात का उल्लेख आता है कि नैतिकता विधि द्वारा प्रवर्तनीय नहीं हो सकती। तर्क यह दिए जाते हैं कि अमुक आचरण किसी एक समाज में सर्वसम्मति से अनुकरणीय हों। हो सकता है वैसा ही आचरण किसी अन्य समाज में आपत्तिजनक समझा जाता हो। तो क्या फिर अमुक आचरण की नैतिकता व्यक्ति के न्यायिक विवेक पर छोड दी जाए? न्यायिक विवेक तो तब भी अमल में लाने पड़ते हैं जब आचारिक प्रवर्तनीयता विधि के अर्न्तगत सुनिश्चित करायी जा रही हो। उदाहरण के तौर पर स्त्री–पुरूष के मध्य 'लिव इन' सम्बन्ध, हो सकता है आचरण की नैतिकता की कसौटी पर खरे न उतरते हों, समाज ऐसे सम्बन्धों को अनैतिक मानता हो लेकिन हमारी विधिक संस्थाए ऐसे सामाजिक दृष्टि से अनैतिक आचरणों में भी हस्तक्षेप करने से इन्कार करती हैं।

व्यक्तिगत आचारिकता तथा पेशेवर आचारिकता में फर्क होता है।

व्यक्तिगत आचरण अगर आपत्तिजनक होगा तो कुछ व्यक्तियों तक ही सीमित रहेगा तथा व्यापक समाज का अहित नहीं करेगा। लेकिन आपत्तिजनक पेशागत आचरण समूचे समाज के अहित में होगा तथा सामाजिक हितों को प्रतिकूल रूप से प्रभावित करेगा। जहाँ व्यापक सामाजिक हित असुरक्षित होने की परिस्थितियाँ बनेंगी कानून की प्रवर्तनीयता को आगे आना ही पड़ेगा। हमारे समाज में ऐसे अनेक पेशे हैं जहाँ पेशेगत आचरण की भूमिका अत्यन्त महत्वपूर्ण है और संवेदनशील भी है। संवेदनशील इस माएने में कि एक ऐसा पेशेगत आचरण जिसका सीधा सम्बन्ध व्यक्ति के भरोसे से जुड़ा हुआ हो। व्यक्ति का अमुक पेशे से जुड़े व्यक्ति पर इतना भरोसा हो कि यह बात तो मस्तिष्क में ही न आए किवह अपने पेशे की आचारिकता का उल्लघंन करेगा। किसी पेशे में अथवा पेशेवर होते जाने में बड़ा ही मनोवैज्ञानिक फर्क होता है। पेशेवर होना भी कोई गलत नहीं है। व्यक्ति ईमानदारी से मेहनत करेगा और बिना झिझक उसकी कीमत वसूल करेगा। आखिर इसमें गलत क्या है? तमाम ऐसे पेशेवर कभी अपने मेहनत की कीमत से समझौता नहीं करते। उनके पेशे तथा सामाजिक व्यक्तिगत सम्बन्धों में एक निश्चित दूरी बनी रहती है। वे कभी अपने पेशे को सामाजिक व्यक्तिगत सम्बन्धों से मिश्रित नहीं होने देते। उनका यह पेशेवर अन्दाज समझ में आता है तथा उनके इस पेशेवर रूख से किसी को कोई आपत्ति भी नहीं होनी चाहिए। लेकिन मुश्किल तो तब होती है और बात आपत्तिजनक भी हो जाती है जब उनकी पेशेगत आचारिकता ही पेशेवर होती चली जाती है। पेशेवर होती आचारिकता का अर्थ यह हुआ कि अब इन्सानियत की हदें भी टूटेंगी, मेहनत की कीमत तो पूरी वसूली ही जाएगी, वह सब कुछ भी वसूला जाएगा जो इन्सानियत को शर्मसार करेगा। जब किसी वृत्तिक आचार की ऐसी मानसिक अवस्था आ जाएगी, ऐसी सोच प्रभावी हो चुकी होगी तब किसी भी किस्म का कायदा—कानून ऐसी प्रवृत्ति को रोक नहीं पाएगा। वहाँ तक तो बिल्कुल ही अन्याय नहीं हुआ जब तक हमने अपनी वृत्तिक क्षमता तथा कौशल्य के मुताबिक अपने मेहनत की वाजिब कीमत वसूली है। अन्याय तो तब हुआ जब हमने पेशेवराना रूख की अन्धी दौड़ में अपने वृत्तिक कौशल्य को किनारे करते हुए वह सब भी वसूला है जिसका

हमारी वृत्तिकता, कुशलता अथवा क्षमता से कोई लेना-देना नहीं। चलिए! यहाँ तक भी ठीक है लेकिन जब हम अपनी वृत्तिक कुशलता की आड़ में बेईमानीपूर्ण आशय से व्यक्ति के भरोसे को तोड़ते हुए वह सब कुछ कर डालते हैं जिसकी इजाजत किसी भी पेशे का वृत्तिक आचरण नहीं देता, तो निश्चित रूप से यह तो अपराध हुआ फिर देश का कानून अपना काम करेगा।

पेशेगत वृत्तिक आचरण का अनुपालन एक बड़ी ही कठोर आध्यात्मिक प्रक्रिया है। कीमत वसूले जाने का लोभ संवरण कर पाना कोई आसान काम नहीं है। ऐसे मामले तो प्रकाश में आना अब एक सामान्य सी बात होती जा रही है जहाँ आपरेशन टेबल पर बेहोशी की अवस्था में रोगी के पेट का आपरेशन किया जाना हो तथा रोगी की जानकारी के बिना बेईमानीपूर्ण आशय से उसका एक गुर्दा निकाल कर फिर उसका पेट सिल दिया गया हो। मानव अंगों की तस्करी को इन्सानियत के किस चश्में से देखा जाए, यह हम आप पर छोड़ते हैं। कोई विशेषज्ञ पेशेवर ही मानव अंगों के तस्करों को यह सहूलियत दे पाएगा जब समाज से मासूम बच्चों को अपहरण करके उठा लिए जाएगा, विशेषज्ञ पेशेवरों की देख-रेख में उनके शरीर के महत्वपूर्ण अंगों को निकाल लिया जाएगा तथा बच्चों के मृत शरीर कहीं दफन कर दिए जाएंगे। कानून अगर सक्रिय रहा तो कानून की गिरफ्त में आते ही इन पेशेवर अपराधियों को विशेषज्ञ विधिक सलाह की कोई कमी नहीं रहेगी। विधिक विशेषज्ञों को भी उनकी पेशेवर आचारिकता के अनुरूप उनकी पूरी कीमत मिलेगी। मुजरिम को कानून के फन्दे से बचाना है, तो बचाना है, चाहे कुछ भी हो जाए। करना क्या है? अपराधिक मामलों में दुविधा की स्थिति पैदा कर देना कोई मुश्किल काम नहीं। यही तो उनका पेशा है। वे यह बखूबी जानते हैं कि कानून वास्तव में अन्धा ही होता है। अगर एक बार मामले में दुविधा की स्थिति पैदा कर दी गई है तो कानून को तो मुजरिम को शक का लाभ देकर बरी कर देने के लिए बाध्य होना ही पड़ेगा। बरी कौन नहीं होना चाहता? पेशेवर होती आचारिकता अपनी कीमत तो वसूलेगी तथा मुजरिम को कानून के फंदे से आजाद करा देगी। भले ही ऐसा न्याय की कीमत पर ही क्यों न हो रहा हो?

"पेशेवर होती आचारिकता का अर्थ यह हुआ कि अब इन्सानियत की हदें भी टूटेंगी, मेहनत की कीमत तो पूरी वसूली ही जाएगी, वह सब कुछ भी वसूला जाएगा जो इन्सानियत को शर्मसार करेगा। जब किसी वृत्तिक आचार की ऐसी मानसिक अवस्था आ जाएगी, ऐसी सोच प्रभावी हो चुकी होगी तब किसी भी किस्म का कायदा-कानून ऐसी प्रवृत्ति को रोक नहीं पाएगा।"

94

प्राथमिक स्वास्थ्य के क्षेत्र

क्या हम प्राथमिक स्वास्थ्य के क्षेत्रों को एक व्यक्ति के जीवन के मूलभूत अधिकार से जोड़ सकते हैं? भारत के संविधान के अनुच्छेद 21 के अर्न्तगत जो जीवन का मूलभूत अधिकार दिया गया है उसमें शिष्ट तथा स्वस्थपूर्ण जीवन जीने का अधिकार भी शामिल है। किसी कल्याणकारी राज्य में नागरिकों का समुचित स्वास्थ्य सुनिश्चित किया जाना प्राथमिक नीतिगत अवधारणा है। अच्छा स्वास्थ्य अच्छे जीवन की एक आवश्यकता है तथा यह सही अर्थों में जीवन के बुनियादी अधिकार की भावनाओं के अनुरूप ऐसे अधिकारों को शक्ति प्रदान करता है। एक बेहतर तथा शिष्टपूर्ण मानवीय जीवन के लिए स्वास्थ्य क्षेत्रों की भूमिका अत्यन्त महत्वपूर्ण है। एक जीवनजो स्वस्थ न हो वह जीवन नहीं है। बेशक! चिकित्सा विज्ञान के उच्च स्तरीय अनुसंधानों ने व्यक्तियों में जीवन जीने के वर्षों में वृद्धि तो की है लेकिन इससे लोगों की दवाओं पर निर्भरता बढ़ी है। राष्ट्र को शक्ति सुनिश्चित करने के लिए हमें आवश्यकता इस बात की है कि ऐसा स्वास्थ्य सुनिश्चित किया जाए जिसमें जीवन हो, न कि ऐसा जीवन जिसमें स्वास्थ्य न हो।

हमारे ग्रामीण तथा अर्ध–नगरीय क्षेत्रों में प्राथमिक स्वास्थ्य क्षेत्र के हालात बड़े ही दयनीय हैं। नगरीय क्षेत्रों तथा अन्य बड़े शहरों में स्वास्थ्य सम्बन्धी सहूलियतें तो फिर भी सन्तोषप्रद हैं लेकिन ग्रामीण आबादी की जरूरतों को देखते हुए प्राथमिक स्वास्थ्य केन्द्रों पर सुविधाएं पर्याप्त से बहुत कम हैं। ग्रामीण इलाकों में मात्र प्राथमिक स्वास्थ्य केन्द्र खोल दिए जाने से उद्देश्य पूरा नहीं होता जब तक कि इन केन्द्रों पर सतत् रूप से इन्फ्रास्ट्रक्चरल सुविधाएं भी मुहैया न करायी जाती रहें। ऐसा देखा गया है कि हम इन्फ्रास्ट्रक्चरल सुविधाओं की क्या बात करें, तमाम प्राथमिक स्वास्थ्य केन्द्रों पर यहाँ तक कि प्राथमिक उपचार चिकित्सा सुविधाएं तक भी उपलब्ध नहीं हैं? और तो और जो सरकारी चिकित्सक शासनादेशों के माध्यम से इन केन्द्रों पर तैनात किए गए हैं हफ्तों अपने

काम पर नहीं पहुँचते। वे अक्सर वेतन भुगतान के दिनों में ही केन्द्र के इर्द-गिर्द नजर आते हैं। जबसे सरकार ने उनके वेतन सीधे उनके बैंक खातों में जमा करा देने की सुविधा प्रदान कर दी है तब से वे प्राथमिक स्वास्थ्य केन्द्रों पर आ जाने के अपने नैतिक दायित्व से भी आजाद हो गए हैं। ऐसा भी देखा गया है कि अगर किसी ऐसे प्राथमिक स्वास्थ्य केन्द्र पर जो ग्रामीण इलाके में स्थित है, चार या पांच चिकित्सक तैनात हैं, तो वे आपस में इस तरह का इन्तजाम कर लेंगे कि उन पाँच चिकित्सकों में से कोई एक किसी एक दिन केन्द्र पर ग्रामीणों के चिकित्सा देखभाल हेतु आएगा और बाकी चार एक के बाद एक अन्य दिनों में आएंगे, वे ऐसी व्यवस्था बना लेंगे। इस तरह से अब प्रत्येक की केन्द्र पर आने की अगली बारी छ: दिनों बाद होगी और वे रोजाना प्राथमिक चिकित्सा केन्द्र पर आने के अपने विधिक दायित्व से स्वयं को मुक्त कर लेंगे। हम आसानी से कल्पना कर सकते हैं कि उन प्राथमिक स्वास्थ्य केन्द्रों पर हालात क्या होंगे जहाँ दो या तीन ही सरकारी चिकित्सक तैनात हों और वे परस्पर बनायी गयी व्यवस्था के बावजूद भी केन्द्र पर हाजिर न मिलें? चिकित्सकों की अपने कर्तव्य के प्रति इस घोर उपेक्षा को देखते हुए अर्ध-चिकित्सीय कर्मचारी भी लापरवाह हो जाते हैं। क्योंकि केन्द्र में तैनात चिकित्सक पहले ही अपने मातहत अर्ध-चिकित्सीय कर्मचारियों को नियन्त्रित तथा अनुशासित रख पाने का नैतिक प्राधिकार खो चुके होते हैं।

हम इन प्राथमिक स्वास्थ्य केन्द्रों पर इन्फ्रास्ट्रक्चरल सुविधाओं की उपलब्धता की चर्चा न ही करें तो अच्छा। कारण यह कि या तो नियमित विद्युत की आपूर्ति नहीं होती अथवा दिन के अधिकांश भाग में विद्युत की आपूर्ति इतनी बाधित बनी रहती है कि उसका कोई मतलब नहीं रह जाता। ग्रामीण एम्बुलेंस सेवाएं भी अत्यन्त दयनीय स्थिति में होती हैं। गाँवों में इन्हें बिना किसी पर्याप्त इन्फ्रास्ट्रक्चरल सुविधाओं के सड़कों पर दौड़ते देखा जा सकता है। ऐसे समय में जब किसी गम्भीर रोगी के लिए आपातकालीन परिस्थितियों में एम्बुलेंस सेवाओं की जरूरत होती है तो या तो वे छोटी-मोटी बहानेबाजी बनाकर समय पर पहुँचते नहीं है और जब तक वे पहुँचते भी हैं तब तक रोगी के घर वाले कोई अन्य वैकल्पिक व्यवस्था कर शहर के अस्पताल को निकल चुके होते हैं। कभी-कभी तो

अत्यन्त गम्भीर रोगी एम्बुलेंस की देरी के कारण मौके पर ही दम तोड़ देते हैं और कुछ अस्पताल ले जाते वक्त रास्ते में मर जाते हैं। ग्रामीण क्षेत्रों में शिशुओं तथा विकसित होते बच्चों के संरक्षण तथा उनका स्वास्थ्य सुनिश्चित करने में प्राथमिक स्वास्थ्य के क्षेत्रों को एक बडी भूमिका अदा करनी है। ऐसे बच्चे अपने शैशव काल से ही कुपोषण का शिकार होते हैं जिसकी एक बड़ी वजह गरीबी भी होती है। वे अपने बचपन तथा युवावस्था के दौरान भी कमजोर ही विकसित होंगे। इन आँकड़ों के दृष्टिगत कि हमारी आबादी के सत्तर प्रतिशत लोग गाँवों में बसते हैं, हमारे समूचे राष्ट्र के स्वास्थ्य की बात हमारे लिए एक गम्भीर चिन्ता की बात होगी? उचित स्वास्थ्य का अर्थ हुआ स्वस्थ शरीर और स्वस्थ मस्तिष्क।चिकित्सा क्षेत्र की निष्क्रियता से, चाहे वह ग्रामीण स्वास्थ्य के लिए हो अथवा शहरी स्वास्थ्य के लिए, अगर हम ऐसा सुनिश्चित कर पाने में नाकाम रहते हैं तो हमें एक कमजोर राष्ट्र होने के लिए तैयार रहना होगा। हमें चाहिए समस्त लोगों के लिए समग्र व्यापक स्वास्थ्य।

"ग्रामीण क्षेत्रों में शिशुओं तथा विकसित होते बच्चों के संरक्षण तथा उनका स्वास्थ्य सुनिश्चित करने में प्राथमिक स्वास्थ्य के क्षेत्रों को एक बडी भूमिका अदा करनी है। ऐसे बच्चे अपने शैशव काल से ही कुपोषण का शिकार होते हैं जिसकी एक बड़ी वजह गरीबी भी होती है। वे अपने बचपन तथा युवावस्था के दौरान भी कमजोर ही विकसित होंगे।"

95
लोगों का भूख से मरना

अगर हालात ऐसे हों कि आज के आधुनिक विज्ञान तथा तकनीकी युग में भी लोगों के भूखों मरने की नौबत आए तो किसके मन में प्रचलित व्यवस्था के प्रति विद्रोह के भाव उत्पन्न न होंगे? भूख इन्सान के जीवन के अस्तित्व से जुड़ी हुई है। भूख की पीड़ा की अनुभूति कोई व्यक्ति भूखा रह कर ले यह तो हास्यास्पद सी बात हुई, जैसे मजाक बनाया जा रहा हो, भूखों रहने की पीड़ा का अनुभव लेने का दावा किया जा रहा हो। फिर कुछ सहानुभूति जताते हुए बयान दे दिए जाते हों, चिंता जताई जाती हो कि धरती पर से भूख को तो मिटाना ही होगा। पहले एक—एक इन्सान के पेट की भूख मिटे तो जाकर कोई कह सके कि धरती पर से भूख मिटने की नौबत आए। भूखों मरने का अर्थ यह नहीं होता कि जब इन्सान की अर्थी ही निकल जाए तब जाकर हमें यह समझ आए कि अमुक इन्सान भूख से मर गया आखिरकार। भूख से मरने का कोई ऐसा उदाहरण चिकित्सा विज्ञान में नहीं मिलता कि आज आदमी को रोटी नहीं मिली पेट भरने को, और कल वह मर गया भूख के कारण। यह सब कुछ इतना अचानक हो गया कि हमारी लोक कल्याणकारी व्यवस्था को इसकी तनिक सी भनक भी नहीं लग पाई। अन्यथा व्यवस्था एक जून की रोटी का जुगाड़ न कर पाती भला? मरने क्यों देती उसको भूख से? काश! इतनी ही अचानक सी बात होती इन्सान का भूख से मर जाना। व्यवस्था इतनी सतर्क हो जाती कि भूख से मरने न देती किसी इन्सान को। किसे परवाह है, अगर लोग भूखों मरते हैं?

भूखों मरने की प्रक्रिया एक सतत् इन्सानी प्रक्रिया है। यह कोई एक या दो दिनों की भूख का नतीजा नहीं होती। तिल—तिल कर भूख से मरता रहता है इन्सान रोजाना। बरसों, महीनों बाद जाकर आखिर एक दिन उसकी अर्थी निकल ही जाती है तब जाकर व्यवस्था को भनक लग पाती है कि भूख से मरा होगा। व्यवस्थापकों को कई दिन इस बात का खण्डन करते रहने में ही निकालने पड़ते हैं। ऐसा कैसे हो सकता है भला?

भूख से कैसे मर सकता है वह? हमने तो तमाम ऐसे शासनादेश निकाल रखे हैं कि किसी व्यक्ति को भूख से मरने नहीं दिया जाएगा। वह आदमी किसी रोग के कारण मरा होगा, भूख से नहीं। व्यवस्था भला यह मानने को क्यों तैयार हो कि अगर वो व्यक्ति महीनों तिल–तिल कर भूख से तड़पा होगा तो उसका शरीर रूग्ण ही तो हो जाएगा न। व्यवस्था यह मानने को तैयार नहीं कि उसका रोग भूख जनित भी हो सकता है। अगर ऐसा हुआ तो व्यवस्था को कटघरे में खड़े होने की नौबत आएगी। इसके पहले कि यह बात तय हो कि व्यक्ति का रोग सतत भूख जनित तो नहीं था, व्यवस्था आनन–फानन में उसका अंतिम संस्कार करवा कर उसे बैकुण्ठ भेजवा देने का इन्तजाम कर लेगी। बैकुण्ठ भाव से अंतिम संस्कार करवा देने की बात को हम व्यवस्था के लोक–कल्याणकारी नजरिए से क्यों नहीं देख पाते, यह तो विचलित कर देने वाली बात हुई? हमें बात–बात पर व्यवस्था को कटघरे में खड़ा करने की आदत से बाज आना होगा। आखिर व्यवस्था की भी तो अपनी कुछ सीमाएं हैं? हम उसकी सीमाएं समझने की कोशिश क्यों नहीं करते? हमें दूसरों में दोष नहीं निकालने चाहिए। हमें खुद में कमियों को ढूढ़कर उन्हें दूर करने के प्रयास करने चाहिए।

अगर हमें या हमारे बच्चों को भूखा रहना पड़ता है तो इसमें व्यवस्था का क्या दोष? अगर हम गरीबी के कारण अपनी रोटी का जुगाड़ नहीं कर पा रहे तो इसमें व्यवस्था भला क्या करे? यह तो हमारी किस्मत का दोष हुआ कि हम किसी अमीर घराने में पैदा न हुए। अब यह तो किस्मत का ऐसा दोष कि इसे दूर कर पाने का कोई उपाय भी न सूझता किसी को। वैसे व्यक्ति को अपनी पैदाइश का गर्व होना चाहिए भले हीवह गरीब घराने में पैदा हुआ हो। दशकों से व्यवस्था इस बात से चिन्तित है कि गरीबी दूर हो तो इन्सान को रोटी मिले। फिर भूखों मरने की नौबत न आए। न सही, पाँच रोटी की भूख हो तो मिले पाँच रोटी, कम से कम दो रोटी भी तो मिले, बाकी का पेट पानी पीकर भर ले आदमी। कम से कम मरेगा तो नहीं। हाँ! कमजोर हो सकता है। क्या करें? कितनी व्यवस्था करें? किस–किस के लिए व्यवस्था करें? आबादी भी तो अरबों में होती जा रही है। व्यवस्था तो पहले ही परिवार नियोजन की चेतावनी दे चुकी है।

गेंद तो अब हमारे ही पाले में है, व्यवस्था क्या करे? योजना आयोग ने पूरी निष्ठा से गरीबी दूर करने की तमाम योजनाएं बनाई। गरीबी की रेखा को ऊपर नीचे करते रहने में तमाम समय व ऊर्जा व्यर्थ हुई। लेकिन कहीं से गरीबी दूर होने की कोई सूरत नजर नहीं आई। गरीबी की रेखा को कितनी भी नीची करते जाओ फिर भी अगर तीस प्रतिशत आबादी के लोग गरीबी की रेखा के नीचे ही बने रहने के लिए अभिशप्त हैं, तो फिर इसके लिए योजना आयोग को दोष न दिया जाए। रोजगार गारण्टी, मध्यान्ह भोजन योजना जैसी गरीबी दूर करने व भूख मिटाने वाली योजनाएं अगर व्यवस्थापरक भ्रष्टाचार की भेंट चढ़ जाएं तो फिर आखिर भ्रष्टाचार करने वाले ये लोग भी तो व्यवस्था के ही अभिन्न अंग हैं। इनका भी तो हिस्सा बनता है न। खाली हाथ ये लोग योजनाएं ही लागू करवाते रहेंगे? लोगों की अगर गरीबी दूर होने से फिर इन्हें क्या मिला? इन पर व्यवस्था का कोई नियन्त्रण नहीं। क्योंकि यह ही बात हमने समझने में भूल की, कि शायद व्यवस्था इनकी कुछ नकेल कसे? ये सब तो खुद ही अपने आप में व्यवस्था ही हैं, इनके ऊपर किसका नियन्त्रण? कैसा नियन्त्रण? इनकी नकेल कौन कस पायेगा भला? पहले ये खुद को मजबूत करेंगे तभी तो किसी भूखे गरीब का भला कर पाएंगे। भूखे गरीब अगर मर ही जाएंगे तो फिर भला ये क्या कर पाएंगे? हम क्यों भूल जाते हैं कि दान प्रक्रिया की शुरूआत घर से ही होती है।

"भूखों मरने की प्रक्रिया एक सतत् इन्सानी प्रक्रिया है। यह कोई एक या दो दिनों की भूख का नतीजा नहीं होती। तिल-तिल कर भूख से मरता रहता है इन्सान रोजाना। बरसों, महीनों बाद जाकर आखिर एक दिन उसकी अर्थी निकल ही जाती है तब जाकर व्यवस्था को भनक लग पाती है कि भूख से मरा होगा। व्यवस्थापकों को कई दिन इस बात का खण्डन करते रहने में ही निकालने पड़ते हैं। ऐसा कैसे हो सकता है भला? भूख से कैसे मर सकता है वह?"

96

मानवीय गरिमा का बुनियादी अधिकार

कानूनों के अर्न्तगत बुनियादी अधिकारों की बातें बड़ी ही गम्भीरता के साथ की जाती हैं। बुनियादी अथवा मूलभूत अधिकार राष्ट्रों की संवैधानिक विधि के अन्तर्गत दिए गये प्रमुखतम अधिकारों में माने जाते हैं जो कि नागरिकों के लिए हैं। उस राष्ट्र का नागरिक न होने की दशा में भी व्यक्ति को उस राष्ट्र की बुनियादी विधि कुछ ऐसे अधिकार उपलब्ध कराती है जो उनके मानवीय अस्तित्व से जुड़े होते हैं। मूलभूत अधिकारों की परिभाषा कानून द्वारा प्रदत्त उन अधिकारों के रूप में की जाती है जो मानव जीवन के लिए अत्यन्त आवश्यक हैं तथा ऐसे अधिकारों के बगैर व्यक्ति अपने जीवन में मानवीय गरिमा के साथ नहीं रह सकता। मूलभूत अधिकारों की महत्ता इस रूप में समझी जा सकती है कि विधिक व्यवस्था के अर्न्तगत इन अधिकारों की प्रवर्तनीयता के लिए विशेष उपबन्ध बनाए गए हैं। इन अधिकारों के हनन के मामलों में उच्चतर न्यायालयों में सीधी सुनवाई की अधिकारिता प्रदान की गयी है। व्यक्ति समाज में मानवीय गरिमा के साथ अपना जीवन जी सके यह ही अपने आप में एक महत्वपूर्ण बुनियादी अधिकार होता है।

मानवीय गरिमा का क्या अर्थ होना चाहिए? बड़ी साधारण सी बात है कि एक इन्सान के जीवन और एक जानवरों सरीखा जीवन व्यतीत करने में फर्क तो पहली ही नजर में स्पष्ट दिखना चाहिए। अगर आप किसी समाज में एक आदमी के जीवन तथा एक आदमी के जानवर सरीखे जीवन में फर्क न कर पा रहे हों तो ऐसे जीवन जीने में आप मानवीय गरिमा किसी रूप में ढूढ़ पाएंगे, यह हम आप पर छोड़ते हैं? हमारे आस–पास की झुग्गी–झोपड़ियों मे जो लोग रहने को अभिशप्त हैं, कम से कम एक बार तो वहाँ आपको जाना होगा यह देखने के लिए कि इन्हें किस मानवीय गरिमा की परिभाषा में रखा जाए?झुग्गी–झोपड़ियों में रहने वाले यह लोग तथा इनकी रोजाना की दुर्दशा हमारी सरकारों को आते–जाते बिल्कुल नजर नहीं आती, ऐसा दावा किया भी तो नहीं जा सकता? सरकारी दम्भ

में अन्धापन तो होता है लेकिन वे इतने भी अन्धे नहीं हो जाते कि फिर उन्हें सरकारें चला पाना भी मुश्किल हो जाए। आखिर उन्हें सरकारें भी तो चलानी हैं? फिर मानवीयता की कुछ बातें तो करनी पड़ेंगी। कोशिशें सफल ही हो जाएं ऐसा जरूरी नहीं। पर कोशिशें तो लगातार की जा रही हैं ऐसा लोगों को दिखना तो चाहिए। अक्सर हम मासूम लोग इस बात का फर्क नहीं समझ पाते कि कोशिशें होता दिखना अधिक महत्वपूर्ण है या फिर जमीनी हकीकत में कुछ तबदीली होता दिखायी पड़ना? अगर एक झूठ को दावे से सौ बार बोला जाए तो फिर वह झूठ भी सच ही लगने लगता है। हम दोष किसे दें? हमारा आधुनिक व्यवस्था प्रबन्धन इसी राह पर चल पड़ा है। कोशिशें हों, न हों? अथवा जो भी हों? उन कोशिशों का होता हुआ दिखना इतना प्रचारित तथा प्रसारित कर दिया जाता है कि हम भ्रमित तो हो ही जाते हैं। आप इसे व्यवस्था का बड़ा ही चालाकी भरा मनोवैज्ञानिक 'डोज' कह सकते हैं। दशकों से व्यवस्था का गरीबी दूर कर देने का ढोल पीटते रहना कुछ ऐसा प्रचारित प्रसारित कर दियागया कि हम सच में ऐसी उम्मीद लगा बैठे कि उनकी ये कोशिशें जो होती दिखायी पड़ रही हैं शायद जमीनी हकीकत बदल डालें। इन्सान जो जानवरों से भी बदतर जिन्दगी जीने के लिए मजबूर था शायद उसे कुछ मानवीय गरिमा मिल जाए। सुकून से दो जून की रोटी ही मयस्सर होने लग जाए। लेकिन वह सब वैसा ही झूठ साबित हुआ जो सौ–सौ बार बोलते जाने के बाद सच लगने का भ्रम पैदा करने लगा था। एक झटके में ही टूट–टूट कर बिखर गया इधर–उधर, समेटनें लायक भी नहीं रहा।

शहरों में सड़कों के किनारे शहर भर के कूड़ों का ढेर डाल दिया जाता है। सड़न–गलन से आस–पास का समूचा वातावरण बदबूदार बना रहता है। जमीनी हकीकत बतायी जाए आप लोगों को? आपने भी आते–जाते जरूर देखा होगा। उसी बदबूदार कूड़े की ढेर में चील–कौवों, कुत्ते व सुअर के बच्चों के साथ इन्सान के बच्चे भी नजर आते हैं? हमें नहीं करनी चाहिए मानवीय गरिमा की बात। फिर मानवीय गरिमा के साथ जीने के बुनियादी अधिकारों की बात। जानवरों से भी बदतर जिन्दगी हमारे इन्सानी बच्चों की तो साफ नजर आ रही है। आते–जाते सरकारों की नजरें भी इन पर पड़ती रहती होंगी। हमें बताया गया कि हमारे व्यवस्था

मानवीय गरिमा का बुनियादी अधिकार

प्रबन्धक प्रशिक्षित रूप से इस बात का बखूबी खयाल रखते हैं कि हमारी सरकारों को ऐसी सड़कों से न गुजारा जाए जहाँ इन्सानियत जानवरों से भी बदतर नजर आ जाए। अगर ऐसी सड़कों से गुजरने की नौबत आ भी जाए तो ट्रेनिंग इस बात की भी, कि सारे कूड़े-कचरे कम से कम उस एक दिन के लिए रातों-रात हटा दिए जाएं।लाल कालीनें बिछवा कर चारों तरफ सुगन्ध बिखेर दी जाए। लाल कालीनों से होकर सरकारें सुगन्धित वातावरण से गुजार दी जाएं। फिर लाल कालीनें समेट ली जाएं। अगले दिन से ही कूड़ों के ढेर फिर से लगने शुरू हो जाएं। इन्सानियत फिर से भटकने लग जाए और सिमट कर रह जाए मानवीय गरिमा उस कूड़े के इर्द-गिर्द ही। हम इसे क्यों न मानें मूर्खों के स्वर्ग में रहने वाले हैं हमसब? बुनियादी अधिकारों की तो बात हम बाद में करें, पहले मानवीय गरिमा ही दिला सकें कम से कम तो फिर हो पाए न्याय कुछ इन्सानियत के साथ।

"अगर आप किसी समाज में एक आदमी के जीवन तथा एक आदमी के जानवर सरीखे जीवन में फर्क न कर पा रहे हों तो ऐसे जीवन जीने में आप मानवीय गरिमा किसी रूप में ढूढ़ पाएंगे, यह हम आप पर छोड़ते हैं? हमारे आस-पास की झुग्गी-झोपड़ियों मे जो लोग रहने को अभिशप्त हैं, कम से कम एक बार तो वहाँ आपको जाना होगा यह देखने के लिए कि इन्हें किस मानवीय गरिमा की परिभाषा में रखा जाए?"

97
व्यक्तियों की अक्षमता

अक्षमता की परिभाषा दे पाना बड़ा ही कठिन है। कोई व्यक्ति शारीरिक रूप से भी अक्षम हो सकता है और मानसिक रूप से भी। शारीरिक अथवा मानसिक अक्षमता कुछ तो जन्मजात होती है जो व्यक्ति के वश में नहीं होती लेकिन ऐसी अक्षमताओं को ढोते हुए जीने के लिए व्यक्ति विवश है। क्या हम इसे प्रकृतिजन्य अन्याय मानें? बड़ा कठिन है यह कह पाना। हमें अपना ध्यान उन अक्षमताओं की ओर भी ले जाना होगा जो विशुद्ध रूप से प्रकृतिजन्य नहीं हैं तथा व्यवस्थाजन्य हैं। सम्भवत: व्यवस्था सुचारू रूप से अपना काम कर रही होती तो व्यक्ति अक्षमता का शिकार न होता। जैसे व्यक्ति समाज में अपराधिक गतिविधि का शिकार हुआ। चिकित्सीय इलाज के उपरान्त भी वह किसी शारीरिक अक्षमता की चपेट में आ गया। चिकित्सकों की राय में उसकी यह अक्षमता स्थायी प्रकृति की थी आजीवन बनी रहेगी। ऐसे तमाम उदाहरण मिलते हैं जहाँ व्यक्ति व्यवस्था की लापरवाही से हुई दुर्घटना से विकलांग हो जाते हैं। ऐसी रेल अथवा बस दुर्घटनाओं में जो व्यक्ति अक्षम हो जाते हैं, सम्बन्धित सरकारी विभाग व्यक्तियों को क्षतिपूर्ति देकर अपने दायित्व से मुक्ति पा लेते हैं। ऐसे भी मामले प्रकाश में आते हैं जिनमें क्षतिपूर्ति दिया जाना मात्र घोषणा बन कर ही रह जाता है। काफी परेशानी और भाग दौड़ के पश्चात व्यक्ति को क्षतिपूर्ति की कुछ धनराशि मिल भी जाती है तो बाकी व्यवस्था के भ्रष्टाचार की बन्दरबांट में चली जाती है।

कानून में तो प्रश्न सदैव दायित्व का ही बनता है। अगर समाज में अपराधों को रोकना राज्य का दायित्व बनता था तो क्या राज्य अपने इस दायित्व में सफल रहा? अगर नहीं तो उसकी इस विफलता का खामियाजा उन व्यक्तियों को क्यों भुगतना पड़े जो अपराध के कारण किसी न किसी रूप में अक्षमता का शिकार हो गए? अक्षमता पूर्ण निर्योग्यता के रूप में हो सकती है तथा आंशिक निर्योग्यता के रूप में भी। ऐसा अपराध द्वारा व्यक्ति को कारित शारीरिक क्षति की गम्भीरता पर

निर्भर करेगा या फिर चिकित्सीय इलाज के स्तर पर भी। निम्न स्तरीय चिकित्सीय इलाज अथवा इलाज में लापरवाही भी विकलांगता की वृद्धि में अपना योगदान करती है। हमारे सामाजिक–आर्थिक हालातों को देखते हुए ऐसे दुर्घटनाग्रस्त अथवा अपराध के शिकार व्यक्तियों को उच्चस्तरीय इलाज ही उपलब्ध हो इस बात की कोई गारण्टी नहीं होती। सरकारी अस्पतालों में भी लापरवाही के कम उदाहरण नहीं मिलते। अभी हमारी व्यवस्था इतनी उच्च स्तरीय नहीं हो पायी है कि वह अपने खर्चे पर ऐसे व्यक्तियों का इलाज बेहतर निजी अस्पतालों में कराए। ऐसे में व्यक्तियों का स्वयं को भाग्य के भरोसे रखकर व्यवस्था के हवाले करना पड़ता है। बहुसंख्य आबादी समाज मे आर्थिक रूप से इतनी सक्षम नहीं है कि वह अपने भरोसे रह सके। प्रश्न फिर वही उठता है कि ऐसे व्यक्तियों की फिक्र कौन करेगा जो अक्षम हैं?

विकलांगता चाहे जन्मजात हो अथवा व्यवस्थाजन्य हो अथवा किसी अन्य वजह से हो, अमुक व्यक्ति मानवीय गरिमा से अपना जीवन जी पा रहा है अथवा नहीं, यह देखने की बात करना सम्भवतः उस व्यक्ति की विवशता का उपहास उड़ाने जैसी बात हुई। अगर व्यक्ति की अक्षमता पूर्ण निर्योग्यता की श्रेणी में आती है तो वह तो अब सुचारू रूप से अपना व अपने परिवार का जीवनयापन भी नहीं कर सकेगा। जबकि व्यक्ति की आंशिक निर्योग्यता भी उसकी उपार्जन क्षमता को प्रतिकूल रूप से प्रभावित करती रहेगी। जहाँ समाज में व्यक्ति की अपराधियों द्वारा हत्या कर दी गई हो, बम धमाकों जैसे सामूहिक हिंसा के मामलों में तो बहुत लोग मार दिए जाते हों,अन्य विकलांग भी होते हों। दुर्घटना ग्रस्त व्यक्ति की जहाँ मृत्यु हो गयी हो ऐसे में तो उसका समूचा परिवार अक्षम हो गया। क्योंकि वह व्यक्ति जो मारा गया अथवा मरा परिवार के आर्थिक जरूरतों की जिम्मेदारी तो उसी के ऊपर थी। अब ऐसे परिवारों की इस सामूहिक विकलांगता को आप क्या कहेंगे? क्या परिवार के बच्चों तथा महिला सदस्यों से यह उम्मीद की जानी चाहिए कि अब वे काम पर निकलें? उम्मीद क्या करनी है? वे विवश हैं, निकलना ही पड़ेगा नहीं तो भूखों मरेंगे।

व्यक्तियों का सामाजिक–आर्थिक रूप से कमजोर वर्गों में होना, क्या उन्हें अक्षम नहीं बनाता? उनका वर्षों–वर्षों से कमजोर वर्गों में बने रहना,

क्या उन्हें अक्षम नहीं बनाता? कल्याणकारी राज्य की कल्याणकारी नीतियों का जमीनी स्तर पर उन्हें लाभ न मिल पाना, क्या उन्हें अक्षम नहीं बनाता? उनके बच्चों का अशिक्षित रह जाना, क्याउन्हें सक्षम बना पाएगा? क्या वे अक्षम जीवन पाकर अक्षमही मर जाने के लिए अभिशप्त रहेंगे? अक्षमता कोई शारीरिक अथवा मानसिक विकलांगता की वजहों से ही नहीं होती जिसके बिना पर व्यवस्था अपने दायित्वों से मुक्त हो ले। सामाजिक–आर्थिक रूप से कमजोर वर्गों की अक्षमता पूरी तरह से सामाजिक–आर्थिक विकलांगता की परिधि में आती है। जैसे शारीरिक, मानसिक विकलांगता मनुष्य को कमजोर बनाती है ठीक वैसे ही सामूहिक सामाजिक–आर्थिक विकलांगता समूचे समाज को और अन्ततः राष्ट्र को कमजोर बनाती है। ऐसे लोगों की फिक्र कौन करेगा जो जन्मजात अक्षमहुए, जीवन के दौरान अक्षम हो गए दुर्घटना या अपराध की वजहों से या फिर सामाजिक रूप से अक्षमहुए आर्थिक कमजोरी के कारण? कोई है!! जो न्याय करे। जो सुनता हो इस बात को। सामाजिक न्याय व्यवस्थाजन्य अक्षमता दूर करने के लिए।

"विकलांगता चाहे जन्मजात हो अथवा व्यवस्थाजन्य हो अथवा किसी अन्य वजह से हो, अमुक व्यक्ति मानवीय गरिमा से अपना जीवन जी पा रहा है अथवा नहीं, यह देखने की बात करना सम्भवतः उस व्यक्ति की विवशता का उपहास उड़ाने जैसी बात हुई। अगर व्यक्ति की अक्षमता पूर्ण निर्योग्यता की श्रेणी में आती है तो वह तो अब सुचारू रूप से अपना व अपने परिवार का जीवनयापन भी नहीं कर सकेगा। जबकि व्यक्ति की आंशिक निर्योग्यता भी उसकी उपार्जन क्षमता को प्रतिकूल रूप से प्रभावित करती रहेगी।"

98
वितरणपरक न्याय

वितरणपरक न्याय एक ऐसी व्यवस्था है जो समाज के सदस्यों के बीच वस्तुओं के न्यायपूर्ण वितरण की बात करती है जिसमें निष्कर्षों की उचितता भी शामिल है। वितरण का सम्बन्ध आवश्यकता के अनुरूप ही होना न्यायपरक हुआ। वस्तुओं का वितरण आवश्यकता से अधिक होना अथवा जितनी आवश्यकता हो उससे कम होना, अन्यायपूर्ण स्थिति उत्पन्न करता है। अगर संवैधानिक उपबन्धों को दृष्टिगत रखा जाए तो व्यवस्था इस बात की बनायी गयी है कि एक ऐसे व्यवस्थित समाज की स्थापना की जाए जहाँ लोगों के कल्याण सुनिश्चित किए जाएं एवम प्रभावी रूप से संरक्षित किए जाएं। सामाजिक व्यवस्था ऐसी हो जिसमें सामाजिक, आर्थिक तथा राजनीतिक न्याय, राष्ट्रीय जीवन की समस्त संस्थाओं में प्रतिबिम्बित हो। राज्यों को खासतौर पर यह देखना होगा कि व्यक्तियों में आय की असमानता को समाप्त किया जाए तथा सामाजिक स्थिति की असमानता, सुविधाओं एवम अवसरों की असमानता दूर किया जाए। ऐसे प्रबन्ध व्यक्तियों के उन समूहों के लिए भी किए जाएं जो भिन्न-भिन्न क्षेत्रों में निवास करते हों अथवा भिन्न-भिन्न पेशों में काम करते हों। हो सकता है कि प्राकृतिक कारणों से उन विभिन्न क्षेत्रों में निवास करने वाले लोगों का जीवन स्तर अन्य विकसित अथवा विकासशील क्षेत्रों में निवास करने वाले लोगों के समान न हो, स्थानीय अथवा भौगोलिक पिछड़ापन हो। इसे तो दूर करने के लिए राज्यों को ही प्रयास करना पड़ेगा। हो सकता है कि विभिन्न पेशों में काम करने वाले व्यक्तियों की आमदनी एक जैसी न हो। व्यक्तियों में परिश्रम करने की क्षमता तो पूरी हो लेकिन व्यवसायिक प्रशिक्षण पर्याप्त न होने अथवा निम्न स्तरीय होने के कारण व्यक्तियों की उत्पादक क्षमता अत्यन्त घट जाती हो तथा उनके परिश्रम की क्षमता का सदुपयोग न हो पाता हो। इस तरह असमानता बनी रहती है।

अब यह तो राज्य को ही देखना पड़ेगा। राज्य को संसाधनों का समुचित वितरण उन क्षेत्रों में करना पड़ेगा तथा समुचित व्यवसायिक प्रशिक्षण उन व्यक्तियों के समूहों को उपलब्ध कराना पड़ेगा जो परिश्रम करने का माद्दा रखते हुए भी अपनी उत्पादक क्षमता नहीं बढ़ा पाते। उन्हें अपनी मेहनत का पूरा मूल्य नहीं मिल पाता। फिर तो हताशा आते देर नहीं लगती। व्यवस्था सम्भवतः इतनी संवेदनशील न हो किवह वक्त रहते उनकी इस हताशा का संज्ञान ले ले। वे बहक जाते हैं तब तक बहुत देर हो चुकी होती है। शायद व्यवस्था के पास भी ऐसी कोई तत्पर योजना नहीं होती कि कम से कम वह इन परिश्रमियों को उचित प्रशिक्षण ही वितरित कर दे। परिश्रम तो वे करना ही चाहते हैं। कहीं इसमें व्यवस्था का ही दोष तो नहीं? अगर व्यवस्था के पास कोई ठोस वितरणपरक व्यवस्था है तो व्यवस्था को आगे आना चाहिए? अगर सामाजिक स्थिति की असमानता बनी हुई है अथवा उसमें बढ़ोत्तरी होती जा रही है, अगर आय की असमानता बनी हुई अथवा उसमें वृद्धि होती जा रही है, तो यह तो इस बात की पुष्टि हुई कि ठोस योजना का अभाव लगता तो है? अगर दावा ऐसा बनता है कि ऐसी योजनाएं तो हैं, आज से ही नहीं, विगत कई वर्षों से, तो उनका प्रभाव तो नजर तो आना चाहिए? उनका न्यायपूर्ण वितरण तो होना चाहिए? निष्कर्ष तो फिर यह निकला कि अगर मान भी लिया जाए कि योजनाएं तो हैं फिर भी सार्थक परिणाम सामने न आ रहे हों ऐसे में उन योजनाओं का ईमानदार क्रियान्वयन तो निश्चित रूप से दोषपूर्ण पाया जाना पुष्ट हुआ।

वितरणपरक न्याय व्यवस्था यह देखे कि समस्त नागरिक, स्त्री–पुरूष एवं बच्चे समान रूप से जीवनयापन के पर्याप्त संसाधनों के हकदार हों। सामुदायिक भौतिक संसाधनों का नियन्त्रण तथा वितरण उत्तम तरीके से लोगों के सामान्य लाभ के लिए किया जाए। देश की आर्थिक व्यवस्था का संचालन इस तरह से न किया जाए कि जिसके फलस्वरूप देश की सम्पत्ति तथा उत्पादकता के क्षेत्र कुछ गिने चुने हाथों मेंही सिमट कर रह जाएं। सामान्य लोगों के हक में यहाँ तक कि वितरण के नाम पर भी कुछ हासिल न हो पा रहा हो, वितरणपरक व्यवस्था की भावना महज कागजों पर ही सीमित रह जाती हो। ऐसा होना सामान्य लोगों के वितरणपरक

हितों के लिए बड़ी ही खतरनाक बात हुई। समान कार्य के लिए समान वेतन की बात पुरूषों तथा स्त्रियों के सन्दर्भ में भेदभावपरक रूप में न देखी जाए। बदलाव तो नजर आते हैं लेकिन आज भी यह भेदभाव श्रमिक वर्गों में स्पष्ट रूप से देखा जा सकता है जहाँ श्रमिक संगठित नहीं है। श्रम सम्बन्धी कानून तो हैं, लेकिन कानून होने से क्या? महिला श्रमिक भेदभाव की शिकार हैं तथा न्याय का वितरण उन तक पहुँच पाता हो ऐसा लगता नहीं है। वितरणपरक न्याय व्यवस्था तो फिक्र इस बात की भी करे कि हमारे श्रमिकों, स्त्री, पुरूष, बच्चों के स्वास्थ्य तथा उनकी शारीरिक शक्ति का दोहन इस प्रकार न कियाजाए कि उनकी आर्थिक जरूरतों के लिए उनसे जबरन कोई ऐसे काम लिए जाएं जो उनकी अवस्था तथा शारीरिक दुर्बलता के हिसाब से उचित न हों। लेकिन देखा जाता है कि ऐसा होता है। किशोरवय के बच्चों से खतरनाक व्यवसायों में काम लिया जाता है। कृपया! ऐसा उन बच्चों की आर्थिक विवशता न कहा जाए। इन बच्चों एवं ऐसे ही अन्य उपेक्षित बच्चों के लिए शिक्षा एवं मानसिक विकास के वितरण की योजना कब बनेगी? यह देखने वाली बात होगी। अगर दावा यह हुआ कि योजनाएं हैं तो फिर देखना यह होगा कि अमुक योजनाएं व्यवस्था ने किस रूप में लागू की हैं? अपेक्षित परिणाम अब तक क्यों नहीं आते यह बेहतर व्यवस्था ही बताए?

व्यवस्था इस बात से कत्तई इन्कार नहीं कर सकती अथवा दावा ही कर सकती हो कि सामाजिक असमानता और आर्थिक असमानता पर नियन्त्रण ही पा लिया गया हो। वितरणपरक न्याय व्यवस्था के अर्न्तगत ऐसी असमानताएं खत्म कर लेना तो वक्त के साथ देखा जाएगा। हम अपनी उम्मीद क्यों छोड दें? अपनी अर्न्तरात्मा की आवाज को साक्षी मानकर व्यवस्था कम से कम इस बात का ईमानदार विश्लेषण ही कर लेती कि आखिर सब कुछ ठीक–ठाक क्यों नहीं है? योजना आयोग के आंकड़ो के सापेक्ष ही व्यवस्था कम से कम यह तो बताए कि क्या सामाजिक–आर्थिक असमानताएं दूर होती दिखायी पड़ती हैं? व्यवस्था दिखलाए भौतिक रूप से, आंकड़ों में नहीं। व्यवस्था को इसका जवाब तो देना ही होगा। अगर वितरण जरूरतों के अनुरूप लोगों में न्यायपरक ढंग से नहीं हुआ तो ऐसे संकेत भी आने लगे हैं कि छीना–झपटी की स्थिति

उत्पन्न हो जाए। हमें ऐसी किसी गृह युद्ध जैसी स्थिति से वक्त रहते बचना होगा।

"अपनी अर्न्तरात्मा की आवाज को साक्षी मानकर व्यवस्था कम से कम इस बात का ईमानदार विश्लेषण ही कर लेती कि आखिर सब कुछ ठीक-ठाक क्यों नहीं है? योजना आयोग के आंकड़ो के सापेक्ष ही व्यवस्था कम से कम यह तो बताए कि क्या सामाजिक-आर्थिक असमानताएं दूर होती दिखायी पड़ती हैं? व्यवस्था दिखलाए भौतिक रूप से, आंकड़ों में नहीं। व्यवस्था को इसका जवाब तो देना ही होगा। अगर वितरण जरूरतों के अनुरूप लोगों में न्यायपरक ढंग से नहीं हुआ तो ऐसे संकेत भी आने लगे हैं कि छीना-झपटी की स्थिति उत्पन्न हो जाए। हमें ऐसी किसी गृह युद्ध जैसी स्थिति से वक्त रहते बचना होगा।"

99
सुशासन का बुनियादी अधिकार

आजकल सुशासन की बातें हर तरफ बड़ी चर्चा में रहा करती हैं। यह सुनने में अच्छा भी लगता है। ऐसा बहुत कम ही होगा कि सुशासन की दिशा में होने वाली किसी पहल से लोग प्रभावित हुए बिना न रह पाते हों। अगर आज हम सुशासन की आवश्यकता पर खुले रूप से बातें कर रहे हैं तो परोक्ष रूप से इस तथ्य को हम स्वीकार कर रहे हैं कि हमारे यहाँ सुशासन का अभाव तो है। सुशासन न होने का अर्थ कुशासन का व्याप्त होना। इस लोकतान्त्रिक व्यवस्था में जैसा कि हम हैं, अगर शासन के लिए सरकारें हैं तो वस्तुतः यह कहने की कोई आवश्यकता नहीं होनी चाहिए कि शासन का मतलब सुशासन ही हुआ। सुशासन का हम लोगों का बुनियादी अधिकार बनता है। संवैधानिक मापदण्ड इस बात को सुस्पष्ट करते हैं कि संवैधानिक मूलभूत अधिकार अथवा अन्य विधिक अधिकार विधि के अर्न्तगत प्रवर्तनीय बनाए गए हैं और यही बात हमारे सुशासन के मूलभूत अधिकार के सन्दर्भ में भी लागू होती है। लोगों को उन्हें उनका सुशासन का मूलभूत अधिकार मिलना चाहिए अगर उन्हें उनके इस अधिकार से वंचित किया जाता है तो उन्हें इसकी मांग करनी चाहिए और देश की विधिक व्यवस्था के माध्यम से हमें इन अधिकारों को प्रवर्तनीय कराना चाहिए।

वर्तमान के वैश्विक तथा राष्ट्रीय परिप्रेक्ष्य में 'शासन' तथा 'सुशासन' का समस्त श्रेय अन्तर्राष्ट्रीय विकास साहित्य को जाता है। सुशासन का सीधा प्रभाव मानव सभ्यताओं के विकास पर परिलक्षित होता है। हमारा समाज इस बात का गवाह रहा है कि हमारे समाज के विकास से सम्बन्धित बुराइयों की जड़ में 'कुशासन' ही रहा है। शासन का अर्थ होता है निर्णय लेने की प्रक्रिया तथा वह प्रक्रिया जिनकी मदद से वे निर्णय लागू किए जाएं। सुशासन वैश्विक विकास में प्रतिबिम्बित होता है तथा अन्तर्राष्ट्रीय वर्गीकरणों के लिए इस बात का आधार बनता है जैसे विकसित देश, विकासशील देश, कम विकसित देश अथवा ऐसे देश जिनका बिल्कुल

विकास नही हो सका। मानव विकास को भले ही राष्ट्रीय अथवा अन्तर्राष्ट्रीय स्तर पर देखा जाए, ऐसा होना तभी सम्भव है जब व्यवस्था न्यायिक रूप से समाज में पूरी निष्ठा तथा ईमानदारी से सुशासन सुनिश्चित करे अर्थात मानवों के लिए उनके जीवन की बेहतर गुणवत्ता का विकास। मानव विकास के विभिन्न आयाम हो सकते हैं। लेकिन विशिष्ट रूप से सुशासन के नजरिए से मानव विकास की अवधारणा यह हुई कि वस्तुओं तथा सेवाओं के वितरण के संकेन्द्रण का विस्तार उन लोगों तक भी पहुँचे जिन्हें इनकी आवश्यकता है और जो विशेषाधिकार प्राप्त वर्ग के लोगों की श्रेणी में नहीं आते। मानव विकास की मूल जरूरतें हैं जिनमें लोगों का दीर्घ तथा स्वास्थ्यप्रद जीवन हो, वे शिक्षित हों और उनका ज्ञानवर्धन हो। ऐसे संसाधनों तथा सामाजिक सेवाओं तक उनकी पहुँच बन सके जो एक शिष्ट स्तर के मानव जीवन के लिए आवश्यक हैं तथा लोग सामुदायिक जीवन में सहभागिता के योग्य बन सकें।

सुशासन को तब हम बड़े ही अच्छे ढंग से समझ सकते हैं जब हम निष्प्रभावी आर्थिक व्यवस्थाओं तथा निष्प्रभावी राजनीतिक संस्थाओं की तुलना दुनिया की खुशहाल अर्थव्यवस्थाओं तथा स्वस्थ राजनीतिक संस्थाओं से करें। निष्प्रभावी अर्थव्यवस्थाएं तथा बेपरवाह राजनीतिक संस्थाओं की असफलता की अपनी वजहें हैं जब वे निर्णय की प्रक्रिया में तथा उन्हें लागू करने की प्रक्रिया में समाज के कुछ गिने चुने समूहों तथा समाज की व्यापक वंचित आबादी के बीच भेदभाव शुरू कर देते हैं। वहाँ जहाँ परोक्ष रूप से सामाजिक अपवर्जनाएं हैं, न्याय का तकाजा यह हुआ कि सुशासन के लिए इनके सामाजिक समावेश की भी गहरी चिन्ता करनी होगी। सरकारों की यह जवाबदेही बनती है कि वे न सिर्फ निर्णय प्रक्रिया निर्माण बल्कि उसके प्रभावी अनुपालन में भी सारे हिस्सेदारों को न्यायोचित रूप से शामिल करें तो यह सुशासन के लिए अच्छी बात होगी।

सुशासन को समझने के लिए ऐसी भूल नहीं की जानी चाहिए कि यह कोई 'दिए जाने' अथवा कुछ 'लिए जाने' की बात हुई। सुशासन एक अत्यन्त उच्चस्तरीय न्याय प्रदायी विशिष्ट प्रक्रिया है। यह बात व्यक्त रूप से स्पष्ट कर दी जानी चाहिए कि जब तक विशिष्टताएं जैसे सहभागिता,

सामूहिक सम्मतता, जवाबदेही, पारदर्षिता, उत्तरदेयता, प्रभाविता, सक्षमता, साम्यता तथा समावेशिता और विधि के शासन का अनुकरण प्रचलित व्यवस्था द्वारा नहीं किया जाएगा, सुशासन के उद्देश्यों का पराजित होना तय है।ऐसे में इसके दुष्प्रभावों का सबसे अधिक शिकार आम वर्ग के वे लोग ही होंगे जिनके पास अब खोने को कुछ बचा नहीं लेकिन निराश ही सही, वे लोग अभी भी कुछ अधिकारपूर्ण पाने की टुकटुकी लगाए बैठे हैं कि सम्भवतः इस धरती पर उनके भी अस्तित्व का कोई मतलब ही निकल पाता।

लोगों का अधिकार है कि उन्हें भ्रष्टाचारमुक्त समाज मिले। सुशासन यह यकीन दिलाए कि अगर भ्रष्टाचार पूरी तरह समाप्त न भी हो पाया तो लोक जीवन में इसमें कमी तो आती नजर आए। निर्णय निर्माण की प्रक्रिया के दौरान तथा इसे जमीनी स्तर पर लागू किए जाते समय अल्पसंख्यकों के दृष्टिकोण का भी ख्याल रखा जाए। बड़ा ही परेशान कर देने वाला प्रश्न यह होता है कि आखिर उन लोगों की आवाज का प्रतिनिधित्व कौन करेगा जो समाज में अत्यन्त ही कमजोर व दबे–कुचले लोग हैं?इसे एक चेतावनी के संकेत के रूप में लिया जाना चाहिए कि इन निर्बल वर्ग के लोगों की आवाज निर्णय निर्माण तथा उसके क्रियान्वयन में सुनी जानी चाहिए अन्यथा समय व्यतीत होते रहने के साथ शासन में यदि ये सामाजिक अपवर्जना का ही सामना करते रहे तो समाज में एक ऐसा बहुसंख्यक समूह पैदा होगा जो सुशासन के कर्णधारकों के लिए एक बड़ी चुनौती बन कर पेश आएगा। सुनने में तो यह बात विचित्र लग रही होगी लेकिन कटु सत्य है कि ऐसी भी रपटें हैं जहाँ 'क्राइम सिंण्डीकेट' निर्णय निर्माण में अपना दखल रखते हों और इसके प्रवर्तन में भी। इससे तो सुशासन का मकसद ही नष्ट हो गया। इसे रोके जाने की आवश्यकता है खासतौर से ऐसे हालातों में जब अपराधी समूह राजनीतिक संस्थाओं में सफलतापूर्वक अपना स्थान बनाते चले जा रहे हों। हमें अतिआवश्यक रूप से एक ऐसा सतत मानव विकास चाहिए जो न्यायपूर्ण सुशासन की बदौलत ही मुमकिन हो पाएगा, जो यह सुनिश्चित कर पाने लायक हो कि सुशासन के लाभ यहाँ तक कि इस धरती पर अंतिम व्यक्ति तक भी पहुँच पाएंगे। ईश्वर हमारी सहायता करे!!!

"शोक को आलिंगन दे कि वह कट जाए! शोक को मिटाना चाहो तो मिट जाए। शोक से बचना चाहो तो बचा न सकोगे। जो भागा उसे शोक पकड़ लेता है। न भागो न बचो, जो है उसे पूरे मन से स्वीकार कर लो। दुख है तो दुख ही सही। अंधेरा है तो अंधेरा ही सही। मरना है तो मरना ही सही। जरा भी विरोध मत करो, जरा भी अस्वीकार मत करो। अचानक तुम पाओगे कि तुम्हारे जीवन में एक क्रांति घटित हो गई। पहले भी दुख आता था पर क्षणभर को भी आनंद की झलक नहीं आती थी। अब आनंद की वर्षा हो रही है।

हरि ॐ तत्सत्।"

www.ingramcontent.com/pod-product-compliance
Lightning Source LLC
Chambersburg PA
CBHW020630220526
45464CB00001B/83
9789352064038